厦门大学211工程三期建设成果

厦门大学人文学院青年学术文库

转型时代的娱乐狂欢

——超女粉丝与大众文化消费

杨 玲 ● 著

中国社会科学出版社

图书在版编目(CIP)数据

转型时代的娱乐狂欢：超女粉丝与大众文化消费／杨玲著.
—北京：中国社会科学出版社，2012.10
ISBN 978 - 7 - 5161 - 1587 - 9

Ⅰ.①转…　Ⅱ.①杨…　Ⅲ.①文化生活—消费—研究—
中国　Ⅳ.①G124

中国版本图书馆 CIP 数据核字(2012)第 239122 号

出 版 人	赵剑英
选题策划	张　林
责任编辑	金　泓
责任校对	石春梅
责任印制	戴　宽

出　　版	中国社会科学出版社
社　　址	北京鼓楼西大街甲 158 号（邮编 100720）
网　　址	http://www.csspw.cn
	中文域名:中国社科网　　010 - 64070619
发 行 部	010 - 84083685
门 市 部	010 - 84029450
经　　销	新华书店及其他书店

印刷装订	三河市君旺印装厂
版　　次	2012 年 10 月第 1 版
印　　次	2012 年 10 月第 1 次印刷

开　　本	710×1000　1/16
印　　张	19
字　　数	312 千字
定　　价	50.00 元

给超女粉丝，为了我们的传奇。

目　录

绪　论

一　《超级女声》的遗产

2005 年 8 月的一天晚上，在一位朋友的反复敦促下，我终于打开电视，观看了湖南卫视的《超级女声》节目。那时候已经到了总决赛阶段。台上那一群青春淳朴的女孩让多年不看国内娱乐节目的我，颇有耳目一新的感觉。那几场比赛中，我印象最深的是李宇春帅气自然的台风和纪敏佳浑厚大气的嗓音。比赛结束后，出于好奇，我开始在网上浏览有关超女的信息。当时的电视、网络和平面媒体关于超女的报道可谓是铺天盖地、五花八门，汇集成了一片令人兴奋和目眩的资讯海洋。九月初，我被网上一篇写给纪敏佳的数万字长文感动，并因此找到了百度"纪敏佳"吧。我从最初的顶帖、聊天，一步步沦陷为"佳迷"（纪敏佳的粉丝）。后来我才知道，那篇真诚而雄辩的长文的作者是我的"同行"，山东师大中文系的一名博士生［2006 年超女比赛时，她又兼任了"芝麻"（尚雯婕的粉丝）］。在做佳迷之前，我从未追过星，也从未想到自己会在 30 多岁时成为某位演艺明星的粉丝。在那场如火如荼、全民参与的娱乐造星运动中，我这个很少关注流行时尚的人竟然意外地赶上了趟。

2005 年的《超级女声》无疑是当代中国娱乐传媒业史上的一座里程碑。而且极有可能"前无古人，后无来者"。名列前茅的几位超女都各自吸引了为数众多的粉丝，这些粉丝们爆发出了惊人的热情和能量。他们不仅在互联网上大量发帖，为偶像宣传、辩护，还自发地走上街头为偶像造势、拉票。这一切仿佛不是一场娱乐性质的选秀活动，而是一场至关重要的政治竞选。仅就比赛时期的短信票数而言，2005 总决赛期间，10 进 8 达到 200 万张，6 进 5 达到 300 万张，5 进 3 约 500 万张，三强决赛突破了 800 万张。2006 年的超女比赛由于启动了腾讯 QQ 投票方式，增加了投票渠道，超女粉丝在投票方面的比拼更是空前绝后。总决赛之夜，尚雯婕凭借 519 万的高额票数荣登冠军宝座。有人统计，芝麻在尚雯婕正式签约华谊唱片公司之前，就已经在她身上投入了一千多万元人民币，粉丝的消费能力可见一斑。

作为一种社会文化现象，迷/粉丝现象并非自超女时代才有。任何人都能举出自己身边的若干歌迷、影迷、书迷、棋迷和球迷。以足球这项源自中国的运动为例，据专家考证，早在 2000 多年前的汉代，就有一位叫项处的疯狂球迷，身患重病仍外出踢球，最后不治身亡。① 20 世纪 20 年代，"亚洲球王"李惠堂的出现，使现代足球运动在上海等城市风靡一时，到处流传着"看戏要看梅兰芳，看球要看李惠堂"的佳话。② 再以影迷为例，20 世纪 20 年代中期以后，随着国产电影的发展，许多国内电影明星开始拥有自己的忠实影迷。据不完全统计，从 1925 年到 1937 年，仅十来年的时间里，就有 120 多种以影迷为目标读者的电影杂志相继问世。③ 80 年代之后港台明星的竞相登陆，也造就了大量的追星族。驰骋香港娱乐圈数十年的"四大天王"（张学友、刘德华、黎明、郭富城）都在大陆拥趸众多。

和传统粉丝团相比，超女粉丝群有三个突出的特点。首先是粉丝的年龄结构发生了很大变化，出现了大量已经过了青春期的"熟龄"粉

---

① 《最早球迷也在中国 历史学家考证为球牺牲第一人》，北方网（http：//sports. enorth. com. cn/system/2007/06/18/001724310. shtml，2007—06—18/2009—03—05）。

② 《中国的足球需要回顾历史》，北方网（http：//sports. enorth. com. cn/system/2007/06/18/001724213. shtml，2007—06—18/2009—03—05）。

③ 李道新：《中国影迷诞生记》，南方网（http：//www. southcn. com/weekend/culture/200505050018. htm，2005—05—08/2009—03—05）。

丝，"追星"不再是青少年的专利。① 玉米（李宇春的粉丝）经常感叹李宇春"群众基础好"，能吸引到上至 84 岁，下至 4 岁的各个年龄段的人群。凉粉（张靓颖的粉丝）中有一部分自称"网络老流氓"的 30—40 岁的中年男性粉丝。他们认为张靓颖符合他们所坚守的传统道德观念和审美观念。② 芝麻中也有一部分中年粉丝，他们在百度尚雯婕吧盖的一幢"聊天楼"成为了该吧的一个"标志性建筑"。③ 其次，超女粉丝的文化层次和经济地位都比传统粉丝要高。根据张国良和张忠民在2005 年年底对上海市民的调查，"越是女性、'白领'、年轻人、高学历者、高收入者，越倾向于收看'超女'节目"。超女节目"比较受到中、高 SES（即经济和社会地位）阶层的关注"，是一种超越了精英文化和大众文化二元对立的"混合文化"。④ 玉米中甚至有几个相当高调、一掷千金的"富婆"，如玉米"李姐"曾参加中国扶贫基金会的慈善之夜，花 32 万元人民币拍买到一个姚明签名的篮球送给李宇春。⑤ 芝麻中也有相当数量的白领和金领。再次，超女粉丝具有较大的社会、经济影响力。超女粉丝不仅"追"星而且有能力"造"星。赛后，超

---

① 田静曾在《劳动报》上发表了一篇名为《最低调的高调　最冷静的狂热》的文章，提出了"熟龄粉丝"的概念。"熟龄"不仅"指粉丝的年龄已过青春期，同时也是指粉丝的年龄超过偶像的年龄"。她还提出了"熟龄粉丝"的八个标准：（1）年龄超过 25 岁，有稳定的职业与经济能力，购买力强。（2）偶像的年龄小于自己。（3）不会为了追星而翘班、离家出走，更不会模仿偶像的发型、衣着、口头禅，旁人很难看出你是粉丝。（4）抵制免费网络下载，支持正版 CD 或影碟。（5）偶像代言的产品是购买生活用品、工作用品的首选。（6）不重视各类网络排名，只重视实物销量。（7）运用自己的社会资源帮助偶像上位。（8）不把偶像当神膜拜，而是当成孩子疼爱。参见 http：//tieba. baidu. com/f？kz＝285353064，2007—11—10/2009—03—05。

② 《张靓影［颖］现象杂谈——附全国网络老流氓凉粉团成立宣言暨为什么支持张靓影［颖］》，百度张靓颖吧（http：//tieba. baidu. com/f？kz＝60516997，2005—11—03/2009—03—05）。

③ 芝麻 39：《尚雯婕——最美的追逐（40 岁上下的芝麻聊天楼）》，百度尚雯婕吧（http：//tieba. baidu. com/f？kz＝211465071，2007—06—09/2009—03—05）。

④ 张国良、张忠民：《"超女"现象的传播学实证分析——上海受众调查报告》，《新闻记者》2006 年第 8 期。

⑤ 《玉米李姐 32 万买篮球送春春：不怕任何人说》，TOM 访谈（http：//fangtan. tom. com/1001/2006/2/13 – 57200. html，2006—02—13/2009—03—05）。

女粉丝积极购买偶像的正版 EP①、专辑和代言产品，踊跃参加偶像的演唱会，协助偶像所在的签约公司创造出了不少销售奇迹，在相当程度上，为不景气的大陆流行音乐工业注入了一针强心剂。也正是由于以上特点，使得超女粉丝能够在较短的时间内形成自己独特的粉丝文化。

2005 年以后，各类电视选秀节目趋于泛滥，"仅从各省级卫视台的节目中就可以列举出数十种选秀节目"②，但广大电视观众却似乎已经告别了 2005 年"夏日的那场高烧"。③ 湖南卫视的超级系列（包括"超级女声"和"快乐男声"）在 2005 年达到收视率的顶峰之后，2006 年和 2007 年都出现了明显的下滑。2005 年《超级女声》全国总决赛的平均收视率为 6.38%，8 月 26 日最后一场冠军争夺战的收视率更是飙升到 11.75%。④ 2006 年《超级女声》全国总决赛的收视率下降到了 3.38%。2007 年《快乐男声》的收视峰值也仅为 2.82%。2005 年《超级女声》的收视人数高达四亿，2007 年《快乐男声》的收视人数却只有 7200 万，约为 2005 年的六分之一。⑤ 在 2005 年以后的选秀节目中，民众自发的参与逐渐被节目生产者有意识的制造所取代，"制造短信票

---

① EP 是英文"Extended Play"的缩写，是一种介于单曲与专辑之间的音乐发行形式，也被称作"短专辑"。

② 梅文惠：《快乐电视选秀：解码〈超级女声〉引发的选秀现象》，团结出版社 2007 年版，第 19 页。

③ 著名网络写手"绿妖"在 2005 年超女比赛期间写过一篇在玉米社群中影响很大的文章，名为《李宇春：夏日里最后一场高烧》，作者对李宇春的解读曾引起了玉米强烈的共鸣。参见 http://post. baidu. com/f? z = 30698556&ct = 335544320&lm = 0&sc = 0&rn = 50&tn = baiduPostBrowser&word = % C0% EE% D3% EE% B4% BA&pn = 0，2005—08—13/2009—03—05。玉米"见证人十二"后来又发表了《告别夏日的那场高烧》一文，劝说赛后的玉米告别狂热，回归生活。参见 http://tieba. baidu. com/f? kz = 58846820，2005—10—31/2009—03—05。

④ 欧阳友权、柏定国：《2006：中国文化品牌报告》，中国市场出版社 2006 年版，第 368 页。

⑤ 梅文惠：《快乐电视选秀：解码〈超级女声〉引发的选秀现象》，第 29、39 页。另有数据称 06 超级女生总决赛期间的整体收视率为 2.93%，07 快乐男声的整体收视率为 2.46%。参见《2008 年成电视选秀转折点？》（http://media. people. com. cn/GB/22114/115219/115221/6836522. html，人民网，2007—09—17/2009—03—05）。

数、制造'粉丝'氛围，制造新闻"的情况愈演愈烈。① 当一场娱乐"民选"蜕变为少数幕后推手的利益博弈，选秀也就丧失了它的根本合理性。② 众所周知，《超级女声》的策划灵感来自美国真人秀《美国偶像：寻找超级巨星》。③ 《美国偶像》从 2002 年开播到现在，已经连续举办了 10 季，成为美国"电视史上最具影响力的节目"。④ 而《超级女声》刚刚举办了三季，就不得不被《快乐男声》所替换，且赛制改来改去，越改越乱。

　　随着观众审美疲劳的提前到来，国家广电总局的"紧箍咒"也越念越紧。2007 年 8 月重庆卫视举办的选秀节目《第一次心动》因"内容格调低下，演唱曲目庸俗媚俗"被广电总局叫停。⑤ 2007 年 9 月，广电总局针对选秀类节目出台了一系列的限制性措施和细则。其中规定，群众参与的选秀节目的播出时间不得超过两个月，播出场次不得超过 10 场，每场播出时间不得超过 90 分钟，不得在 19：30 至 22：30 的黄金时段播出。节目不得采用手机投票、电话投票、网络投票等任何场外投票方式。主持人的主持词、评委点评、选手感言、亲友抒怀、插播画面等内容要大幅减少，总时长不得超过整个节目的 20%。选手的台风、语言、发型、服饰要符合大众审美观念。歌唱类（外国歌曲专题比赛除外）比赛中，每场演唱国内歌曲比例要占 75% 以上。⑥ 如此全面而琐碎的规定无异于给电视选秀节目判了"宫刑"。赛程的缩短，播出时间的减少，黄金时段的禁播，场外投票的取消都将对观众的投入和参与带来

---

① 王小峰主笔：《选秀的终结：全民娱乐运动失衡》，新华网传媒在线（http：//news. xinhuanet. com/newmedia/2007—09/10/content_ 6694636. htm，2007—09—10/2009—03—13）。

② 据说在 2005 年超女比赛总决赛期间，也有一些利益集团介入，"以砸钱投票的方式""左右着超级女声的排名"。参见浮石《非常媒·戒》，东方出版社 2009 年版，第 86—87 页。

③ 梅文惠：《快乐电视选秀：解码〈超级女声〉引发的选秀现象》，第 23 页。

④ "American Idol," *Wikepedia*，http：//en. wikipedia. org/wiki/American_ Idol（accessed 5 Mar. 2009）。

⑤ 《二十年选秀变迁史》，《大江城市生活周刊》网站（http：//www. jxcitylife. com/feng-mian/fm/200710/679. html，2007—10—03/2009—03—05）。

⑥ 《广电总局禁止省级上星频道黄金时段播选秀节目》，新华网（http：//news. xinhuanet. com/legal/2007 – 09/21/content_ 6765152. htm，2007—09—20/2009—03—05）。

致命的打击。① 2008 年在北京奥运会和广电总局新规的双重冲击下，湖南卫视宣布《快乐男声》停办一年。江苏卫视的选秀节目《绝对唱响》虽然没有偃旗息鼓，但也声势大减。诚如《绝对唱响》的总导演王培杰所言，没有了互动投票，不能参与决定选手的命运，观众还有什么动力支撑到半夜 12 点来看选秀？② 可以预见的是，只要广电总局不回心转意、放宽限制，"群众"选秀节目就很难再"兴风作浪"。

就在选秀节目走向低谷，乃至绝境的同时，绝大部分选秀出身的歌手在娱乐圈也步履维艰。2005 年家喻户晓的超女选手当中，只有个别的幸运儿在娱乐圈中站稳了脚跟，能够连续发专辑、开演唱会、保持一定的媒体曝光度。少数选手虽然签约了唱片公司，但因种种原因发展得并不顺利。大多数选手则已逐渐淡出了公众的视线。2006 年的超女选手本来就在知名度上比 05 选手大为逊色，整体的发展势头也相对更加缓慢。虽然有粉丝群的支持，超女选手依然需要依附于一个由经纪公司、唱片公司、娱乐传媒、演出商等机构组成生产、推广和消费的体制。或许，在离开《超级女声》的平台，褪去"草根"明星的光环之后，她们和众多怀抱明星梦而在娱乐圈挣扎、沉浮的女艺人并没有本质的区别。2010 年，05 成都超女 20 强选手王贝甚至因整容而不幸身亡。当"想唱就唱"的《超级女声》节目成为绝唱，当炙手可热的超女黯淡沉寂，当狂热痴情的粉丝回归生活，当传奇和梦想逐渐远去，2005 年那场狂飙突进的文化风暴还给我们留下了什么？

作为一名大众文化的研究者，我接触到了大量关于《超级女声》现象的学术思考。2009 年 3 月，我在《中国期刊全文数据库》里以"超级女声"为篇名进行检索，获得的结果多达 423 条，其中核心期刊有 51 条。除了一篇文章发表于 2004 年，其余全部发表于 2005 年及其以

---

① 百度公司与北京大学共同创办的中国人搜索行为研究中心曾在 2007 年 8 月发布了《2007 中国电视选秀节目研究报告》。这份报告显示，互动性和参与性是观众喜爱收看选秀节目的首要原因。参见《为电视选秀把脉 百度推选秀节目研究报告》，波斯狗网（http://www.pcdog.com/news/2007/08/y189082.html，2007—08—17/2009—03—05）。

② 张漪：《2008 秀场秋风萧瑟〈绝对唱响〉低调登场》，解放网（http://www.jfdaily.com/ent/tv/200809/t20080916_380557.htm，2008—09—16/2009—03—05）。

后。也就是说，四年来，平均每年都有超过 100 篇论述《超级女声》节目的文章。我同时在"中国优秀硕士学位论文全文数据库"里以"超级女声"为关键词进行搜索，得到的结果有 30 条，全部是在 2006 年及其以后发表的。这意味着从 2006 年开始，平均每年都有 10 篇专门研究《超级女声》的硕士论文。《21 世纪中国文化地图 2005 卷》、《话题 2005》、《2005 文化中国》等评述 2005 年度文化现象的丛书也都收录了有关《超级女声》的文章。其他由学者、记者和网民在网络和平面媒体上发表的评论文章更是不计其数。

　　郑欣曾将目前学界对《超级女声》的解读概括为八个不同的学科/角度。首先把《超级女声》当作一个媒介事件，从传播学的角度解读它的火暴流行，将其归结为全民海选的参赛制度、传受互动的传播模式、真实感和戏剧冲突、以及多媒体互动。其次把《超级女声》当作一种新兴的大众文化和青年文化，从文化学的角度解读它的主要特征，如强烈的个性色彩、民主化和网络化趋势。再次则从社会学和心理学的角度解读"中性"超女的形象、粉丝的狂热支持和节目的风靡。此外，还有从政治学角度争论节目中凸显出来的"民主"与"公平"话题，从经济学角度分析、批判节目的商业运作模式，从教育学角度探讨节目对青少年成长的影响，从语言学角度研究伴随超女节目出现的新词和流行语。[①] 的确，如金君俐的一篇论文标题《〈超级女声〉研究》[②] 所显示的，由《超级女声》节目引发的各种学术讨论已经形成了一个小型的专门研究领域。从这个意义上说，《超级女声》不仅为大陆娱乐圈注入了新鲜血液，也为学术圈带来了新的学术增长点。难怪某些玉米调侃说，她们不仅养活了一批大陆音乐人[③]，还养活了一批社会学家。

　　作为一名超女粉丝，我感受到了选秀明星给粉丝个人生活带来的深

---

① 郑欣等：《平民偶像崇拜——电视选秀节目的传播社会学研究》，中国传媒大学出版社 2008 年版，第 2—10 页。

② 金君俐：《〈超级女声〉研究》，载《中国新闻传播学研究最新报告（2006）》，童兵主编，复旦大学出版社 2007 年版，第 184 页。

③ 据称"中国摇滚之父"崔健曾对记者表示："我并不烦李宇春，她是真的喜欢音乐，愿意和音乐家合作，可以这样说，她给了一些音乐家工作的机会"。参见《李宇春锁定格莱美 不在意绯闻有多凶》，中青在线（http://movie.cyol.com/content/2006 - 11/08/content_ 1566866.htm，2006—11—08/2009—03—05）。

刻影响。对于普通观众来说，《超级女声》可能只是一个打发无聊、排解压力、提供谈资的电视节目。但对于超女粉丝，它却有着完全不同的蕴意。这个节目不仅激发了无数粉丝的想象力和创造力，还唤起了他们最强烈的情感，提升了他们的生命体验。他们通过对偶像的投入和认同，获得了勇气、信心、快乐和满足。他们通过做粉丝开始了自我发现、自我表达和自我转变的生命旅程。① 至少，我做佳迷的三年就见证了我人生中的重大折转。在硕士毕业八年之后，我终于找到了自己真正喜爱的研究领域，开始攻读博士学位。兴趣对我而言很重要。因为我想把学术当作一种"志业"，而不仅仅是谋生手段。纪敏佳说她最大的优点是"执著"，我希望执著也是自己的优点。

《孟子》有曰："独乐乐，不若与人乐乐"，粉丝也是如此。超女粉丝的一个重要快乐源泉就是与其他粉丝分享对某个超女的共同喜爱。以百度贴吧为根据地的网络粉丝社群让天南海北的超女粉丝汇聚到一起，通过交流和协商拓展了社交范围，从而建立起了新的人际关系。他们中的一些人因共同的爱好而成为朋友、恋人、甚至夫妻。我认识的一位佳迷就和一位笔迷（周笔畅的粉丝）因 2005 年超女巡演的造势活动而喜结良缘。每一个粉丝都有一段独特的开始做粉的经历。有的是瞬间"被击中"，有的则是不知不觉的"沦陷"。但他们都曾在一个特定的时间、地点和情境下被某个超女选手深深打动。即便他们中的有些人后来离开了粉丝社群，这一段"激情燃烧的岁月"也依然会令他们终身难忘。也许时间会证明，超女粉丝所形成的社群及其所生产的文化制成品，将是《超级女声》节目留下的最大一笔遗产。

二 超女粉丝的登场

近年来，有关《超级女声》的研究已经小有规模。但绝大部分研究者关注的还是这一电视节目的生产制作过程、品牌营销策略和节目的文本特征，极少有学者关注《超级女声》的受众。根据王雅的统计，截

---

① 百度超女贴吧里有许多讨论为什么做粉丝，做粉丝之后有哪些收获和改变的网帖。参见《喜欢 LYC［李宇春］大家得到了什么》，百度爱粽不粽吧（http://tieba.baidu.com/f? kz=573434478，2009—05—04/2009—05—04）。

至 2007 年 4 月 17 日，"中国期刊网" 中仅有 5 篇对节目受众的调查，1 篇关于 "网络舆论" 的研究。① 我个人在 2008 年 11 月初进行的搜索显示，有关受众的论文依然不超过 10 篇。② 当然，大部分有关《超级女声》的文章还是会提及超女粉丝，但往往是蜻蜓点水，一笔带过。这无疑反映了当前大陆文化研究和媒介研究中的一个总体偏差，即只重视生产者和文本，极其轻视消费者/受众。

但正如王雅指出的：由于 "脱离了受众心理"，许多学者在探讨《超级女声》节目成功的原因时，得出的结论大多 "千篇一律" "经不起推敲"。③ 比如，许多学者都喜欢用节目的 "平民化"、"互动性"、"娱乐性" 和观众的 "窥私欲" 与 "审丑" 心理等词汇来概括《超级女声》的流行。可问题是，除了《超级女声》之外，全国还有一些著名的选秀节目，如央视的《梦想中国》、《星光大道》，东方卫视的《我型我秀》，江苏卫视的《绝对唱响》。这些选秀节目都在一定程度上具备了 "平民化"、"互动性" 和 "娱乐性" 的特点；观众在收看时，可能也都带有 "窥私欲" 与 "审丑" 心理，但为什么偏偏只有《超级女声》，而且是 05《超级女声》红透中国，成为了一种引人注目的文化现象？为什么同是湖南卫视主办的选秀节目，06《超级女声》以及 07《快乐男声》的收视率却大幅度滑坡？显然，仅从生产者和文本的角度，是无法解释这些差异的。我们必须要探讨选秀节目的受众，尤其是粉丝受众。

在本书，我将以一个 "学者粉"（aca-fan）的身份，论述我个人亲身参与、观察到的超女粉丝文化。我认为，05《超级女声》的神奇之处就在于，一档以年轻女孩为主角的娱乐选秀节目，一个纯粹由媒介（电视、报纸、网络）生成、传播的非官方文化运动，竟然跨越了地

① 王雅：《真人秀与互联网时代的粉丝》，硕士学位论文，北京大学，2007 年，第 4 页。

② 有趣的是，我在 2009 年 5 月初对 "中国优秀硕士学位论文全文数据库" 和 "万方数据资源系统" 进行重新搜索时，找到了 10 来部有关粉丝受众的硕士论文。少数几部论文还有意识地借鉴了西方的粉丝研究理论。比如复旦大学陈路 2007 年完成的硕士论文《解开 "虚拟迷社群（virtual community of fans）" 内部互动之谜——以 "超级女声" 周笔畅的贴吧为分析个案》和辽宁大学张雁 2008 完成的硕士论文《从选秀节目看新媒介环境下的主动受众——"迷"》。显然，年轻的硕士们对于受众研究的兴趣远远大于成名学者。

③ 王雅：《真人秀与互联网时代的粉丝》，硕士学位论文，北京大学，2007 年，第 5 页。

域、年龄、性别、阶层和文化趣味的差异，将数亿中国民众都席卷了进来。在一个"贫富差距失控"、阶层"断裂与分化"严重的社会里①，竟然还有一个以娱乐为名的电视节目，不依靠民族主义的意识形态就将社会各阶层联系在一起，这到底意味着什么？为什么成千上万像我一样受过良好教育、并不热衷娱乐八卦的成年人会对一档电视娱乐节目产生如此强烈的兴趣，会对某个超女产生如此强烈的认同？超女粉丝文化的崛起体现了当代大众文化消费的哪些特征，折射出了当代中国社会的哪些变迁，表达了中国民众的哪些欲望和需求？我们（大众文化的研究者们）应该如何用一种新的理论模式来分析、思考这些变化？

在本书中，我将把超女粉丝文化的出现与当代中国社会的转型和巨变联系起来。在我看来，超女粉丝文化是部分都市民众在当下特殊的历史时刻寻求认同、权力、社群和团结的一种社会构型，超女粉丝社群是中国社会日益媒介化的缩影和各种草根文化政治施演、实验的基地。我认为，《超级女声》节目和超女粉丝社群在 2005 年掀起的文化风暴，代表了一种更活跃、更自主、更富参与性的大众文化消费模式正在中国逐渐成形。这种消费模式以愉悦、认同和想象为核心，以新媒介的生产和消费为主要活动，以粉丝网络社群为平台，以粉丝文化制成品为标志。它不仅打破了政治经济学中生产和消费的传统二元对立，对媒介娱乐工业中的权力关系产生了重大影响，还涉及性别政治、阶级认同和价值观等重要社会问题。这种文化消费模式的浮现意味着，文化消费不再只是消费者对于文化商品的购买和使用（如买书、看报、上电影院、听音乐会等），而是一种在新媒介环境下，融合了消费者的态度、价值、情感的生活方式。文化消费也不纯粹是社会区隔的标记，阶级品味的象征，它还在一定程度上发挥着社会黏合剂的功能，将来自不同阶层和教育背景的民众重新组合在一起。文化消费尽管是资本主义社会实施社会操纵和控制的手段，但它同时也是一个逐渐开放、多元的转型社会积累社会资本、实践平等协商和建构公民社会的途径之一。

---

① 孙立平：《断裂：20 世纪 90 年代以来中国社会的分层结构》，载李友梅、孙立平、沈原主编《当代中国社会分层：理论与实证》，社会科学文献出版社 2006 年版，第 7、14 页。

　　本书的论述范围是 2005 年 8 月到 2009 年 4 月之间的超女粉丝活动，以粉丝的赛后活动为主，涉及 2005 和 2006 年的两届超女。在这三年多的时间里，李宇春、尚雯婕、张靓颖等人气超女先后签约了大唱片公司，发行了自己的 EP 和专辑，并举办了一些歌友会和个人演唱会，开始了从选秀参加者到歌手/艺人的转变过程。粉丝的主要活动也从拉票、投票、PK 转移到购买、宣传偶像专辑，帮助打榜，参加签售会和演唱会等活动。换言之，就是从"战时状态"，进入了"常规状态"。本书的论述对象主要是玉米、芝麻和凉粉，另外也会少量涉及 07 快男的粉丝。

　　玉米是大陆当前人数最多、力量最强的选秀粉丝团，主要以女性为主，核心是 20—45 岁的学生和上班族。玉米中的教师、媒介文化人和企事业工作人员都比较多。和其他粉丝群相比，玉米中不仅高知、高薪的成年女性数量最多，社群成员的年龄和职业分布也最广。芝麻也是以女性为主，但人员结构比玉米相对单纯。主要以在校大学生、研究生以及专业人士为主。据尚吧早期的内部统计，70% 的芝麻是第一次做粉丝，剩下的一部分则来自 2005 年的超女粉丝。凉粉是一个性别分布比较均衡的粉丝群，男女几乎各占一半。由于男性成员的比例相对较高，凉粉在网络上的表现也比较强悍。他们喜欢辩论、质疑、PK 甚至对其他超女、超女粉丝进行肆无忌惮的攻击，成为以女性为主的超女粉丝群中一道独特的风景。笔迷（周笔畅的粉丝）在超女比赛期间是人数仅次于玉米的第二大粉丝团。但由于笔迷以女性在校学生为主，集中在 15—25 岁这个年龄段，不具备较大的社会代表性，因此我没有将它列入考察对象。

　　本书分为四章。第一章提出了理论框架和研究方法。在第一节里，我首先概述了西方的三种主要消费理论，包括作为社会操纵的消费、作为社会区隔/认同的消费和作为生产性使用和愉悦的消费。接着，勾勒出了英美粉丝研究对粉丝与消费关系的认识过程。粉丝作为过度的、完美的、积极的消费者，表明消费其实也是一种复杂的社会文化活动。在第二节里，我借助英美消费研究和粉丝研究的部分成果，对文化消费进行了重新界定，把文化和消费都视作消费者制造意义和建构认同的过程。我还阐述了粉丝文化消费模式的四个构成性特征：以愉悦、认同和幻想为内核的粉丝心理机制，新媒介的广泛使用和参与性文化的兴起，网络社群的形成和演变，以及丰富多彩的粉丝文化文本。在第三节里，我分析了现有超女粉丝研究中的不足，如研究方法不合理，理论视野较狭隘等。中国人文学科的学术规范长期以来过于强调研究的客观性，从而掩盖了研究主体的价值判断，求助于书本、经典的概念推演又忽略了对日常生活的经验性考察。我希望本书所采取的民族志研究方法和学者粉的主体立场能在一定程度上弥补这些缺失。

第二章论述了粉丝文化消费模式的心理根源：粉丝认同。我认为，认同是围绕明星建立起来的粉丝文化的一个关键维度，粉丝对于特定明星的喜爱和依恋主要是基于对该明星的认同。认同是粉丝消费和文化参与的基石，是粉丝社群凝聚力的源泉。认同既是一种情感、态度和信仰，也是一种实践、仪式和习惯。它不仅是一种个体的、私人的内心体验，还是一种群体的、政治的公共展演。在借鉴西方理论资源的基础上，我根据超女粉丝社群的实际情况，把超女粉丝与偶像的认同划分为认同话语、认同实践和认同仪式三个相互关联的层面，并对这三个层面作出了逐一阐释。本章试图回答的问题是：粉丝究竟是如何与选秀明星建立认同的？这种认同是通过哪些形式和实践展演的？粉丝与超女偶像的认同蕴涵了怎样的社会、道德和审美理想？

第三章讨论的是粉丝文化消费模式的第二个面向：新媒介和参与性文化。其具体表现形式就是粉丝"产消者"（prosumer，由"producer"和"consumer"两个单词缩合而成）的出现。超女粉丝首先是过度的消费者，为了帮助偶像在娱乐圈立足，为了给大陆萧条的唱片行业输血，他们经常重复购买偶像的音乐产品。同时，超女粉丝还是不知疲倦的偶像推广者和媒介生产者。他们利用新媒介技术开展了一系列颇有成效的草根宣传，为娱乐公司节省了大量的宣传费用。超女粉丝对于造星活动的深度参与，使他们成为媒介娱乐工业的志愿者和同盟军。虽然粉丝或多或少地都是媒介娱乐公司的"提款机"，但他们并不是听任公司摆布的"提线木偶"。虽然公司和粉丝共享着造星的欲望，但二者并不总是能够和谐共处。粉丝与媒介娱乐工业之间的复杂关系能让我们重新思考文化生产和消费中的一些关键问题：流行音乐和流行偶像的诞生在多大程度是由媒介娱乐工业中的大型商业机构决定的？"受众有多大能力来决定他们自身的消费模式和意义生产模式"？① 情感经济的出现和新媒介的普及对媒介娱乐工业的发展和权力争夺造成了怎样的影响？如何理解粉丝的免费劳动与市场经济、工业生产的关系？商业机构是如何控制、操纵粉丝对偶像的热爱来获取利润？粉丝又是如何利用对偶像的情感来表达个人欲望和能动性？本章分析了超女粉丝产消者出现的制度、技术和社会语境，揭示了粉丝产消者对于大陆流行音乐工业的重要意义，并以玉米为例论述了粉丝的产消实践，粉丝与娱乐公司的合作和冲突。

　　第四章以超女粉丝小说为例，探讨了粉丝消费模式的另一个重要特征——大量粉丝艺术文本的生产和流通。超女粉丝社群是一个极富创造力的艺术世界。数千部超女粉丝小说的出现就是这种创造力的最佳证明。这种基本由女性创作的、带有强烈自娱自乐性质的粉丝文本与市场流通的商业文本有着显著区别。与商业言情小说相比，超女粉丝小说更真实、更大胆地反映了女性的幻想和欲望。本章讨论了两种不同类型的超女粉丝小说：一个是百度"小葱的图书馆"吧发表的以李宇春为原型的玉米原创小说，另一个是百度"绯色超女"吧发表的以 06 超女为原型的超女同人文。玉米原创小说主要是异性恋言情小说，超女同人文则全部是女女同性情爱小说。在第一节里，我阐述了粉丝小说在粉丝研究中的重要地位，并回顾了粉丝小说在大陆发展的过程和当前研究现状。在第二节里，我论述了玉米原创小说的动机、主题和重要代表作，并将玉米言情小说与普通言情小说进行了对比。在第三节里，我总结了超女同人文的创作程式，分析了这一文类所蕴涵的激进的性别政治，并从叙事学的角度将玉米言情小说和超女同人文进行了对比。

　　英国学者亚当（Barbara Adam）和阿兰（Stuart Allan）曾说：我们需要从"'此时此地'——必然具有局部特点、部分和破碎的但却是具

---

① ［英］格雷·姆伯顿：《媒体与社会：批判的视角》，史安斌主译，清华大学出版社 2007 年版，第 163 页。

有语境特征、相互联系和总体化——的角度"开始将文化生活理论化。① 我的"此时此地"可能就是我自己的粉丝生涯。我需要做的、能够做的，就是从我熟悉的超女粉丝社群出发，思考当代中国大众文化生活的总体面貌。

---

① 引自［英］约翰·塔洛克《电视受众研究——文化理论与方法》，严忠志译，商务印书馆 2004 年版，第 10 页。

第 一 章

超女粉丝与文化消费：理论和方法的探寻

第一节　粉丝与消费

　　20 世纪是一个消费的世纪，尽管出现了两次世界大战和长期冷战，但消费社会的到来，日用消费品的大规模供给，仍然深刻地改变了普通人的生活方式。[①] 即便是中国这样一个第三世界人口大国，也因市场经济的高速发展而在 20 世纪 90 年代迈入了消费社会的门槛。然而，无论在西方还是东方，消费长期以来都是一个颇受歧视和诟病的范畴。英国学者威廉斯（Raymond Williams）曾指出，"consume" 一词自 14 世纪起，就出现在英文里。在早期的英文用法里，这个词都指涉的是摧毁、耗尽、浪费和肺结核等负面意义。直到 18 世纪中叶，随着资本主义的诞生，该词才开始"以中性的意涵出现在有关中产阶级的政治、经济的描述里"。但消费者和消费通常还是被当作生产者和生产的反面来被定义。[②] 西方社会学直至晚近，都还只赋予消费从属和被决定的地位。人们普遍认为，消费没有"真正的"工作（如生产、商业、管理）重要，消费是从属于生产的。工作是高贵的、生产性的，消费和休闲则是轻浮的、浪费的、腐化堕落的。[③] 以小农经济为主体的中国传统社会也一向

---

　　① Martyn J. Lee, "Introduction," *The Consumer Society Reader*, ed. Martyn J. Lee, Oxford: Blackwell, 2000, p. ix.

　　② ［英］雷蒙·威廉斯：《关键词：文化与社会的词汇》，刘建基译，生活·读书·新知三联书店 2005 年版，第 85—86 页。

　　③ Hugh Mackay, "Introduction," *Consumption and Everyday Life*, ed. Hugh Mackay, London: Sage, 1997, p. 2.

提倡俭善奢恶、安贫乐道。① 不仅关注民生的儒家强调"取之有度，用
之有节"、"历览前贤国与家，成由勤俭败由奢"；佛家、道家也都重精
神、轻物质，反对享乐浪费，如《道德经》中就有："圣人去甚，去
奢，去泰"的告诫。② 直到今天，官方意识形态仍然在"勤俭节约、艰
苦奋斗"和"扩大内需、刺激消费"的矛盾中徘徊。

一 三种消费理论：操纵、区隔和使用

英国社会学家麦凯（Hugh Mackay）认为，法兰克福学派的"大众
文化批判"理论最集中地体现了西方社会有关消费的传统观点。③ 20 世
纪 40 年代，该学派的创始人阿多诺（Theodor W. Adorno，又译"阿道
尔诺"）和霍克海默（Max Horkheimer）首创了"文化工业"一词来描
述大众文化产品的生产过程，并声称文化工业的产品有几个突出特征。
首先是文化同质性，"在垄断下，所有的大众文化都是一致的"，所有
被强行划分开来的产品最终都是相同的。正如"克莱斯勒公司与通用汽
车公司的产品之间的区别，不过是好奇心不同的孩子们所产生的幻觉"，
文化产品也变得越来越相似，"以至于在将来，所有艺术都会融入在一
件作品中"。无论电影制片人选择什么样的情节，每部影片的内容都大
同小异，因为都是由投资资本决定的。④ 文化工业产品的另一个特点是
可预测性。一部电影刚开头，观众就可以猜出它的结局；"一旦受过训
练的耳朵听到流行歌曲的第一句，他就会猜到接下去将是什么"；短篇
小说的篇幅、内容也都是被计算好了的。这种标准化的、同一性的文化
工业产品，不仅反映了根本的美学贫困，还带有强烈的欺骗性。比如，
常看电影的人容易产生错觉，"以为外部世界就是银幕上所呈现的世界
那样"。"电影强迫它的受害者直接把它等同于现实"，从而摧毁了观众

---

① 郑红娥：《社会转型与消费革命——中国城市消费观念的变迁》，北京大学出版社 2006
年版，第 13 页。

② 张树卿：《儒、释、道的节俭观比较研究》，载《通化师院学报》2007 年第 3 期。

③ Hugh Mackay, "Introduction," *Consumption and Everyday Life*, p. 3.

④ ［德］马克思·霍克海默、西奥多·阿道尔诺：《启蒙辩证法》，渠敬东、曹卫东译，
上海人民出版社 2006 年版，第 110—111 页。

的 "想象力和自发性"。① 阿多诺和霍克海默认为，大众的娱乐需求和文化消费都是 "工业生产的结果"。那些为大众消费量身定做的产品，都是根据计划生产出来的，文化工业有意自上而下地整合了它的消费者。文化工业越根深蒂固，它就越能 "应付、生产和控制消费者的需求"。它所提供的娱乐不过是一种 "愚乐"，是为现存社会秩序辩护的借口，目的是让大众忘却苦难，即便苦难正在他们身边上演。② 马克思曾说宗教是人民的鸦片，那么霍克海默和阿多诺可以说是把文化工业也视为人民的鸦片。

法兰克福学派的另一位著名人物洛文塔尔（Leo Löwenthal）也坚称文化工业通过生产一种以标准化、刻板定型、保守主义、虚假、被操纵的消费品为标志的文化，将工人阶级去政治化了。在《文学、通俗文化和社会》一书中，洛文塔尔写道："每当革命倾向胆小地露出头时，它们就被财富、冒险、激情之爱、权力和煽情主义等一般性的愿望梦想（wish-dreams）的虚假满足所缓和、打断了"。③ 在《单向度的人》一书中，马尔库塞（Herbert Marcuse）进一步指出，资本主义通过文化工业，倡导了一种 "消费主义的意识形态"，制造出了 "虚假" 需要。他认为：娱乐和信息工业的难以抗拒的产品自身携带着 "固定的态度和习惯，某些智识和情感反应，它们将消费者与生产者愉快地捆绑在一起"。这些产品是洗脑和操纵性的，它们促进了一种虚假意识，导致了单向度的思想和行为模式的出现。也就是说，资本主义通过文化工业实行社会控制，抑制了工人阶级的政治想象，防止社会变革的愿望生成，导致了公共领域集体行动的减少和日常生活的私人化。在消费社会里，人们只能通过物质商品来寻求本应该通过工作和政治参与所获得的满足、自我实现和认同。④

消费除了被当作一种社会操纵，还经常被当作社会区隔的标记。挪威裔美国社会学家凡勃伦（Thorstein Veblen）是最早关注商品的符号意

---

① ［德］马克思·霍克海默、西奥多·阿道尔诺:《启蒙辩证法》，渠敬东、曹卫东译，上海人民出版社 2006 年版，第 112—113 页。

② 同上书，第 130 页。

③ 引自 John Storey, *Cultural Consumption and Everyday Life* , London: Arnold, 1999, p. 19。

④ Ibid. , pp. 19 – 20.

味的研究者。在 1899 年出版的《有闲阶级论》一书里，凡勃伦探讨了美国新富阶层中的炫耀式消费。他认为在传统的乡村社会，有闲阶级主要是通过炫耀式休闲（conspicuous leisure）来展示自己的财富和社会地位。但城市化进程改变了这一点，面对城市里众多的陌生人，炫耀式休闲已经不足以展示个人的经济力量。城市生活的匿名性要求一种更加明显的权力和地位的展示方式，于是就出现了炫耀式消费。新有闲阶级的成员试图远离其财富的来源，以炫耀式消费的方式来表明他们的财富是天然形成的，不是通过商业成功获取的。这种炫耀式消费还导致了一种扭曲的女性美的流行。为了展示有闲阶级的女性无需从事生产活动，有闲阶级将纤细、瘦弱的女性当作理想的女性形象来宣扬。这样女性就成了替代式消费（vicarious consumption）的象征，她的主要工作就是如同奴隶一样公开展示其主人的经济能力。她的无用和昂贵，恰好是她主人富有的证明。[①]

1903 年德国社会学家西美尔（Georg Simmel）发表了《大都市和精神生活》。和凡勃伦一样，西美尔也在 20 世纪初的柏林观察到，新城市资产阶级使用了特殊的消费方式来保持和展示自己的个性，以对抗都市生活的匿名性。西美尔认为这种新消费方式的意义不在于它的具体内容，而在于它以特异的姿态吸引他人的注意。[②] 在《时尚心理的社会学研究》一文中，西美尔指出，时尚是"人们试图在社会平等化倾向与个性差异魅力倾向之间达成妥协"的一种特殊生活方式。"时尚总是阶级时尚，较高阶层的时尚与较低阶层的时尚截然有别"，一旦较低阶层养成了较高阶层的时尚，后者就会抛弃他们原有的时尚。因此，"时尚是阶层划分的产物"：较低阶层通过模仿上流社会的服饰和举止来改善自己的社会地位，较高阶层则不断寻求新的时尚来保持和下层民众的社会差异。[③] 当代英国社会学家曼纳尔（Stephen Mennell）为西美尔的观点提供了一些历史证据。他发现，自中世纪开始，白面包就被当作社会地位和声望的象征，社会阶级地位越低的人，他们所食用的面包颜色也

---

① John Storey, *Cultural Consumption and Everyday Life*, pp. 37 – 38.

② Ibid. , pp. 39 – 40.

③ ［德］西美尔：《金钱、性别、现代生活风格》，刘小枫编、顾仁明译，学林出版社 2000 年版，第 95 页。

就越深。上流社会极其讨厌黑色和棕色的面包，甚至声称他们的肠胃无法消化这一类面包，下层民众则非常渴望能吃到白色面包。可是到了 19 世纪，当白面包逐渐成为工人阶级的主食时，他们所拒绝的棕色面包反而成了上流阶级的首选。[1]

凡勃伦的著作开启了将消费视为阶级标记和社会区隔的研究路径。在凡勃伦的影响下，法国后现代主义哲学家波德里亚（Jean Baudrillard）在 1968 年出版的《物的体系》一书中提出，物品构建了一个社会认知（recognition）体系，标记了个体的社会地位（social standing），使得千千万万个陌生人每天在街上能通过社会地位的符码互相了解。波德里亚因此认为，消费其实是一种 "积极的关系模式，不仅是和物的关系，还有和集体、和世界的关系"。"消费既不是一种物质实践，也不是 '富裕' 的现象学"，而是 "一种系统化的符号（sign）操纵行为"。物体要变成消费的对象，就必须首先转化为符号。[2] 在 1970 年出版的《消费社会》一书中，波德里亚再次重申，"消费系统并非建立在对需求和享受的迫切要求之上，而是建立在某种符号（物品／符号）和区分的编码之上"。[3] "流通、购买、销售、对作了区分的财富及物品／符号的占有，这些构成了我们今天的语言、我们的编码，整个社会都依靠它来沟通交谈"。[4] 与法兰克福学派对工业产品的同一性的指责不同的是，波德里亚认为，当代垄断性生产是 "差异的工业化生产"。这种差异是 "服从于某种微妙的等级制度" 的 "最小边缘化差异"，其功能是强化社会区隔。比如，一个公司员工在购买了一辆和老板同一型号的小汽车之后，立刻被老板解雇。"在作为使用价值的物品面前人人平等，但在作为符号和差异的那些深刻等级化了的物品面前没有丝毫平等可言"。[5]

法国社会学家布迪厄（Pierre Bourdieu）在其 1979 年问世的《区

---

[1]　John Storey, *Cultural Consumption and Everyday Life*, pp. 40 – 41.

[2]　Jean Baudrillard, *Jean Baudrillard*: *Selected Writings*, ed. and intro. Mark Poster, 2nd ed. , Stanford: Stanford University Press, 2001, pp. 22 – 25.

[3]　［法］让·波德里亚：《消费社会》，刘成富、全志钢译，南京大学出版社 2006 年版，第 50 页。

[4]　同上书，第 50—51 页。

[5]　同上书，第 60 页。

隔：品味判断的社会批判》一书中以 20 世纪 60 年代末的法国社会为例，对文化消费与社会区隔的关系作了更全面、更细致的考察。布迪厄认为，文化需求是教养和教育的产物，艺术实践和偏好首先和教育程度密切相关，其次和社会出身相关，艺术等级与消费者的社会等级是相对应的。这使得品味不单是一个审美范畴，还预先具有了阶级标记的功能。布迪厄指出，"对于低级的、粗糙的、庸俗的、唯利的、卑贱的"快感的拒绝构成了狭义的"文化"的神圣领域。这种拒绝暗中肯定了"那些为升华的、精致的、非功利的、无偿的、卓异的愉悦而满足的人的优越"，因为凡夫俗子是永远体会不到这种愉悦的。"这就是为什么艺术和文化消费预先倾向于——无论是有意地或无意地——履行将社会差异合法化的社会功能"。① 各主要阶级的生存境况的差别是由他们所拥有的经济、文化和社会资本总量决定的。不同类别的资本的不同分配构成了不同的"资产结构"，并在消费方式和生活方式中得到了反映。如经济和文化资本双高的专业人士一般家里有钢琴，他们喜爱光顾古玩店、音乐会，打高尔夫和桥牌。他们还和拥有大量习得文化资本的高等学校教师一样爱好歌剧、艺术书籍和展览。拥有最大经济资本的企业家和商业雇主，则选择艺术收藏、驾驶外国小汽车、商务宴请、在旅馆度假等生活方式。② 由于文化是一个包含了认同和区分的双向过程，文化消费在生产着社会区隔的同时，也在制造着身份认同。我们将自己的文化资本运用到符号的消费之中，以表明我们的阶级和文化从属。

针对法兰克福学派所信奉的消费操纵论，以英国伯明翰大学文化研究中心为基地形成的伯明翰学派提出了一套积极受众（消费者）理论。伯明翰学派的代表人物霍尔（Stuart Hall）指出，消费者并不完全受文化工业（生产者、广告商）的任意摆布和支配。文化工业的生产者可以将他们偏好的意义输入编码过程中，但却无法规定或保证消费者必然按照他们的意愿来进行解码。因为编码和解码是两个不同的过程，它们

---

① Pierre Bourdieu, *Distinction: A Social Critique of Judgment of Taste*, trans. Richard Nice, Cambridge: Harvard University Press, 1984, pp. 1 – 2, 7. 中文译文参考了朱国华译、范静哗校的《〈区隔：趣味判断的社会批判〉引言》一文（http://www.chinese-thought.org/shll/002406.htm）。

② Ibid., pp. 125 – 129.

之间不存在完全的对应。编码至多只能建构出解码运作的边界和参数。比如，观众在解读电视话语时就存在着三种可能的解码立场。第一个立场是主导——霸权立场，即观众在主导性符码范围内操作，彻底地解读出编码的讯息。这种霸权性阐释通常是由政治和军事精英生产出来的。第二个立场是协商的立场。大部分观众大抵都能理解讯息中的主导性观点，但他们一方面承认霸权定义的合法性；另一方面又对霸权定义持保留态度，并根据具体的情况，对它进行改造。比如一个工人可能在经济辩论的层面同意我们都必须少领薪水，以便战胜通货膨胀，但他可能还是愿意参加罢工，要求加薪，在实际生活层面反对政府制定的限制罢工和冻结工资的法案。第三种立场是在"对抗的符码"中运作，生产出总体上对立的解读。比如观众在倾听有关限制工资的必要性的辩论时，把电视中提到的每一处"国家利益"都解读为"阶级利益"。①

从 20 世纪 70 年代开始，伯明翰学派对青年亚文化进行了深入研究。研究者们发现，年轻消费者在挪用和转变文化制成品方面表现得异常积极和富有创造性。克拉克（John Clarke）认为，物品和意义构成了符号，这些符号随后被反复集合成话语的各种独特形式。通过将物品放置在话语中的不同位置或一个不同的整体中，"小炉匠"（bricoleur，又译"修补匠"）② 能够生产出新的话语，传达出新的意义。③ 在艾柯（Umberto Eco）所谓的"符号游击战"中，拼贴和挪用各种商品符号，也就成了各种青年亚文化群体抵抗主导意识形态的重要战斗武器。比如，摩德族（Mods）将英国国旗装饰在肮脏的御寒大衣背面，或将其裁剪为合身的夹克。即便他们身着上班族的服装，那些"代表商业世界的常规标志——西装、领子、领带和短发等——也都被剥除了它们的原有意义——效率、野心、对权威的服从——并被转化为'空洞的'膜拜物，只是因为它们自身而被欲望、抚摸和珍视"。④ 威利斯（Paul Willis）

---

① Stuart Hall, "Encoding/Decoding," *Media and Cultural Studies*：*KeyWorks*, eds. Meenak-shi Gigi Durham and Douglas M. Kellner, rev. ed. , Oxford：Blackwell, 2006, pp. 163 - 173.

② 该词的意思是"用少量非专业的工具应付各种活计的人"。"小炉匠"是旧时东北走街串巷修理家用器皿的一种手艺人。

③ Dick Hebdige, *Subculture*：*The Meaning of Style* , London：Methuen, 1979, p. 105.

④ Ibid. , pp. 105 - 106.

在探讨青少年在日常生活中的符号创造力时也提出，"尽管媒介吸引着某些特定阐释，但年轻人不仅学会了符码规则，而且还学会了如何玩弄符码阐释，重新塑造形式，借助自己的美学与媒介互动"。① 威利斯还以流行音乐的消费为例，表明消费者也是文化生产者。他所采访的年轻人除了"听"的消费方式，还从事家庭录制，跳舞，操作音响系统，与乐队一起表演等生产性活动。这些受访者用歌词和音乐节奏来表达自己的情感、态度和思考，并在商业性的原材料中加入了个人的使用和参与。②

伯明翰学派的亚文化研究印证了法国当代思想家德塞都（Michel de Certeau）的消费也是生产的观点。在 80 年代初出版的《日常生活的实践》一书中，德塞都对于普通消费者在日常生活中的消费运作方式进行了理论性思考。他提出，与主导经济秩序所进行的"规范合理的、既扩张又集中的、喧闹的、引人注目的生产"相对的，还有另外一种"迂回的、分散的、到处自我暗指的"被称为"消费"的生产（"次级生产"）。消费"不是通过它自己的产品来显示自己，而是通过使用产品的方式来显示自己"。消费和言说（speaking）很类似。言说是在一个语言系统中运作的，它导致了言说者对语言的挪用或重新挪用。它建立了一个与时空相关的在场（presence），设定了与他人在地点和关系网络中的契约。言说行为的这四个特点假设使用者在主导性文化经济中对这一文化经济作出了无数和无限的转变（transformations），目的是根据自己的兴趣和规则利用这个经济。德塞都还以南美土著印第安人为例说明，尽管印第安人无力拒绝西班牙殖民者所强加的文化，但他们却通过不同于殖民者的使用方式从内部颠覆了殖民者的仪式、表征和法律。类似地，虽然消费者使用的是现有语言中的词汇和语法，但他们却能够不受体系的制约，创造出属于自己的语言。消费者不仅不受主导性文化经济（文化工业）的操纵，反而操纵这一经济为我所用。③

与布迪厄的社会学统计方法和法兰克福的定性研究方法不同的是，伯明翰学派大量使用了民族志方法来研究"真实"的消费者在日常情

---

① 引自 Nicholas Abercrombie and Brian Longhurst, *Audiences: A Sociological Theory of Performance and Imagination*, London: Sage, 1998, p. 24。

② Ibid., p. 25.

③ John Storey, *Cultural Consumption and Everyday Life*, pp. 49 – 50.

境中的实践，并更关心阶级之外的性别、年龄、种族等因素在消费中扮演的角色。比如，莫利（David Morley）在 1992 年出版的《电视、受众和文化研究》一书中就反省了他早年研究《举国上下》节目时存在的一些问题。他认为自己当年在调查《举国上下》的观众时，忽略了电视媒介的观看语境，因为在公共场合观看电视和在家里观看电视是不一样的。研究者不仅需要了解不同观众对节目的不同反应，还应该了解电视观看的活动过程本身是如何展开的，不能简单地把媒介消费当作是一群电视观众对特定电视节目所作的解读。① 莫利在研究家庭对电视的使用时，就特别注意电视观看过程中凸显的权力和性别问题。他发现男性和女性的电视观看模式差别很大：男性在观看时注意力集中，一声不吭，不愿被打扰；女性则很少能全神贯注地观看电视，大多一边做事、说话，一边看电视。② 莫利认为，出现这样的差异是因为对男人来说，家庭被体验为一个放松休闲的场所，而对女性来说，家庭却是一个工作和责任的场域。女性享受电视的欲望，总是需要在负疚和义务的诸种情感之间寻找平衡点。③

　　研究者们还发现，消费者在媒介消费中所获得的愉悦经常具有正面的价值。比如，美国学者拉德威（Janice Radway）在调查了言情小说的女性读者之后认为，阅读言情小说弥补了妇女生活的狭隘天性，并让女性以想象的方式从这种生活中解脱出来。使其能拒绝婚姻制度为她们划定的以他人为导向（other-directed）的社会角色。④ "妇女们雄辩地告诉我们，即便她们故意做一些满足私人愉悦的事情，她们的家庭也总是要求她们照料他人。但只要拿起一本书来阅读，她们就能暂时拒绝家人喋喋不休的索求。"⑤ 妇女们还通过阅读言情小说形成了自己的阐释社群，"为自己找到了一个能提供迫切需要的情感支持的妇女社群"。⑥ 在我们

---

① David Morley, *Television*, *Audiences and Cultural Studies*, London：Routledge, 1992, pp. 133 - 134.

② Ibid. , pp. 148 - 149.

③ Ibid. , p. 225.

④ Janice Radway, *Reading Romance*, Chapel Hills：University of North Carolina Press, 1991, pp. 112 - 113.

⑤ Ibid. , p. 211.

⑥ Ibid. , p. 96.

的社会里，男性从女性那里获得情感支持，女性却不得不自己寻找放松和慰藉的途径。言情小说就是女性的情感支撑，它能让女性从日常的压力和责任中解放出来，创立"一个女性可以完全在其中独立，沉浸在她个人的需要、欲望和愉悦的时空"，获得在日常生活中得不到的心理满足。①

二　粉丝消费者：英美粉丝研究的观点

在形形色色的消费者中，粉丝无疑是很特别的一群人。粉丝消费也是一种特殊的消费方式。首先，粉丝是"过度的消费者"（excessive consumers）。与大众文化的普通观众和读者相比，粉丝在文化产品中投入了更多的时间、精力和情感，他们从文化产品中制造出更高强度的意义，他们与所关注对象建立起来的关系也更为亲密。电视剧、体育球队和影视明星对于普通消费者而言只是商品化的娱乐消费形式，但对于粉丝来说，却是塑造自我、建构社群的"涡流"。② 粉丝的这种"过度性"与主流社会所鼓吹的消费理性常常发生抵牾。自由主义经济学家通常认为，现代消费主体"体现了启蒙主义鼓吹的理性、自由、进步的理想"，个体通过理性的经济行为对自身利益的自由追求是实现个人理性的一种基本形式。消费者具备一种消费理性，他们能够理性地认识和确定自己的需要，并理性地追求和实现这种需要。③ 但粉丝对于一些貌似毫无价值的文化商品的激情投入，不禁让人怀疑消费理性或许只是一个虚幻的理想。

其次，粉丝是"完美的消费者"（consummate consumers），其消费习惯非常固定，可预测程度很高。粉丝经常实践着一种"馆藏式消费"（curatorial consumption），即购买、收藏他们所喜爱对象的所有相关物

① Janice Radway, *Reading Romance*, Chapel Hills: University of North Carolina Press, 1991, p. 61.

② William W. Kelly, "Introduction: Locating the Fans," *Fanning the Flames: Fans and Consumer Culture in Contemporary Japan*, ed. William W. Kelly, Albany: State University of New York Press, 2004, p. 7.

③ 罗钢：《前言 探索消费的斯芬克斯之谜》，载罗钢、王中忱主编《消费文化读本》，中国社会科学出版社 2003 年版，第 12 页。

品。在一篇研究漫画迷对漫画书的购买、收藏和保存实践的论文中，唐克尔（Jonathan David Tankel）和墨菲（Keith Murphy）将馆藏式消费定义为"个体将社会和心理价值投入到人工制品的过程，以及决定和保存这些价值的行为"。他们认为粉丝对漫画书籍以及其他大规模生产的通俗文化制品的收藏都可以被视为馆藏式消费。这种消费方式更类似博物馆和图书馆的活动，而不是大众文化物品的常规使用和支配方式。它改变了现代通俗文化转瞬即逝的性质，使其成为一种持久的、让人有成就感的文化实践。馆藏式消费的动机不是取决于人工制品内在的独特品质，而是来自收藏者和人工制品的互动所产生的价值。这种消费方式是一种抵抗的策略，让粉丝在一个非个人的（impersonal）世界里找到了个人的意义、愉悦和满足。①

此外，粉丝还将消费与生产融为一体。他们能够将商业娱乐产品转化为一种机智的、通常是不敬的"生产"。比如，斜线文学（slash）的粉丝不顾版权所有者的禁令，把影视剧中的异性恋主人公想象为同性恋者，以便创作他们喜爱的同性情爱故事。② 麦当娜的歌迷在各类生活场景中以各种不同的方式演唱麦当娜的歌曲，并将这些妙趣横生的表演拍成录像带，送去参加有关机构举办的比赛。③ 费斯克（John Fiske）将粉丝生产力划分为了三个类型：符号生产力（semiotic productivity）、声明生产力（enunciative productivity）和文本生产力。符号生产力指的是大众"从文化商品的符号资源中创造出关于社会认同和社会经验的意义"，这是一种个人的内在理解过程。而一旦大众将自己所"生产"的意义表述出来，并通过口头文化在特定的社会语境中与他人分享，符号生产力就转化为"声明生产力"。声明生产力不仅包括粉丝之间的交谈，还包括粉丝利用发型、化妆或服饰来建立个人及社会认同的方式。比如，足球比赛中，球迷们身着所支持球队的球衫的行为。文本生产力

① Jonathan David Tankel and Keith Murphy, "Collecting Comic Books: A Study of the Fan and Curatorial Consumption," *Theorizing Fandom: Fans, Subculture and Identity*, Cresskill: Hampton, 1998, pp. 66 – 67.

② William W. Kelly, "Introduction: Locating the Fans," p. 7.

③ ［美］约翰·费斯克：《理解大众文化》，王晓珏、宋伟杰译，中央编译出版社2006年版，第154—156页。

与官方文化的艺术生产力很接近，但二者有一个重要区别：粉丝的文本生产不以营利为目的，粉丝文本的传播范围也因此比官方文本的传播范围要窄。[①]

英美粉丝研究就是围绕粉丝消费的多重面向展开的，并深受西方主要消费理论的影响。格雷（Jonathan Gray）、桑德沃斯（Cornel Sandvoss）和哈灵顿（C. Lee Harrington）曾将英美粉丝研究的发展划分为三个阶段。20 世纪 90 年代初兴起的第一波粉丝研究主要受到德塞都理论的启发，将粉都（fandom）[②] 看作是弱者利用游击战术争取权力的一个斗争场域。[③] 如美国著名媒介学者詹金斯（Henry Jenkins）就曾借用德塞都的"盗猎者"的喻像，将粉丝描述为"文本的盗猎者"：

> 像从前的盗猎者一样，粉丝是从一个文化上边缘、社会上弱势的立场展开运作的。像其他的大众读者一样，粉丝缺乏直接接触商业文化生产工具的途径，他们影响娱乐工业决策的资源也极其有限。粉丝必须乞求电视网络继续播映他们最喜爱的节目，必须游说制片人提供他们渴望的情节发展或保护钟爱人物的完整性。在文化经济内部，粉丝是农民，而不是有产者，我们对大众抵抗策略的欢呼必须基于这个认识。[④]

詹金斯关注的是粉丝如何"挪用"大众文化资源，如何将大众文化工

---

① John Fiske, "The Cultural Economy of Fandom," *The Adoring Audience: Fan Culture and Popular Media*, ed. Lisa Lewis, London: Routledge, 1992, pp. 37 - 40.

② 《韦氏大辞典》对"fandom"一词的解释是：1) 所有粉丝，2) 作为粉丝的状态和态度。第一个意思，可以译为"粉丝群"。部分语境中，可以与"粉丝"（fan）一词换用。第二个意思，可以大致译为"喜好"。比如，我是一个超女粉丝，那么超女就是"the object of my fandom"（我喜好的对象）。再比如，在足球比赛中，很多球迷穿上他们所支持的球队的球衣来"express their fandom"（表达他们的喜好）。由于汉语中没有合适的对应词来涵盖"fandom"一词的双重含义，一些台湾学者将该词直接音译为"粉都"。

③ Jonathan Gray, Cornel Sandvoss, and C. Lee Harrington, "Introduction: Why Study Fans?," *Fandom: Identities and Communities in a Mediated World*, eds. Jonathan Gray, Cornel Sandvoss, and C. Lee Harrington, New York: New York University Press, 2007, p. 2.

④ Henry Jenkins, *Textual Poachers: Television Fans and Participatory Culture*, New York: Routledge, 1992, pp. 26 - 27.

业生产的文本占为己有，以不同的旨趣和目的不断重读、重塑原作，生产出自己独特的粉丝文化。

詹金斯还从五个层次对媒介粉都（media fandom）活动作出了完整的描述。第一，粉丝群包含着一种特殊的接受方式。粉丝是专注而忠实的观众，他们不仅会反复观看电视文本以寻找有意义的细节，还会和粉丝群里的其他成员一起分享、表述、辩论文本的意义。第二，粉丝群拥有一套特殊的批评和阐释实践。粉丝会利用个人的生活经历填充文本中的空白，挖掘文本包含的潜在故事情节，并合作构建出一个比电视播放的文本系列更为丰富、复杂和有趣的叙事宇宙。第三，粉丝群构成了消费者行动主义（consumer activism）的基地。粉丝会与电视网和制片人对话，发表他们对节目的看法。他们还会组织起来游说电视台，挽救那些有可能被取消播映的节目。第四，粉丝群拥有特殊的文化生产形式、美学传统和实践。粉丝艺术家、作家、影碟制作人和音乐家不仅创造出表达粉丝群特殊兴趣的作品，还发展出了另类的生产、流通、展览和消费机制。粉丝的艺术创作挑战了媒介工业对流行文本的版权所有。第五，粉丝群发挥着另类社群的功能，带有强烈的乌托邦色彩。粉丝群所包含的价值观远比世俗社会的价值观更加人性和民主。粉丝群成员之间的亲密关系和社群主义也与世俗社会的异化和浅薄形成了鲜明对照。粉丝文化满足了粉丝对合作、友谊和社群的渴望。[1]

进入 90 年代以后，粉丝的地位在西方主流社会发生了巨大的变化。首先是从广播到"窄播"（narrowcasters）的后现代媒介工业潮流，使得粉丝群变成了卫星/有线电视锁定的目标客户和缝隙市场。粉丝作为一种有利可图的消费模式，受到了媒介工业的积极鼓励和扶植。[2] 与此同时，西方主流社会也开始接受粉丝身份，不再将其污名化为古怪、疯狂的"他者"。90 年代中期的一份统计报告显示，高达 53% 的美国人都自认是经典科幻电视连续剧《星际迷航》（Star Trek）的粉丝。[3] 曾经备

---

[1] Henry Jenkins, *Textual Poachers: Television Fans and Participatory Culture*, New York: Routledge, 1992, pp. 277 – 284.

[2] Matt Hills, *Fan Cultures*, London: Routledge, 2002, pp. 36 – 44.

[3] John Tulloch and Henry Jenkins, *Science Fiction Audiences: Watching Doctor Who and Star Trek*, London: Routledge, 1995, p. 4.

受媒体嘲笑的"航迷"们现在已经彻底扬眉吐气。90 年代出现的几个非常高调的粉丝群体，如美国电视连续剧《X 档案》和《欲望都市》的粉丝，美国白人嘻哈（hip hop）歌手艾米纳姆（Eminem）的粉丝，也都没有再遭受"航迷"们所遭遇过的贬损。一些试图与消费者和选民沟通的名流、政治家们还会公开表明自己的粉丝身份。英国前首相布莱尔在 2005 年 11 月政府陷入深重危机之后，就曾出人意料地作为嘉宾出现在一个足球聊天节目，用其足球迷的身份来获取英国民众的认同。简而言之，粉丝身份成了我们与世界沟通，向他人揭示我们是谁的一种重要方式。①

　　90 年代中后期出现的第二波粉丝研究主要从布迪厄的消费社会学中汲取了灵感，更多地关注粉丝对于所粉对象的选择以及粉丝消费如何反映我们的社会、文化和经济资本，粉丝社群内部如何复制主流社会的等级制度。尽管研究者们依然关心权力、不平等和歧视等问题，但他们不再将粉丝群看作是赋权的工具，或与现存社会等级制度和结构抗衡的力量，而是认为粉丝是维护现存社会和文化分类体系的能动者。② 美国学者哈里斯（Cheryl Harris）在《电视粉都的社会学》一文中指出，电视作为当代社会的一个重要"公共空间"，过去很长一段时间都是由电视工业单方面说了算。这种情况直到 20 世纪 70 年代，各种电视观众团体出现之后，才有所改变。③ 成立于 1985 年的"高品位电视观众"组织（Viewers for Quality Television，简称 VQT）就是一个主要由"成熟的、中产阶级的、受过良好教育的"电视迷们自发组成的呼吁团体（advocacy group），目的是挽救那些因收视率低而遭到商业电视网禁播威胁的高品质电视剧。④ 在对 VQT 进行了长达五年的跟踪研究之后，哈里斯认为 VQT 组织的行为不能简单地用文化研究中的"赋权"概念来

---

　　① Jonathan Gray, Cornel Sandvoss, and C. Lee Harrington, "Introduction: Why Study Fans?" *Fandom: Identities and Communities in a Mediated World*, p. 5.

　　② Ibid., p. 6.

　　③ Cheryl Harris, "A Sociology of Television Fandom," *Theorizing Fandom: Fans, Subculture and Identity*, eds. Cheryl Harris and Alison Alexander, Cresskill: Hampton, 1998, p. 51.

　　④ Sue Brower, "Fans as Tastemakers: Viewers for Quality Television," *The Adoring Audience: Fan Culture and Popular Media*, ed. Lisa Lewis, London: Routledge, 1992, p. 163.

解释。该组织所要求观看的电视节目取决于其成员的"品味"，而这个品味又取决于组织成员是如何通过家庭、教育机构、教会和国家等机制被社会化的。也就是说，电视迷对于电视节目的选择完全取决于他们的"社会、文化和经济资本的特殊组合"，与他们的阶级地位有着直接的联系。VQT 组织为保卫高品质电视节目而发起的运动，更多的是一群共享着相似文化资本的人在扩展他们的文化领地，不再构成一种文化抵抗或颠覆的形式。[①]

格雷等人认为前两拨研究者基本上还是把粉丝社群看作是一种通过粉丝集会、粉丝杂志形式表达的有组织的亚文化群体，一种相对小众的文化实践。但在当代，做粉丝已成为文化消费的普遍模式，渗透到我们日常生活的方方面面。MP3、手机、笔记本电脑等便携式通信技术的普及，使粉丝随时都能接触到他们所粉的对象。在重大球赛的日子，整个城镇都沉浸在狂欢和激情之中，每个居民都成了临时球迷。粉丝经验的变化迫使研究者们不得不扩展自己的分析范围，以容纳各种不同类型的消费者。粉丝研究也随之进入了一个在概念、理论和方法上都更加多元的第三阶段。[②]

2007 年出版的论文集《粉都——一个媒介化世界中的认同与社群》就是第三波粉丝研究的一个范例。该书大大扩展了粉丝文化的研究对象和领域。英美早期粉丝研究主要关注的是媒介粉都，也就是围绕科幻小说和科幻电视连续剧出现的粉丝社群。现在，学者的视野延伸到了包括体育迷、数码游戏迷、文学经典迷在内的所有文化娱乐产业。早期的粉丝研究学者全部来自美国、英国、澳大利亚等以英语为母语的国家，研究对象也主要是当代西方发达国家里的粉丝。现在则有更多非英语国家的学者加盟粉丝研究，带来了有关印度、东亚粉丝文化的论述。粉丝研究也不再局限于当代粉丝社群，而是开始对历史上的粉丝现象进行挖掘，展示粉丝与特定社会经济组织形式之间的密切关系。

当然，这些研究路径都还处于探索阶段且存在着争议。比如，詹金

---

① Cheryl Harris, "A Sociology of Television Fandom," *Theorizing Fandom：Fans, Subculture and Identity*, p. 51.

② Jonathan Gray, Cornel Sandvoss, and C. Lee Harrington, "Introduction：Why Study Fans?," *Fandom：Identities and Communities in a Mediated World*, pp. 7 – 8.

斯就对那些专注于个体微观层次的粉丝研究颇有微词。他觉得很难理解当其他领域的学者都把消费当作一种社会的、网络的合作过程，都在大谈"利用集体智识"和"群体智慧"时，为什么近年来的部分粉丝研究却回归到个体粉丝。他担心回归到个体心理学之后，会重新导致有关粉丝的病理学解释。詹金斯还指出，随着草根文化和商业文化的融合，缝隙市场和主流市场的交汇，每个媒介消费者从某种程度上说都是粉丝。粉都不再是"周末的世界"，而是消费者日常生活的核心部分。粉丝不再处于文化工业的边缘，而是无数业内会议所讨论的首要话题。[1]以电视观众为例，尽管还是有些观众只是单纯地收看节目，但更多的观众会跑到"指摘电视"（*Television without Pity*）网站去阅读那些犀利而有趣的评论。观众一旦上了那个网站，说不定就会不由自主地发帖，参与讨论。从那儿开始，就很难界定他们到底是不是电视迷。也就是说，粉丝的概念变得越来越宽泛，以至于我们不得不问"谁不是粉丝？"詹金斯甚至预言，由于粉都已经成了创意工业运作的基本模式，粉都可能不再是一个有意义的文化分析范畴。[2]

第二节　超女粉丝的文化消费模式

自 20 世纪 80 年代以来，中国社会开始了一场前所未有的社会变迁。这不仅是一个从农业社会向工业社会、从传统社会向现代社会的转变，也是一个从"物质匮乏时代向富庶时代"、从生产社会到消费社会的转变。[3] 其结果就是，中国民众的日常生活在"衣、食、住、行、乐"（高丙中语）等各个领域都发生了巨大的变化。海外中国研究专家戴慧思（Deborah Davis）对于这种变化有过如下的描述："在不到十年的时间里，数百万人有了新的通信方式，新的社会语汇，以及通过新的商业化途径产生的新颖的休闲方式。毫不夸张地说，中国经历了并正在

---

① 当代大陆电视工业在"万恶的收视率"的压迫下，也开始对受众，特别是粉丝受众格外重视。一些超女粉丝就曾调侃湖南卫视是"粉丝控"，即特别关注、在意粉丝社群的反应。

② Henry Jenkins, "Afterword: The Future of Fandom," *Fandom: Identities and Communities in a Mediated World*, 361 – 364.

③ 郑红娥：《社会转型与消费革命——中国城市消费观念的变迁》，第 5 页。

经历一场消费革命。"她认为，"这种高速的商业化进程不仅增加了消费者的选择余地，提高了物质生活水平，而且打破了国家对社会生活的垄断"，"削弱了主导整个六七十年代城市生活的绝对政府权威"。①

国内学者方心清和王毅杰将中国城市居民在1949年以后的消费方式划分为三个历史阶段。第一个阶段是"文革"及其之前的生存消费匮乏阶段。计划经济和短缺经济的双重制约导致了严格的计划消费，食品和日常生活用品都由国家实物配给或凭票供应，消费者缺乏基本的选择权。第二个阶段是从改革开放到90年代初期的大众消费阶段。随着市场经济体系的推广，消费品的供给开始由市场机制与配给机制共同完成，消费者的选择权逐步增强。90年代中后期以来，城市居民消费进入了第三个阶段。市场供给发生了实质性变化，从卖方市场转变为买方市场；居民的消费理性日益成熟，维护"消费者主权"的意识增强；享乐性消费替代生存性消费，占据了主导地位。② 郑红娥通过考察中国城市居民的消费观念，归纳出了转型时期的六种主要消费观念类型。它们分别是：注重节俭和实用的节俭消费观，以吃穿为主、消费随大流的大众化消费观，重视商品的符号价值、喜欢追求时尚的现代物质生活消费观，为孩子不惜花费一切的后代消费观，将大量时间用于工作的成就消费观，以及追求个性化生活及自我能力提升的发展消费观。郑红娥认为，中国居民的消费观念正在经历一个扬弃传统消费观，接受西方消费观，并建构有自身特色的消费观的过程。③

不过，大部分研究消费的学者目前关注的还是"衣、食、住、行"的领域，尚未对"乐"（娱乐休闲）的领域作出深入探讨，至多调查一下某些文化娱乐方式在大众日常生活消费中所占的支出比例。一些专门讨论文化消费的文章，也多从文化产业的宏观角度，分析中国文化消费的总量、结构层次、阶层和地域之间的不平衡，预测当代文化消费的主

---

① ［英］戴慧思：《中国都市消费革命》，黄菡等译，社会科学文献出版社2006年版，第3页。

② 方心清、王毅杰：《现代生活方式前沿报告》，社会科学文献出版社2006年版，第87—89页。

③ 郑红娥：《社会转型与消费革命——中国城市消费观念的变迁》，第136—181页。

要趋势,① 缺少对实际文化消费过程的微观考察。而"文化消费"一词本身也是含义暧昧。比如,杨晓光在《文化消费对中国文化发展的影响》的博士论文中,一方面确认文化消费是针对某些特殊文化文本的消费行为,"如生活中读什么书、看什么报、听什么音乐、看什么电影";另一方面,又认为文化消费还包括对产品"文化内涵"的消费,而这个产品并不一定就是通常所说的文化文本,只要它有"文化内涵"即可。② 那么,文化消费到底是针对某些"文化"商品的消费,还是各类商品的消费?哪些商品有"文化内涵",哪些又没有,判断的标准是什么?文化消费和与之相对应的物质消费究竟有什么区别?对于这些问题,杨晓光在论文中都没有作出回答。其实,这种按照消费对象的功能——是服务于人类的物质需要还是精神需要——来划分物质消费和文化消费的方式是相当可疑的。以日常生活中的酒为例。酒是物质性的,它能满足我们的口腹之欲、强身健体;酒也是社会性的,它是社交应酬的必备品、人际关系的润滑剂。同时,酒还是精神性的:在法国象征派诗人波德莱尔看来,酒既是记忆也是遗忘,既是欢乐也是忧伤,它能将人带入奇特而越轨的境地③。中国古诗中因酒而作或描写酒的诗作更是不胜枚举。如此看来,我们对于酒的消费,到底属于物质消费还是文化消费?

在本书中,我想对文化消费作一个更大胆的界定。我将把"文化"和"消费"视为相互关联的近义词,消解精神与物质的二元对立。在我看来,"文化消费"和"消费文化"这两个学界纠缠不清的术语其实并没有本质的区别:因为我们在谈论文化时,总是不可避免地指涉文化被使用和消费的方式;而我们在谈论消费时,也不可避免地涉及消费的文化意蕴。我接受英国文化研究学者斯多雷(John Storey)对文化的看

① 参见李婷、周仕参、熊菀君、钱金英《中国文化消费研究》,载《新西部》2008 年第 4 期;邓安球《论文化消费与文化产业发展》,载《消费经济》2007 年第 3 期;贾小玫、文启湘《文化消费:国民实现幸福的上佳途径》,载《消费经济》2007 年第 5 期。

② 杨晓光:《文化消费对中国文化发展的影响》,博士学位论文,吉林大学,2006 年,第 27 页。

③ Mary Douglas and Baron Isherwood, *The World of Goods: Towards an Anthropology of Consumption*, London: Routledge, 2003, pp. 49.

法，即"文化不是一系列文本和物品"，而是人们利用文化工业提供的文化商品来实现制造（making）和生成（becoming）目的的"动态实践"（dynamic practice）。① 也就是说，文化不是一个静止的名词，而是一个活跃的动词，是人们日常生活中的重要活动。我也赞同英国人类学家道格拉斯（Mary Douglas）和经济学家爱舍伍德（Baron Isherwood）在其名著《物品的世界》中对消费的重新定义，即消费不是用来满足自我需要的个体行为，而是一个"文化被争夺和塑造"的场域。一个家庭主妇提着购物篮回家：一部分物品留作家用，一部分留给老人和孩子，一部分留着待客。她邀请哪些人到家里做客，多长时间请客一次，用哪些音乐、食物、酒水和话题款待客人，这些消费选择都"表达和形成了一般意义上的文化"。她的丈夫每月把多大部分的工资交给她持家，多少留下来自用，同样也涉及性别角色、家庭责任等文化问题。②

我们之所以需要物品是因为它们"使文化的范畴（categories of culture）变得可视（visible）和稳定"。物质财产除了为我们提供食物和居所，还"承载着社会意义"，"制造和维持着社会关系"。比如，东非努尔人（Nuer）部落的社会进程和社会关系就全部以家畜来界定。婚礼仪式的每一个阶段都离不开家畜的转让和屠宰，婚姻伴侣的合法身份也是基于对家畜的权利和义务。消费的基本（essential）功能实际上不是为了满足吃饱穿暖等日常需要，而是帮助我们理解（make sense）社会生活中的复杂意义。③ 由于意义是不断流动、飘忽不定的，如何固定它，使它停留一段时间，就成了社会生活中的一个主要困难。作为常规的仪式，就是用来盛装流动的意义，以便建立起可视的公共定义。成人仪式、婚礼仪式的举行都是为了让我们能对这些事件的含义拥有清晰的理解和记忆。而这些仪式都离不开一些物品的使用，"仪式使用物质资料的方式越有效，使用的礼仪饰品越昂贵，我们可以假设其固定意义的企图也就越强烈。商品，从这个角度说，就是仪式的附属物；消费就是一

---

① John Storey, *Cultural Consumption and Everyday Life*, p. xii.

② Mary Douglas and Baron Isherwood, *The World of Goods: Towards an Anthropology of Consumption*, p. 37.

③ Ibid., pp. 38 – 40.

个仪式过程，其主要功能是让我们理解各种事件的流变"。① 另一位英国人类学家米勒（Daniel Miller）也指出，消费不是简单地满足需求和欲望的购物行为，而是人们利用商品和服务来创造意义的过程，消费是"一个相对自主的、多元的文化自我建构过程"。②

本书就是对超女粉丝利用超女选手来理解当代中国社会，制造意义、认同和社群文化的过程的研究。我试图通过对超女粉丝的个案分析来勾勒、测绘中国当代大众文化消费中出现的一些新图景。尽管由于粉丝身份在发达国家的泛化，使得粉丝作为分析范畴的效力受到质疑，但在经济、文化发展极端不平衡的中国，作为文化媒介消费的"急先锋"的粉丝人群与普通受众之间的区分还会在一定时期内存在。探讨超女粉丝所形成的文化消费模式能够帮助我们了解中国都市中的新生代人群如何利用新媒介技术生产，消费属于自己的大众文化，表达自己的社会和人生理想。

一　粉丝的愉悦、认同和幻想

做粉丝是一个极度愉悦和极度赋义性的（signifying）文化消费实践。英美粉丝研究学者经常使用三种精神分析理论来解释粉丝的心理和愉悦。首先是弗洛伊德的性本能理论。许多学者认为，围绕明星展开的性幻想构成了粉丝愉悦中的重要部分。如英国社会学家罗耶克（Chris Rojek）称："粉丝因各种原因被名流吸引，主要有性吸引，对独特的个人品质的钦慕，以及大众传媒的喝彩"。"网坛美少女"安娜·库尔尼科娃和足球运动员大卫·贝克汉姆之所以能成为流行偶像，都和他们本人的性吸引力以及媒介对他们的性表征密切相关。③ 其次是克莱茵（Melanie Klein）的"客体关系理论"。如英国社会学家斯泰西（Jackie Stacey）就曾使用了克莱茵的理论来研究英国女性影迷对好莱坞女明星的认同过程。斯泰西认为，观众在选择自己喜爱的明星时，也是在选择

---

① Mary Douglas and Baron Isherwood, *The World of Goods*: *Towards an Anthropology of Consumption*, p. 43.

② Daniel Miller, ed., *Acknowledging Consumption*, London: Routledge, 1995, p. 41.

③ 引自 Cornel Sandvoss, *Fans*: *The Mirror of Consumption*, Cambridge: Polity, 2005, pp. 70 – 71。

这个明星所体现的女性气质。粉丝会将他们自身的优良品质投射到明星身上，然后通过假扮、模仿、复制的方式，将明星身上的"好"品质内摄到自己身上。[①] 近年来，温尼科特（D. W. Winnicott）的过渡性客体（transitional object）理论开始在粉丝研究中流行。温尼科特通过对儿童心理的研究，认为儿童玩耍的内容不重要，重要的是玩耍中的专注状态。在玩耍中，儿童施展了全能的幻觉，获得了对玩耍对象的控制权和所有权。玩耍的对象是一个"过渡性客体"，它打开了一个既非内在现实，也非外在现实的第三空间。这个空间"为那些不断将外在现实和内在现实既区分又联系起来的个体提供了一个小憩之所"，帮助我们保持精神和心灵的健康。[②] 对于某个演员、歌手或作家的特殊喜爱，对于某个球队的终身支持，对于某个钟爱的电视剧的仪式性观看，为我们提供了安全感，有助于我们维持一个可以清除焦虑的"保护性屏障"，有助于我们对自我和他人保持信任。[③]

　　在超女粉丝社群中，我们可以观察到上述三种心理机制的同时运作。尽管《超级女声》节目更多的是强调选手的个性，而不是性感，但"性"始终是那些最受欢迎的超女选手的魅力之一。玉米早在2005年比赛期间就提出李宇春具有一种"纯洁的性感"或"不经意的性感"。一位20多岁的男玉米曾在贴吧上称，他将李宇春的海报贴在了浴室门上。当一些女玉米对这种赤裸裸地将女明星当作性幻想客体的举动表示不安时，该男玉米从容地回答："我看得见她，她看不见我"。在男性成员相对较多的凉粉社群里，更是有一些男凉粉把张靓颖当作"梦中情人"，还公开在贴吧里分析她的胸围大小。一些"色麻"（好色的芝麻）也曾把尚雯婕在比赛中的一些视频片段重新编辑加工，创作了一个专门突出尚雯婕性魅力（唇、胸、腰、腿等身体部位）的视频。值得一提的是，女性粉丝对于女性偶像的性魅力的感受能力丝毫不亚于男性粉丝。许多女玉米会仔细欣赏李宇春的每一个身体细节，并从中获得强烈的视觉愉悦。

---

　　① Jackie Stacey, *Star Gazing*: *Hollywood Cinema and Female Spectatorship*, London: Routledge, 1994, pp. 230 – 232.

　　② Cornel Sandvoss, *Fans*: *The Mirror of Consumption*, p. 86.

　　③ Ibid. , pp. 70 – 71.

不过，性愉悦只是超女粉丝愉悦中的一个组成部分。超女粉丝的快感更多地源自他们对于偶像和社群其他成员的强烈认同。如果说当代文化消费的一个主要功能是建立认同，那么粉丝可能就是所有消费者中认同感最强的一群人。根据李素华对汉语"认同"一词的辨析，"认"字在现代汉语中有四个含义：一是认识、分辨；二是跟本来没有关系的建立某种关系；三是同意、承认；四是认吃亏。"同"字在现代汉语的含义主要有：相同、一样；跟……相同；共同、一起。"认同"这个复合词在现代汉语中主要有两个含义：一是认为跟自己有共同之处而感到亲切；二是承认、认可、赞同。① 在论述粉丝认同时，我想更多地强调"认"字中的"辨认"和"建立关系"的含义。我把粉丝认同定义为粉丝主动对所喜爱的对象进行识别、分辨，确认所喜爱的对象与自我的相似或一致，并与所喜爱的对象建立亲密关系的动态过程。

2007 年几位上海玉米为李宇春创作了一首歌曲《和你一样》。歌中唱道："我和你一样一样的坚强/一样的全力以赴追逐我的梦想/哪怕会受伤哪怕有风浪/风雨之后才会有迷人芬芳/我和你一样一样的善良/一样为需要的人打造一个天堂/歌声是翅膀唱出了希望/所有的付出只因爱的力量/和你一样"。这首歌曲后来成了李宇春个人演唱会上的保留曲目。当众多玉米与李宇春合唱起这首歌时，总是将演唱会的气氛推到最高点。不仅粉丝反复向偶像重申着"和你一样"的告白，偶像也会对粉丝确认"我们一样"。2008 年，07 快男选手张杰推出了一首新歌《我们都一样》。在歌中，张杰对他的粉丝"星星"们唱道："你知道我的梦/你知道我的痛/你知道我们感受都相同/就算有再大的风也挡不住勇敢的冲动/努力的往前飞/再累也无所谓/黑夜过后的光芒有多美/分享你我的力量就能把对方的路照亮"。偶像和粉丝视彼此为知己，休戚与共，相濡以沫。这种亲密的情感纽带才是许多超女粉丝最大的愉悦。

此外，选秀偶像还承担了温尼科特的"过渡性客体"的功能。通过对偶像的喜爱，粉丝为自己建造了一个释放压力、抚慰心灵、重拾勇气的"小憩之所"。一位刚刚工作两年的星星曾在百度张杰吧中写道：

---

① 李素华：《对认同概念的理论述评》，载《兰州学刊》2005 年第 4 期。

　　其实追星并不是什么疯狂的事情，更多的时候我认为是在给自己的心灵找一种寄托；我最欣赏张杰的是他的性格；他对梦的坚持；有时候从他身上倒映着许多自己；相信很多星星也和我有着同样的心境；可是现实中的我们却缺乏着一定的勇气，不过现在的我也因为张杰改变了许多，当在工作遇到挫折时，想着他的经历会给我很大的动力；就觉得勇气从中而来；有时候觉得我的心灵已寄托在他身上；只有他不断的成功，我才能一直坚持着；不放弃自己的梦想；才能克服生活中的各种困难；因为我的工作性质时刻都需要调整自己的心境；常常压力大到精神崩溃；所以要给自己的精神找个适合自己的空间；张杰就是我的精神空间。[1]

从这段自述中可以看出，粉丝将自己的经历、性格投射到偶像身上，同时，又从偶像身上汲取信心和勇气。粉丝以偶像为中介来应对外部世界的困难和压力，并将偶像的成功当作自己争取成功的动力。偶像既是粉丝的理想自我和角色榜样，又是粉丝的"精神空间"和心灵寄托。

　　当然，不同年龄、不同身世、不同性别的粉丝所获得的粉丝愉悦不尽相同。对于那些运用自己的经济和社会资本鼎力支持偶像的熟龄粉丝来说，他们还享受到了父母"见证"、呵护孩子成长的快乐，偶像的点滴进步对于他们来说都是巨大的惊喜。和那些已功成名就，获得主流社会普遍认可的演艺明星不同，选秀明星在选秀节目中露面时多为业余歌手，尚未正式涉足娱乐圈。他们虽然借助选秀节目展现了才华和潜力，但最终能否在娱乐圈长久立足还是一个未知数。因此，那些最铁杆的超女粉丝并不期待偶像迅速取得辉煌的成功，他们更在意帮助偶像实现其"音乐梦想"。也就是说，粉丝与偶像之间多了一层父母对待孩子的关爱和期待，"除了浪漫主义的寄托和偶像崇拜之外，还有母爱情怀的体现"。[2] 超女粉丝为偶像发明了许多有趣的昵称。李宇春的昵称可能是最多的，包括"小葱"、"葱宝"、"欢欢"、"团团"、"小老虎"等。在

---

　　[1]　梦星星88：《张杰云南签售人气真让我吓一跳》，百度张杰吧（http：//tieba. baidu.com/f? kz＝522423750，2009—01—04/2009—03—16）。

　　[2]　郑欣等：《平民偶像崇拜——电视选秀节目的传播社会学研究》，第120页。

粉丝眼中，偶像是可以绝对信任、宠爱和支持的孩子，如同父母常常在孩子身上寄托了自己此生不能实现的梦想，粉丝也把他们未能实现的梦想寄托在偶像身上。

一位超女粉丝曾说，选秀明星和娱乐工业制造的明星的最大区别就是，选秀明星让观众看到了她们最自然、最真实的一面，选秀明星身上的金子都是粉丝一点点贴上去的。而娱乐工业的明星则一开始就已经被贴上了金，那些金光灿灿的形象都是人为建构的。这位粉丝的观点触及到娱乐工业中一个非常重要的问题，即明星的本真性（authenticity）问题。在传统的造星体制下，明星是经过娱乐工业精心包装后推向市场的文化商品。但在《超级女声》舞台上成名的选秀明星则被假设具有更多的本真性，她们的偶像气质和内涵不是由娱乐工业制造的，而是由粉丝挖掘出来的。粉丝在这里代替了娱乐工业的操盘手，拥有了对选秀明星符号表征的控制权和所有权。超女粉丝对于偶像的解读就是一个从平凡中发现不平凡的"贴金"过程。这不是一个简单的阅读表演，而是一个包含了幻想和欲望的复杂心理过程。超女粉丝社群中两个广泛流行的术语"意淫"和"选择性失明"可能就是这一过程的精辟概括。

"意淫"（或简写为"YY"）是当前mop、天涯等大型网络社区中最常见的词语之一，指天马行空的想象。不过，当超女粉丝使用这个词时，则是指粉丝对于偶像的能力、魅力和未来发展前途所作的不切实际的幻想。比如，不少超女粉丝都会"意淫"自己的偶像是"天籁之声""巨星胚子"，假以时日一定会成为歌坛天后或流行巨星。为了增加"意淫"的真实感，粉丝会仔细挖掘、甄别自己的偶像与他人的不同之处（优越之处）。因此，玉米喜欢夸耀李宇春婴儿般的白嫩肌肤，凉粉喜欢夸耀张靓颖的"海豚音"，芝麻则喜欢夸耀尚雯婕复旦大学的文凭。粉丝在意淫的同时，还会经常"选择性失明"。即忽略偶像的能力和性格中不尽如人意的地方。也就是说，他们一方面用放大镜发掘偶像的优点，另一方面，对偶像的缺点视而不见或忽略不计。这并不是说超女粉丝都是妄想狂，而是指出幻想是粉丝愉悦和认同中不可或缺的层面。超女粉丝群之间的互相攻击，在某种程度上·发挥了清醒剂的作用，使一些粉丝不至于在"意淫"之路上滑得太远，以至于彻底抛弃了幻想与现实之间的界限。

超女粉丝对于偶像的解读是费斯克所谓的"粉丝辨识力"的最好证明。表面上看，各个粉丝社群对于偶像的描绘基本上大同小异。比如，芝麻称赞尚雯婕"善良，孝顺，大气，智慧，宽容，幽默"，这些形容词和玉米对李宇春的赞美几无差别。几乎所有的粉丝在解释自己为什么喜欢某超女时，都会提到"唱得好，长得好，人品好"的三大基本理由。但各超女粉丝群恰好在唱功、女性美和品行等关键词的定义上产生了重大分歧。这些关键词涉及了一个更根本的人生问题：即个体应该通过什么样的方式在当代中国社会获得成就、声望、爱和好的生活。李宇春、尚雯婕、张靓颖等超女不仅代表了不同的个性类型，表演风格和社会文化资本上的差异，还代表了不同的人生观、道德观和处世哲学。粉丝在选择不同的超女作为自己的喜爱对象时，也是在自觉或不自觉地表达他们所认同的社会秩序、道德规范和审美原则，他们对个体应该如何在社会中生存和展现自我的看法，他们对女性的身体、性态和性别的认识，他们对当今中国社会矛盾的反应。

二　新媒介和参与性文化

超女粉丝群的出现与新媒介和参与性文化的兴起息息相关。新媒介的"新"是相对于书信、电话、报刊、广播、电影、电视等传统媒介而言。从技术上说，新媒介指的是"依托数字技术、互联网络技术、移动通信技术等新技术向受众提供信息服务的新兴媒体"。[①] 当前较受关注的新媒介有：虚拟社区、电子邮件、聊天室、博客、播客、搜索引擎、门户网站、手机短信、网络电视、移动电视、DVD 和光盘媒介、数码相机、WAP、PDA 等。新媒介除了具有报纸、电视、电台等传统媒体的功能外，还具有交互、即时、延展和融合的四大传播特征。交互性指的是机器与机器（硬件与软件设备）间的数据交换与处理，人和机器间的信息流动（包括输入输出以及人同程序之间的互动），人和人通过机器的中介进行的沟通交流。传统媒介虽然能给受众传递大量信息，但受众反馈以及受众之间的交流都很少，新媒介则给受众提供了一个双向交流的平台。即时性意味着信息的快捷传播，由于内容生成和传

---

① 宫承波：《新媒体概论》，中国广播电视出版社 2007 年版，第 2 页。

播过程的重合，理论上说，任何人在任何地方都可以获取即时信息，从而突破了时间和空间的限制。延展性指的是新媒介在信息延伸和扩展方面的无限能力。在时间上，新媒介使信息得以实时传播，并可随时修改、增补、删除；在空间上，丰富快捷的链接和可以无穷无尽拓展的"栏目"、"版面"，使得信息发布不再像传统媒介中的内容受到纸张的制约。融合性指的是新媒介能将所有的媒介形式和内容整合到数字化的环境中储存、播放和传输。① 具备上述特性的新媒介导致了"传播的回归"，即"'大众'化传播向个性化传播回归，单向传播向双向互动性传播回归，中央集权的传播向自由平等的传播回归"。②

　　新媒介的变革在媒介消费和大众文化上的反映便是詹金斯所谓的"参与性文化"（participatory culture）的崛起。詹金斯指出：当代大众文化中出现了两个引人注目的潮流。一个是媒介融合，另一个是参与性文化。③ 詹金斯将媒介融合定义为：以数码技术为驱动的新媒介与传统的广播、电视、平面媒介的相互碰撞，草根媒介和公司媒介的相互交叉，媒介生产者的权力和媒介消费者的权力以无法预测的方式互动，媒介内容在多个媒介平台中流动，各种媒介工业相互合作，媒介消费者为了寻求娱乐体验不断迁移。④ 媒介融合一方面让少数大的媒介集团掌握了大量的权力，另一方面也让消费者获得了更多的参与性和自主性。以媒介融合为基础，西方社会目前出现了一种新的参与性文化。这个文化是由三个支流汇合而成的。它们分别是：（1）新的工具和技术使得消费者能将媒介内容归档、评注、挪用和重新流通；（2）一系列亚文化提倡 DIY（do it yourself，自己动手）媒介生产；（3）媒介集团水平整合的经济潮流鼓励影像、思想和叙事在多种媒介渠道中流动，并要求更积极的观众参与模式。这些潮流既改变了媒介消费者之间的相互联系，

---

　　① 廖毅文：《新媒体改变战争形态》，光明网（http：//www. gmw. cn/content/2004－08/10/content_ 74668. htm，"2004－08－10/2009－03－16"）。

　　② 赵凯：《解码新媒体》，文汇出版社 2007 年版，第 8 页。

　　③ Henry Jenkins, "Quentin Tarantino's Star Wars？: Digital Cinema, Media Convergence, and Participatory Culture," *Media and Cultural Studies：KeyWorks*, eds. Meenakshi Gigi Durham & Douglas M. Kellner, Oxford：Blackwell, 2006, p. 554.

　　④ Henry Jenkins, *Convergence Culture：Where Old and New Media Collide*, New York：New York University Press, 2006, p. 2.

也改变了他们和媒介文本、媒介生产者的关系。媒介消费者既非完全独立于文化工业,也非完全受文化工业掌控。①

随着计算机网络技术的全球同步应用和发展,以新媒介为工具的媒介融合和参与性文化也正在全球范围内同时出现。湖南卫视的马荣就将05《超级女声》节目的爆炸性流行归因于媒介融合。马荣认为新媒介的主动深度介入,使节目影响成 N 次方的扩张,是超级女声节目成功的重要外部推动力量。数字化技术所产生的全新传播渠道(如新浪网、百度贴吧、手机短信、博客、QQ 等)为全方位的双向互动提供了可能,大大增强了受众获取信息的主动性和便利性。在《超级女声》之前,传统的电视媒体以主流的姿态高高在上,网络媒体虽然发展迅猛,但却只能充当主流媒体的陪衬与配角。《超级女声》这个节目恰好为互联网的互动技术提供了一个释放能量的机会。节目主办方可以通过粉丝的短信投票和网络贴吧、论坛的舆论了解观众的想法,进而判断如何顺应受众的口味,提高节目的收视率。马荣还断言,《超级女声》是国内正在上演的新媒体与传统媒体融合互补的预演模式。②

正如《超级女声》节目是媒介融合的典范,超女粉丝群也是参与性文化在大陆崭露头角的一个有力证明。超女粉丝自诞生之日起,就是部分新媒介最积极的推广者。比如,以 Web2.0 技术为基础的百度贴吧虽然在 2003 年 12 月正式上线,但直到 2005 年超女比赛期间,才因为超女粉丝的到来而声名大振。超女粉丝中流传着"花痴使人进步"的名言。这个"进步"首先指的是媒介使用能力的提高。为了参与贴吧的讨论和 QQ 的交流,不少中年粉丝第一次学习电脑输入,第一次触网。为了更清晰地录制、分享偶像的演出活动,"视频大腿们"(指那些摄像技术高超,义务为粉丝群提供免费视频的粉丝)随时准备添置最新的技术装备。在百度的超女粉丝贴吧里,可以看到不少向社群成员传授媒介知识的网帖。包括如何上传、下载视频音频文件,如何利用网络工具进行打榜活动,如何利用手机下载彩铃、歌曲,如何贴图、截图、利用

---

① Henry Jenkins, *Fans, Bloggers, and Gamers: Exploring Participatory Culture*, New York: New York University Press, 2006, pp. 135–136.

② 马荣:《"新媒体"与"超级女声"》,载《当代电视》2006 年第 4 期。

photoshop 软件制作图片（俗称"PS"或"劈图"）。

　　超女粉丝社群不仅是一所免费的媒介学校，还是一个庞大的 DIY 媒介工厂。粉丝在这里生产出不计其数的媒介文本。仅以百度李宇春吧（简称"春吧"）为例，从 2005 年 5 月建吧到 2008 年 11 月的三年半时间里，该吧已经积累了 220 多万个主题贴和 4400 百多万个回帖，成为百度最大的贴吧。相比之下，周杰伦全球最大的中文官方网站 www. jaycn. com 虽然成立于 2001 年年底，并号称拥有 100 万注册的 Jay 迷，但它的总帖数也不过 1000 多万，只是百度春吧的四分之一。以每个主题贴（包括针对该主题贴的回复）平均 2000 字计算，百度春吧主题贴的总字数累计高达 44 亿字，相当于 5 套《国学宝典》①的容量。除了海量的文字文本，玉米还生产出了大量多媒体文本。截至 2009 年 1 月，百度春吧已上传了近万张李宇春的照片，其中绝大部分是玉米自己拍摄的。百度"别样春天在线"吧共收集了 4500 多个视频，基本上也是玉米自拍的。这些视频记录了李宇春自参加《超级女声》以后所有公开露面的场景，包括各种接机送机、媒体采访、签售演出、商业代言、公益活动等。在全球最大的免费网络空间 www. gogobox. com 网站，玉米上传的视频总容量高达 1200GB，相当于 60 部高清电影。只有在互联网时代，粉丝文化才能展现出如此空前的影响力，也只有 Web2. 0 等数码技术才能处理、储存如此庞大的粉丝生产力。

　　粉丝社群还是一个公民新闻（citizen journalism）的训练场。粉丝公民们会自己采写、编辑和发布有关偶像的新闻报道。在参加完签售、演唱会等与偶像面对面接触的活动之后，许多粉丝都会在贴吧发表"汇报帖"，对活动全过程进行图文并茂、绘声绘色的报道。对于一些特别重要的活动，如影响力大的颁奖典礼和李宇春的个人演唱会，粉丝还会组织起来通过手机短信或无线上网，在贴吧进行文字直播，或在新浪 UC 进行语音直播。除了在粉丝社群内部互相分享偶像的信息，超女粉丝还积极利用他们的媒介知识影响社群之外的非粉丝。他们会有意识地利用个人博客、网络公共论坛来发布、传播偶像的正面新闻和评论。比如，

---

　　①　《国学宝典》是 2005 年北京国学时代文化传播有限公司开发的网上检索系统，收录了中国 3800 多部古籍，总字数 8 亿多字。

2008 年 12 月,四位玉米决定在新浪网创立一个名为"Lee 周刊"的博客,利用博客这个新媒介来宣传李宇春。在开通博客之前,她们首先对新浪博客的点击率作了一段时间的跟踪分析。她们发现某个新浪博客达到一定的点击率后,就会被推荐到新浪首页,引起更多网民的关注。于是在博客开通之后,她们首先在百度的一些玉米贴吧大做广告,号召玉米积极点击该博客。很快,"Lee 周刊"的第二期就出现在新浪娱乐首页和新浪娱乐博客头条,并打入了新浪娱乐博客排行榜,总阅读量接近七万人次。如玉米拍摄的部分照片一样,"Lee 周刊"中的文章也相继被其他网络媒体转载。

　　澳大利亚文化研究学者特纳(Graeme Turner)将名流(celebrity)定义为"一种表征的类型和话语效果;一个由生产这些表征和效果的宣传、公关和媒介工业贩卖的商品"。[①] 但在李宇春的明星制造过程中,玉米自己生产的有关李宇春的表征和话语大大超过了大陆媒介娱乐工业生产的表征和话语。在演唱会等重大活动之后,玉米发表在百度贴吧的汇报帖的数量和长度远远超过媒体对这些活动的报道。玉米自拍的影音资料无论从数量和质量上也都超过了媒介工业所提供的资料。少数玉米甚至成了李宇春的专职摄影师。他们会放弃工作和休息时间,尽一切可能出席李宇春参加的任何活动,对李宇春进行拍摄。玉米也普遍认为只有粉丝饱含爱的镜头,才能捕捉到李宇春最美丽、最传神的瞬间。从某种意义上说,李宇春是由玉米集体 DIY 出来的明星,玉米自产自销着一个叫"李宇春"的媒介产品。"玉米地"(玉米社群的昵称)的文字、照片和视频以最直观、最快捷的方式将李宇春每日的行程、活动、样貌传递给所有玉米,使玉米能时时刻刻与李宇春亲密接触。这种接触随后又生成了大量新的话题和讨论,让贴吧的话语之水永远不会干涸。媒介娱乐工业的工作(如为李宇春安排频繁的通告和活动,维持媒体曝光度)只是为粉丝的媒介活动提供原材料。2005 年夏《超级女声》的盛极一时和 2006 年初胡戈的短片视频《一个馒头引发的血案》所引起的轰动,都表明草根民众也开始具备使用和控制媒介的能力,并且能和大型媒介娱乐机构一样塑造、改变我们的文化公共空间。尽管他们的活动

---

　　①　Graeme Turner, *Understanding Celebrity*, London: Sage, 2004, p. 25.

能力还受到一些体制因素的限制和干扰，但至少他们不再是被动的媒介消费者，而是积极的媒介生产者。

三　网络社群与文化生产

　　粉丝与粉丝社群是不可分离的，在粉丝社群的小世界里，粉丝的身份得到了确证和强化。超女粉丝依靠日益普及的网络通信技术生成了一系列自我生产、自我链接、自我组织的社群。正如刘立荣所指出的，超女粉丝的大规模出现得力于传统的电视媒体和网络新媒体、移动通信技术的结合，三网合一，"才将选手和观众全部网罗其中"。[①] 超女粉丝群就是一个粉丝文化和赛博文化相结合的产物。赛博空间对粉丝社群的促进和强化作用主要表现在以下几个方面。首先，以百度贴吧为核心的粉丝网络论坛为粉丝群提供了一个自由表达对偶像的爱慕、赞美、迷恋和支持的安全空间，一个固定的网络精神家园。在日常生活中，有可能被他人（非粉丝）视为疯狂和怪异的情感和行为都能在粉丝社群里获得肯定、理解甚至效仿。比如，一些粉丝在情感投入最多的时候，会时时刻刻惦记着偶像，并在梦中梦到偶像。虽然非粉丝很难理解这种狂热的迷恋，但在粉丝社群里，这种情感却能引起普遍共鸣，并且成了判断粉丝身份真伪的标准之一。

　　网络打破了地域限制，让全球的超女粉丝因共同的兴趣而聚合到一起，帮助许多周围没有同好的粉丝在网上"找到了组织"，不再感觉孤单。在这些社群里，成员通过自愿的参与和平等的协商，形成了自己独特的话题议程、行为标准和语言表达方式。百度李宇春吧和尚雯婕吧都有海外的粉丝利用时差和国内的粉丝一起共同管理贴吧，保证24小时都有专人在线守护家园。对比目前已被研究过的天涯社区和强国论坛，百度超女贴吧的目的更加专一，成员的归属感和参与感也更加强烈。对于偶像的强烈认同经常会衍生为对社群其他成员的强烈认同。比如，2007年一位芝麻在尚吧发表了一个祝贺尚雯婕生日的网帖。帖子的标题是"和你一样"。这里的"你"不是指尚雯婕，而是芝麻。帖中写

---

　　① 刘立荣：《"粉丝"受众研究——以"超女粉丝"为例》，硕士学位论文，天津师范大学，2007年，第6页。

道"我一直相信，守在这里的人［指百度尚雯婕吧的芝麻］，很多人，和我一样。我一直相信，能够懂她的人，会在极短的时间内被她击中，不懂的人，永远也不会懂。其实我们这些人，在灵魂深处的某个地方，彼此很相像"。① 帖子的作者在芝麻（"懂的人"）与非芝麻（"不懂的人"）之间划出了严格的界限，并声称芝麻都是一群拥有相似灵魂的人。

其次，百度贴吧为粉丝提供了一个便捷而强大的宣传和动员基地。许多在超女比赛期间只打算投15票的粉丝（05年超女比赛期间，每个手机只能投15票），来到贴吧之后，有可能在其他成员的感染下投出上百，甚至上千票。超女粉丝的地面活动也都利用贴吧作为呼吁动员的主要平台。在超女巡演比赛期间，盒饭（何洁的粉丝）"十指紧扣的情愫"就曾在百度何洁吧发出"十指令"，成功地动员了全国两百多个盒饭到南京为何洁造势、助威。此外，贴吧还是商业机构考察超女人气和粉丝群购买力的一个重要窗口。2006年超女比赛结束之后，尚雯婕曾一度被掌握着超女经纪合约的天娱传媒有限公司"冷藏"。在她沉寂的大半年时间里，芝麻在百度尚雯婕吧表现出的对偶像的忠诚和良好的文化经济资本，让商业机构确信尚雯婕是一个具有较高商业价值，能吸引一定规模的消费人群的歌手。尚雯婕最终成功转入了大陆有影响力的唱片公司——华谊兄弟音乐公司，开始了稳定的发展。

正如百度贴吧是一个四通八达、相互链接的网络系统，网络粉丝世界也是呈网状分布的。在粉丝的世界里，会存在着围绕同一个偶像建立起来的不同社群（如以李宇春为主题的百度贴吧据说多达50个以上，在西祠、天涯等大型网络社群和一些高校论坛，也活跃着大量玉米）。同一个粉丝也会有多重粉丝身份，同时喜爱不同的偶像（如一些玉米同时也是菲迷［王菲的歌迷］、荣迷［张国荣的歌迷］）。这些多样的粉丝身份和粉丝社群相互叠加，交织成了一个庞杂的网络粉丝世界。

王雅通过对2006年超女粉丝群的观察，注意到在百度贴吧存在着

---

① 两万字：《【Bon Anniversaire】和你一样》，百度尚雯婕吧（http：//tieba. baidu. com/f? ct = 335675392&tn = baiduPostBrowser&sc = 3034638258&z = 302271068&pn = 0&rn = 30&lm = 0&word = % C9% D0% F6% A9% E6% BC#3034638258，2007—12—23/2009—05—04）。

两种不同类型的粉丝活动空间。一个是以各超女选手名字命名的主吧（如尚雯婕吧，谭维维吧），另一个是百度"超级女声"吧。她对这两个空间作了一个生动的比喻："如果把超女比赛比作足球比赛，那么，在每场比赛进行的期间，选手吧就像是球迷聚集的看台，他们分别聚集在一起，欢呼和悲伤着。而超级女声吧则像是一群喜欢不同球队的足球流氓碰到了一起，他们在发泄着一时的愤怒、沮丧、狂喜和悲伤的情绪，互相咒骂着、冲突着"。① 其实，超女粉丝社群远不只是这样一个两极空间。粉丝群的规模越庞大，其网络组织也就越复杂。在我观察一参与的 05 超女选手的贴吧里，至少可以看到一个四级网络系统。

首先是以超女名字命名的主吧。主吧具有较强的官方色彩，承担着偶像、经纪公司和粉丝之间的桥梁作用。逢年过节，偶像会在这里向粉丝发节日问候帖，与粉丝进行简单的交流。主吧也是粉丝社群向非粉丝展现社群风貌，吸纳新粉丝的重要平台。主吧的管理一般比较严格，任何不适当的言论（如和偶像完全无关的话题或对偶像的批评）都会遭到"吧主"（贴吧管理者）的删除。其次是各种大的副吧，如玉米的"粽说是非"吧和"爱粽不粽"吧。这些贴吧的功能是为一些成熟的资深粉丝提供聊天的场所，一般没有明确的话题限制，粉丝们可以更多地涉及一些和偶像无关的社会或私人话题。但成员一般也还是会避免提及其他超女或选秀明星，以免招惹其他粉丝前来论战。

再次是各种大的"粽子"② 吧，如 05 超女粉丝的"超级粽子"吧，06 超女粉丝的"粽子没错"吧，07 快男粉丝的"地球无双粽子"吧。如果说前面的两级贴吧都是"班级"性质的，这些粽吧就是"年级"性质的。它们为观看湖南卫视选秀节目的粉丝提供了一个了解同期、同台出道的其他选秀歌手发展状况的平台。早期的超级粽子吧是一个人气旺盛，气氛活跃的贴吧，流传着"娱乐时代、粽子最帅"的口号。那里的"粽子"很像媒介娱乐工业的观察家和评论员，他们喜欢对超女赛后的演艺活动进行评论和褒贬，对各超女的发展前途进行分析和预测。据说这个吧由于内容丰富，信息齐全，一度成为不少娱乐记者搜集

① 王雅：《真人秀与互联网时代的粉丝》，硕士学位论文，北京大学，2007 年，第 37 页。
② 关于"粽子"一词的丰富含义，参见本书第二章第一节。

超女资料的地方。该吧的吧主目前全部是凉粉，主要成员也是凉粉。由于粉丝倾向过于明显，已经基本丧失了粽吧兼容并蓄的特色。最后，还有一些承担特殊功能和以特殊兴趣爱好为基础的粉丝贴吧。比如百度春吧链接的"别样春天在线"吧、"宗师行程"吧等，就是专门为玉米提供李宇春视频和李宇春行程的贴吧。这些贴吧一般是服务指南性质的，没有太多的社群交际活动。不过，一些以特殊爱好为基础的贴吧，如发表粉丝小说的"百度小葱的图书馆"吧和"绯色超女"吧，则成为了超女粉丝社群中独具特色的子社群。

　　超女粉丝之所以会建立这些形形色色的粉丝贴吧，最根本的原因还是为了满足粉丝社群成员的多元需要，为各种不同背景、不同需求和不同忠诚度的粉丝提供一个自我表达的空间。尤其是像玉米那样的超大粉丝社群（百度春吧注册的玉米人数目前超过七万人），如果全部集中在春吧，很难形成有效的交流。绝大部分资深超女粉丝都是网络游民。他们较少待在一个百度贴吧，而是会根据自己的时间、心情在不同的贴吧中游逛，寻找自己感兴趣的话题和信息。显然，百度贴吧中的超女粉丝并不是王雅所说的"易受感染的无差别人群"[1]，而是一个充满了差异和矛盾，但却依然能保持相对稳定认同的群体。

　　巴赫金（M. M. Bakhtin）曾提出，群体随着时间的发展，会产生和群体相关的意义，最终会出现该社群独有的新的语言形式或类别。许多研究者也发现，以计算机为媒介的社群在互动的过程中会创造出新的交际表达方式。[2] 当前，中国互联网上的网民们就已经在使用一套与正式的书面语言大相径庭的网络语言系统。根据常用网语的造词逻辑和方法，超女粉丝社群也形成了自己特有的粉丝"行话"来指涉各主要超女、粉丝群和粉丝活动。这些行话或代码拥有不同的来源、用法和情感内涵。它们能让资深粉丝马上辨认出使用者的粉丝身份和语境。比如李宇春除了在玉米地内部有一系列昵称，在玉米地之外也有不少特殊的称呼。许多05超女粉丝（包括部分玉米在内）喜欢称呼李宇春为"ZS"

　　① 王雅：《真人秀与互联网时代的粉丝》，硕士学位论文，北京大学，2007年，第40页。

　　② Nancy K. Baym, "The Emergence of On-Line Community," *Cybersociety* 2.0: *Revisiting Computer-Mediated Communication and Community*, ed. Steven G.. Jones, Thousand Oaks: Sage, 1998, p.52.

（"宗师"一词的汉语拼音缩写），这个略带调侃的称呼暗示他们承认李宇春在大陆娱乐圈中的独特性。一些凉粉则喜欢用"春哥"或"春公"来称呼李宇春，以表达他们对李宇春"不男不女"的跨性别气质的厌恶。06超女粉丝和07快男粉丝则称李宇春为"51"（即05年超女比赛的第一名），暗指李宇春不过是某一年选秀节目的冠军，后面还不断会有新的冠军出炉。

　　美国学者麦克唐纳（Andrea MacDonald）认为粉丝社群内部存在着等级秩序。粉丝社群可以按照粉丝知识（如资深粉丝比新粉丝掌握了更多有关偶像的资讯）、粉都层次（参加地面活动的积极性、消费能力、铁杆程度）、得到"内部"消息的机会等方面来划分等级。① 但我个人感觉，与中国社会无处不在的门第观念和权威迷信相比，像玉米那样的大型超女粉丝群是一个相当彻底的非中心、反等级的团体。大部分超女粉丝对平等的诉求远远超过对组织引导的渴盼。以网络为基地的超女粉丝群虽然没有明显的等级制度，但群体内部成员在声望和才能方面并不是完全平等的。总有一些成员因为对偶像、社群的突出贡献而在群体内部享有更高的声望和号召力，成为社群中的"舆论领袖"。这些舆论领袖"拥有更多的话语权，更多的接触媒介的途径。他们的意见和决定会为粉丝群体中的其他人所接受，从而影响其他成员的行为"。②

　　超女粉丝群比较类似一个贤能体制，粉丝可以依靠自己的学识、才华以及对自身网络形象的有效驾驭脱颖而出，成为所谓的"名ID"（即有名的网络ID）。由于粉丝在网络上的活动都必须经过文字的媒介，文字水平的高低直接决定了他们自我表达的效果。最受社群成员尊敬的都是那些能通过文字充分展示自己的才华、个性和魅力的粉丝，而不是那些只会一味地使用感叹号和社群口号来宣泄自己的热烈情感的粉丝。两位出生于70年代后期的"女文青"（文学女青年）"舒穆禄雪梅"和"恒惑玖寰妖"就分别是玉米和芝麻社群在超女比赛期间的"精神领袖"。她们为各自偶像撰写的真挚感人、才情横溢的美文在宣传偶像、

---

① Andrea MacDonald, "Uncertain Utopia: Science Fiction Media Fandom & Computer Mediated Communication," *Theorizing Fandom: Fans, Subculture and Identity*, pp. 131 – 152.

② 刘丹丹：《超级女声的传播过程与社会效果分析》，硕士学位论文，哈尔滨工业大学，2006年，第30—31页。

团结社群方面起到了巨大作用。

　　一位超女粉丝曾写过一篇题为《2005 超女粉丝钻石阵容》的文章，从百度贴吧管理、活动策划、组织动员、刷票攻击、理论历史、影音图像宣传、文字宣传等各个角度历数了 2005 各大超女粉丝团中最有才能的一批粉丝。① 从这个"钻石阵容"的名单里不难发现，玉米之所以能成为冠军粉丝团，其实是和玉米地里众多的女文青、"写手"分不开的。她们创作出了许多或睿智、或深情、或激昂、或幽默的美文，从方方面面详尽分析、论证了李宇春的艺术和人格魅力。其中，诗人梅侬在2005 超女总决赛前后撰写的有关李宇春的札记已经汇总出书，另外一部分玉米名篇也被结集成册，正式出版。② 如果单凭玉米在地面活动中的表现，她们可能会被评为中国最狂热的选秀粉丝群。但只要关注玉米在网络社群中的表现，就可以发现她们也是中国最有才华的选秀粉丝群。玉米"黑人保镖"还专门建立了一个百度"第五大道"吧，收藏、保留 05 超女粉丝，尤其是玉米在百度贴吧的活动资料。显然，只有意识到自己在开创历史的人才会如此细心地记录历史。

　　除了文字，超女粉丝还生产出了数量繁多的图片、漫画、音频、视频、粉丝歌曲、粉丝小说和周边产品（如团体标识、书刊、海报、日历、纪念品、服饰等）。其中不少粉丝文本都达到了相当高的艺术水准。比如，由玉米"heroine"作词，写给李宇春的摇滚歌曲《最初的梦想》③；芝麻"陈耶门"制作的尚雯婕宣传短片④；玉米"木儿"、芝麻"母花 KIMBERLY"、笔迷"小六子"、凉粉"松上木竖"以偶像为原型绘制的漫画；玉米"一颗男玉米"、"IS 莎"、芝麻"北京高姐"、广州

---

　　① 妖孽真多 o 丫：《2005 超女粉丝钻石阵容（终结版）》，百度超级粽子吧（http：//tie-ba. baidú. com/f？ z ＝ 98774466&ct ＝ 335544320&lm ＝ 0&sc ＝ 0&rn ＝ 50&tn ＝ baiduPostBrowser&word ＝ % B3% AC% BC% B6% F4% D5% D7% D3&pn ＝ 0，2006—05—09/2009—03—16）。

　　② 参见梅侬《聊赠一支春——李宇春麈谈》，新星出版社 2006 年版；中立粽子《见证——2005 年李宇春和玉米的音乐之旅》，安徽教育出版社 2006 年版。

　　③ 《最初的梦想》MV 见土豆网（http：//www. tudou. com/programs/view/0DAl0qOoLds/，2006 - 12 -27/2009 - 03 - 16）。MV 的制作者 green_ memory 也是一位玉米。

　　④ 《陈耶门视频作品全集》，陈耶门的新浪博客（http：//blog. sina. com. cn/s/blog_485c191a010006hd. html，2006—11—03/2009—03—16）。

凉粉"老俊"为各自偶像拍摄的照片、视频等。① 有超女粉丝甚至
声称:

> 比超女更有价值更有才华的是她们的粉丝……也许偶像最后成不了
> 真正的偶像,在音乐上无所作为,而这些粉丝们倒是在各自的领域
> 里成名成家。所以,从某种意义上,超女只是一个引子,是一个导
> 火索,也许它没能引爆音乐的传奇,却引爆了很多人的艺术创作才
> 华,激发了他们的精彩人生从此展开。②

超女粉丝所生产的文本并非只是如费斯克所说的仅在粉丝群内部流通,
是一种"窄播文本"。部分具有专业水准的文本不仅在粉丝群内部广受
好评,还被公司或机构选中,进入了更大的流通范围。赛博空间和各种
新媒介技术也为粉丝的文化生产和流通提供了极大的便利。

第三节 一个学者粉的告白:研究身份与方法

一 超女粉丝研究的现状和问题

有关超女粉丝受众的研究目前虽然数量较少,但也积累了一定的成
果。王雅的《真人秀与互联网时代的粉丝》和刘立荣的《"粉丝"受众
研究——以"超女粉丝"为例》就是两部专门论述超女粉丝的硕士论
文。这两部同时完成于 2007 年的论文,不仅都对超女粉丝群进行了较
为深入的研究,而且在研究方法、内容和理论资源方面也有一些惊人的
相似之处。比如,两位作者都在超女粉丝的大本营——百度贴吧进行了

---

① 参见《木儿漫画》,百度宗师贴图吧 (http://tieba.baidu.com/f? kz = 82616780);"母
花的尚雯婕漫画集","母花 KIMBERLY"的空间 (http://kimberly1983716.spaces.live.com/);
百度"小六子"吧 (http://tieba.baidu.com/f? z = 221773367&ct = 335544320&lm = 0&sc =
0&rn = 50&tn = baiduPostBrowser&word = % B3% AC% BC% B6% F4% D5% D7% D3&pn = 0,
2007 - 07 - 02/2009 - 03 - 16)。

② color_ of_ wind:《我觉得——比超女更有价值更有才华的是她们的粉丝,例如 BM 小
六子》,百度超级粽子吧 (http://tieba.baidu.com/f? ct = 335675392&tn = baiduPostBrowser&sc
= 975341582&z = 117701411&pn = 0&rn = 50&lm = 0&word = % B3% AC% BC% B6% F4% D5%
D7% D3#975341582,2006 - 07 - 26/2009 - 03 - 16)。

较长时间的民族志观察，收集了大量相关的网络资料，并有意识地将网络民族志与网下的实地接触、考察结合起来。王雅征集了五名超女粉丝进行深入访谈，刘立荣则参加了一些歌迷会活动，以求获得粉丝"内心最真实的表达"。[①] 王雅的理论基础主要是朱光潜的文艺心理学、传播学中的"使用与满足"理论和勒庞的群体社会心理学。刘立荣也借助了德国心理学家、美学家里普斯和朱光潜的移情理论来解释粉丝心理，利用了"使用与满足"理论来解释粉丝行为，甚至也引用了勒庞的《乌合之众》一书来解释粉丝群体的特征。

刘立荣认为，超女粉丝在欣赏电视节目过程中会对选手产生认同、敬佩和无距离的心理。他们虽然在现实世界中因种种原因无法成为偶像那样的人，但可以通过支持偶像的演艺事业来"表明自己与其他人的差异性，通过追'星'展示自己的梦想和自己向往的生活"。[②] 他还指出，贴吧、QQ 群和聚会是粉丝形成过程中的三种重要组织形式。从贴吧的号召到 QQ 群的讨论，最后到落地行动，环环相扣，紧密相连。每次聚会或拉票行动之后，又会有粉丝去贴吧或者 QQ 群汇报情况，激发更多的人参与行动。[③] 王雅提出，《超级女声》节目是"一场真实的游戏"，粉丝在比赛中投入时间、情感甚至金钱的行为类似电脑游戏的玩家："游戏者操控着画面里面的角色，投入自己的感情，掌握它们的牛死。自己支持的选手赢了，就是自己赢了。"[④] 由于超级女声的赛程长达数月，粉丝会有长时间的情感投入。就好像是看一部电视连续剧，观众会感觉"与剧中人同呼吸共命运"。另外，超女粉丝还可以通过投票、宣传来影响接下来的剧情发展，这又可以最大程度地调动起他们情感的投入。[⑤] 王雅将超女粉丝群的功能概括为三方面："强化了粉丝个人的态度，使他们对偶像更加忠诚"；"推动了粉丝的态度向行为的转化"，促

---

① 刘立荣：《"粉丝"受众研究——以"超女粉丝"为例》，硕士学位论文，天津师范大学，2007 年，第 5 页。

② 同上书，第 22 页。

③ 同上书，第 15 页。

④ 王雅：《真人秀与互联网时代的粉丝》，硕士学位论文，北京大学，2007 年，第 20—21 页。

⑤ 同上书，第 26 页。

使粉丝更积极地参与具体的支持行动；"使成员对其他选手的态度更加趋向负面"。①

在单篇发表的论文中，滕威的《寻找自我与想象民主——解读2005年"超级女声"奇观》一文涉及了超女粉丝与偶像之间的"想象性的自我认同"。她指出，超女粉丝"既是观众也是演员，既观看节目也被电视机前的观众观看。他们在各自的偶像身上投射不同的理想自我，体验着自恋与他恋"。05比赛前三甲之所以能脱颖而出，是因为她们"最具整合力，在她们身上，能够安放自己身份想象的人最多"。②张嫱的《迷研究理论初探》不仅运用了一些西方粉丝理论来解释超女粉丝现象，还首次提到了超女粉丝创作的文学艺术文本。③根据詹金斯和史特格（Janet Staiger）对粉丝行为模式的概括，张嫱将玉米的行为模式归纳为四点。首先，"迷的形成是偶然的"。玉米喜欢李宇春是偶然发生的，与媒体报道的关联性不大。其次，玉米会以网络为主，跨越不同的媒介寻找有关李宇春的信息，代表了网络时代粉丝的媒介消费行为特征。再次，玉米创作了大量以李宇春为原型的文学作品，这些玉米文学"将李宇春的形象无限延伸"，使得玉米通过书写"跨越自己和偶像之间的鸿沟，将自己置于一个和偶像共同存在的幻想世界"。玉米将偶像文本融入生活之中，通过重复消费偶像文本，来满足个人的幻想，"进一步掌握欲求的对象"。最后，玉米在网络上建立的虚拟社区提供了身份建构、交流分享的舞台，加强了粉丝对偶像文本的认识和喜爱。玉米在虚拟空间与其他玉米建立了亲人般的感情，完成了"展现自我、获得反馈和反馈的内化的循环过程"。④

在已出版的专著方面，郑欣等人的《平民偶像崇拜》一书对超女粉丝作了较多的探讨。该书的第四章通过调查问卷的形式对玉米的日常崇拜行为和崇拜心理进行了研究。作者指出，玉米把李宇春当作"他们很

---

① 王雅：《真人秀与互联网时代的粉丝》，硕士学位论文，北京大学，2007年，第49—51页。

② 滕威：《寻找自我与想象民主——解读2005年"超级女声"奇观》，载《话题2005》，萨支山、杨早编，生活·读书·新知三联书店2006年版，第8页。

③ 张嫱：《迷研究理论初探》，载《国际新闻界》2007年第5期。

④ 同上书，第45—46页。

亲密的朋友和家人"，"可以学习的榜样"。虽然在非粉丝看来，玉米的举动是狂热的而毫无理性的，但在粉丝眼中，他们的所作所为都是"发自于内心的真情，是深刻而有意义的"。① 作者还试图探索选秀出身的平民偶像（"民星"）与传统商业包装的"明星"之间的区别。受访的大部分玉米认为，选秀民星和传统明星是有区别的。民星比明星"更具亲和力"，是一种更加真实，更具吸引力的偶像类型。② 作者认为，随着平民造星时代的到来，粉丝与偶像的关系发生了显著变化。"粉丝握有决定偶像的权力"，"粉丝与偶像不再是低对高的遥远的敬仰，而是可以平视的亲切的喜爱"。粉丝可以和偶像一起出镜，"影响着媒体造星的模式，左右着媒体视线的焦点"。③

尽管上述的研究成果普遍具有较强的原创性和丰富的"厚描"，但它们也存在着几个主要问题。首先是对超女粉丝现象的把握不够准确。由于研究者没有充分意识到超女粉丝群的多样性和流动性，得出的结论经常似是而非，对于某些粉丝（群体）可能适用，对于其他粉丝（群体）则不太适用。其次是研究方法上的欠缺。研究者在使用社会学方法时，往往忽视了调查的特殊情境；在使用民族志研究方法时，又未能反思研究主体与研究客体的关系，没有对研究客体的自我合法性话语进行甄别。再次是理论资源有限，研究视野狭窄，道德说教意味较重。大部分研究者关注的只是超女比赛期间的粉丝行为和心理，没有对赛后超女粉丝的活动进行详细观察，更没有将超女粉丝群置于更广泛的社会文化视野中来考察。

超女粉丝是一个极其丰富、复杂和不断变化的文化现象，牵涉到形形色色的粉丝人群。能始终保持对偶像的强烈热爱的粉丝并不多，更多的粉丝会经历情感的起伏，在不同的时间段对偶像的喜爱程度会有不同程度的变化。有一些粉丝会因为对偶像的某些方面感到失望而不再做粉丝。还有一些粉丝会因为遇到新的明星偶像而更换自己的喜爱对象。还有许多粉丝因为客观条件的变化，如工作、学业的繁忙，家庭的负累，

---

① 郑欣等：《平民偶像崇拜——电视选秀节目的传播社会学研究》，中国传媒大学出版社2008年版，第120—125页。

② 同上书，第130—131页。

③ 同上书，第133页。

而不得不减少对偶像的情感和时间投入。甚至还有一些粉丝会因为突然感到做粉丝是一种无意义的行为，而退出粉丝社群。因此，简单化的研究方法不仅不可能得出任何科学的结论，反而会漏洞百出。前面所提到的超女粉丝研究都不同程度地采取了问卷调查、访谈等实证研究方法。但也正是这些方法暴露出了两个突出的问题。首先，超女粉丝人数众多，研究者在征集粉丝样本是否应该考虑样本的代表性，是否应该结合粉丝群关于"我们是谁"的自我表述，防止以偏赅全？其次，研究者如何能公正地理解、判断、评论粉丝的自我表述，如何避免将粉丝群本质化、绝对化？

郑欣等通过李宇春 2006 年南京签售会的 185 份调查问卷，计算出"玉米平均年龄为 20.5 岁，这是一个年轻化的群体，拥有着用不完的激情和对偶像近乎于偏执的喜爱"。[①] 这样的结论貌似精确，实则根本站不住脚。如果研究者有兴趣到李宇春的个人演唱会现场去调查，就会发现玉米的平均年龄绝对超过 20.5 岁。因为演唱会票价高昂，一般只有已经工作了的成年玉米才负担得起，年轻的学生玉米的比例相对较低。也就是说，换一个时间和场合，郑欣等人的数字就会完全失效。张嫱的研究过程中也出现了一个有趣的情况。她将研究对象设定为玉米，声称"本研究以 2005 年超级女声冠军李宇春的迷'玉米'为研究客体"。[②] 但她在网络上征集的 36 个受访者中，只有 10 位受访者自称是玉米，另外还有 9 名受访者对玉米和李宇春持负面态度。依靠如此少量的粉丝样本而作的问卷调查是否会在一定程度上影响研究结论的可靠性？

西尔斯（Matt Hills）在研究粉丝文化时曾指出，粉丝社群中通常会形成、流通所谓的"话语真言"（discursive mantra），即"（借助集体理性化方式）避免让人觉得粉丝是非理性的一套相对稳定的话语资源"。[③] 粉丝会将这套话语结构当作事实来接受，并不断向他人重复讲述，以此来将他们非理性的、无法言说的强烈情感合法化。西尔斯强调：

---

① 郑欣等：《平民偶像崇拜——电视选秀节目的传播社会学研究》，中国传媒大学出版社 2008 年版，第 117 页。

② 张嫱：《迷研究理论初探》，载《国际新闻界》2007 年第 5 期。

③ Matt Hills, *Fan Cultures*, London：Routledge, 2002, p.67.

我们不能把粉丝言谈（fan-talk）仅仅当成粉丝知识的证据。我们必须对粉丝言谈进行阐释和分析，以便聚焦它的空隙和错位，它在自我意识和自反性（self-reflexivity）的叙述中的败落时刻，它的重复或偏爱的叙事结构，这种重复和偏好与面对"外部"敌意时的社群（或亚文化）辩护有关。[①]

滕威在论述玉米、笔迷、凉粉等三个超女粉丝群的自我认同时，就过于倚重超女粉丝的"话语真言"，而且是一家粉丝（凉粉）的"话语真言"，缺乏对粉丝言论的细致拷问和分析。

滕威将笔迷描述为大城市中没有历史记忆、消费欲望强大的"80后"独生子女，只关注个性的张扬和自我的书写，充满了"对市场社会、对未来的不变的信心"。她认为玉米缔造了"一个纯洁的平民女孩，不依附任何势力成功"的神话，以证明女性可以"纯洁地活在这个肮脏的世界，并且活得很成功"。玉米在其对手凉粉眼中是"可笑的，道德自恋的，有洁癖的"。凉粉更愿意做真小人，而不是伪君子。他们有一种强烈的身份优越感，其高层几乎都是成功男士，他们通过对张靓颖的喜爱来标志他们的品味、格调和身份。[②]这种对粉丝言论不加反思地挪用，不仅将粉丝群严重地本质化，甚至到了置基本事实于不顾的地步。比如，滕威将玉米和凉粉之间的差异总结如下：

> 玉米和凉粉之战，不仅仅是成人世界的性别之战，也是权力之战。凉粉是强势的，玉米是弱势的。规则是为玉米以及比玉米更弱势的人群设置的，无论游戏还是生活。……很多凉粉不是普通人，为了给张靓颖拉票，有人花 10 万块在报纸上做正版广告，成都的凉粉高层在"百脑汇"以赠送礼品方式拉票。……天娱的规矩约束不到张靓颖，很大程度上是由于凉粉的力量不可小觑。[③]

---

① Matt Hills, *Fan Cultures*, London：Routledge, 2002, p. 66.
② 滕威：《寻找自我与想象民主——解读 2005 年"超级女声"奇观》，载《话题 2005》。
③ 同上书，第 16 页。

如果《超级女声》比赛一定要被解读为一场性别和权力的大战，那么任何了解比赛结果的人都知道，胜者是李宇春和玉米，而不是张靓颖和凉粉。按照滕威非此即彼的逻辑就是：女性战胜了男性，弱者战胜了强者。既然"很多凉粉不是普通人"，凉粉的力量"不可小觑"，那么通过投票大战，战胜了笔迷和凉粉的玉米岂不应该更加"不是普通人"，又怎么可能是"弱势人群"呢？一旦我们拒绝将粉丝话语当作透明的真相来接受，一些新的问题就会浮出水面。为什么凉粉喜欢将自己塑造为"白骨精"（白领、骨干和精英）和成功人士，而将玉米表征为"办公室无聊行政女性"？为什么凉粉喜欢强调自己的男性性别，而无视凉粉群中一半以上的粉丝其实是女性的事实？为什么凉粉在夸示自己的智识优越感的同时，总是要将玉米贬低为"滥情"和"无知"？凉粉群体中所盛行的这一套自我辩护性质的"话语真言"与主流社会的性别偏见有着怎样的关联？

与郑欣、张嫱、滕威等研究中的问题相比，王雅论文中的问题可能就更加隐蔽。王雅在网络论坛上征集到五位粉丝进行深度访谈，其中两位是维生素（06超女亚军谭维维的粉丝），两位是凉粉，一位是玉米。维生素的年龄分别为19岁和23岁，凉粉的年龄分别为21岁和26岁，玉米的年龄为19岁。论文的附录里只收录了与那位26岁的心理学博士生凉粉进行访谈的笔录。至于为什么不收录其他粉丝的笔录，王雅没有作任何解释。当然，王雅也在论文中利用了其他的访谈资料。比如，那位19岁的女大学生玉米曾在访谈中提到2005年年底，百度李宇春吧的七位老吧主集体辞职事件背后有黑幕。王雅认为，该玉米的言论恰好"证明"了勒庞的理论："个体在群体当中，极易失去理性的判断，降低智力水平，轻信某些毫无逻辑的传言"。但她反驳这位玉米的证据不过是《南都周刊》上的一篇文章。王雅写道："《南都周刊》消息来源的真实性笔者无从考证，但是，对这同一件事情的两种解释，无疑后者[即《南都周刊》的说法]更现实、更符合逻辑和更有可信性。"[①] 既然《南都周刊》消息来源的真实性根本"无从考证"，王雅为何还要摆出一幅真理在握的姿态，坚称《南都周刊》的解释就是比玉米社群中流

---

① 王雅：《真人秀与互联网时代的粉丝》，硕士学位论文，北京大学，2007年，第42页。

传的解释更为可信? 在没有确凿证据的情况下, 王雅凭什么认为自己的推论就一定比玉米的推论"更符合逻辑和更有可信性"?① 如果王雅愿意倾听其他超女粉丝对吧主集体辞职事件的分析, 或许就不会如此一相情愿地将玉米描绘为谣言的牺牲品。②

王雅的论文展示出了超女粉丝研究者的一个独特困境。如果研究者不对《超级女声》节目感兴趣, 不对某个超女感兴趣, 那她就不太可能花费大量的时间跟踪了解超女粉丝的活动, 不可能对超女粉丝文化有相对全面的了解。但研究者一旦对某个超女感兴趣, 并在粉丝群中经历了长期的浸染, 那么她的论述就将极大地受到粉丝话语的干扰, 很难作出公允的判断。尽管王雅在采访粉丝时表示她会保持"客观", 但她的论文显然更多地融入了凉粉的观点, 那份采访凉粉的长篇笔录就是最好的证明。在笔录中, 受访的凉粉博士生称:"玉米更倾向于思维的控制。他们贴吧里的'一言堂'、还有强调'疯狂的爱'等, 各种极端行为我都见过, 他们的个人生活总的生存状况不如凉粉"③。王雅在对玉米的访谈中, 会进行追问, 强迫受访的玉米回忆信息的来源, 但她在采访凉粉时, 却没有对凉粉的言论表示过丝毫质疑。这样做的原因只可能是, 她早就接受了凉粉的立场, 并深信不疑。

不过, 超女粉丝研究当前最大的局限还是理论框架的陈旧。大部分研究者仅仅将粉丝看作是电视选秀节目的衍生物, 网络时代升级换代的追星族。比如, 刘立荣就将粉丝定义为媒介制造的明星偶像的狂热崇拜者和仰慕者。④ 郑欣等也将粉丝看作是人类古老的"崇拜心理"的载体, 并认为粉丝崇拜心理的最突出的两个特点就是"盲目性"和"狂热性"。处于"心理断乳期"的青少年最容易产生这种心理。⑤ 实际上, "粉丝"一词的内涵远非这么简单。众所周知, "粉丝"是英文单词

---

① 王雅:《真人秀与互联网时代的粉丝》, 硕士学位论文, 北京大学, 2007 年, 第41页。

② 百度第五大道吧的《关于笔莉时辞职若干问题的分析》的网帖收藏了几位粉丝对这一事件的不同看法。参见 http://tieba.baidu.com/f? kz = 94515328, 2006 - 04 - 17/2009 - 03 - 17。

③ 王雅:《真人秀与互联网时代的粉丝》, 第62页。

④ 刘立荣:《"粉丝"受众研究——以"超女粉丝"为例》, 硕士学位论文, 天津师范大学, 2007年, 第2页。

⑤ 郑欣等:《平民偶像崇拜——电视选秀节目的传播社会学研究》, 第47—49页。

"fan"的音译。"fan"在英语中泛指：1）体育或表演艺术的热爱者，通常是作为观众；2）某位名流或某种娱乐消遣的热情仰慕者（ardent admirer）或热心者（enthusiast）。① 这个定义不仅囊括了明星粉丝，还包括影迷、戏迷、体育迷和各种类型的爱好者，如言情小说迷、收藏迷、车友、驴友（户外运动的爱好者）等。

汉语"粉丝"一词虽然因《超级女声》节目而一炮走红，但它也并不只是追星族的代名词。由于其语用方面的灵活和语义方面的时尚，大陆公众和媒体正在越来越多地使用"粉丝"，而不是传统的"迷"字，来指代对某事物或消遣的狂热爱好者，如足球粉丝、车模粉丝、时尚品牌的粉丝等。周日安指出，"迷"一般不能单用，前面需要加上表示受事的名词性语素，构成双音节词，如"歌迷、影迷、戏迷、球迷、网迷"。"粉丝"却可以单用，比如"我是他的歌迷"不好说成"我是他的迷"，却可以说"我是他的粉丝"。"粉丝"还可以用英汉意义混合同仿的方式，组成新词，如"铁丝"（意指"铁杆粉丝"），"钢丝"（意指比"铁丝"还铁杆的粉丝）。"粉丝"不仅比"迷"在构词功能上更加灵活，也更多地体现了"后现代社会的世俗化和游戏风格"。② 更重要的是，"粉丝"一词与日常食用的"粉丝"同形，象征了粉丝身份在当代社会中的普遍性和日常性。

遗憾的是，目前的研究者们始终把粉丝定位为名人的崇拜者，哪怕这个名人是虚构的电视剧主人公或漫画人物。一提起"粉丝"，研究者们首先想到的就是与之对应的"偶像"。孙慧英虽然肯定粉丝"几乎涵盖了关乎文化现象的各个领域"，但却还是把粉丝仅仅当作明星效益的创造者。只不过"如今，'粉'的对象已经从明星到新星，从台上到台下，从剧情到生活，从古代到当代，从现实到虚拟，从美到丑"。③ 当粉丝被窄化为偶像崇拜者之后，他们就不得不活在杨丽娟的阴影下，接受学者的社会批判和道德义愤。于是，我们有了这样一幅粉丝的标准群像：（1）低龄，非理性，逻辑思维欠缺；（2）对偶像极度忠诚，在这

---

① "fan," *Merriam-Webster's Online Dictionary*, http://www.merriam-webster.com/dictionary/fan%5B3%5D, 2009—03—27.

② 周日安：《"粉丝"、"铁丝"与"钢丝"》，载《修辞学习》2006年第6期。

③ 孙慧英：《漫谈"粉丝"现象及其文化解读》，载《现代传播》2006年第6期。

种忠诚中宣泄过多的"力比多"暴力、狂热因子；（3）借助网络的匿名性，释放本我的存在，转移对自身情境的不满。作为"无主体性的非理性存在"，粉丝是一群被娱乐工业操纵的人，"集体迷狂在偶像制造的快感中"。① 粉丝之所以大量涌现，是因为"现代人由于缺乏社会交往与互动而被逐渐个体化、原子化，并在孤独、平淡的磨蚀下被淹没于茫茫人海之中"。加入粉丝社群之后，"他们得以在狂欢的幻境中重拾生命的意义，用追星的激情点燃枯燥的生活"。但追星最终不过是"建立在粉丝与明星符号互动基础之上的一场迷梦而已"。② 张闳在批判百家讲坛的学术明星时，还使用了"粉丝化"这一术语。他认为，在现代媒体的强大号召力面前，受众"几乎无可避免地'粉丝化'了"。这种"粉丝化"将知识和文化明星变成膜拜的对象，背叛了"知识的开发性和反神话倾向"。③

　　简而言之，在这些学者们看来，粉丝就是一群"loser"（失败者）。他们年龄幼小、智识浅薄、心情压抑、生活乏味，只好借助追星来获得情绪的发泄和虚假的存在感。但这样的笼统概括除了展现学者对粉丝的惯常偏见之外，委实没有太多的新意。我不认为自己属于上述的粉丝范畴，我认识的许多超女粉丝也不会认同这种描述。其实，只要把粉丝的含义稍微扩展到球迷，就会发现以上的论述是多么片面。我个人曾观看过2007年女足世界杯武汉赛区的比赛，见识了湖北地区铁杆球迷的热情。我身边的一位小肚微凸的中年男子，整场比赛都赤裸着上身站立着，气势十足地挥动一面自带的大国旗。他不仅带领周围的观众呐喊助威，还友好地掏出自备的金嗓子喉宝分给大家。他的举动和我在李宇春演唱会现场看到的玉米的行为并无太大区别。只不过玉米们摇晃的不是国旗，而是荧光棒。她们会激动地从座位上站起来，但不会脱光上衣。她们除了带喉宝，还会带上高倍望远镜和相机。在北京和武汉举办的动漫展上，我还见到了大批动漫迷，有正在读书的青少年、已经工作的白

① 尚香钰：《网络时代的"粉丝"狂欢——对后现代大众文化 fans 群体的症候式分析》，载《广东广播电视大学学报》2007 年第 4 期。

② 蔡骐、欧阳菁：《社会与传播视野中的"粉丝"文化》，载《淮海工学院学报》2007 年第 2 期。

③ 张闳：《文化 2006 颠覆与"粉丝化"》，载《今日南国》2007 年第 1 期。

领、带着孩子的中年父母，甚至还有五六十岁的退休老人。他们虽然不像明星粉丝和球迷那样喧闹，但他们在观看 cosplay① 时的投入和专注，并不亚于任何粉丝。

中国学界对于粉丝的描述大多还是围绕着非理性/无理性、迷狂/狂躁、虚妄/虚幻、被操纵等关键词。它们所对应的恰好是学者们最引以为豪的理智、冷静、清醒、独立等特质。美国学者詹森（Joli Jenson）曾对这种学术逻辑进行了深刻的剖析。在《作为病态的粉都：定性的后果》一文中，詹森指出，粉丝经常被大众和学者概括为两种类型：着魔的个体和歇斯底里的群众。这两种粉丝类型隐含着对现代生活的一种批判。由于碎片化的、不完整的现代社会产生出了碎片化的、不完整的现代自我，粉丝身份就成了对这种孤立的、原子化的现代生活的一种心理补偿。但这是一种充满风险的补偿机制：现实和幻想的界限随时可能模糊，理智随时可能被极度的情感吞没，最终导致粉丝的行为失控，变得狂热和病态。詹森认为，粉丝之所以被妖魔化是因为"我们这些人"（学生、教授和社会批评家）以及体面的收藏家和爱好者需要粉丝这样的"他者"作为替罪羊来减轻焦虑。将粉丝定义为反常、越轨的行为背后包含着一系列保守的价值取向："理性高于感性，受教育者高于未受教育者，冷静高于激情，精英高于大众，主流高于边缘，现状高于另类可能"。②

二　民族志与学者粉

本书将主要采取文化研究、受众研究和粉丝研究中普遍使用的民族志方法。民族志方法最早来源于人类学，指的是学者和某个偏远文化之间的长时期社会互动，以便观察和理解该文化的社会生活的全部复杂性。民族志"在其最典型的形式中，包含民族志学者长时期地公开或隐

---

① "cosplay"是英文单词"costume play"的简写，意为"服饰扮演"。指利用服装、饰品、道具以及化装来扮演 ACG（anime、comic、game）中的角色，或日本视觉系乐队以及电影中的某些人物的艺术活动。参见"cosplay"，百度百科（http：//baike. baidu. com/view/1756. htm，2009 - 03 - 18）。

② Joli Jenson, "Fandom as Pathology: The Consequences of Characterization," *The Adoring Audience: Fan Culture and Popular Media*, pp. 24 - 25.

蔽地参与民众的日常生活，观其行，听其言，提问题，收集所有可以获得的资料，以便澄清作为研究核心的一些问题"。① 特纳曾指出，伯明翰文化研究中心一直对民族志这种知识生产方式怀有浓厚的兴趣。中心所生产出的最佳学术成果大多不是从一个文本或一种理论出发（尽管受到理论的浸润），而是从一个社会群体出发，如骑自行车者、在校男生、家庭妇女，观察这些群体如何使用商品来生产文化、意义和阐释。英国文化研究传统中的一些经典著作都和民族志相关。如霍加特（Richard Hoggart）1958 年出版的《识字的用途》就经常被看作是对英国北部工人阶级的日常生活所做的民族志。威利斯 1977 年出版的名作《学习劳动：工人阶级的孩子如何获得工人阶级的工作》也是在长达三年的民族志研究的基础上写成的。他通过参与性观察、小组讨论、非正式访谈、与研究对象一起上课、做工等方式对研究对象及其生活环境进行了细致的调查。②

西方粉丝研究自诞生之日起也和民族志结下了不解之缘。1992 年发表的三部奠基之作——詹金斯的《文本盗猎者》、贝肯—史密斯（*Camille Bacon-Smith*）的《进取的女人们》和潘黎（*Constance Penley*）的《女性主义、精神分析及大众文化研究》——都不约而同地采用了民族志方法，而且都选择了《星际迷航》粉丝社群作为研究对象。詹金斯在《文本盗猎者》中的第一句话就是"《文本盗猎者》是关于一个特殊的媒介粉丝群体的社会机制和文化实践，及其与大众媒介和消费资本主义的纠葛的民族志记录"。③ 在詹金斯看来，民族志也许没有构建理论的力量，但却能否定，或至少挑战和完善理论。④ 在 2001 年的一个访谈中，詹金斯进一步表示：民族志的终极价值不是对"现实"的言说，而是引入了"对话"和"责任"（accountability）的概念。他希望能用一种对话性的方式建构理论和现实的关系，不仅让研究对象发出自己的声音，而且对研究对象负责。为此，他曾把《文本盗猎者》的初稿交

---

① Christine Hine, *Virtual Ethnography*, London: Sage, 2000, p. 41.

② Graeme Turner, *British Cultural Studies: An Introduction*, London: Routledge, 2003, pp. 143 - 144.

③ Henry Jenkins, *Textual Poachers: Television Fans and Participatory Culture*, p. 1.

④ Ibid. , p. 286.

给粉丝群成员评论，并根据粉丝的反馈意见进行修改。① 贝肯—史密斯在《进取的女人们》一书中也详细描述了她是如何作为一名民族志学者在粉丝的慷慨帮助下，一步步走进了一个纯女性的"航迷"社群，并最终理解了那些女性粉丝所创造的独特的艺术世界。② 潘黎关于斜线文学（slash）③ 的著名论文《女性主义、精神分析及大众文化研究》也是基于民族志的研究成果。她不仅定购了大量斜线文学杂志，还多次参加斜线文学粉丝的集会和讨论。

不过，上述三人的民族志中存在着一个重要区别。詹金斯和潘黎都是粉丝，并在著作中说明了自己的粉丝身份，而贝肯—史密斯则不是粉丝，更接近传统的民族志作者的圈外人身份。在《文本盗猎者》一书中，詹金斯对自己的"学者粉"身份做出了这样的解释："当我撰写粉丝文化时，我既是作为一个（能接触到某些大众文化理论，某些批判性和民族志文献的）学者在写作，也是作为一个（能接触到粉丝社群的特殊知识和传统的）粉丝在写作。我的论述在这两个理解层次中不断运动，这两个层次并不必然地发生冲突，但也不一定完全一致"。④ 潘黎也在文章中对她的研究身份进行了反省。她自问："我是通过什么身份进入这个粉都的——是作为一名粉丝，甚或是未来的 K/S 故事作者，迷人的亚文化的窥视者，还是研究女性主义的学者和评论者？"最后，她决定，她是三者合一，既是粉丝，也是女性主义批评家，还可能是一个窥淫者。而且她认为窥淫者的立场本身就很有趣，因为"窥淫者总是更多地和场景发生关联，大大超出远距离观察的幻想所愿承认的地步"。⑤

当詹金斯和潘黎首次以学者粉的身份，利用自身的经历和"情境化

① Henry Jenkins, *Fans, Bloggers, and Gamers: Exploring Participatory Culture*, p. 31.

② Camille Bacon-Smith, *Enterprising Women: Television Fandom and the Creation of Popular Myth*, Philadelphia: University of Pennsylvania Press, 1992, pp. 299–302.

③ 斜线文学最早于 20 世纪 70 年代在《星际迷航》粉丝社群中出现。因作者在小说标题或粉丝杂志封面上注明配对的主人公，并用斜线将两个主人公的首写字母隔开，故谓之斜线文学。

④ Henry Jenkins, *Textual Poachers: Television Fans and Participatory Culture*, p. 5.

⑤ Constance Penley, "Feminism, Psychoanalysis, and the Study of Popular Culture," *Cultural Studies*, eds. Lawrence Grossberg, Cary Nelson, and Paula A. Treichler, New York: Routledge, 1992, p. 484. 本书中有关潘黎论文的引文均来自贺玉高的译文。

知识"（situated knowledge）对粉丝文化进行分析时，他们的努力却被当作"一出小型的丑闻"。曾经率先报道过索卡尔事件（The Sokal Affair）的美国知识分子杂志《通用语》（Lingua Franca）指责詹金斯和潘黎在说谎，称他们根本就不是粉丝，只是为了想成为"民众的一员"而故意放低身段。另一位美国学者博特（Richard Burt）则声称潘黎的著作展示了一种特别的幻想，一种希望得到一切的幻想，以为学者粉可以没有紧张、不涉及权力关系地占据他们所研究的对象的位置。尽管博特的攻击直到今天仍然在学院中有一定市场，但詹金斯和潘黎在90年代初的非议之举却为后来学者粉的大量涌现开辟了道路。① 时至今日，学者粉的杂交身份已经成为粉丝研究中的主流。根据哈灵顿和比尔比（Denise D. Bielby）在2006年对全球20个国家（地区）的65位粉丝研究者的调查，几乎三分之二（63%）的受访者都自认是他们研究对象的粉丝，42%的受访者会在其发表的文章中表明他们的粉丝身份。一位受访者写道："我期盼科学家承认他/她自己对研究对象的立场（我的研究对象是粉丝和媒介），我也期盼自己如此。此外，我认为很容易通过阅读研究者的著作来判断他是不是粉丝——不管他是否提到这一点。是不是粉丝能让研究有很大的不同"。另一位受访者则称："我不在发表的文章中承认自己是体育迷。……这个领域里的大部分研究者都是体育迷。承认自己是体育迷就像是承认自己要呼吸一样没有必要"。②

在本书中，我将遵循英美粉丝研究的传统，以一个学者粉的身份对超女粉丝群进行民族志研究。我对超女粉丝群的民族志研究分为两个部分。一个是网下的实际活动，另一个是网上的参与性观察。我参加过2005年超女巡演的武汉站演出，2006年湖南卫视在长沙录制的纪敏佳歌会，2006年纪敏佳在武汉的EP签售会，2007年3月有纪敏佳出演的北京中日歌会，2007年4月蒙牛酸酸乳音乐风云榜的颁奖仪式，2007年7月张靓颖的北京演唱会和2008年3月李宇春的上海Why Me生日演唱会。这些活动让我对超女粉丝群的联络组织和现场表现有了较多的了

① Henry Jenkins, *Fans, Bloggers, and Gamers: Exploring Participatory Culture*, pp. 12 – 13, p. 16.

② C. Lee Harrington and Denise D. Bielby, "Global Fandom/Global Fan Studies," *Fandom: Identities and Communities in a Mediated World*, p. 189.

解。网上的田野研究主要是由我个人在百度纪敏佳吧的参与经历和对其他百度超女粉丝贴吧的观察构成的。2006 年下半年以后，我开始在其他的超女粉丝吧"潜水"（即只看帖，不发言），并将我认为有意思的帖子复制到 Word 文档里。我曾经平均每天要花一个多小时来浏览我所感兴趣的超女粉丝贴吧。这个习惯在博士论文写完之后才逐渐戒掉。

　　一个粉丝研究者同时也是粉丝，一个研究媒介受众的学者同时也是媒介受众中的一员，这到底意味着什么，这会给学术研究带来怎样的不同？我认为我的学者粉身份至少会在三个方面对我的超女粉丝研究带来影响。首先，作为一个比较资深的超女粉丝，我比不是粉丝的学者更了解超女粉丝社群中的重大事件、主要人物、活动阵地和习惯规则，我在写作中会尽量避免明显的事实性错误。至少，我不会像郑欣等人将李宇春的"姐姐"（她的表嫂，也是她的私人助理）在李宇春生日那天发的帖子，当作李宇春本人发的帖子，然后想当然地认为李宇春"自称是玉米们的姐姐"。[①] 不会误把非官方性质的"李宇春玉米基地"当作李宇春的官网。[②] 不会依据百度贴吧上发表的未付诸实践的粉丝"畅想"，来论证粉丝如何"理性地分析思考、科学地组织管理"。[③]

　　其次，作为一名学者粉，我会将自己的粉丝经历与各种学术理论相互参较和印证，更谨慎地选择能阐发我个人经历的学术资源，而不是对这些资源生搬硬套。由于了解一些文化研究的方法和理论，我会比部分粉丝或学者更加公允地看待粉丝群中的"负面"现象，如粉丝群之间的 PK 和争执，不会因为这些"负面"现象的存在就迫不及待地呼请政府的监管或贬低粉丝文化的价值。刘立荣和王雅都提到了超女粉丝群之间的互相攻击和谩骂，并利用勒庞的大众心理学来对这一现象进行解释。我个人认为，借用一部 1895 年出版的以法国大革命为背景的社会心理学著作来解释网络时代的、发生在通俗文化领域的小群体冲突，未

---

　　① 郑欣等：《平民偶像崇拜——电视选秀节目的传播社会学研究》，第 209 页。

　　② 同上书，225 页。李宇春官方音乐网站：http：//lyc. trmusic. com. cn；李宇春个人官方网站：www. i-chrislee. com；李宇春新浪博客：http：//blog. sina. com/m/liyuchun。参见"李宇春"，百度百科（http：//baike. baidu. com/view/3202. htm，2009—03—18）。

　　③ 郑欣等：《平民偶像崇拜——电视选秀节目的传播社会学研究》，第 123—124 页。

免有些武断和生硬。① 的确,《超级女声》的淘汰性赛制加剧了粉丝群之间的矛盾和冲突,导致不同粉丝群之间的敌意可以与不同球队支持者(如曼联球迷和阿森纳球迷)之间的敌意强度相提并论。但歌迷之间的冲突并非始于超女比赛,而是早在上世纪 80 年代就在香港乐坛出现了。当时,谭咏麟和张国荣的歌迷在各种场合都形同水火,势不两立,互骂和互殴都不罕见。② 仅仅使用主流社会的道德规范来抨击、讨伐这种广泛存在于球迷、歌迷之中的现象是远远不够的。仅仅因为这些现象的存在就把粉丝统统当作易受煽动、易被利用的"乌合之众"(令人想起官方媒体在"群体突发事件"中最爱使用的一个措辞:"不明真相的群众"),更是对粉丝的妖魔化和污名化。

虽然有一些粉丝因为喜爱不同的超女而相互反感,但也还有很多粉丝喜欢不只一个超女。即便是在玉米和凉粉这两个互相"蔑视"的群体中,也存在着一些"米粉"("玉米"和"凉粉"的合称,指代同时喜欢李宇春和张靓颖的粉丝)。即使粉丝群之间存在着严重的对立,分

---

① 这里我无法展开讨论法国大革命中的群众暴力,也无法对勒庞的著作详加评论。不过,在有关群体心理的问题上,本书选择接受涂尔干的思想,摒弃了勒庞的理论。尽管涂尔干和勒庞都在其著述中对法国大革命作出了回应,两人的出发点也都是人是群居的生物,群体心理与个体心理不同,但他们对群体生活的价值判断却大相径庭。涂尔干认为集体欢腾能产生认同、仪式和信仰等社会积极要素,勒庞却认为沉浸在群体中的个人丧失理性、任人操纵,是一场悲剧。参见 Charles Lindholm, *Charisma* (Oxford: Basil Blackwell, 1990) 40-41。

美国历史学家林恩·亨特 (Lynn Hunter) 的《圣物与法国大革命》一文从宗教象征主义和传统权威体制的角度阐释了法国大革命中政治暴力泛滥的原因。她指出:"1789 年的革命准则并没有获得普遍认同。大革命的义务最终还不得不靠恐怖手段来履行,因为新的社会还没有成功地把自身树立为每个人都崇拜的偶像。由于圣物变得更加难以找到——而且,尽管革命庆祝活动很壮观,但它们却从来没有成功地取代过旧政体的神圣制度——所以暴力行为和紧张状态变得更为普遍。"参见 [英] 杰弗里·亚历山大编《迪尔凯姆社会学》,戴聪腾译,辽宁教育出版社 2001 年版,第 50 页。

勒庞所论述的群体中的情感传染,在我看来并不一定是人性的弱点。2008 年四川大地震以后,普通中国百姓对于灾区民众所表露出的巨大的同情心和高达数百亿的民间捐款或许是情感传染的最正面的例子。既然连心理实验中的猴子都能感受到遭遇电击的同伴的痛苦,并试图分担、减轻它的不幸(参见 Elaine Hatfield, John T. Cacioppo, and Richard L. Rapson, *Emotional Contagion*, Cambrige: Cambridge University Press, 1994, p.80),作为万物之灵的人类为什么就不能感应、分享同类的喜怒哀乐呢?

② 《从张国荣谭咏麟之争 看由来已久的粉丝之战》,粉丝网 (http://music.ifensi.com/archive/2006/02/02/article-11934.html, 2006—02—02/2009—03—16)。

属不同粉丝群的个体之间也依然可以和平共处，甚至结下友谊。超女粉丝之间的攻击行为更多的只是发生在网络上的文字暴力，而不是身体的伤害。尽管文字并非没有伤害的能量，但如果伤害只是停留在文字的层面，我们就不能把文字所带来的后果与法国大革命中的杀戮进行简单的类比。至于为什么争论和冲突更容易以匿名的方式出现在网络上，为什么在许多应该争论的场合（课堂、学术会议、人民代表大会）却争论得不够多，可能就应从中国的文化传统和社会语境中去寻找答案了。如果说知识分子之间的口诛笔伐——如鲁迅当年与现代评论派"公仇"（政治意识形态斗争）与"私愤"（去政治化的个人恩怨）交织的论战——可以被视为公共论争，而不是无聊的谩骂①，为什么我们就一定要将粉丝社群之间的激烈论战界定为乌合之众的非理性情绪发泄，为什么就不能对其采取更加宽容的态度，将这种论战视作当代中国社会多元的价值系统互相碰撞和交锋的体现？

事实上，在不同粉丝群聚集的场合里，粉丝感受更多的还是狂欢节的热闹和兴奋，而不是暴力冲突的紧张和敌意。我曾经参加过2005年11月超女巡回演唱会武汉站演出的接机、造势活动。那时正是超女粉丝群相互PK造势的鼎盛时期。但无论是在天河机场，还是沌口体育馆，我都没有听说或看到粉丝群之间有任何暴力冲突。唯一的小意外可能是我们二十多个住述提前退场时（我们想早一点赶到超女下榻的圣淘沙酒店等候纪敏佳），个别看台上的粉丝朝我们扔了荧光棒。此前10月9日的北京站巡演，数百名凉粉也曾在李宇春出场后高举着张靓颖的灯牌集体退场，引发了其他超女粉丝的不满和现场的短暂混乱。② 但总体来说，粉丝之间的冲突与球迷骚乱相比，无论在规模和性质上都轻微得多。而且粉丝群之间还会有一些联络与合作。如武汉站演出前夕，一位在旅行社工作的笔迷就用团队价格帮助武汉的各大超女粉丝团订下了圣淘沙酒店的房间，为粉丝与偶像的近距离接触提供了方便。

在粉丝组织的性质方面，研究者中存在着两种截然对立的观点。刘

① 易蓉：《公共性的表达与实践——〈现代评论〉研究》，博士学位论文，首都师范大学，2009年，第98—105页。

② 《"凉粉"退场"笔迷"抗议 北京巡演状况多》，新华网（http://news.xinhuanet.com/audio/2005-10/11/content_3603696.htm，2005—10—11/2009—03—16）。

立荣认为超女粉丝群结构松散，并不是一个真正"组织"意义的群体。由于粉丝群内部缺少可以引导成员的领袖，缺少必要的管理和约束，导致粉丝之间出现恶性竞争（PK）、粉丝的行动充满盲目性、易被利用和煽动。刘立荣为此在硕士论文的结论部分称："'粉丝'是一个迄今为止最为复杂的一个受众群体，如何引导他们涉及到方方面面的因素，因此这一过程任重而道远，需要社会各方面的努力。"[①] 在这位研究者看来，粉丝俨然成了和谐社会的一个不安定因素，有待政府和社会各界进行长期的规训和引导。郑欣等人则认为粉丝组织"逐渐形成了有秩序的管理体系"。较为成熟的粉丝组织分为组织管理层和普通粉丝层。管理层的粉丝主要负责管理整个团队的秩序，组织安排相关活动。普通粉丝则是相当于会员参与通过粉丝团组织的活动与偶像有更多的接触。这一种看法无疑将粉丝群等同于江湖帮派或民间机构，按照一套自制的规则和等级秩序井然有序地运作着。[②]

虽然这两种对立的观点都包含了一定的真实性，但研究者在作出结论时，都没有将粉丝群的规模和年龄结构这两个关键因素考虑在内。其实，每个粉丝群都会依据自身的规模和成员的年龄段形成一些独特的组织特点。[③] 总体来说，以成年人为主体的粉丝群都会出现"各自为政"的现象，不可能依靠一个所谓的"管理层"来进行严格管理。在我看来，超女粉丝社群既不是传统意义上的帮派组织，也不是完全没有自我管理能力的一盘散沙。作为一个以网络为基地的、自发组织的爱好者社群，它的结构非常类似法国后现代哲学家德鲁兹和瓜塔里所描绘的"块茎"。"块茎"是一个非中心、非等级制度的系统。它遵循着六个基本原则。第一个原则是连接性（connectivity），能够通过自身的任何一点进行联结、集合。第二个原则是异质性（heterogeneity），能与任何不同

---

① 刘立荣：《"粉丝"受众研究——以"超女粉丝"为例》，硕士学位论文，天津师范大学，2007年，第40页。

② 郑欣等：《平民偶像崇拜——电视选秀节目的传播社会学研究》，第123—124页。

③ 据我所知，部分地区的笔迷是有过较正规的、非官方歌迷会组织。入会成员需要缴纳一定的会费，然后领取标志会员身份的会员卡、会服等物品。另参见陈路《解开"虚拟迷社群（virtual community of fans）"内部互动之谜——以"超级女声"周笔畅的贴吧为分析个案》，硕士学位论文，复旦大学，2007年，第48—49页。

的东西联接，能将不相似的因子联系起来。第三个原则是繁殖（multiplicity），能将多重的"一"整合成一个整体。第四个原则是无意指断裂（asignifying rupture），即便块茎遭遇到局部的严重断裂、损坏，系统依然能够照常运作。第五个原则是绘图（cartography），"块茎"的方法是从整体内部的任一切入点开始图绘导向，而不是追踪某个先验的通路，基础结构或基因轴心。第六个原则是贴花（decalcomania），块茎在形成过程中不断与它的语境协商，不断通过实验来适应，积极抵抗僵化的组织和限制。①

玉米粉丝群就是一个比较典型的块茎组织。虽然号称全国最大的粉丝群，但玉米从来没有成立过任何正式的全国（全球）歌迷会，没有收过统一的会费，没有统一的成员编号，也没有金字塔式的粉丝组织结构。玉米比赛时期的活动是依靠个别有能力、有威望的领袖人物来组织的。赛后，最著名的组织者"舒穆禄雪梅""归隐"。2005 年 12 月底，百度春吧的七位老吧主集体辞职。从此，玉米地里基本上没有振臂一呼便群情相应的粉丝领袖。目前，玉米基本上依照个人的实际需求来参加签售会、歌友会、演唱会等活动，而不是听从"组织的召唤"或公司的操纵。玉米地是一个极其异质、多元的群体，除了对李宇春的共同喜爱之外，玉米的群体特征并不是很明显。因此，玉米之间的联络更多地是依靠各种以年龄、地域、兴趣爱好、特定目的建立起来的 QQ 群，同一个 QQ 群的玉米会相约一起参加李宇春的活动。某一个地区的玉米组织或 QQ 群解散、瘫痪都不会对全国的玉米活动造成影响。玉米的口号是"无组织，有纪律"，而不是刘立荣所说的"有组织，无纪律"，这个纪律就是对李宇春的爱和支持。

再次，学者粉的杂交身份会让我更自觉地反省自己的研究主体身份。在百度超女贴吧里，我结识了许多善于观察和思考的超女粉丝，耳闻目睹了他们对粉丝身份和行为所作的持续反省和讨论。这种经历既帮助我更全面地了解粉丝社群，又促使我重新思考大众文化研究的意义和立场。美国著名社会学家理斯曼（David Riesman）曾在 1950 年发表的

---

① 陈永国：《游牧思想：吉尔·德勒兹 费利克斯·瓜塔里读本》，吉林人民出版社 2003 年版，第 134—142 页。

一篇论文中写道："当前许多对于大众文化的兴趣都源自沮丧和厌恶的动机，而动机在科学调查中鲜能被忽视。那些对工业化带来的所谓庸俗趣味大为惊惧的欧洲才子，那些继承了马克思或凡勃伦传统将大众文化视为反革命的麻醉药的左翼批评家，那些害怕平庸的'文化传播者'盗猎其领地的知识分子，都为这一领域的研究现状贡献了路径，有时还包括方法。"① 半个世纪之后，理斯曼所描述的情景依然在中国大众文化研究领域中重演。如号称"新左派"的大陆学者旷新年就在《文化研究这件"吊带衫"》一文中声称，他很"欣赏"文化研究者们的"自我牺牲的姿态和英勇就义的声音，为了献身文化研究，不得不忍受惨不忍睹的广告和肥皂剧的折磨和蹂躏，与它们周旋到底，就像只身打入虎穴的卧底侦探。"② 在旷新年看来，大众文化与精英文化，学者与大众之间是势不两立的敌我矛盾。大众文化的研究者们只可能是打入敌人内部的"卧底"，不可能被敌人腐蚀、同化。研究大众文化只可能是一种遭罪的折磨，不可能是一种主动的愉悦。

　　问题是，文化研究的学者是否必须、能够与大众文化划清界限，并永远保持高高在上的姿态？大众文化的研究者是否就只能是大众文化的反粉丝或非粉丝，而不可能是粉丝？大众文化研究者是否只能有一种动机——"沮丧和厌恶"，是否只能对大众文化进行不理解的批判，而不是基于同情甚至喜爱的理解和思考？遏制批判冲动的大众文化研究者是否就必然会"不自觉地为大众文化撰写申辩书并拥抱其意识形态"③，或"不得不与传媒暧昧地磨合，也不得不丧失自己曾经拥有的那种'自主权'"？④

　　在《理解大众文化》一书中，费斯克展示出了一种截然不同的研究大众文化的路径和身份。在研究《新婚游戏》这个电视节目的运作方式时，费斯克不仅试图了解他的学生和节目粉丝的观看感受，还试图理

----

① David Riesman, "Listening to Popular Culture," *On Record: Rock, Pop, and The Written Word*, eds. Simon Frith and Andrew Goodwin, New York: Pantheon, 1990, p. 5.

② 旷新年：《文化研究这件"吊带衫"》，载《天涯》2003 年第 1 期。

③ Tania Modleski, "Introduction," *Studies in Entertainment*, ed. Tania Modleski, Bloomington: Indiana University Press, 1986, p. xi.

④ 赵勇：《透视大众文化》，中国文史出版社 2004 年版，第 260 页。

解他自己的观看快感。他发现自己在观看节目时主要使用了三种话语。首先作为"学院中的大众文化理论研究者",他"与该文本保持距离","并用某种学术话语来记录其中的矛盾处、争议点以及暴露出来的白人意识形态的弱点"。同时,他也用一种更私人的方式"从内部观看这一文本",将其与自身的白种人的、中产阶级的、中年男子的日常生活处境联系起来。此外,他还调动了民粹话语,坦陈自己"有世俗的趣味和民主的倾向——那些绚丽的、过度的、无品味的文本,为我提供了快感……因为它冒犯着我身属的那个阶级(从客观意义上说)的审美趣味和文化品位"。① 费斯克显然不是旷新年所想象的忍辱负重的情报工作者,他是大众的一员,也是学院的一分子;他是通俗文化的消费者,也是通俗文化的研究者。这是一种"既—又"的逻辑,而不是非此即彼的逻辑。费斯克用自身的经历表明受众(粉丝)/学者,消费者/研究者之间并不存在着绝对的二元对立。

遗憾的是,费斯克的学术立场和路径却被某些大陆研究者视为一种"庸俗化"了的文化研究,因为它将阿多诺等人"对资本主义文化工业犀利、透彻的批判误解为文化精英对平民百姓的歧视和敌意"。庸俗化了的文化研究之所以有市场,之所以能吸引一些不乏聪明才智的年轻学子,是因为它"将奇异与通俗合二为一,把平民立场和媚俗混淆在一起,将浅陋、平面的分析掩藏在乐观的姿态背后"。但这些年轻学者们注定"将会在琐碎的、不费力气的、就事论事的文化现象解读中浪费掉自己的才智和年华"。② 这一段评语显然是遵循着精英/平民、犀利/平面、透彻/浅陋、卓异/媚俗、全面/琐碎、艰深/容易等二元对立的叙事逻辑展开的。斜线前面的形容词一向是用来表征以经典为核心的高等文化,斜线后面的形容词则是大众文化的"经典"标签。有趣的是,这些形容词现在也被挪用来概括两种不同的研究身份和路径。法兰克福批判学派分享了形容高等文化的所有褒义词,而费斯克式的文化研究则承

---

① [美]约翰·费斯克:《理解大众文化》,王晓珏、宋伟杰译,中央编译出版社2006年版,第60—62页。

② 赵斌:《社会分析和符号解读:如何看待晚期资本主义社会中的大众文化》,载[美]约翰·费斯克《理解大众文化》,王晓珏、宋伟杰译,中央编译出版社2006年第2版,第6—7页。

受了描述大众文化的所有贬义词。也就是说，高等文化与大众文化的差异被转化为高等文化研究与大众文化研究的差异，以及端坐于大众文化之上的精英知识分子与置身于大众文化之内的平民知识分子之间的差异。

这种差异归根结底还是源自知识分子的自我想象和他者想象。具有精英情结的学院派知识分子常将自己想象为"身心健全，受过正规训练，博学能干"，并将学院之外的其他主体都贬低为"有缺陷的、低能的或被剥夺的"。这种"想象的主体性"不仅和价值体系有关，更涉及到谁有文化表征的权力，拥有文化合法性，谁能够占据好的、道德的主体性，同时把其他群体都病理化为不道德和心智不健全的人。① 当然，这并不是说知识分子和普通大众就真的没有区别，如张颐武在《在边缘思考》一文中写道的："我和我周围的普通人完全一样，我和他们一样世俗地、却真诚地生活于今天，尽到我们应尽的责任，享受我们应得的乐趣，关注我们应该关注的一切"。② 在我们这个教育资源、文化资本分配异常不公的社会，掩盖知识分子这个职业与其他职业之间的区别，忽视学院知识分子特有的社会声望、经济利益和职业风险，声称"我们大家都一样"，在我看来，也是一个成问题的学术姿态。

在本书中，我尝试用学者粉的身份和民族志调查来纠正当代中国文化研究中的某些偏颇。我认为，大陆的一些文化研究学者过于重视理论推演和批判，较为忽视对文化现象的经验性考察。他们熟知大众文化理论，或"其他学者对大众文化的评论"，却未必知道大众文化本身。③ 较之对经典文本的细读（close reading），这些学者更倾向于对大众文化文本采取一种"粗读"（distant reading），即用一种"粗略的、非细节的和不屑一顾的方式"来打发他们厌恶的大众文化文本。④ 这种想当然式的闭门造车往往容易导致研究结论的空泛和武断，而经验性研究的优

---

① Matt Hills, *Fan Cultures*, p. 3.
② 张颐武：《新新中国的形象》，山东文艺出版社 2005 年版，第 258 页。
③ Alan McKee, "Introduction," *Beautiful Things in Popular Culture*, Oxford：Blackwell, 2007, p. 2.
④ Matt Hills, "Media Academics as Media Audiences," *Fandom：Identities and Communities in a Mediated World*, p. 41.

势恰好是"让我们的阐释保持对具体特性、意料之外的东西和历史的敏感"（洪宜安［Ien Ang］语）。① 正如《理解大众文化》《理解名流》等文化研究著作的书名所昭示的，对于大众文化的研究者来说，只有先对文化现象进行深入的观察和了解，才能实施有效的批判。尤其对于超女粉丝文化这种新兴文化形式来说，理解或许比批判更重要。② 如果我们有更多的耐心对大众文化进行细读，有更多的时间倾听他人的声音，或许会发现并非所有的大众文化形式和文本都如我们所想象的那样平庸和低俗，也并非所有的大众都如我们所想象的那样无知和低能。

虽然我在本书中采用了学者粉的身份，但我并不想将这种身份吹捧为大众文化研究的灵丹妙药。我不认为，仅仅因为我的学者粉身份，我的研究就会自动地比其他非学者粉的研究更有价值。事实上，这种研究身份虽然开启了一些新的可能，但同时也带来了一些限制和问题。如何用严谨、专业的学术话语来思考、言说一段切身的、珍贵的人生体验，如何在粉丝身份和学者身份之间保持恰当的平衡，如何不让粉丝的好恶和偏见遮蔽了学者的客观判断，这些都是我在写作本书时所面临的困境。为了保持学术研究的诚实，并尊重粉丝群的利益，我在写作中遵循了以下三条原则：首先，我不在本书中论述我自己所属的佳迷群体，因为我无法用学术论文这种文本形式来书写我自己的粉丝经历。其次，本书引用的所有粉丝文献都来自公开出版物、公共论坛和可以公开浏览的博客，我没有为了更接近"真相"而潜入一些更私密的粉丝空间，如QQ群、粉丝聚会进行"卧底"。我只论述超女粉丝愿意公之于众的，不论述他们想要隐藏的。再次，我基本不触及粉丝群之间的历史恩怨和网络 PK。这并不是说这些现象不值得研究，只是我的粉丝身份会给研究这些现象带来额外的困难。在我无法判断哪一方的说辞才是事实，是

---

① David Morley, "Changing Paradigms in Audiece Studies," *Remoto Control: Television, Audiences, and Cultural Power*, eds. Ellen Seiter, et al., London: Routledge, 1989, p. 25.

② 台湾学者黄碧端指出，西方的知识分子批判针对的是当权者，越是有权力的人，越是知识分子质疑的对象（田哲荣：《做一名时代的守夜人："知识分子与社会发展"座谈会纪实》,《文讯》杂志 2006 年总 253 期），也就是萨伊德（Edward Said）所谓的"对权势说真话"（单德兴：《知识分子的昂扬：重看萨依德》,《文讯》杂志 2006 年总 253 期）。我个人认为，当前大陆知识分子将大众文化当作批判的靶子未免有点找错了对象，普通大众对于中国社会变革的期待与知识分子的愿望其实是完全一致的。

否有公司势力在进行操纵时，我选择回避。

英国学者奥斯伯恩（Peter Osborne）曾提出：文化分析者既是 1）读者/阐释者，媒介讯息接受者社群中的成员，同时也是 2）另一个层次的、透过一个不同的理论难结（theoretical problematic）的讯息分析者。不过，正如另外一位女性主义学者帕尔斯（Lynne Pearce）所指出的，分析者在层次 2）的解读并不能取消他们是层次 1）的媒介、文化消费者的事实，他们所进行的学院派解读——如结构主义的或后结构主义的解读——也永远不可能完全与他们对同一个文本的具身性（embodied）阅读经验实现无缝连接。[①] 本书只是提供了关于超女粉丝文化的一个有限的学院派阐释，它不是，也不可能是我的粉丝经验的全部，它当然更不可能涵盖超女粉丝文化的方方面面。

---

① 引自 Matt Hills, "Media Academics as Media Audiences," *Fandom：Identities and Communities in a Mediated World*, pp. 37 - 38。

第 二 章

粉丝认同的形成与表达

第一节　明星与粉丝认同[①]

在《明星与名人读本》的序言里，编辑之一的英国学者莱蒙德（Sean Redmond）讲述了他对一代足球巨星乔治·贝斯特（George Best）的挚爱。贝斯特1946年出生于北爱尔兰贝尔法斯特市的一个贫穷的工人阶级家庭。他15岁进入曼彻斯特联队踢球，18岁就凭借精湛的球技成为曼联历史上最受欢迎的球星之一。贝斯特是一个典型的爱尔兰人：风趣、爱热闹、好喝酒。他能把被宗教信仰割裂的北爱尔兰民众重新团结起来，但他同时也是一个放浪形骸的花花公子。成名之后一直纵情酒色，病逝时年仅59岁。显然，贝斯特"只是又一个媒介建构物，一个依靠政治上倒退的性别、阶级和民族能指建立起来的神话人物"。[②] 但贝斯特形象所包含的意识形态问题并不影响莱蒙德对他的热爱。当贝斯特病危时，身为知识分子的莱蒙德甚至向贝斯特所在的医院发了一封邮件，尽管他明知贝斯特已经不可能读到那封邮件。

莱蒙德随后反省了为什么一个只在电视上见过的媒体人物却给他带

---

① 本章主要讨论的是名人粉丝（celebrity fan）的认同问题，其他类型的粉丝在建构认同的过程中会有不同的侧重点。如邓惟佳在研究大陆美剧迷时指出，美剧迷有在群体中追求"社会地位"和"成就感"的诉求。这种倾向在超女粉丝群体中同样存在，甚至有可能成为群体内部冲突的起因。但我依然认为名人粉丝对于情感的诉求超过了对于地位的诉求。参见邓惟佳《中国"美剧网上迷群""角色扮演"中的自我认同建构——以"伊甸园美剧论坛"为例》，载《新闻界》2010年第2期。

② Sean Redmond and Su Holmes, "Introduction: What's in a Reader?" *Stardom and Celebrity: A Reader*, eds., Sean Redmond and Su Holmes, London: Sage, 2007, p. 1.

来了最深的感动。作为一个在英格兰工人阶级地区长大的爱尔兰人后裔，莱蒙德认为他对贝斯特的迷恋起源于"成功神话"①。贝斯特在绿茵场上的天才表现和摇滚巨星式的奢华生活，让莱蒙德和他的小伙伴们意识到他们也可以有资格梦想成功，梦想拥有世界上所有好的东西。莱蒙德对贝斯特的认同在 70 年代中期爱尔兰共和军制造的一系列爆炸事件中达到了顶峰。尤其是 1974 年的伯明翰酒馆爆炸事件，导致 21 名无辜者丧生，让英格兰民众对爱尔兰天主教徒极为反感，并开始排斥爱尔兰社区。当时年仅 7 岁的莱蒙德，感觉自己在英格兰同伴眼里就是一个恐怖分子或恐怖分子的亲友，一个危险的外来者。他对自己的爱尔兰人身份感到异常困惑和焦虑。但贝斯特为莱蒙德提供了一个正面的、受人喜爱的爱尔兰人形象。贝斯特健康的男性气质，傲人的足球成就和喜好社交的个性让他成为各个阶级、宗教和民族的人都渴望认同的对象。与贝斯特的认同让莱蒙德在社会偏见和歧视面前重新获得了自信和勇气。贝斯特的名声毁灭了他自己，但却拯救了莱蒙德。②

这段告白性自述不仅生动地展现了明星和名人在现代社会中的巨大影响力，还揭示了粉丝认同的原因及其所具有的转变性力量。粉丝对于特定明星的认同是女性主义的著名口号"私人的也是政治的"最好体现。在莱蒙德的例子中，这种政治性甚至和特定政治事件（北爱尔兰共和军的分离主义运动）有着直接的因果关系。粉丝认同不仅沿着阶级、性别、性态（sexuality）和族裔等权力轴心展开，而且和粉丝个人的禀性爱好密切相关。莱蒙德对于贝斯特的认同首先就是基于二人共享的工人阶级出身。贝斯特"野鸡变凤凰"的成功神话为工人阶级男孩指明了一条通过自身的才华获得社会认可的道路，使他们敢于追求超越阶级出身的声望和财富。其次，贝斯特的北爱尔兰人形象在 70 年代中期的社会政治语境中，帮助莱蒙德克服了族裔认同危机，使其不再为自己的爱尔兰人身份感到焦虑和愧疚。莱蒙德的经历印证了英国社会学家吉登斯（Anthony Giddens）有关认同的观点，即认同

① 戴尔认为明星是"成功神话"的代表性人物，即在一个开放的社会，任何人都可以爬到顶点。

② Ibid., pp. 1 - 3.

是对他人的"特性或行为模式"的承接（take over），以便解决或减轻自我的焦虑。认同和投射构成了防止焦虑和敌意的潜在升级的主要方式。① 不过，莱蒙德的"自体民族志"（西尔斯语）也存在着一些疏漏。比如，莱蒙德只是从阶级和族裔的角度分析了他与贝斯特的认同，却没有告诉我们贝斯特如何影响了他对性别和性态的自我认识。尽管现已人到中年的莱蒙德清楚地认识到贝斯特咄咄逼人的男性气质是有问题的，但处于成长阶段的他是否也能认识到这一点呢？另外，莱蒙德虽然论述了其认同贝斯特的缘由和结果，却没有涉及这种认同在日常生活中的展演和实践。对于贝斯特长达 30 年的喜爱，不可能没有在莱蒙德的个人生活空间留下印迹。

自 20 世纪 50 年代以来，不少学者都探讨了明星现象在现代社会中的作用和功能。1956 年，美国精神分析学家霍顿（Donald Horton）和沃尔（R. Richard Wohl）首次提出了"伪社会互动"（para-social interaction）的理论。他们认为明星与粉丝的关系是对正常人际关系的不恰当模仿和替代。人们试图通过和名流的接触来获取他们无法在一个匿名的、分裂的现代社会中获得的声望和影响力。② 近年来，"伪社会关系"一词逐渐摆脱了"伪"字所带来的污点。罗耶克就将"伪社会关系"重新定义为一种通过大众媒介对明星的表征——而不是面对面交流的直接经验——建构起来的关系。罗耶克认为，在一个 50% 的人口都感到孤立和孤独的社会里，伪社会关系是大众寻求认可和归属过程的一个重要方面。粉丝通过新闻报道、访谈、传记、粉丝杂志等大众媒介信息，将一个遥远的陌生人转变为一个重要的他者（significant other）。③

在现代社会，明星除了发挥心理补偿作用，还承担了其他的社会文

① Anthony Giddens, *Modernity and Self-Identity: Self and Society in the Late Modern Age*, Cambridge: Polity, 1991, p. 46.

② Joli Jenson, "Fandom as Pathology: The Consequences of Characterization", *The Adoring Audience: Fan Culture and Popular Media*, p. 16.

③ Chris Rojek, *Celebrity*, London: Reaktion, 2001, p. 52.

化功能。受德国社会学家韦伯的"卡理斯玛"（Charisma）理论的影响，[①] 意大利社会学家艾伯偌尼（Francesco Alberoni）在 60 年代初提出了"无权的精英"的概念。他把现代社会中的演艺明星看作是不握有政治实权，但又对民众拥有相当影响力的"无权的精英"。像政治精英一样，明星是社群的参照点。尽管他们没有制度性的权力，但却在社群中备受瞩目，是所有社群成员都可以评价、热爱或批评的公众人物。明星是阐释整个社群的新旧价值观的卡理斯玛领袖。以此为基础，他们为社群成员的经验和期待提供了统一性，并创造出新的共识以推动社会的前进。[②] 英国电影学者戴尔（Richard Dyre）也通过《明星》和《天体》两部专著对明星现象作出了深入探讨。戴尔认为，明星阐明了在当代社会做人是怎么回事，表达了我们对于"个体"的特殊观念。[③] 明星不仅是个人主义观念的复杂表达，还体现了在某种程度上正处于危机的社会价值。比如，玛丽莲·梦露身上所展现的性感和纯真的矛盾结合，就揭示了美国 50 年代意识形态生活中各种有关道德和性的观念之间的紧张。此外，明星还能在一个不确定、不稳固、矛盾暧昧的社会秩序里，提供一种能平衡这种失序状态的价值、秩序和稳定。[④]

韦伯认为，卡理斯玛权威是以认同为基础的，这种权威对于那些"需要"精神和非理性认同的民众是很诱人的。[⑤] 美国人类学家林德霍姆（Charles Lindholm）也指出：卡理斯玛只有在领袖和追随者的互动中才能显现出来。"卡理斯玛，归根结底，是一种关系，是领袖和追随者的内在自我的互混"。如果说拥有卡理斯玛的人能够驱使他的追随者，

---

① 韦伯认为，任何社会组织都必须有某种形式的权威。现代社会的发展进程就是从以家父长制和封建制为代表的传统权威，以及以家庭或宗教认同为基础的卡理斯玛权威，向以法律的、非个人的统治为标志的合理—合法权威的转变过程。卡理斯玛权威依靠的是大众对于某个拥有特殊的神圣性、英雄主义或超凡品格的人的献身。这种领导形式具有先天的不稳定性，因为信众随时会改变忠诚，转而投靠、崇拜其他的魅力领袖。参见 *Stardom and Celebrity*：*A Reader*，14。

② Francesco Alberoni，"The Powerless 'Elite'：Theory and Sociological Research on the Phenomenon of the Stars"，*The Celebrity Culture Reader*，ed.，P. David Marshall，New York：Routledge，2006，pp. 108 – 123.

③ Richard Dyre，*Heavenly Bodies*：*Film Stars & Society*，Houndmills：Macmillan，1986，p. 8.

④ Richard Dyre，"Stars" *Stardom and Celebrity*：*A Reader*，pp. 79 – 83.

⑤ Sean Redmond and Su Holmes，eds.，*Stardom and Celebrity*：*A Reader*，p. 14.

那是因为追随者拥有被驱使的能力。① 换言之，明星之所以能发挥其社会、文化、心理功能，是因为他们能唤起受众的共鸣。没有受众认同，也就无所谓卡理斯玛和伪社会关系。斯泰西曾对受众认同问题进行了极富启发性的研究。她在 1994 年出版的《明星凝视：好莱坞电影和女性观众》一书中指出，文学研究和电影研究通常把认同当作一个常识性的词汇，用以指涉一系列文化过程。这些过程描述了观众/读者与虚构人物之间的不同联系。② 在 20 世纪七八十年代，许多女性主义评论家都运用弗洛伊德和拉康的精神分析理论来阐释电影观众的认同。在他们看来，作为观众理想自我（ego ideal）的女明星是被制度许可的女性气质的代表，女性观众通过认同某部电影中的女主人公而获得的愉悦，正是她们与父权制压迫共谋的征兆。认同再生产了同一性、固着（fixity）和对现有身份的确认，因而是父权制度维持其统治的一种工具。③ 斯泰西认为，有关认同的精神分析理论导致了电影认同概念的窄化，忽略了观众/明星关系的更广泛含义，并得出了一些过度悲观的结论。④ 为此，斯泰西决定另辟蹊径，从真实受众、而不是电影文本出发，探讨女性观众与好莱坞女星建立认同的过程。

斯泰西首先将观众的认同划分为观看电影时的认同幻想和电影之外的认同实践，然后又对认同幻想与认同实践作了进一步的细分。认同幻想包括两大类：一类是挚爱、爱慕、崇拜；另一类是超越、渴望与灵感。在前一类认同幻想中，观众会对影星产生强烈的情感依恋，这种同性情欲类似浪漫的异性恋情。观众还会否定自我，以便把影星尊为"银幕女神"。在这个阶段，自我与偶像之间的界线是相当固定的，强调的重点是影星，而不是观众自己，观众的身份也没有什么改变。在后一类认同幻想中，影星和观众之间的关系变得更具流动性。观众会穿越自我和明星、凡人和女神的界限，幻想成为她们所崇拜的明星，"把自己放在女主人公的位置上"，和偶像融为一体。除了观看时的认同幻想，观

---

①　Charles Lindholm, *Charisma* (Oxford: Basil Blackwell, 1990) 7.

②　Jackie Stacey, *Star Gazing: Hollywood Cinema and Female Spectatorship*, London: Routledge, 1994, p. 130.

③　Ibid. , pp. 131 – 134.

④　Ibid. , p. 135.

众还会在日常生活中通过各种社会实践来表达她们对影星的认同，使自己与偶像更加接近。斯泰西将这些认同性实践划分为假扮、相像、模仿和复制四个类别。如在游戏中打扮成自己所喜爱的明星，发掘自己和明星在名字、体貌、性格方面的相似之处，模仿明星的言谈举止，复制明星的发型和衣着，购买明星使用的化妆品。① 斯泰西的研究表明，认同的形式是丰富多样的，认同并不只是一个想象中发生的心理过程，也是一种文化实践活动。以前的电影研究过于注重前者，而忽略了后者。认同并不必然导致同一性的出现，因为观众和明星之间认同既以相似性为基础，也以差异为基础。认同包含了对可欲身份的生产，而不仅仅是对现有身份的确认。②

在 1997 年出版的《名人与权力》一书中，美国传播学教授马霄（P. David Marshall）利用德国接受理论，从受众的角度研究了电影、电视和流行音乐三个娱乐行业中不同的明星建构方式。他认为这三个行业都生产出了一系列相互区别的名人类型，并且有自己偏爱的受众接受方式。由于电影，特别是艺术电影在西方被当作一种合法的文化实践形式，享有比其他通俗文化形式更高的声望，电影明星因此也被看作是个人创造力和艺术才华的代表，出演电影往往标志着一个艺人/明星的事业巅峰。电影明星"高于生活"的人格面具（persona）及其银幕形象所特有的灵晕（aura），导致观众对电影明星的认同是一种有距离的"爱慕式认同"（admiring identification）。观众从明星的银幕形象中建构出"完美的英雄"，使其成为某些特定社群的行为楷模。与电影工业试图保持明星与受众的距离相反，电视工业则致力于缩短名人和受众的距离，并发展出一套有关"熟悉"（familiarity）的亲民话语。比如，在脱口秀节目中，主持人和观众如朋友一般促膝聊天，彼此敞开心扉，主持人的真诚构成了节目的主要魅力。由于电视节目强调对真实的再现，以及与现实日常生活的贴近，电视名流在受众中唤起了一种"同情性认同"（sympathetic identification），观众可以把自己放在名流的位置上，与名流惺惺相惜。流行音乐工业中的名流主要通过标榜个人的本真性，

① Jackie Stacey, *Star Gazing*: *Hollywood Cinema and Female Spectatorship*, pp. 138 – 170.

② Ibid. , pp. 172 – 173.

来激发受众的"关联性认同"（associative identification）和积极参与。流行音乐会上攒动的人群和集体狂欢构成了流行音乐意义的"核心隐喻"。流行乐迷的一个特点就是他们对自己喜爱的歌手非常忠实，并通过这种忠实，形成了一个支持歌手及其音乐作品的社群。从 60 年代末的伍德斯托克摇滚音乐节到 80 年代的 Band Aid 非洲慈善音乐会，从披头士到麦当娜，流行音乐明星一直被看作是社会变革的催化剂或社会变革本身，他们比其他娱乐工业的明星更集中地展示了明星的号召力和民众的激情。①

　　不过，马霄以不同的传播媒介来划分受众认同类型的方法对于亚洲娱乐工业并不太适用。在中、日、韩等国家里，明星大都会在不同的大众媒介中不断流动。刘德华、张国荣那样的影视歌三栖的演艺明星非常普遍。受众的认同方式也是流动变化的。受众可以从任何一种认同方式（如"爱慕式认同"）开始，然后转化为其他的认同方式（如"同情性认同"或"关联性认同"）。因为受众认同的是明星在各种媒介中所呈现出的一个整体形象，而不是明星呈现自我的各种媒介。

　　我个人认为，超女粉丝的认同过程比斯泰西和马霄所描述的认同过程还要复杂。导致这种复杂性的原因主要有三个。首先，斯泰西和马霄研究的明星是由媒介娱乐公司包装好的现成品，观众对这种商品化明星的接受是相对被动的。而参加《超级女声》电视节目的选手在大众眼中，只是具有明星潜质的普通人。观众需要对她们进行筛选和甄别，通过投票选出自己心仪的超女。只有那些最能引发观众认同感的选手才能在比赛中不断晋级。这样，观众与超女选手之间的认同就被一种自主选择的机制强化了（当然，在比赛结束之后，少数在娱乐圈发展得较好的超女会继续吸引到新的粉丝。但这些"赛后粉"的认同程度通常赶不上比赛时出现的铁杆粉丝）。这种强化的认同会带来更丰富的表现形式。尤其是在当代新媒介环境下，粉丝可以利用各种媒介手段来展演自己的认同。

---

　　① P. David Marshall, *Celebrity and Power*: *Fame in Contemporary Culture*, Minneapolis: University of Minnesota Press, 1997, pp. 186 – 197.

其次，斯泰西和马霄所研究的观众全部是分散的个体，不属于任何明确的粉丝社群，至多只拥有小型的粉丝朋友圈。两位学者都没有涉及受众在认同过程中与其他受众的交流和互动。超女粉丝则不然，她们不是以个体的面目出现的，而是以"玉米"、"芝麻"和"凉粉"等粉丝群体的形式出现的。粉丝只有抱成团，集中资源，才能在比赛中最好地支持自己喜爱的超女。因此，粉丝认同能够通过粉丝群体内部和群体之间的互动过程获得明晰和加固。即便是那些不愿参加社群活动的"散粉"，也会对"粉丝组织"有所耳闻。超女粉丝的认同实际上包括了两个部分：对某个超女的认同，以及对围绕该超女所形成的粉丝社群的认同。后者在某些情况下甚至比前者更重要。因为随着时间的推移，某些粉丝对于偶像的认同有可能逐渐减弱，但他们会因为粉丝群体的吸引力而继续留在社群内。反之，对于粉丝群体的不认同，也会妨碍粉丝积极地表达自己对偶像的认同。比如，一些喜爱李宇春的人，会因为不认同玉米群体的某些行为模式，而拒绝将自己视作玉米。

最后，斯泰西和马霄的著作都还是前互联网时代的研究成果。这使得他们在资料收集的广度和深度方面都受到一定限制。斯泰西的研究方法是社会学的问卷调查法。她先是在面对中老年读者的四种女性杂志上刊登了一份调查问卷，然后根据回收的 350 份问卷进行文本分析。马霄则依赖一些来自不同流行工业的个案研究和文本解读，其研究重点是明星的建构过程，而不是粉丝与明星的认同过程。我采用的网络民族志和田野调查法，则能让我在一个较长的时段里，接触到更多数量、更大范围的超女粉丝，对粉丝的认同过程作更全面、更实时的观察。

本章将在西方学术研究的基础上，对超女粉丝的认同发生、发展和后果，以及认同所产生的话语和实践进行深入探讨。和斯泰西一样，我将"以人为本"，重点探讨粉丝与超女的认同，而不是粉丝与《超级女声》电视节目的互动。但与斯泰西不同的是，我将根据超女粉丝社群的实际情况，把超女粉丝与偶像的认同划分为认同话语、认同实践和认同仪式三个相互联结的层面。认同话语指的是粉丝社群生产和流通的认同性文本，主要包括粉丝"沦陷史"（从普通观众变成粉丝的经历）和粉丝对超女选手的解读。这两类文本常常是互相重叠的。因为在讲述沦陷史的时候，粉丝不可避免地要描绘、解释他/她对某个超女的强烈感受。而在对某个超女作系统解读时，粉丝也经常融入了自己的认同幻想，将超女塑造为理想自我。大部分超女粉丝对于偶像的认同都是在比赛期间建立起来的。赛后，粉丝会根据超女的发展变化调整自己的认同感受。但对某个超女的最初印象（或原始认同）一般不会有根本性的变化。一旦发生根本性的变化，粉丝可能就会放弃其粉丝身份，不再做粉。认同实践指的是粉丝在日常生活中为了建构、表达和维系与偶像的认同和亲密关系而参与的文化实践活动。超女粉丝的认同实践非常多样，远不止斯泰西所描述的假扮、相像、模仿和复制四种类型。认同实践渗透、扩散到超女粉丝生活的各个层面，使得文化消费越过了私人领域的界限，进入到了更广泛的公共领域。认同仪式指的是粉丝通过类似宗教仪式的活动，达到与偶像和社群的融合。认同仪式与认同实践的差别主要在于，仪式是群体的、神圣的、在特定时空中发生的，能制造出强烈的狂热情感。实践则包括个体或集体的行为，这些行为是世俗的、日常的、情感效果相对较弱。最典型的认同仪式就是演唱会。成功的演唱会能极大地鼓舞、坚定粉丝对偶像的认同。本章的第一至三节就将以玉米社群为例分别讨论粉丝的认同话语、认同实践和认同仪式。

根据超女粉丝的认同程度和范围，我们可以将超女粉丝的身份划分为铁杆、散粉、粽子和黑黑四个主要类别。铁杆是对偶像和粉丝社群都保持高度认同的粉丝。他们定期上百度贴吧浏览、收集和偶像有关的信息，热衷于参加与偶像有关的活动，乐于和粉丝群的其他成员结识、交流。散粉类似传统歌迷，他们对偶像怀有单纯的喜爱，但较少参与粉丝社群的活动或与其他粉丝交往。粽子是认同更加复杂和不稳定的粉丝。该词最早来自李宇春做客新浪网站时讲的一个笑话，[①] 原指对不止一个超女感兴趣，在各超女粉丝群中"卧底"、收集内部情报、进行比较分析的人。后来也指那些不愿公开自己的粉丝身份、不愿表现得过度狂热的粉丝。还有一部分粽子把网络超女粉丝社群当作中国最大的网络游

① 这个笑话说的是，米饭和包子打群架，米饭人多势众，见了包着的就打，糖包、肉包、蒸饺无一幸免，粽子被逼到墙角，情急之下把衣服一脱大喊："看清楚，我是卧底！"

戏，他们会伪装成各种粉丝，在各个粉丝社群之间搬弄是非、制造矛盾，以满足自己操纵他人的欲望。用超女粉丝的行话说就是"粽人"。黑黑是反粉丝（anti-fan），他们对某个超女非常不认同，甚至会坚持不懈地对该超女进行抨击。正如格雷在《反粉丝和道德文本："指摘电视"和文本性厌恶》一文中所指出的，对某个（明星）文本的痛恨和厌恶，就像对文本的热爱一样，也构成了一种和文本的强烈关系，也能生产出大量的活动、意义、认同和效果。有的反粉丝会像粉丝一样对明星文本进行细读，他们渴望讨论和发泄自己厌恶的欲望非常类似粉丝们宣泄其热爱的渴求。而且他们还会通过建立反粉丝社群来将不快转化为愉悦。① 玉米就经常把"宇黑"（强烈厌恶李宇春的人）称为李宇春的"另类粉丝"。后期的超级粽子吧在许多玉米眼里就是一个由宇黑组成的网络社群。随着粉丝认同的变化，粉丝身份也可以不断转化和重叠。比如散粉经过一段时间可以转化为铁杆。一个超女的铁杆粉丝也有可能同时是另一个超女的反粉丝。粽子大多是"有馅的"，即有粉丝的倾向性，会对某个超女怀有特别的好感。有的粽子则和黑黑的行为非常相似，他们之所以隐藏自己的粉丝身份，只是为了更好地打击自己所厌恶的超女。

第二节　玉米的认同话语

戴尔在 1979 年出版的《明星》一书中首次提出，明星有着符号（sign）一样的功能，是一个嵌入了文化意义的符号系统，可以被观众积极地阅读和阐释。我们像阅读文本一样阅读明星，这些文本既被意识形态浸泡，又被话语性地建构。明星文本所生成的意义具有被结构的多义性（structured polysemy）。这种多义性既指涉明星文本所体现的意义和情感的丰富性，又指涉那种将某些意义突出，将其他意义隐藏或替代的企图。② 戴尔的明星文本理论用在选秀歌手身上是再适合不过了。从

① Jonathan Gray, "Antifandom and the Moral Text: Television without Pity and Textual Dislike", *American Behavioral Scientists* 48. 7 (2005): 840 – 858.

② Graeme Turner, *Understanding Celebrity*, p. 24.

某种意义上说，真正参与《超级女声》比赛的其实不是超女，而是超女粉丝。比赛的内容也不是唱歌或表演，而是粉丝对偶像的解读。2005年和2006年的冠军之所以是李宇春和尚雯婕，是因为她们吸引到了一批拥有相当文化资本和写作能力的粉丝，这些粉丝对各自的偶像提出了最富有吸引力的解读。这些主要通过网络传播的粉丝解读既坚定了粉丝社群成员对偶像的信心，又驳斥了大量有关偶像的不利言论，同时还激起了许多非粉丝对超女选手的关注。

　　每个超女粉丝群就是一个围绕着某特定超女建立起来的阐释社群。在这个阐释社群里，关于该超女的各种解读会在流通过程中被不断补充、更正，最终形成一个被大多数成员接受的经典版本，而那些与经典版本相冲突的版本则会被逐渐边缘化。这些经典的阐释文本一般都能对偶像内在的多义性和矛盾性进行有效的综合。比如，玉米将李宇春描述为一个钻石般的多面体，每一面都闪烁着耀眼迷人的光彩。07快男冠军陈楚生的粉丝"花生"也将陈楚生概括为一个对立统一体："楚生有一种高贵的颓废，内敛的优雅，低调的叛逆，温柔的狂野，复杂的简单，含蓄的真诚……本是坠入凡间的双面精灵"。① 正如戴尔所指出的：越是受欢迎的明星就越是一个不稳定的矛盾形象，能包容广泛的对立，引发多元的认同。在反复描述"她"（李宇春、尚雯婕、张靓颖等超女）是谁的过程中，超女粉丝也会提出一套关于"我们"（玉米、芝麻、凉粉等粉丝）是谁的公认阐释。在超女粉丝对偶像的认知、认同过程中，其他粉丝的解读与粉丝自己观看电视节目的直观体验几乎同样重要。在向非粉丝解释自己对某超女的喜爱时，粉丝也经常求助于社群内的"钦定版本"，也就是西尔斯所谓的"话语真言"。本节讨论的就是玉米社群针对李宇春这个极具争议性的"文化符号"所作出的阐释性努力。

一　"中性"与"淡定"：内外兼修的偶像魅力

　　2005年7月超女比赛期间，一位网络ID为"清颜女史"的玉米在"天涯"网站上发表了一篇名为《倾倒众生李宇春——论宇春的可贵》

---

① "陈楚生"，百度百科（http://baike.baidu.com/view/938013.htm，2009—03—25）。

的网帖。① 这是玉米地里较早的一篇全面阐释李宇春魅力的"论文"。该文不仅描述了作者从一个并不热心的普通电视观众转化为玉米的过程，还沿着从外到内的逻辑顺序，深入剖析了李宇春在外形和人品上的独特魅力。全文分为三个部分，第一个部分是"这个夏天认识了李宇春"，第二部分是"我的沦陷"，第三部分是"论李宇春的宝贵"。如前所述，这是一篇将个人的"沦陷史"和对偶像的符号性解读合二为一的文章。在文章的第一部分，作者自称是一名 26 岁的成熟女性，对《超级女声》这样的"小孩子把戏"不感兴趣。她曾无意中观看了广州和杭州唱区的两位冠军的演唱，也从网上听说了成都赛区有一位"长得像男生"的冠军，但直到 7 月 15 日的首场全国总决赛，她才第一次在屏幕上见到了李宇春。她当时的感觉是"确实很像个男生，不过还好，看起来还是很舒服的"。

清颜女史在文章的第二部分叙述了她的"沦陷"经过。7 月 16 日，由于是星期天，她闲来无事下载了成都赛区的所有视频。在看到李宇春在 20 进 10 所表演的一段舞蹈，以及后来的几次演唱之后，清颜女史开始觉得"若有所失"：

> 然后接下来我不管到哪里去，去做什么，上班的时候，隐隐约约的耳边似乎总是回响着李宇春的歌声，zombie，大女人，我的心里只有你没有他……天，原来这就是余音绕梁，三日不绝。
>
> 于是每天下班后都急急忙忙地冲回家，为的是把昨天没看完的李宇春的视频看完，或者温习一遍。于是到了本周结束，我已经到了崩溃的地步，脑子里想的总是宇春，在一遍遍看她的视频的时候，我变得激动，有时候会一边看一边叫出来，李宇春，我爱你！
>
> 这就是我的沦陷过程，在一个星期内由对超女几乎一无所知变成死心塌地的玉米。

较之许多玉米在几秒钟内被李宇春"击中"的经历，清颜女史历时

---

① 清颜女史：《倾倒众生李宇春——论宇春的可贵》，百度李宇春吧（http://tieba. baidu. com/f？kz = 26045949，2005—07—23/2009—03—25）。

一周的"沦陷过程"可说是相当"漫长"了。"沦陷"是超女粉丝社群中的常用术语。这个军事隐喻形象地再现了自我被他者征服、从而臣服于他者的过程。仅仅一周的时间,清颜女史的思想和生活就被李宇春的歌舞彻底侵入、占有,并且几近"崩溃",以至于她边看视频,边情不自禁地对着电脑叫喊"李宇春,我爱你"。这种爱仿佛是炽热的火山岩浆,必须通过言辞、口舌喷发出来。尽管清颜女史没有大肆渲染她的情感,但我们依然能感觉到她平实的语言下所隐藏的疯狂迷恋。

在文章的第三部分,清颜女史旁征博引,对李宇春的"独特气质"做出了有说服力的阐释。超女粉丝的最惊人之处就在于,他们在"沦陷"之后并没有丧失主体性,反而能够对自我的沉迷作出积极的反省和精彩的辩护。作者写道:

> [我] 喜欢她的阳刚和大气,那代表了女孩们在成长路上由于社会的压力而失落的人性里面的一些美好的东西,难道女生就必须小心翼翼,柔声柔气?就该压抑着自己?
>
> 说到她的帅气,我看过 Sex and City [美国电视连续剧《欲望都市》] 中有一集里面一个摄影师开了一个摄影展,他拍的照片那些英武俊朗的硬汉其实都是女人经过造型和包装摆出来的 pose [姿势],很让人震撼,他就是要说明,其实每个女人心底都藏着作为男人的另一面,我想宇春也是如此,其实最经典的美丽都是超越性别的。

作者随后用"世界第一美少年"伯恩·安德森兼具阳刚和俊美的外形,港台明星林青霞和张国荣在电影中的角色反串,进一步证明只有跨性别的美才是真正令人倾倒的,且中外皆然。而李宇春正好将"男孩女孩的优点集于一身":"妩媚,干净,阳光,帅气"。

李宇春的"中性"形象曾引起了一些学者的研究兴趣。何平、吴凤从马克思主义女性视角出发,赞扬《超级女声》节目是对传统性别政治的反叛。两位男性作者指出:"李宇春身材瘦削,脸部线条棱角分明,显然偏离了传统的女性身体审美的标准。但就是这样的一个少女,依靠如此'中性'甚至稍偏'男相'的外形和并不出众的嗓音得到了成百万计的'拥趸'的狂热追捧。"因此，李宇春的夺冠颠覆了"男性对女性身体的审美标准和旨趣"，体现了"女性主体意志的张扬"，是"一次新女性主义的胜利"。[①] 刘珍珍通过对北京 200 多位受访者关于李宇春形象的问卷调查，得出了与何、吴二人较为接近、并更加具体的结论。她把李宇春的"中性"形象概括为"帅气、缺乏曲线、独立、直率及具有控制力的形象（这里'缺乏曲线'不含贬义）"。她认为，这种形象是对 20 世纪 80 年代后女性形象"回归"传统的反叛，但又与文化大革命时期的"去性别化"不同。李宇春的形象是在市场化和全球化的语境中产生的，是"女性主体意识上升和传媒再生产的结果"。[②] 较之前三位学者对李宇春"中性"形象的肯定，徐欢提出了不同的意见。她认为李宇春在女性观众眼里扮演了"一个虚拟的男性被看角色"，"偶像的女性化趋势和女性偶像的男性化趋势其实是'男色风暴'的一体两面"。虽然"女性偶像的男性化可以让女性粉丝把潜意识中对传统女性气质的颠覆愿望投射在偶像身上"，并"安全地体验投射带来的快感"，但玉米对李宇春的欣赏还是映射出"女性对男性修长身材的认同、对男性果断气质的欣赏、对男性在社会中应承担的责任的肯定，对自我受到异性保护的陶醉"。"男性权力和控制不动声色地渗入看似女性主导［的］节目中，女性独立意识仅仅流于表面"。[③]

如果我们将"清颜女史"对李宇春形象的解说与学者的论述进行对比，不难看出，还是玉米最了解玉米。上述三位学者的观点虽然都各有见地，但却都没能一语中的。对于许多玉米来说，所谓的"中性"外形其实就是"雌雄同体"。而"雌雄同体"恰好是不少中外演艺明星都具备的特质。当代日韩男星中的女性化，就是在刻意塑造这种气质，以便吸引更多的女性受众。许多玉米都曾是，或同时是"荣迷"和"菲迷"，这绝不是偶然的。因为张国荣和王菲正是以雌雄同体的酷儿气质

---

① 何平、吴风：《"超级女声"与性别政治——西方马克思主义女性主义视角》，载《南开学报》2005 年第 5 期。

② 刘珍珍：《女性新形象的塑造与传播——从"李宇春现象"看传媒影响下的女性形象》，载《民族艺术》2006 年第 2 期。

③ 徐欢：《作为大众传媒时代文学文本的媒介事件——对〈超级女声〉的个案分析》，蒋原伦、张柠主编《媒介批评》（第二辑），广西师范大学出版社 2006 年版，第 53—54 页。

闻名于华语世界。台湾学者周倩漪曾审视过王菲在第一张和第二张专辑中的造型。在第一张专辑里，王菲舍弃了长发，理了一个"标志着个性硬酷而阳刚味浓的"寸头，可谓"女不女"。在第二张专辑中，王菲接上了假发，头发虽然长了，但却是假的，表明女性形象"只是一种扮装"，即"女像女"。王菲通过专辑照片中的不同发式、服饰和身体姿态，展现了"女人类型的异质性与多元化，以男女之'内'的内在差异，松动了异性恋性别系统中男女之'间'的二元对立"。[①] 这种僭越异性恋性别规范的能力对于深受传统性别模式压迫和束缚的亚洲女性是非常具有吸引力的。美国人类学者罗伯森（Jennifer Robertson）在研究日本宝塚歌剧团时就指出，日本女性粉丝，"不分老幼、无论婚否，都被宝塚的'男役'所吸引"的根本原因是，女扮男装的演员"代表着一个能成功地协商男女两种性别及其伴随的角色、领域（至少理论上如此），并不受任何性别约束的模范女性"。[②]

不过，"真正的"粉丝不会只停留在对偶像外表的爱慕，而是会将外表当作心灵的征兆，会从偶像迷人的外表中发现其"美丽心灵"。正如王菲特立独行的个人风格、强烈的自我意识甚至自恋情结才是她的偶像魅力的核心，李宇春的偶像号召力也离不开她的人格魅力。"清颜女史"将李宇春的性格描述为"纯真"、"从容"、"自然"和"淡定"。她发现李宇春"从不抢镜头和刻意表现，只是做好自己该做的事情"，而她恰好"不喜欢太有心计得失心太重的人，这样的人站在舞台上让我觉得看得很累，然而宇春她完全不是，她总是很简单自然，只想简单的把歌唱好就行了，很享受这个过程"。尽管 05 超女亚军周笔畅也是以中性外形著称，但"清颜女史"却发现周笔畅在人品上略有瑕疵。在和易慧的合唱中，周笔畅因急于表现自己，"把易慧的声音全压下去了"。李宇春则恰恰相反，在和张靓颖的合唱中，为了配合张靓颖，她故意压低了自己的声音。一个为了表现自己而牺牲他人，另一个则为了成全他人而牺牲自己；一个急功近利地把他人当作竞争对手，另一个则彬彬有

①　周倩漪：《从王菲到菲迷：流行音乐偶像崇拜中性别主体的搏成》，百度帽子歌后吧（http://post.baidu.com/f？kz=117877248，2006-07-26/2009-03-23）。

②　Jennifer Robertson，*Takarazuka*：*Sexual Politics and Popular Culture in Modern Japan*，Berkeley：University of California Press，1998，p. 145.

礼地将他人当作合作伙伴。在这两种对待竞争、对待他人的态度中，"清颜女史"选择了后者，她成了李宇春的玉米。

如一些学者所指出的，《超级女声》是一个以竞争和征服为母题的叙事文本。刘自雄在分析《超级女声》的叙事策略时认为，这个含混、多义的电视节目可以被看作是一个"正剧文本"。它讲述的是"故事主角——英雄/偶像在一场激烈的竞赛中经历诸多磨难，逐次打败对手，最后走向'大团圆结局'：成功加冕"。[①] 何盈环在对比 06《超级女声》和《美国偶像》所使用的隐喻时也发现，《超级女声》节目中最常用的隐喻是战争。主持人不断地把比赛的形式比喻为一场没有硝烟的战争，把选手当作战场上的战士。而《美国偶像》则较多地使用了游戏隐喻，参赛选手、评审和观众都把节目当做一个趣味性的游戏。[②] 象征生死决斗的"PK"一词通过 05 超女比赛而家喻户晓，就充分表明了超女比赛的争斗性。不过，除了竞争母题，《超级女声》也是一个有关"人情""人伦"的复杂文本。所有的超女选手都以"姐妹"相称，节目编导也大打友情牌、亲情牌，极力煽情。也就是说，《超级女声》的潜文本其实是竞争和人伦之间的矛盾，而不仅仅是竞争本身。它给选手提出的考验是，如何与自己的对手做朋友，如何在残酷的竞争过程中，既追求梦想、获得成功，又保留个性和人情，不给人功利心太强的负面印象。如果我们将李宇春的人格特点与《超级女声》节目的叙事主题联系起来，就会发现李宇春对竞争和人伦的两难处境给出了她自己的答案，她选择了人伦，而不是竞争。她的从容和淡定体现了超女比赛"想唱就唱"的本意，一种和竞争无关的自我表达和自我成长。她对其他选手的友好和大度，表明她会关注他人的需要，不会为了一己私利而牺牲他人利益。在 2007 年的一次电视访谈中，李宇春公开表示："有的东西比成功

---

① 刘自雄：《透视电视娱乐文化"母题"与叙述策略——〈超级女声〉的叙事话语分析》，载《新闻大学》2005 年第 4 期。

② 何盈环：《中美电视娱乐节目中的概念隐喻对比研究》，硕士学位论文，浙江大学，2007 年。不过，何盈环并没有在论文中指明她比较的是第几季《美国偶像》。我本人观看过《美国偶像》第七季的冠军争夺赛。在这一集节目中，制作人明显地把比赛设计为两个男性选手之间的巅峰对决。两个选手登场时，穿的是模仿拳击比赛的服装。节目中多次使用了"fight"（战斗）一词。

更重要，因为那决定了我们是谁"。① 部分玉米对李宇春的支持显然寄托了他们面对当代中国社会中无所不在的竞争压力的立场。

当然，并不是所有的超女粉丝都像玉米那样对超女节目中的竞争母题持疏离和怀疑态度。某些粉丝就将在节目中胜出的超女看作是草根阶层通过个人才华和奋斗获得成功的一个寓言。"高凉"（凉粉中的"高层人士"）"慕容洲"曾在 2005 年底写过一篇名为《张靓颖：一只丑小鸭的中国梦》的随笔。在文中，慕容洲不仅将个人主义的"成功神话"与民族主义的"和平崛起"神话进行了对接，还模仿"美国梦"，提出了"中国梦"的说法，并将张靓颖看作是"中国梦"的代言人。文中写道：

> American Dream，美国梦，构成了美国精神的核心。其主旨，是强调每一个普普通通的美国人都可以通过自我奋斗，实现其个人梦想，再经由这些多样梦想的编织，构建出一个五彩斑斓的国家之梦。
> 就是这样一种简单梦想的幻惑，吸引了全世界多少人趋之若鹜！
>
> 今天，中国的和平崛起，已经可以许给无数中国人实现自己中国梦的机会。
> 而张靓颖的横空出世，为 Chinese Dream 写下了最为生动的注脚。
> 你为梦而生，靓颖
> 确切地说，你为中国梦而生，你为中国梦而歌。
> 你就是千千万万正在为自己的新中国梦打拼的平凡中国人的代言歌者。②

早在 2005 年超女比赛期间，自幼父母离异、父亲早逝、15 岁独自

---

① 《【李宇春语录】她思考……》，太合麦田歌迷会（http：//club. trmusic. com. cn/thread - 2999 - 1 - 10. html，2009—02—24/2009—03—25）。

② 慕容洲：《张靓颖：一只丑小鸭的中国梦（慕容洲随笔）》，百度张靓颖吧（http：//tieba. baidu. com/f？ ct = 335675392&tn = baiduPostBrowser&sc = 429365308&z = 65087638&pn = 0&rn，2005—11—09/2009—03—25）。

在酒吧养家糊口的底层出身的张靓颖就赢得了大量的同情选票。一些凉粉更是将她塑造成孤傲高洁、自强奋斗的传奇形象，并冠之以"张英雄"的称号。赛后，张靓颖所在的华谊兄弟音乐有限公司（简称"华谊"）一直不遗余力地将她打造为华语乐坛"新天后"，① 许多凉粉还幻想张靓颖将演唱北京奥运会开幕式的主题歌，通过"向世界歌唱"的方式，完成"丑小鸭变天鹅"的终极蜕变。对于一些拥有一定文化资本，但在经济、社会资本方面却较为欠缺的凉粉来说，"中国梦"具有不可低估的号召力。这些凉粉因为出身草根，迫切渴望打破传统的门第观念和关系网，跻身中上层阶级。他们对中国社会结构性的不平等有着深刻的体验，对权贵阶层怀有强烈的不满。一位网名为"心思瘦"的女凉粉在其博客中写道：凉粉们"发现在让他们痛苦的蔑视的无能为力的政治之外，粉丝世界可以给他们话语权，让他们发挥智力优势，满足表达欲望"。张靓颖是凉粉用来实现自己的中国梦的一个载体："所有不能施展实现的现实欲望，都要透过这个人从社会获得，或者说，他们需要她通过征服这个世界来报复这个世界，改写这个世界的规则，重新塑造自己的规则，尽管只是在音乐世界，也可以短暂满足他们 YY［意淫］的欲望"。②

　　早期的凉粉喜欢以社会精英自居，将张靓颖的海豚音和英文歌看作是精英文化品味的象征。他们自诩是成熟、理性的歌迷，不同于其他超女粉丝的"低级趣味"。如一位 ID 为"粽比黄花瘦"的凉粉馅粽子就曾在 2005 年声称："我甚少见到有听欧美音乐超过 5 年的人喜欢李宇春，倒是有很多购物狂/伪文青/《申江》这种恶俗报纸的忠实读者喜欢李宇春。而且玉米媒体几乎都是以办公室无聊行政女性为读者"。③ 不过，在尚雯婕获得 06 超女冠军之后，凉粉的"精英"情结发生了一

---

　　① 2009 年 6 月，张靓颖离开华谊自组公司，并宣布加盟环球唱片公司。

　　② 心思瘦：《中场休息》，新浪博客（http://blog.sina.com.cn/s/blog_ 48618638 010005 ep. html，2006—09—26/2009—03—25）。

　　③ 粽比黄花瘦：《本不属于超女的人群——我眼中的凉粉们》，百度粽比黄花瘦吧（ht-tp://tieba.baidu.com/f? z = 56108895&ct = 335544320&lm = 0&sc = 0&rn = 30&tn = baiduPostBrowser&word = % F4% D5% B1% C8% BB% C6% BB% A8% CA% DD&pn = 0，2005 - 10 - 26/2009 - 03 - 25）。

些微妙的变化。2007 年 11 月，06 超女冠军尚雯婕正式宣布签入华谊，并被公司定位为"白领、小资代言人"。此后，凉粉和芝麻因为各自偶像之间的利益冲突而发生了多次摩擦，以至于芝麻在 2008 年 10 月底在百度开设了"不喝凉水"吧，专门批驳张靓颖团队的恶炒和踩人上位的行为。两个粉丝群之间的对立，也影响到了粉丝认同。芝麻认为自己的偶像才是货真价实的"文化品味"的象征，而在凉粉眼中，尚雯婕和芝麻则代表了上流社会的虚伪和小资白领的矫情造作。

和张靓颖一样，尚雯婕也出身于一个困顿的离异家庭。但较之张靓颖的四川大学成人自考生的学历，尚雯婕显然有着更为过硬的文化资本。她不仅凭借优异的学习成绩考入复旦大学法语系，还曾担任过上海电影节的法语翻译。尚雯婕放弃稳定高薪的白领工作，追寻音乐梦想的独特个人经历，也吸引了不少同样怀揣叛逆梦想，不愿意循规蹈矩、按部就班地生活一辈子的都市小资产阶级。不过，与自负、张扬的凉粉"精英"不同，"白领"芝麻更加内敛、平和、低调。他们更多地追求浪漫的田园生活和心灵的安顿，而不是权力的荣光和炫富式消费。如一位百度 ID 为"微微风微微笑"的芝麻所解释的：她喜欢尚雯婕是因为尚雯婕的木讷和沉默，"但是只要她一开口，我就会产生心底里的共鸣。很感动，很喜欢听，想随着她的歌声到一个很远很远的地方，那是一个没有是非没有做作没有尔虞我诈利欲熏心的地方，一切都那么的纯净简单。"① 张靓颖和尚雯婕同样是通过《超级女声》的平台走入演艺圈，同样被粉丝看作是自我奋斗的坚强女性，但凉粉和芝麻却各自形成了不同的群体特点，体现了两种不同的社会价值观念。从中不难看出粉丝认同的复杂性和丰富性。

二 "气宗"与命运：明星卡理斯玛的建构

《超级女声》属于电视真人秀类型。这类节目更多的是强调参与者的普通性，以便拉近受众与节目的距离。不过，《超级女声》的竞赛性质又使得获胜的选手自然而然地拥有了"英雄"的传奇色彩。因此，

---

① 芝麻黛尔：《【关于．未来】一个粉丝的自言自语》，百度尚雯婕吧（http：//tieba. baidu. com/f？kz = 494775916，第 17 楼，2008—10—28/2009—03—25）。

粉丝与超女偶像的认同经常在平凡与不凡的两极中摇摆、协商。超女选手的"邻家女孩"身份是她们引起粉丝共鸣的基础，她们在比赛中表现出的个性和才华则是触发粉丝爱慕、崇拜的缘由。如一位 ID 为"上世纪 80 年代"的芝麻所说的："每人心中都有一个值得倾慕的同性，因为她既有你的平凡，却又有你渴望的却缺少的与众不同"。[①] 为了构建出李宇春这个"巨星胚子"的卡理斯玛，玉米社群更多地强调了李宇春的与众不同。韦伯把卡理斯玛定义为"一类人的人格特征，由于拥有这一特征，他们被区别于普通人，并被看作是具有超自然、超人或至少特殊的力量或品质"。[②] 这一定义的核心是凡人与超人之间的区隔。玉米在阐释李宇春的卡理斯玛时，也恰好调动了普通与非凡、众多与稀有的二元对立。在玉米眼中，其他超女即便是有才华的，也还是普通的，可以复制的；唯有李宇春是卓尔不群、超凡脱俗、独一无二的。比如，清颜女史就在她的文章中声称："具备李宇春这样素质的人是十年才会有一个的，而这样的素质的人能走入公众视野，可能是 50 年一遇的。我要预言她会成为天王巨星。"她还以自己的亲身感受昭示了玉米对于李宇春的宗教性热忱："对于李宇春，我是崩溃式的沦陷，信仰般的热爱"。

　　网络写手"绿妖"在 2005 年 8 月发表的一篇文章中为玉米的这种"信仰"提供了一套支撑性话语。[③] 这篇名为《李宇春 夏日里最后一场高烧》的文章曾被奉为玉米地里的"圣经"，文中提到的李宇春的独特之处（气场、舞台魅力、眼神、笑容）至今仍是玉米最津津乐道的东西。在这篇文章里，作者将传统的命理之说与武侠叙事元素糅合在一起，再一次以先知宣道般不容置疑的口吻肯定了李宇春的明星魅力，并将李宇春与其他超女彻底分隔开：

　　　　张靓颖是剑宗，叶一茜是剑宗，虽然她们招数并不相同，但

---

①　缠住小尚狂啃：《【06 至尚】我通过播打这个电话，成功找到新浪博客工作组人员》，（http：//tieba. baidu. com/f？kz＝134769636，第 6 楼，2006—09—22/2009—05—05）。

②　Sean Redmond and Su Holmes, *Stardom and Celebrity：A Reader*, 14.

③　绿妖：《李宇春 夏日里最后一场高烧》，百度第五大道吧（http：//tieba. baidu. com/f？kz＝99046759，2005—08—12/2009—03—26）。

　　无论张英雄的嗓音也好，叶一茜的美貌也好，都是她们可以行走江湖可以自持的绝技，练成了，江湖兵器谱上，总有牢固一席排名。

　　你〔李宇春〕是气宗。你练的是整个个人魅力，是你的举手投足你的一颦一笑，你舞台上的魅力舞台下的做人，你的整个气质整个气场。气质不容换假，所以气宗易练难成，容易毁于一旦半途烟消云散；气场只可感应，触不到摸不着，所以玉米的爱全无凭据——如果有的话，只因为你是你。就因为你是你。如此而已。

　　你是偶像。你是最险峻的那种偶像流派。

这里，作者巧妙地挪用了金庸名著《笑傲江湖》中的"剑气"之争来类比偶像派歌手和实力派歌手的区别。在《笑傲江湖》里，华山派内部有两个对立的支流：一个是讲究招数的剑宗，另一个是注重内功的气宗，两派争斗了近百年，气宗才逐渐占了上风。小说主人公令狐冲本是气宗的大弟子，后因机缘巧合，练成了剑宗的独门秘笈"独孤九剑"，终于成为独步武林的顶尖高手。尽管金庸小说宣扬的是剑气合一，甚至将剑宗描写得比气宗更神妙，但绿妖却将剑宗贬为形而下的器、技术，将气宗提升为形而上的道。她还赋予了偶像派歌手全新的内涵，将其当作气宗，置于实力派歌手（剑宗）之上。通过这样的颠覆性话语策略，本来一向被视为"金玉其外"、"徒有躯壳"的偶像派歌手遂成为人格魅力、舞台实力、综合素质的完美代表。

　　由于气场、气质都是"只可感应"却"触不到摸不着"，信则有、不信则无的东西，如何证明它们的存在便成了一个难题。但绿妖并没有在证据问题上纠缠，因为对于已经感受到了李宇春气场的玉米来说，他们更关心的可能是这种气场的来源和持久性。为此，绿妖引用了《红楼梦》中的"正邪两赋"之说，直接将李宇春的气场归结为天赋：

　　有一种人生来具有一种能力，这些人身上充满一种正、邪二气兼备的特殊力量，原谅我在这里要抄一段书，"假使或男或女，偶秉此气而生者，上则不能为仁人为君子，下亦不能为大凶为大恶：置之千万人之中，其聪俊灵秀之气，则在千万人之上；其乖僻邪谬不近人情之态，又在千万人之下；若生于公侯富贵之家，则为情痴情种；若生于诗书清贫之族，则为逸士高人；纵然生于薄祚寒门，甚至为奇优，为名娼，亦不断不至为走卒健仆，甘遭庸夫驱制。"

在出生前的黑暗中，在玄铁寒冰一样冰冷的中间地段里我们已经得到了我们的命运。有的人手握重权出世，有的人生来是为了聚敛财富，而你，李宇春，很不幸或者说很幸运，你被分配到了一种力量，你生来是为了在舞台上发光发热，为电为神。

《红楼梦》原文中"偶秉此气"的"此气"，确切地说，不是正邪两气，而是被正统文化压抑、贬斥的"灵秀乖邪之气"。《红楼梦》里的这段话也经常被荣迷引用，来形容张国荣形象中的僭越性质。由于李宇春"倾倒众生"的舞台魅力是一种命中注定的天赋力量，那么玉米也就不用担心它的消失和减弱。当然，绿妖并没有告诉我们她如何能占卜出李宇春的命运。但玉米是不会怀疑绿妖言论的权威性的。她们需要的只是有人以命运的名义，重新肯定她们早以切身感受到的东西——李宇春的卡理斯玛。

在这篇文章里，绿妖还向公众再次诠释了"我们"（玉米）是谁。早在 2005 年 7 月初李宇春取得了成都赛区的冠军之后，玉米地的组织者"舒穆禄雪梅"就以"姐姐"的身份给李宇春写了一封信，向李宇春描述了玉米到底是一群什么样的人（这封信同时也在百度李宇春吧公开发表）：

怎么来说我们呢？你可能很难理解姐姐们这个年龄段会这么有激情支持你，当然，我们喜欢你音乐的灵性，喜欢你舞台的掌控，喜欢你的清爽气质，喜欢你的礼貌善良，但是，最重要的，是在你身上，我们看到了期待成为却终于被社会改变的自己。我们看你就如同自己的亲妹妹，或者说，十年前的自己，我们心疼你，我们希望你能够在音乐道路上顺畅快乐，这是为什么我们坚定存

在的原因……①

绿妖的文章和舒穆的公开信相互唱和，再次确认了成年玉米所达成的共识：李宇春是成年玉米的青春影像，一个"还未被摧毁过、未向生活折腰"的纯洁自我。玉米在李宇春身上看到了她们一直想成为、想保留，却因为社会的压力和束缚而没有成为、没能保留的样子。绿妖写道："虽然明知道这只是一场游戏，明知道所有与之相关的商人都在为我们的愚蠢的热情开怀大笑，可是作为成年人，我们尊重了这场游戏，并默默地投出自己微不足道的一票。仿佛在保护多年前［的］自己，那个一尘不染的倔强少年"。玉米地里还有一句名言："宇春就像我们曾经最美好的时候的最美好的愿望，或者是我们最美好的时候所爱过、追求过的最美好的人儿"。对于李宇春的支持似乎是一场"青春祭"，让成年玉米重新找回遗失的青春和美好。当然这只是部分玉米认同心态的写照。玉米地里还有许多未成年的小玉米，她们对于李宇春的认同肯定和成年玉米是有差别的。但由于成年玉米一直在玉米社群里掌握着更大的话语权，因此流传最广的、知名度最大的阐释性文本都是出自成年玉米之手。

三 批判与救赎：李宇春的神话和神化

如果说清颜女史和绿妖基本上还是从玉米的私人感受出发来解读李宇春，梅侬的一系列札记（后收入《聊赠一支春——李宇春麈谈》一书）则以一个远离尘嚣、不问世事的神秘隐居文人的身份，"对作为2005 年最重要的社会现象的超女特别是李宇春"作出了"系统分析和评论"。② 饶有意味的是，梅侬始终拒绝承认自己是玉米，但又反复声称被李宇春的美好和玉米的真诚所感动，因此重出江湖，为正遭受巨大非议的李宇春辩护。较之那些"只缘身在此山中"的粉丝，梅侬的非

---

① 舒穆禄雪梅：《给小宇的一封信》，百度李宇春吧（http：//tieba. baidu. com/f？ z = 22387551&ct = 335544320&lm = 0&sc = 0&rn = 50&tn = baiduPostBrowser&word = % C0% EE% D3% EE% B4% BA&pn = 0，2005—07—05/2009—03—26）。

② 陆晓禾：《"超女"与伦理学研究：一些启示和值得研究的问题》，载《道德与文明》2007 年第 3 期。

粉丝身份似乎让她具备了更加超脱的视野。但她的言论实际上比粉丝还要粉丝。从 2005 年 8 月 24 日到 9 月 24 日，"梅侬"这个网络 ID 在百度李宇春吧连续发表了 10 篇影响力极大的文章，分别从音乐、人性、女性美三个方面对李宇春作出了权威解读。其中三篇都是在冠军争夺战（8 月 26 日）前夕发表的，有效地鼓舞了玉米地里的投票士气。

　　梅侬首先从艺术的高度极力肯定了李宇春的音乐才华和创造力，驳斥了有关李宇春"唱功"差的指责。她甚至提出了"前有王菲，后有李宇春"的口号，认为李宇春会在华语歌坛成为王菲那样的标志性人物。其次，梅侬从道德、人性的角度阐释了李宇春的人格魅力，用赞美诗般的语言将李宇春推向了神坛，确认她为我们这个堕落时代的救赎者。同时，梅侬还对玉米的所作所为大加赞誉，把玉米对李宇春的狂热支持视为"众志成城，卫护人性"，是对圣人之道的践行。此外，梅侬还针对网络上大量有关李宇春"男性化"外形的人身攻击，对李宇春的女性美作出了全新的生动阐释。凭借深厚的国学修养，梅侬将李宇春描绘为一个拥有"林下风气"的古典美女，其"眼似横波媚，笑如新月乖，羹比腻脂白"，实乃"得妩媚之神"，而非徒有妩媚之形。① 李宇春的这些外貌特征，尤其是她白皙无瑕的皮肤，不仅是无数女性玉米所向往的女性美的重要标志，而且还是她的神圣性的确凿证据。

　　梅侬的救世情怀从《你是宇宙的春天》和《你是人民的女儿》两篇札记的标题中就可窥见一斑。尽管梅侬不是玉米，但她似乎对玉米了如指掌。在札谈的第二篇《你是宇宙的春天》里，她首先以诗意的语言描述了李宇春带给玉米的心灵震撼：

　　　　你被深深地击中，就在这其中的某一个瞬间。而世界仿佛在走投无路之时，从来没有如此清明澄澈。倏地，你觉得灵魂被轻取而去，有甚么东西被攫夺，又被甚么送回来，将你打补丁一样补全，然后，你完整了，从外至内。所有的毛囊经历了阵痛，继而打开如蒲公英徐徐舒展，你看到有一整片蓝天延展至天际，展望无极，而大片的春风，正以春雨润物细无声的姿态，在无形中将你覆盖，直

———————————

① 　梅侬：《聊赠一支春——李宇春麈谈》，新星出版社 2006 年版，第 80—81 页。

至逼出你一颗透明的泪。①

在这段带有强烈宗教意味的描绘中，李宇春被比做"大片的春风"，润泽了玉米干涸的心灵，给他们带来身心的完整。"清明澄澈"和"补全"都是长见的宗教语汇。法国哲学家帕斯卡尔曾在《思想录》中写道："人类曾经一度有过真正的幸福"，而现在却只保留着这种幸福的"空洞的标志和痕迹"。人类徒劳无益地试图用各种事物来填充它，但这个空洞"只能被上帝本身所填充"。② 这句话后被引申为基督徒常说的"我们每个人心中都有一个上帝形状的洞，只有上帝才能补全它"。

李宇春之所以能有这样的感召力，是因为她是一个"实实在在，有血有肉，真真切切"的人。而在中国"16亿人中，15.9999999［亿］的人都是木头人"。中国"从来不缺乏人才"，"只缺乏人"③，"中国的思想及价值观念早已在上世纪八十年代开始沦丧"④。梅侬随后又用丰富具体的意向描述了我们这个"没有前途的民族"里，大家是怎么做"木头人"的：

> 这些木头人都是没有父母的孩子，在某个清晨忽然被抛到无所遮蔽的旷野，看到周遭弥漫着争拗打斗的癫狂，毒品瘟疫非自然性的泛滥，贫穷与暴发户毗邻而老死不相往来，笑贫不笑娼，婚姻充斥着背身之后的暧昧，导弹从鸽子洁白的翎羽穿透携带血滴，同根兄弟仇恨猜疑，隔离彼此……而后，所有的木头人都能看到对面的木头人瞳仁的麻木，没有人想走上前去拥抱一下，感受一下人间的体温还是不是摄氏36.5度，大家两两相望，然后两两相忘。在零摄氏度下的水泥森林里独自哭泣，饮恨成冰。直至冻成冰雕，老死野陌，枯坐江湖。没有一个人最终修成正果。⑤

---

① 梅侬：《聊赠一支春——李宇春麈谈》，新星出版社2006年版，第15页。
② 《帕斯卡尔思想录》，何兆武译，湖北长江出版集团2007年版，第121—122页。
③ 梅侬：《聊赠一支春——李宇春麈谈》，第15页。
④ 同上书，第13—14页。
⑤ 同上书，第15—16页。

梅侬笔下的当代中国社会是可怕的，充满了争斗、毒品、瘟疫、不公、丑陋和欺骗。生活在这样一个道德沦丧、价值颠倒的社会，我们不得不做"木头人"，忍受着孤独、麻木、寒冷和没有救赎希望的死亡。直到"至纯至真"的李宇春的出现，才让众人"看到纯正的青春模样，和谐的人类社会，微笑的陌生相识瞬间，孩童的纯净烂漫"。李宇春为我们"把失却的美丽的世界，重新描摹出来"。①

　　在第三篇札记《你是人民的女儿》中，梅侬花费大量篇幅引用了《新京报》2005 年 8 月 22 日刊载的李银河、喻国明和朱大可三位学者对《超级女声》现象的评论。这三位学者都对《超级女声》作出了正面肯定，认为观众的投票是民意的表达。喻国明更是指出，《超级女声》"至少是近年来社会文化领域最值得关注的一个标志性现象"。② 面对李宇春在 5 进 3 的比赛中获得的近 190 万张选票，③ 梅侬以欢欣雀跃的笔调预言李宇春是人间期待已久的"一场春雨"，"她的名字将有可能进入史册，因缘合而创造了历史的奇迹，完满一个划时代的意义"。李宇春像一个"甘甜而美好"的春梦，让"太久太久没有做梦的人，终于在狂风暴雨的懵懂状态中，完满了一次蜕变"。④ 在梅侬的笔下，李宇春的名字不断与"春天"、"春风"、"春雨"、"春潮"、"春雷"等词语联系在一起。作者刻意使用这些最简单、最普遍的自然喻像暗示李宇春所具有的超人能力，其修辞策略颇为类似"东方红，太阳升"等革命歌曲对领袖人物的颂扬手法。在玉米 2006 年为李宇春创作的歌曲《最初的梦想》中，我们也能看到这种宗教情感的流露。歌词中写道："看/那是虹/巨大地跨越风雨/听/那是蝉/孤独地唤醒沉睡/天使飞临/他光芒万丈携福音浩荡/化身自由/你抖落尘土/看/喜悦光芒"。"虹"和"蝉"都是变化、转机的象征，预示了天使的"飞临"。玉米就是最早

---

　　① 梅侬：《聊赠一支春——李宇春麈谈》，第 18 页。

　　② 同上书，第 25 页。

　　③ 在 6 进 5 的比赛中，李宇春的短信得票还只有 82 万多张，在参赛过程中首次没能顺利晋级，上了待定席。仅一周的时间，玉米为了保证李宇春顺利晋级，开始更加积极地投票和拉票，使得李宇春在 5 进 3 的票数暴涨到 190 万张。

　　④ 梅侬：《聊赠一支春——李宇春麈谈》，第 25 页。

辨认出天使降临人间的信徒，他们"抖落尘土"、满怀喜悦地迎接那万丈光芒和让灵魂得救重生的福音。

罗耶克在《名人》一书中提出，在现代世俗社会，宗教信仰与名人文化正在部分地融合，二者在许多方面都很类似。正如世界上各种宗教都注重收藏圣人的遗体和遗物，粉丝也试图收藏名人的签名照和用过的物品。① 李宇春在超女全国巡演中的演出服和项链就曾拍出了38万元的天价。虽然超女用郑欣的话说是"民"星，而不是"明"星，她们和大众的距离更近，但比起传统明星粉丝的热情来说，超女粉丝的热情只多不少。正如宗教信众朝拜存放圣物或圣人墓地的教堂，粉丝也会朝拜明星的居所或墓地。每年光临猫王埃尔维斯在田纳西州的豪宅"Grace-land"的访客高达75万人，比参观美国总统府白宫的人还多。② 一些深受民众喜爱的超级明星都具有神祇或圣者的永生力量。死亡并不能阻止他们在现实中继续发挥其影响力。如美国学者海纳曼（Stephen Hinerman）在一篇研究埃尔维斯粉丝的论文中写道："埃尔维丝·普雷斯利（Elvis Presley）的重要性并没有随着他生命的终结而结束，因为即使在他死后，他仍然是：一个歌迷崇拜的偶像；一个各种媒体艺术家取之不尽的文本宝藏；众多圈内笑话的主角；一个时尚和落伍的双重能指；一个可稳定存在的商业市场。现在，埃尔维丝（大家需要的，特别是现在，只是他的名字）已经变成了一个独立王国；他表明就商品资本而言，死亡并不是什么大不了的事"。③ 对于许多粉丝来说，埃尔维斯就是他们的拯救者，他抚平了他们心灵的创伤，给予了他们生活的勇气。香港演艺巨星张国荣在2003年自杀身亡之后，世界各地的荣迷并没有因此离开，反而在互联网上聚集一堂，继续怀念"哥哥"的音容笑貌和传奇人生。④

不过，罗耶克认为，"名人文化代替不了宗教，它只是为宗教性的

---

① Chris Rojek, *Celebrity*, pp. 58 – 59.

② Ibid. , pp. 59 – 60.

③ Stephen Hinerman, "I'll Be Here with You': Fans, Fantasy and the Figure of Elvis," *The Adoring Audience: Fan Culture and Popular Media*, p. 107.

④ Yiman Wang, "A Star is Dead: A Legend is Born: Practicing Leslie Cheung's Posthumous Fandom," *Stardom and Celebrity: A Reader*, pp. 326 – 328.

认可和归属提供了施演的布景"。有组织的宗教仍然致力于提供一种有
关社会和精神秩序的普遍观点。名人文化虽然能调动强烈的认同和献身
情感，但它终究是一种碎片化的、不稳定的文化，不可能维系一个包容
一切的有关社会和精神秩序的观点。① 在玉米将李宇春逐渐神化的过程
中，我们却可以隐约看到玉米社群中的一些意见领袖已经在逐渐整合出
一套有中国特色和女性倾向的伦理、艺术和性别观念。针对当代中国社
会发展中泛滥的拜金主义、犬儒主义和工具主义，残酷的市场竞争和冷
漠虚假的人际关系，玉米在为人处世方面强调爱和奉献，而不是索取和
争斗；在艺术上崇尚性灵的挥洒和个人创造力，而不是机械的模仿和炫
技；在性别观念上，主张女性的自主和自然，而不是屈从他人、伪装自
我。玉米对"人性"的呼唤，对"个人成功"的反思，对偶像观念的
诠释，对女性美的再发现，都在一定程度上"倡导了新的意义和团结的
秩序"。正如李宇春在歌曲《我的王国》中所唱的："我对全世界把我
的音乐唱出来/ 这是我的王国/别人也永远学不来/ 别害怕/快过来/我的
领土就是爱/我带着你/带着你/脱离苦海"。玉米既是这个爱的"理想
国"中的国民，也是王国的忠实守护者。

当然，玉米对于李宇春的解读并不是一成不变和铁板一块的。玉米
地里至少有三个明显的"派系"：主要喜爱李宇春的外貌和舞台魅力的
"视觉系"，主要喜爱李宇春的声音和音乐作品的"听觉系"，以及主要
钦佩崇拜李宇春的人格魅力的"人格系"。每一个派系的玉米都有自己
独特的行为特征。如视觉系的玉米将李宇春视为当代中国时尚界的新宠
和舞台女皇，他们喜爱收集李宇春的图片、视频，讨论李宇春在不同公
众活动中的造型。人格系的玉米经常赞美李宇春的爱心、宽容、聪慧和
机智。听觉系的玉米则会反复聆听、品味李宇春的歌曲。一位玉米曾评
论说：

其实喜欢一个人和每个人的审美和意识都是有关系的
但是她［李宇春］是很多玉米第一个能从内心沟通的明星，所以她
是我们的小孩

---

① Chris Rojek, *Celebrity*, pp. 90 - 99.

我们能够共同欣赏她的纯净

但是也有很多其他人会因为各种各样的原因喜欢她啊

我还是挺希望有更多的人从单纯的歌迷角度来欣赏她（也确实很
多）

不断丰富我们玉米地的品种（但铁杆玉米在她的发展中有着至关重
要的作用）

因为娱乐圈就是眼球 势力 资本①

　　随着李宇春本人的成长和她演艺事业的拓展，玉米对她也会有更深
入、更全面的了解。玉米在比赛时期，主要被李宇春集帅气和妩媚为一
身的雌雄同体气质所吸引。赛后，他们发现，李宇春的气质中还包括了
"青葱"、"LOLi"②、"性感"、"羞涩"和"柔情"。不过，玉米并不是
李宇春形象的唯一塑造者，李宇春本人和她所在的娱乐公司，以及大众
传媒都会不断控制和重塑李宇春的明星形象。李宇春正式踏入演艺圈之
后，她所在的公司为了帮助她获得更大范围受众的认可，对她做了新的
包装，试图通过突出她身上的女性气质来摆脱比赛时的"中性"、"假
小子"的形象。李宇春外形上的这些变化都在不同程度上影响了玉米对
李宇春的认同，甚至造成部分玉米的认同不适。

　　2009 年 1 月，在玉米目前主要活动的副吧百度"爱粽不粽"吧里，
出现了两个引发热议的"怀旧"网帖。两个网帖的作者都是 2005 年比
赛时期的玉米。其中一位通过张贴李宇春在 2005 年、2006 年的照片，
表达了她对未经商业包装的李宇春形象的怀念。在这些老照片里，李宇
春的头发是染黄了向上竖着的，眉毛尚未修整，有些杂乱，眼睛也还是
单眼皮。她的衣着基本上都是 T 恤衫、衬衣和牛仔裤，看不出明显的胸
部和臀部等女性生理特征。这位玉米所贴的"非工作状态"下的李宇

----

① starwilson：《关于一个"春黑"转变的思考》，百度李宇春吧（http：//tieba. baidu. com/f？z =
525666457&ct = 335544320&lm = 0&sc = 0&rn = 30&tn = baiduPostBrowser&word = % C0% EE%
D3% EE% B4% BA&pn = 0，第 62 楼，2009—01—13/2009—03—26）。

② Loli（萝莉）：能引起男性特殊偏好的尚未发育或发育不全的幼女或少女。该词最早来
自俄裔美国小说家纳博科夫的著名作品《洛丽塔》（Lolita），后被广泛用于动漫和游戏中。参
见"萝莉"，百度百科（http：//baike. baidu. com/view/4575. htm，2009—03—09）。

春图片，引起了其他玉米的强烈不满。他们认为作者贴的都是李宇春的"丑"图，流传出去对李宇春很不利。爱粽不粽吧的吧主也对个别拍摄角度不佳的图片进行了删除。一位 ID 为"冰芝棉花"的玉米指责作者：

> ZS［"宗师"，李宇春的外号］是千面美人，你喜欢她的哪一面，没人管也管不了。你自己在自己的电脑里怎么 HC① 都没人管。但这里是公众论坛，如果你真的在乎 LYC［"李宇春"的汉语拼音缩写］，请向人展示她最美的一面。公众论坛，有真喜欢 LYC 的，也有别有用心的，伺机观察，煽风点火。这些人为了增加点击率或别的目的，不［惜］借 ZS 的名，甚至伤害、诋毁 ZS。②

一位比较客观的玉米评论道："很多［图］没见过，说实话，有些不好看，但也不难看，只是很普通的感觉。"还有一位玉米用玩笑的口吻说，看着这些难看的旧照片，她都不知道自己当初是怎么喜欢上李宇春的："嗯，我一定是热爱音乐才喜欢她的"。显然，大部分玉米还是认同李宇春目前"漂亮"、"可爱"而又不失帅气的偏女性化包装。

在另一个标题为"蓦然回首，这时候的李宇春才是最初的李宇春"的帖子里，开帖的匿名作者（"楼主"）颇为伤感和无奈地写下了如下的文字：

> 不是说现在不好，
> 不是说不喜欢现在的宣传，
> 不是说不喜欢现在的造型，
> 只是突然回过头的时候，

---

① "HC"是"花痴"一词的汉语拼音缩写，粉丝社群中最常见"术语"之一，意为对某人喜爱得近乎痴迷。该词既可用作动词，也可用作名词。由于"花痴"在汉语中原指一种精神病态，粉丝在使用该词时大多带一点戏谑。

② 切嘛切嘛：《好无聊，贴贴非工作状态下的李宇春》，百度爱粽不粽吧（http://tieba.baidu.com/f? z = 527546755&ct = 335544320&lm = 0&sc = 0&rn = 30&tn = baiduPostBrowser&word = % B0% F4% D5% B2% BB% F4% D5&pn = 0，第 155 楼，2009 - 01 - 17/2009 - 03 - 26）。

发现当初喜欢的那个普通而神奇的女孩渐行渐远，

当初那个看得清青涩眉眼的女孩淡忘在记忆之中，

现在的，是舞台上光芒四射，女皇般的她，

但初日遇见时，那个靠举手抬足小动作便足以电倒一片的女孩呢，

她站在颁奖台上，笑容得体，

她精心排练过的舞蹈，帅气依旧，

她越来越像巨星，却渐行渐远。

或许她依然是那样纯澈的心境，

或许她更喜欢现在的状态也未尝不可，

我亦习惯了现在的她，完美，无懈可击，

偏偏依然记得，最初喜欢的那个李宇春，

穿着简单的衬衣，如校园里年轻的学生，

懒散的年华和放肆的青春。①

作者随后进一步说明她所怀念的是李宇春的"自然"，不希望李宇春被包装得日益完美但却失去了"自我的灵性"。一位跟帖的 05 玉米则将作者的惆怅归因于比赛期间绿妖、舒穆禄雪梅等人对李宇春的解读。这位玉米认为，比赛时期"有的人狂热支持李宇春，是因为当时的李宇春成就了年少时自己不能成就的自己，所以这样的人现在会失落"。但是李宇春现在已经快 25 岁了，不可能和比赛时 20 出头的时候保持一样。另一位"赛后米"指出，李宇春现在的造型和舞台表现力都有很大提升，吸引了大量的赛后米。从经济学的角度看，如果个别 05 玉米的失望能换来更多赛后米的青睐，"这买卖"是"划算的"。因为"这是个市场说了算的社会"，明星也必须迎合市场的需要。还有一位跟帖的玉米则干脆攻击发帖的玉米"太自私、太自以为是、太刻薄、太浅薄"。在这位跟帖的玉米看来，网帖作者"感觉失去的其实不是李宇春的灵性"，而是她自己的年华。作者不愿接受现在的李宇春，一心怀念过去的李宇

---

① 《蓦然回首，这时候的李宇春才是最初的李宇春》，百度爱粽不粽吧（http：// tieba. baidu. com/f？ z ＝ 527084049&ct ＝ 335544320&lm ＝ 0&sc ＝ 0&rn ＝ 30&tn ＝ baiduPostBrowser&word ＝ % B0% AE% F4% D5% B2% BB% F4% D5&pn ＝ 0，2009 － 01 － 16/2009 － 03 － 26）。

春的怀旧心态表明她是一个只会感叹今不如昔的老人。最后，大多数玉米通过讨论达成的共识是：李宇春的造型和她的"内心"不是一回事，她一直都是真实自然的，保持了她的美好天性和灵动，"比起怀念以前，我更期待她的未来"。

超女粉丝与超女偶像的认同是一个动态的、变化的过程，其中包含了多个变量。比如，超女本人的演艺事业是否顺利，是否能保持最初吸引粉丝的那些特质，市场上是否有新的、类似风格的替代品，舆论环境的变化以及粉丝个人生活情境和心境的改变等。一般说来，选秀明星粉丝的心态和参加政治选举的选民的心态很类似，都会支持胜利者。选秀明星的演艺事业发展得越顺利，粉丝的认同也就越牢固。如果事业出现波动或没有达到粉丝的预期，部分粉丝就会感觉当初"认错了人"，"看走了眼"，因失望而放弃粉丝的身份。虽然广受欢迎和好评的明星总是会比知名度差或口碑不佳的明星吸引更多受众的关注和认可，增加他们转变为粉丝的概率，但一些超女粉丝的情况却恰好相反。2005 年比赛期间，李宇春在网络上的持续被"砸"（攻击）反而激起了一些网民对她的同情，最后演变为玉米。一些玉米也因为"别人越污蔑李宇春，我越支持李宇春"的逆反心理，而加深了对李宇春的认同。随着更多新成员的加入和一些老成员的沉寂，粉丝社群中也会形成一些新的认同话语，将明星文本中的某些意义突出，"将其他意义隐藏或替代"。

第三节　玉米的认同实践

日裔美国人类学家矢野（Christine Yano）在研究日本老牌歌手森进一的粉丝社群时曾指出，明星和粉丝的关系是不对称的。这种不对称性表现在多个方面。首先，这是一种一对多的关系。明星只有一个，但他/她面对的粉丝却有很多。明星对众多粉丝的情感投入，不论是从强度还是深度上，都比不上粉丝对单个明星的投入。粉丝对于明星的了解也远远超过明星对于粉丝的了解。明星和粉丝在一个想象性的亲密领域中相会，粉丝总是比明星需要动用更多的想象力。粉丝的亲密实践（practices of intimacy）可以是个人的、自发的、情境化的，明星的亲密实践则因为要满足多个粉丝的需要而显得程式化和一般化。其次，明星和粉丝的身份地位是不平等的。明星的权势、声望和财富，使得他们与普通粉丝之间有着难以逾越的鸿沟。再次，明星和粉丝表达情感的方式不同。明星只能通过舞台表演或录制的唱片将他/她的讯息不做任何区分地传递给所有粉丝。粉丝给予明星的则是带有强烈个人标记的忠诚。他们给明星写私人信件，赠送自己亲手挑选的礼物，在卡拉 OK 厅唱明星的歌曲。不过，这种不对称的关系并不能阻止粉丝对于明星的热爱。对于粉丝来说，最重要的是在各种条件下，用各种形式，来保存他们和明星之间的独特关系。①

本节仍将以玉米为例，探讨超女粉丝如何弥补与偶像的距离，建构、协商、维系与偶像的亲密关系，如何在日常生活中施演（enact）认同实践，使偶像成为美国电影批评家和制片人施克尔（Richard Schickel）所说的"亲密的陌生人"（intimate stranger）。从广义上说，玉米的所有粉丝行为都是表达他们对李宇春的认同和热爱的方式。认同文本、认同仪式也都可以归在认同实践名下。不过，并不是每个玉米都有足够的表达能力来创作认同文本，也不是所有的玉米都有足够的经济能力参与演唱会那样的认同仪式，但所有的玉米都必然会在日常生活中从事某种认同实践活动，来确认自己的粉丝身份。本节所讨论的认同实践主要有以下六类。

一 粉丝知识的积累

玉米与非玉米的一个重要区别就在于，玉米对于李宇春的了解远比非玉米多。他们像专家一样熟知李宇春的方方面面：她的家世、成长经历、兴趣爱好、音乐作品、公司状况、活动行程等。一般来说，偶像知识越丰富的粉丝，其粉丝文化资本也就越多，在社群中的声望也越高。不过，在以互联网为基地的粉丝社群里，由于网络信息易于分享的特性，任何粉丝知识都能方便地获得流通和普及。因此，粉丝知识更多的不是用来在社群内部制造等级差异，而是为了巩固粉丝与偶像之间的亲

---

① Christine R. Yano，"Letters from the Heart：Negotiating Fan-Star Relationship in Japanese Popular Music，" *Fanning the Flames：Fans and Consumer Culture in Contemporary Japan*，pp. 47 – 48.

密关系。粉丝知识不仅是费斯克所说的"权力的源泉"①，更是热爱的源泉。知识与热爱是互为因果关系的。玉米因为喜爱李宇春，所以渴望对李宇春有更多的了解；在了解的过程中，他们发现了李宇春的更多优点，从而对她更加喜爱和崇拜。

在百度李宇春吧，可以看到玉米整理的大量李宇春图片和视频，李宇春在贴吧的留言，关于李宇春的新闻报道和名人明星对于李宇春的评论。一些细心的玉米还收集了李宇春在公开场合发表的著名言论。玉米地里的名人"白二少"就曾以幽默调侃的方式整理了"李宇春出道以来所有的经典话语"，用来证明李宇春其实是一个符合正统意识形态和传统道德观念的"新时代文化标兵"，因此深受"媒体欢迎、观众喜爱"。② 玉米不仅对这些"李宇春语录"耳熟能详，还经常活学活用。如一群学生玉米在 2008 年四川大地震发生之后，率先在学校号召为灾区人民捐款。这些小玉米将李宇春语录"有爱就有希望，有希望就不要放弃"写入宣传横幅，并把玉米爱心基金的捐款方式贴在了教学楼每层楼的墙上。③

粉丝知识有时候还能带给玉米切实的利益。2006 年 9 月在李宇春专辑首唱会前夕，她唱片约所在的公司北京太合麦田音乐文化发展有限公司（简称"太麦"）宣布此次演唱会的门票全部免费赠送，不出售。玉米可以通过参加太麦举办的"我最 HC 我最粽"知识有奖问答，获得赠票。这套试题包括 30 分选择、20 分填空、20 分判断、10 分阅读理解和 20 分命题作文。题目内容全部是关于李宇春和太麦公司的资讯，其中一些题目非常刁钻。如选择题 8、24、25 分别是：

---

① John Fiske, "The Cultural Economy of Fandom", *The Adoring Audience*: *Fan Culture and Popular Media*, 43.

② 白二少：《李宇春出人意料的回答全记录——有些挺欠揍的，难怪公众不满意》，天涯娱乐八卦（http://cache.tianya.cn/publicforum/content/funinfo/1/1021638.shtml，2007—10—12/2009—03—26）。

③ 仙花爱小葱：《众志成城 抗震救灾——优秀的小集体》，百度李宇春吧（http://tieba.baidu.com/f? kz=384797601，2008—05—21//2009—03—26）。

8. 下列文章出版的时间顺序是：（BADC）

　　A.《白马公主：奇迹般诞生》　B.《一个超级偶像的诞生》

　　C.《新锐，创新主流》　　　　 D.《我不是时代说的那种叛逆偶像》

24. 春春小时候用什么将家里的吊灯打了个粉碎（D）

　　A. 石头　　　　　　　　　　B. 苹果

　　C. 西瓜　　　　　　　　　　D. 橙子

25. 522 上海音乐会，演唱"北京一夜"时，春春一共敲了几次锣（B）

　　A. 10 次　　　　　　　　　　B. 12 次

　　C. 8 次　　　　　　　　　　 D. 14 次①

　　玉米只有了解李宇春成长过程中的所有逸闻趣事，熟悉李宇春的所有演出活动和新闻报道才能在规定时间内完成这份试卷。许多玉米戏称这是"有生以来最为 BT［变态］最为爆笑的一次考试"。在交卷时间过了之后，玉米并没有静静等待正式答案的公布，而是在网上相互给出了"爆笑答案"。如对填空题，"太合麦田的业务架构包括（　）、（　）、（　）、（　）四部分"。有玉米在四个空内都填了"给偶［我］票"三个字，以表达自己迫切渴望得到专辑首唱会门票的心情。对于另一道填空题"春春入住的酒店向来很少公开，但是台北之行的花絮中赫然公开了春春的房间号，那个出镜时间很长的门牌号码是（　）"。一位玉米给出的答案是"离她的音乐近一点，离她的生活远一点，优质玉米不进房间"。这次有趣的知识有奖问答不仅再一次见证了玉米与李宇春的亲密关系，还肯定了玉米通过积累李宇春的相关资讯来获得粉丝身份的合法性。

二　粉丝空间的建构

　　社会学家王宁指出："任何活动都涉及到空间，都内在地包含了空间性"，消费活动当然也不例外。消费空间是在空间化实践中形成的，

____

① 《"我最 HC 我最棕"920 首唱会抢票活动知识问答试题及答案》，百度第五大道吧（http：//tieba. baidu. com/f？kz = 130169790，2006—09—02/2009—03—26）。

是社会活动的空间分工的产物。王宁认为，消费空间在历史上经历了三次分化。首先是工业化时代，家庭空间与生产空间的分化，生产者被集中到工厂等生产空间，家庭成了单纯的消费空间。其次是20世纪70年代末在西方社会出现的城市空间的分化。城市成了信息空间、服务空间和消费空间，而生产空间，尤其是制造业，则因地价上涨、劳动力成本提高、环境污染等问题逐渐非城市化（郊区化）和边缘化（向发展中国家转移）。再次是非日常消费空间（即旅游地点）从日常消费和生活空间的分离。旅游目的地成了日常居住地的精神补充和对照，一种让旅游者沉浸在理想化的"自由"消费境界的"快乐边缘"。①

与上述消费空间的分化不同的是，粉丝空间始终有一种越界和整合的冲动。玉米除了将家、私人小汽车等传统私人空间改造为"HC"［花痴］偶像的处所，还通过摆放、展示偶像的图片和随身携带、聆听偶像的歌曲等方式，将工作场所和公共场合转化为爱慕偶像的私人空间。在超女比赛期间，许多玉米都曾发动身边的家人、同事为李宇春投票，或在人流密集的公共场所为李宇春拉票。有的甚至把为李宇春拉票的传单公然贴到了办公室的公告栏上。赛后，一些玉米也继续跨越了私人领域和公共领域、消费空间与生产空间的界限，大胆展示自己的粉丝身份，并享受该身份所带来的精神愉悦。在玉米地里，"公器私用"或"假公济私"的情况很普遍。教师玉米会在课间休息时间向学生播放李宇春的歌曲。学生玉米在组织班级文艺活动时，也会首选李宇春的曲目。职场玉米会在公司的内网上传李宇春的图片和新闻，为同事提供印有李宇春图片的海报和年历。粉丝聚会时，玉米还会对酒吧、饭店等商业空间进行重新布置，将商业空间改造为临时的"HC"场所。

一位百度ID为"文仙亦言"的江苏玉米不仅将自己在公司的办公空间全副武装成玉米地，还曾先后三次将公司的宣传栏挪用为"HC"李宇春的私人领地。在2007年8月的一个网帖里，文仙亦言写道："我HC的

_____

① 王宁：《消费社会学——一个分析的视角》，社会科学文献出版社2001年版，第239—244页。

触角范围本来一直在家里。最近，我发现，我的触角越伸越远，越来越高调"。在她随后贴出的几张照片里，可以看到她的办公空间完全被李宇春包围了。电脑显示器的桌面壁纸用的是李宇春的演出图片。显示器上摆放的是李宇春台历。打印机上还有另外一个不同版本的李宇春台历。显示器旁边的茶叶盒、笔筒、文件框和格子间的玻璃隔板统统都贴上了李宇春的不粘贴画。文件框旁边还摆放了几本以李宇春为封面的杂志。玻璃隔板上搭的小毛巾也特意选用了玉米色（黄色）。座椅正对面的玻璃隔板上还贴了一张李宇春写给青岛玉米的字条的复印件："玉米辛苦/天冷加衣/宇你同在/相亲相爱"。不过，文仙亦言的最得意之作还是她对公司宣传栏的巧妙挪用。在办公楼正对面，是一排玻璃宣传栏。宣传栏的右半边是公司的"6S"管理体系和质量目标，左半边则是文仙亦言制作的"生命与思考"、"体坛与娱乐"两个宣传版块。一共 16 张打印纸，每张纸上都贴切地配上了李宇春和玉米的卡通图像。文仙亦言还将宣传版块中的两篇文章都写成了含蓄的 HC 文，并介绍了玉米为李宇春创作的歌曲《和你一样》。

　　文仙亦言称，她所在的公司超女粉丝较少，"中立加宇黑比较多"。但是在她的感化下，"中立越来越多，宇黑越来越少"。她并不期待每个同事都变成玉米，只是想要全世界都看到李宇春的"纯真和善良"，"美丽与智慧"。她的高调 HC 不单是为了宣传李宇春，更是为了自己的情感需要："若是每天时时与她［李宇春］相见，人生定是别无他求"。文仙亦言的网帖引发了上百个回复。其中一个玉米在回帖中表示："要努力向 LZ［楼主］看齐……努力充实自己……希望早日坐在大搬台［大班台］……就有这个权力将全公司都贴上美葱［"葱"是玉米对李宇春的昵称］，让自己每天处在美葱的包围之中……每天都有个好心情"。① 美国社会学家米尔斯（C. Wright Mills）曾说，由于工作异化为挣钱谋生的手段，"人们必须在工作之外寻找对他们来说有价值的东西"。"工作和生活的其他部分相脱节，尤其和有意识的享受相脱节"，导致"工作成了通往闲暇领域中遥远目标的

---

① 文仙亦言：《HC 的触角温柔地伸向……》，百度中原一点粽吧（http：//tieba. baidu. com/f? kz = 250071486，2007—08—18/2009—03—26）。

令人不满的手段"。工作越是枯燥乏味,"就越需要在现代闲暇所赋予的欢乐和梦幻模式中找到解脱"。① 部分玉米将工作空间营造为粉丝空间的努力,或许就是出于对工作的异化性质的不满。当然,还有一些玉米由于周围人群对李宇春的偏见,有意在公共空间里隐藏了自己的玉米身份。

三　接触与融合

粉丝与偶像的接触包括两个层面:感官接触(即粉丝在接机、送机、签售等场合与偶像的亲身接触)和超感官接触(即有关偶像的幻想、白日梦或与偶像在梦中的相会)。《圣经》里有一个故事叫"疑惑的多马"。它讲述的是,基督复活之后向门徒现身,但十二使徒之一的多马却不相信眼前的人真的是基督,直到他摸到了基督手上的钉痕,才解除了怀疑。为了证实欲望客体的真实性而触摸和拍照客体的冲动被称为"圣多马效应"(St. Thomas Effect)。② 许多玉米都有"看到活葱"的强烈欲望。接机、送机、签售、颁奖典礼、电视台节目录制、演唱会就是实现这种近距离接触的主要机会。我曾亲眼看到大批接机的玉米为了目睹李宇春的真容,从一个机场出口狂奔到另一个出口。我也曾听说少数玉米参加签售时,因为和李宇春的零距离接触而兴奋不已,要么大哭大笑、手舞足蹈,要么几乎晕厥。在 2007 年 4 月蒙牛风云榜颁奖典礼上,我还听到了闻名遐迩的"玉米音"(即玉米见到李宇春时爆发出的尖叫声)。一群 20 多岁的女玉米在主持人的提示下,集体用最高音呼喊"李——宇——春——",其分贝之高,让挡在她们前面的几个保安不得不笑着去捂耳朵。

不过,玉米见到偶像时的种种"疯狂"举动,并不全是出于本能的冲动,也不只是为了迎合媒体和公众对李宇春人气预期的作秀。我个人认为,这些举动还包含了一定的越轨狂欢的成分。比如,我在风云榜现场,就看到那些玉米喊完之后,自己也笑了。一个女孩还对同

---

① [美]C. 莱特·米尔斯:《白领:美国的中产阶级》,周晓虹译,南京大学出版社 2006 年版,第 186—187 页。

② Chris Rojek, *Celebrity*, pp. 62 – 63.

伴说:"真爽,好久没这么喊了"。我自己也曾在纪敏佳参加的中日歌会上,因尖叫而让坐在我前面的一位中年男子侧目相看。根据传统的性别规范,女性在公共场合必须"行不动裙,笑不露齿",尽量克制强烈情感的流露,以保持优雅得体的淑女风范。粉丝身份为女性提供了一个"失控"和"爽"的借口。女性粉丝见到偶像的肆意尖叫、炽热眼神和扭曲身体都是对公共场所中女性行为规范的一种挑衅和僭越。

　　身份的融合指的是斯泰西所论述的粉丝通过模仿、假扮明星来获得部分明星身份。玉米会模仿李宇春的发型,购买李宇春用过的服饰品牌,选择李宇春的歌曲来K歌。一些玉米还会将个人生活中的重要时刻与偶像人生中的重要时刻重合,如选择李宇春的生日、夺冠日期或首唱会日期作为自己的新婚之日。玉米在寻求与李宇春的身份融合方面,永远是创意不断,灵感纷呈。2008年6月底,当李宇春在北京王府井FAB音像店签售新专辑《少年中国》时,因为专辑中有一首歌曲名叫《秀才胡同》,六位年轻女玉米就相约在签售现场穿上了秀才服,戴着高帽,摇着纸扇,在李宇春面前集体亮相,惹得李宇春哈哈大笑。她们的纸扇上还细心地写着专辑主打歌曲《少年中国》中的歌词,"少年强中国一定就很棒"。[①] 这是一次包含了多重意蕴的易装表演。一方面,六位玉米用身体的装扮和扇上的书写表达了她们对李宇春新专辑的喜爱,另一方面,她们又模仿、重现了李宇春在舞台上以风流才子的扮相演唱歌曲的情境。此外,她们的易装表演还是对明星签售程式的一种善意的扰乱,让这次签售对于李宇春来说不再是一种例行的工作,而是多了一分游戏和玩闹的趣味。当然,玉米的别出心裁之举,总是能引起媒体的注意,为李宇春的签售新闻增加新的看点。

　　此处讨论的"身份",不仅指粉丝在现实生活中的真实身份,还包括他们在网络空间中的虚拟身份。许多明星粉丝都会在自己的网名中嵌

---

　　① 《李宇春北京签售歌迷耍宝"少年"以国事为重》,《中国日报》网站(http://www.chinadaily.com.cn/hqyl/2008－06/30/content＿6804583＿2.htm,2008－06－30/2009－03－26)。

入偶像的名字、谐音或和偶像相关的故事，以此来表明自己的粉丝身份。百度玉米地里就有许多千姿百态、妙趣横生的网名。有的玉米化用诗词名句或名著典故来抒发对李宇春的感情，如"小宇低头的温柔"、"凭栏听宇声"、"灯火阑珊宇"、"杜宇一鸣春晓"和"贾府四姑娘"（惜春）。有的借用李宇春歌曲的歌名来表达与她亲昵的欲望，如一组与"百花深处"① 相关的网名："百花深处春亲我"、"百花深处亲葱头"、"百花深处吃小葱"、"百花深处吻葱嘴"、"百花深处调戏春"。有的则用赤裸裸的大白话宣告对李宇春的忠诚，如"生生世世做玉米"、"璐璐爱春一万年"、"生是小葱的人"、"死是小葱的鬼"、"视春如命"和"不爱葱会死"。还有的玉米用网名揭示她们喜爱李宇春的原因。如"爱上小孩的微笑"的网名突出了李宇春笑容的魅力，"我的女王陛下"的网名则显示了李宇春在舞台上的王者风范，"气质小饭桶"的网名在强调李宇春的独特气质的同时，还调侃了她饭量大的特点。"有请音响师"的网名源自李宇春在《超级女声》成都唱区 7 进 5 跳串烧时所说的一句话，玉米认为这句话反映了李宇春良好的个人修养和绅士风度。②

四　礼物的交换

赠送礼物是粉丝与偶像建立亲密关系的一种普遍方式。许多玉米在见到李宇春时，都会送给她一份精心准备的礼物。2007 年底，李宇春在西安举行《我的》专辑签售时，曾在一个小时内收到了至少 800 个礼盒。③ 据说玉米送给李宇春的礼物中吃的、穿的、用的、玩儿的，应有尽有。如西方学者所指出的，赠送礼物的行为充分体现了消费过程中的"去商品化"（de-commoditization），即"通过将物品的纯粹商业价值转化为情感、关系、象征主义、地位和常态（normality）等其他形式的价

---

① 2008 年，李宇春执导了歌曲《秀才胡同》的 MV。MV 的拍摄地点是一个布满鲜花的胡同大院，李宇春将它命名为"百花深处"，并称"百花深处是浪漫和真情的代名词"。

② 这些 ID 参见滚滚哇卡卡：《极品 ID 大汇总》（http：//tieba. baidu. com/f？ kz =418056661，2008—06—24/2009—03—26）。

③ 潘莎莎：《李宇春：造型是小事，关键是音乐》，华商网（http：//hsb. hsw. cn/2007 - 12/17/content_ 6723631. htm，2007—12—17/2009—03—26）。

值，而对物质文化的意义和用途所进行的重新构架（reframing）"。① 这里有必要指出的是，粉丝的礼物与当代中国社会里大量以礼品回收店为归宿的功利性礼物是截然不同的。在收礼者出售礼物以换取金钱，并滥用公权回报送礼者的行为中，"礼物的灵力随着礼物回收到礼品店而失魅"，礼物作为象征性整体交换的形式媒介也随着回收而被分解。②

　　粉丝的礼物更类似法国人类学家莫斯（Marcel Mauss）所描述的古式社会中的礼物交换。在古式社会里，物具有灵力，是人的本性或本质的一部分。"馈赠某物给某人，即是呈现某种自我"。接受了某人的礼物则是接受了馈赠者的部分精神本质和灵魂。③ 拥有灵力的物的交换"促成了人与人之间横向关系的维持和再生"。④ 粉丝的礼物就是粉丝对于偶像的一种自我呈现，一种去经济化的情感凝结。许多礼物背后还有一段不平凡的故事，包含了单个或一群粉丝的深情厚意。"海米"（海外玉米）在李宇春 2005 年夺冠前夕送给她的一个 iPod，就是玉米地里的一个传奇性礼物。

　　05 超女总决赛期间，一些远在美国和英国的海米为了弥补无法为李宇春拉票、投票的遗憾，同时也为了鼓励国内玉米的投票士气，集资为李宇春购买了一个 20GB 容量的 iPod 播放器。按照计划，这份特殊的礼物应该在冠军争夺赛之前到达李宇春手里。但是由于海米少填了一个单据，导致 iPod 在深圳海关受阻。焦急万分的海米只好于 8 月 24 日晚 11 点多钟在百度春吧发帖求助，请国内玉米帮忙。短短几小时内，该帖回复逾千，"无数玉米通过 QQ、电话、email，从美国到中国，从长沙到宁夏到深圳"关注着这份礼物的顺利通关。经过一天的努力，这个 iPod 终于在 8 月 26 日，李宇春夺冠的那一天抵达她手里。

　　2006 年 9 月，在"我最 HC 我最粽"的知识有奖问答中，一位玉米

① Roberta Sassatelli, *Consumer Culture: History, Theory and Politics*, London: Sage, 2007, p. 139.

② 陆丹：《中国城市化的礼物——城市礼物回收店的社会观察》，载《上海大学学报》2004 年第 6 期。

③ ［法］马塞尔·莫斯：《礼物——古式社会中交换的形式与理由》，汲喆译，上海人民出版社 2002 年版，第 21 页。

④ 王铭铭：《物的社会生命——莫斯〈论礼物〉的解释力与局限性》，载《社会学研究》2006 年第 4 期，第 230 页。

还以这个 iPod 为主题完成了一篇作文。文中有这样的一段话：

> 居然过了这么久，我才明白了这个礼物的深情。加州［海米
> "加州玉米"的简称］她们送给春春的是音乐，相伴她始终的音
> 乐。这是她最大的梦想，几乎是她唯一的梦想。
> ……
> 春春，很久没有看到你了，昨天夜里想你想到心都痛了。不
> 过，那个 iPod 一直在你的身边。我们也许永远无法相拥，可是 iPod
> 挂在你的胸前，连我的心都是暖的。音乐慢慢的流淌着，从你的唇
> 边流到我的心里。①

苹果电脑公司生产的海量 iPod 播放器本来只是一个价格昂贵的商品。但海米却将这个商品转化为一份充满了爱、支持和期待的珍贵礼物。她们特意在 mp3 的盒盖上刻下了 "CHUN CHUN YOU ARE ALWAYS THE BEST, OVERSEAS FANS"（春春，你永远是最好的，海外粉丝）的字样。每位海米还附上了各自写给李宇春的一封信。随后发生的故事，则让这个 iPod 融入了更多玉米的情意，使它成为整个玉米社群真爱和团结的象征。李宇春将 iPod 挂在胸前，随身携带的举动，不但表明她接受了这份礼物，而且让远在海外的歌迷通过"接触巫术"的原则②感受到和她的亲密联系。

在古式社会里，首领与臣属、臣属与部民的等级是通过赠礼确立的。"给予，这是在表示他高人一等、胜人一筹，表示他是主上（magister）；接受，如果不回报或者不多加回报，那就是表示臣服，表示成为被保护人和仆从，成为弱小者，表示选择了卑下（minister）"。③这也

---

① 喜欢爱：《一只 IPOD，一段玉米传奇》，百度第五大道吧（http：//tieba. baidu. com/f?kz = 171480196，2007—02—10/2009—03—26）。

② 弗雷泽在《金枝：巫术与宗教的研究》一书中将接触巫术定义为，基于"物体一经互相接触，在中断实体接触后就会继续远距离的互相作用"这一"接触律"而产生的法术。根据接触律，巫师认为他可以通过一个物体来对一个人施加影响，只要该物体曾被那个人接触过，不论该物体是否为该人身体的一部分。参见"J. G. 弗雷泽"，百度百科（http：//baike. baidu. com/view/483561. htm，2009—03—26）。

③ ［法］马塞尔·莫斯：《礼物——古式社会中交换的形式与理由》，第 198 页。

就是说，向对方给予礼物是向对方施加一种无形的权力，这种权力给予馈赠者以声望和心理上的满足，同时，也向受赠方施加了一种必须还礼的义务。① 在粉丝赠送偶像礼物的行为中，粉丝所追求的更多是联系，而不是权力。通过礼物与偶像建立起特殊的亲密联系能让粉丝获得巨大的心理满足。一些深谙礼物交换的政治学的明星都会对粉丝赠送的礼物给予足够的尊敬。李宇春就是一个对歌迷的礼物相当爱惜的人，她曾在媒体访谈中"透露"："现在我家里的礼物都已经按照类别进行整理了，有饰品区，有服装区，有玩具区，吃不下的食物就拿给公司同事一起分享"。② 李宇春本人也将自己的音乐作品当作礼物回赠给歌迷。如她将2005 年年底发行的单曲《冬天快乐》称为"送给玉米的圣诞礼物"，尽管玉米需要在网上付费才能下载这份礼物。当然，也有完全免费的礼物，如 2008 年 Why Me 生日演唱会上，李宇春的公司刻印了万张歌曲《差生》的 MV 光盘，免费发放给现场的歌迷。

五　个人亲密关系的协商和调整

由于许多玉米都把李宇春当作自己最亲近的人，这种亲密关系必然对他们私人生活中的其他亲密关系产生重要影响。这种影响有时候是正面的，能够促进家庭和睦与夫妻感情；有时候则是负面的，会引发冲突和争执。玉米在将李宇春纳入自己的情感生活时，不得不协调和其他"重要他者"的关系。2006 年 4 月，一位"玉米老公 Peter"在百度李宇春吧用幽默生动的语言描述了李宇春对他婚姻生活的影响。网帖一开头，作者就列出了"玉米老公的花钱全记录"。由于妻子是铁杆玉米，作者不得不积极购买所有李宇春代言的产品。夏新手机买了三个，SWATCH 手表买了一对，神州笔记本电脑买了一台，跳跳龙糖果、可口可乐和佳洁士牙膏更是不在话下。作者故作抱怨地感叹："春春啊，春春啊，你下回代言代点儿啥？可千万别是房子呀，否则你哥真的要破产啦"。

---

① 吴长青：《礼物与交换的政治学——读〈西太平洋的航海者〉》，网易博客（http://1168dht. blog. 163. com/blog/static/23727283200810721714793/，2007—12—28/2009—03—26）。

② 《李宇春签售火热手签酸 家中开辟礼物专区》，搜狐娱乐播报（http://v. sohu. com/20071126/n253488066. shtml，2007—11—26/2009—03—26）。

在忍受家庭开支上涨的同时，作者还需要"以一颗无比宽广的心来看待事物"，"忍受老婆看春儿的目光比看我温柔"。李宇春在夫妻二人之间扮演了一个有趣的第三者的角色。她既是一个受宠的孩子（"我和老婆是新新人类，没有要小孩，春儿就是咱们的孩子，永远宠着她"），同时也是一个颇具性吸引力的诱惑者。比如，下面这段曾让许多玉米忍俊不禁地叙述：

> 晚上老婆天天上网潜水，尤其是看到春儿睡觉的那张图片后，色心大起，非要让我盖着被子躺在床上，还要学春儿的样子露出胳膊来。我只好躺下，结果不到五秒钟，老婆就把我的被子给掀了，说我跟春儿差远了，没有抱我的欲望。你，你，气得我半天没缓过劲儿来。

玉米妻子要求丈夫模仿李宇春的睡姿，无疑为异性恋关系增添了一抹同性情欲的色彩。不仅妻子会对李宇春"色心大起"，丈夫也有对李宇春"色心大起"的时候，但因害怕引起妻子的妒意而不敢坦白。丈夫最后总结说："春儿，你哥得感谢你，我和老婆现在有什么烦心事，有什么压力大的事儿，一看春儿那个温柔的笑意，一看到你们这些爱春儿的人，什么都无所谓了。说真的，因为自从有了你，我和老婆再也没有红过脸，再也没有真正的生过对方的气。"① 这对年轻配偶与李宇春的"三人行"不仅拓宽了夫妻双方的情感空间，还使得他们的"二人世界"变得更加丰富与和谐。

除了夫妻双方都是玉米的家庭，玉米地里还有一些虽然对李宇春不感兴趣，但却愿意支持妻子的粉丝行为的非玉米丈夫。他们会主动为妻子购买李宇春的专辑、海报、书籍和演唱会门票，接送或陪伴妻子参加李宇春出席的各种活动，提醒她们收看有李宇春的电视节目，为玉米爱心基金捐款。玉米妻子一般也会努力将丈夫培养成玉米，不厌其烦地在

---

① 玉米老公 peter：《让你们见识一下我这个玉米老公是咋当的》，百度李宇春吧（ht-tp：//tieba. baidu. com/f? z ＝ 93066364&ct ＝ 335544320&lm ＝ 0&sc ＝ 0&rn ＝ 30&tn ＝ baiduPostBrowser&word ＝ ％ C0％ EE％ D3％ EE％ B4％ BA&pn ＝ 0，2006—04—10/2009—03—26）。

他们耳边诉说李宇春的种种好处。当然，现实生活中，并不是所有的丈夫、男友都能宽容、理解伴侣的粉丝行为，有的还因此导致情感危机。2006年12月，百度春吧出现了一个长篇忏悔录，一个自称"泉"的22岁男孩讲述了他和玉米女友"洁"的爱情经历。泉和洁在网上相识，随后开始了三年多的两地情。毕业之后，泉放弃了自己的城市和亲人，来到青岛和洁生活在一起。由于工作的繁忙，两人之间的沟通逐渐减少。此时，泉因为妒忌洁对李宇春的狂热，开始不断对洁进行冷嘲热讽和恶毒攻击。最终，洁忍无可忍，离开了泉。痛苦的泉在春吧发帖表示忏悔，希望能和洁重归于好。这个如韩剧一般凄美动人的爱情真人秀在玉米地里引起了强烈反响。截至2009年1月，该网帖已积累了近两千个回帖。许多热心的女玉米为泉出谋划策，给予他鼓励和开导。她们向泉解释，玉米喜欢李宇春是因为女性需要一个心灵的私密花园，珍藏一些美好的幻想和愿望。她们还告诫泉，爱情中最重要的是互相尊重和包容。不过，从2007年11月泉的发言来看，这对情侣最终劳燕分飞，未能破镜重圆。① 这个失败的爱情故事以最戏剧化的方式展现了李宇春在部分玉米的情感生活中所占据的重要地位。

六 社交网络的扩展

零点调查公司2007年发表的一份调查报告显示，大多数中国城乡居民不善于社交，尤其是不擅长与陌生人打交道。中国人仍然局限于"亲缘社交"，对以陌生人为主体的"社交外圈"的社会资本的利用明显不足，沟通能力和基础相对较弱，社交活动单一。② 以数字通信技术为基础的超女粉丝社群的出现，为粉丝扩展社交网络，积累社会资本提供了良好的机会。玉米会利用贴吧、QQ群在与李宇春相关的纪念日，发起地方性的聚会。2006年8月，为了纪念李宇春夺冠一周年，全国各地的玉米，甚至远在澳大利亚的海米都举行了聚会活动，聚会规模从十来人到数百人不等。北京玉米的聚会人数高达400人，比普通婚礼的

---

① batistutatina：《我会带她去看她的演唱会（一个男玉米的忏悔）》，百度李宇春吧（http://tieba.baidu.com/f?z=93066364&ct=335544320&lm=0&sc=0&rn=30&tn=baiduPostBrowser&word=%C0%EE%D3%EE%B4%BA&pn=0，2006-04-10/2009-03-26）。

② 袁岳：《调查中国生活真相》，航天工业出版社2007年版，第35—36页。

规模还大,并有专人负责联络、策划、组织和现场主持工作。一些小型的玉米聚会除了集体"花痴"李宇春之外,还会讨论如何宣传李宇春,提高专辑销量等具体事务。

2006年7月,一个网名为"Vickycabbage"的新西兰海米在百度春吧发帖,汇报了她和几位新西兰玉米聚会的情况。Vickycabbage最初打算在3月10日李宇春生日时组织一次聚会,但由于3月份正好是一些学生海米在校上学的时间,聚会计划被迫推迟到暑假。聚会地点选择在了新西兰最大的城市,也是华人最多的城市——奥克兰。由于种种原因,最终出席聚会的只有7人,低于预期的人数。Vickycabbage提前一天从惠灵顿赶到奥克兰,进行聚会的准备工作。她和其他几位玉米一起制作了一个贴满李宇春照片的展板和一个写有"纵隔千万里 心里只有你"的条幅。参加聚会的玉米们先在条幅上写下自己的名字,然后到奥克兰的一座名山上拉着条幅照了合影,最后回城吃饭、逛街。①

这个聚会虽然规模小,准备时间仓促,但还是体现了粉丝聚会与其他平等、自愿、自发的社交聚会的若干不同之处。首先,粉丝聚会是以偶像为中心展开话题的,"见面就聊春春","虽然大家都第一次见面,但是完全不觉得陌生!因为我们有共同熟悉的人——李小葱!!"其次,粉丝会准备一些与偶像有关的聚会道具,如帖中提到的展板和条幅。在其他玉米聚会中,这些道具则可能是李宇春的光盘、黄色气球等。再次,粉丝会在聚会中交换、分享一些与偶像有关的物品。如另一个新西兰玉米anna在聚会时就把两套李宇春邮票分给了其他玉米。最后,粉丝聚会一般还少不了合影留念,这些照片有时会上传到贴吧与社群的其他成员分享,让其他玉米见证自己对李宇春的爱和忠诚。

与海米聚会的不易相比,国内玉米通过地方性的QQ群,实现了更加频繁的非正式聚会。同一个QQ群里的玉米一般都来自同一个城市,可以每周或每月举行聚会。由于玉米社群中女性比例较高,聚会的内容以下馆子和逛街购物为主。一些玉米还会在现实生活中发现其他隐藏的

---

① Vickycabbage:《【海米】新西兰海米 HC 大聚会》,百度李宇春吧(http://tieba. baidu. com/f? z = 115759444&ct = 335544320&lm = 0&sc = 0&rn = 30&tn = baiduPostBrowser&word = % C0% EE% D3% EE% B4% BA&pn = 0。2006 - 07 - 19/2009 - 03 - 26)。

玉米，并主动与这些玉米结交（玉米地里称之为"认亲"和"勾搭"）。因为对李宇春的共同喜好，一些并不熟悉或已经失去了联系的同学、朋友、同事还重新建立起了联系。许多玉米都能像福尔摩斯一样，通过图片、手机铃声、手机挂件、网名、QQ 图像、李宇春相关活动的赠品、他人的闲聊哼歌等各种蛛丝马迹"认亲"。这样的"认亲"过程让玉米更加坚信"玉米无处不在"，李宇春有着广泛的群众基础。

玉米的认同实践是多种多样，因人因地而异的。我在本节中讨论的只是玉米地里一些比较普遍的认同实践。在讨论中，我有意略去了粉丝购买偶像相关产品的行为，因为粉丝消费并不局限于购买明星的相关产品。许多散粉，或者经济条件不许可的粉丝都无法通过大量购买、拥有明星产品的形式表达自己的认同。而且，也并不是所有消费明星产品的人都是粉丝。比如，一些粉丝的家人、朋友会陪伴粉丝去参加签售会、演唱会，尽管他们本人未必是粉丝。我出于研究的需要购买了好几位超女的专辑，但这并不表明我对这些超女都非常喜爱、欣赏。一些粽子或反粉丝甚至会自掏腰包观看某个超女的演唱会，目的只是为了了解"真相"，发现该超女演唱会的缺陷。当然，粉丝通过购买力来支持偶像是非常重要的。本书的第三章就将探讨超女粉丝对于偶像的经济支持是如何改变了粉丝与大陆娱乐工业的权力关系。

第四节　玉米的认同仪式

美国社会学家亚历山大（Jeffrey C. Alexander）将仪式定义为"重复性的和简化的文化交流事件（episodes）"。在这些事件中，"社会互动的直接伙伴和互动观察者分享着对于交流的符号内容的描述性或规定性效力的共同信念，并接受了彼此意图的本真性。正是因为这种对于意图和内容，以及互动的固有效力的共同理解，仪式才有其效果（effect）和情感（affect）"。仪式的有效性使得参与者更有活力，并相互依恋，增加了他们对交流的符号客体的认同，增强了参与者和符号客体与观众和相关社群的联系。仪式一直是早期人类社会组织形式的文化属性，生老病死、婚丧嫁娶、战争和平都离不开仪式化的符号交际。当代大型复杂社会组织与早期组织形式的主要区别就在于仪式程序丧失了它的中心地位。仪式的去中心化也就是韦伯所描述的从卡理斯玛到例行化（routinization），从传统社会到价值理性和目的理性社会的转变。现代社会不再通过仪式来组织，而是开始协商和反思目的与手段。不过，亚历山大认为，理性化的过程并不完全占上风，在宏观和微观、个人和集体层面，符号的、类似仪式的活动仍然充斥着我们的社会。①

在《宗教生活的基本形式》一书中，涂尔干（Émile Durkheim）指出，不管宗教仪式的重要性是多么小，它都能"使个体聚集起来，加深个体之间的关系，使彼此更加亲密"。② 在日常生活里，人们为了满足物质生活的迫切需要，不得不将精力投入到功利的和个体的追求中，关注个人事务和私人利益。社会情感尽管没有从个体身上完全消失，但"无时无刻不受到各种相反倾向的对抗与牵制"，随着时间的流逝会逐渐枯竭。只有在神圣节期或宗教节日，人们才能从世俗的劳作中解脱出来，将思想"全部集中在了共同信仰和共同传统之上"，"完全倾注于社会的事务"。此时，"人们感觉到有某种外在于他们的东西再次获得了新生，有某种力量又被赋予了生机，有某种生命又被重新唤醒了"。"个体灵魂再次融入到它的生命源泉之中"，从而获得了再生。"人们发觉自己变得更加强大，更能全面地把握自己，不再像以前那样依赖于物质的需要了"。③ 日常的经济生活是单调乏味的，无法唤起生命的激情。但在宗教仪式中，个体却能通过"集体欢腾"（collective effervescence），在群体的兴奋和狂喜中进入到另外一个神圣的世界。④

英国人类学家特纳（Victor Turner）也提出了和涂尔干类似的观点。他指出，"存在"（existence）和"狂喜"（ecstasy）是同源词。存在就意味着"立在外面"，立在人们平常在社会体系中占据的结构位置的整

---

① Jeffrey C. Alexander, "Cultural Pragmatics: Social Performance between Ritual and Strategy," *Social Performance: Symbolic Action, Cultural Pragmatics and Ritual*, eds. Jeffrey C. Alexander, Bernhard Giesen, and Jason L. Mast, Cambridge: Cambridge University Press, 2006, pp. 29 - 31.

② ［法］爱弥尔·涂尔干：《宗教生活的基本形式》，渠东、汲喆译，上海世纪出版集团2006年版，第329页。

③ 同上书，第330页。

④ 同上书，第206—209页。

体之外，存在就意味着处于狂喜的状态下。仪式的根本目的是为了获得结构之外的交融。特纳借用马丁·布伯（Martin Buber）对社群的定义表述了交融的状态。在交融中，"参与者不再彼此平行式地生活（也许有人会加上一点：不再高于别人或低于别人地生活），而是彼此之间在共同交流的方式下生活。"所有的人都是平等的、一致的，没有名字、没有财产、没有私心，可以如兄弟姐妹一般参与直接、即时和全面的对话。①

流行音乐演唱会，特别是摇滚乐之类的音乐形式，就是当代社会中一种类似宗教仪式的活动。如同其他宗教仪式一样，流行音乐演唱会具有激发、维系和重塑社群中的某些心理状态，让社群成员通过集体经验形成共同感受力的功能。如果说认同实践是单个粉丝寻求与偶像建立亲密关系的方式，演唱会这样的认同仪式就是明星偶像与粉丝社群之间发生的直接的、面对面的、高度浓缩和符号化的交流互动。明星在演唱会中如同"拥有通灵和疗伤能力的巫师"，② 他们通过舞台表演和舞美设计调动、调整粉丝的情绪，让粉丝体验到"集体欢腾"所带来的归属感、情感净化以及交融状态。

一　玉米和李宇春的互动仪式

截至 2009 年 1 月，李宇春已经成功举办了 10 场个人演唱会。其中包括 3 场生日演唱会，2006 年的 522 上海不插电演唱会，2006 年 9 月的《皇后与梦想》专辑首唱会和 2007 年 5 场《我的》专辑全国巡回演唱会。这些演唱会的规模从 700 人到上万人不等。除去个别不售票的演唱会之外，李宇春的每一场演唱会都创下了优异的票房记录，有的演唱会甚至出现了一票难求、黄牛票价格翻倍的局面。在当代大陆流行乐坛，没有任何歌手能像李宇春这样出道不足四年，就能举办如此多场次的商业个唱。李宇春的"唱功"虽然屡次遭到一些专业人士的质疑，但她独特的舞台魅力却通过这些演唱会得到了淋漓尽致的发挥。

---

① ［英］维克多·特纳：《仪式过程：结构与反结构》，黄剑波、柳博赟译，中国人民大学出版社 2006 年版，第 139、127—128 页。

② Chris Rojek, *Celebrity*, pp. 53 – 54.

　　通过多场个唱的历练，李宇春和玉米之间已经发展出了一套独特的演唱会互动模式，并形成了深厚的默契。李宇春演唱会上的主角从来不是李宇春一个人，而是她和所有在场的玉米。如一位玉米所说的，李宇春的舞台"就像是一个游乐园一样，是李宇春与爱着她的玉米们、粽子们一起 HAPPY［快乐］的地方。我们之间有许多外人不明白，不知道的小故事，有些让其他人想不通的无与伦比的默契度，那种弥漫在我们之间的叫做温暖，叫做亲情"。① 费斯克认为，以粉丝为代表的大众文化是和官方的、资产阶级的"高等"文化相对立的："作为一个'迷'，就意味着对文本的投入是主动的、热烈的、狂热的、参与式的。着迷是布迪厄所说的无产阶级文化实践的一部分，与中产阶级那种对文本保持距离的、欣赏性和批判的态度正好相反"。② 高等文化强调文本、艺术家与受众的疏离，而通俗文化则会尽量缩小艺术家与受众之间的距离，满足受众参与的愿望。摇滚音乐会上那些欢呼的乐迷和足球场上助威的球迷都已成为音乐、体育表演的有机组成部分。李宇春的演唱会就充满了歌迷和偶像互动的奇观，甚至是"双方心思的较量与智慧的暗战"，因为"无论台上还是台下的人，都一心一意为对方带来惊喜。"③ 李宇春和玉米之间的"调戏与反调戏"就是一个典型的互动奇观。

　　玉米对李宇春的集体"调戏"最早始于 2006 年 9 月的《皇后与梦想》专辑首唱会。首唱会前，为了营造良好的互动氛围，太麦公司组织了部分出席首唱会的北京玉米进行互动练习。当李宇春演唱专辑中的新歌《Kulala》时，玉米决定齐声喊"啵一个"，"想让李宇春脸红"。这个类似大人向孩子邀宠的"幼稚"调戏行为后来成了玉米听到《Kulala》这首歌的"标准反应"。不过，在首唱会当天，带着监听在舞台上表演的李宇春对玉米"啵一个"的要求无动于衷。数天之后，李宇春来到南京中山陵音乐台举行专辑的首场签售会。签售会现场循环播放

————————

　　① 如若如月：《她竟然返场了?! ——记李宇春 2007 我的巡回演唱会重庆站（一）》，博客"随意吧"（http：//pupustar. blogbus. com/c1512024/，2007—11—18/2009—03—27）。

　　② 约翰·费斯克：《理解大众文化》，王晓珏、宋伟杰译，中央编译出版社 2006 年版，第 153—154 页。

　　③ 《李宇春与歌迷的暗战》，新浪博客"Lee 周刊"（http：//blog. sina. com. cn/s/blog_5db139f50100bysl. html，2008－12－18/2009－03－27）。

着专辑里的歌曲，每当放到《Kulala》时，在场的玉米就会对着李宇春大喊"啵一个"。在玉米的多次要求下，李宇春终于"啵"了两个，而不是一个。9月27日，也就是首唱会后一个星期，李宇春又出现在成都"国色天乡"歌友会。此时，玉米高呼"啵一个"的声音更为整齐和有力，李宇春的回应也更加自然。2007年1月20日，李宇春出席雪碧音乐榜年度颁奖礼，并表演单曲《Kulala》。在演唱过程中，早有准备的李宇春不再是被动地等待玉米高喊"啵一个"，而是主动对玉米进行引导。在歌曲第二段的一个间歇，李宇春干脆利落地对玉米说了句"来吧！"。心有灵犀的玉米立刻开始高喊"啵一个！"，而李宇春也大方地献吻。2008年10月，李宇春作为嘉宾出席了流行歌手常宽（他曾做过《超级女声》的评委，对李宇春非常欣赏）的摇滚音乐会。她再一次演唱了被玉米戏称为"babyrock"（婴儿摇滚）的歌曲《Kulala》，现场的玉米们也依然高喊"啵一个"。不过这一次的"啵啵"游戏却发生了戏剧性的变化，在李宇春和玉米之间出现了"第三者"。听着台下海潮般的"啵一个"的喊声，常宽举起李宇春的右手，在她的手背上轻轻"啵"了一下。①

　　回顾围绕歌曲《Kulala》展开的互动仪式的历史，不难看出，玉米和李宇春之间的互动经历了一个从生疏到熟练的磨合过程。玉米从最早由公司组织引导，发展到自发参与；李宇春也从最早的毫无反应，发展到主动配合和提示。偶像和歌迷在"接受了彼此意图的本真性"之后，共同将这一互动程序仪式化，让它成为了一个包含爱、嬉戏和愉悦的符号性交流。一位玉米曾这样解释《Kulala》这首"啵"之歌。她说：这是"我们玉米引以为傲的调戏环节。我们和她有着这么多美好的约定。所以我们不仅仅是简单的歌迷与明星的关系，我们是朋友，是亲人。所以，我们在一起时可以如此的肆无忌惮，可以如此的轻松自在。"② 常宽对"啵一个"仪式的误用和篡改，虽然在表面上打破了这一仪式的既定规则，但却更加凸显出"啵啵"游戏中所隐藏的亲昵欲望。毕竟

---

　　① 高楼花小石：《大小姐的"啵啵"历史》，百度高楼花家吧（http://tieba.baidu.com/f? kz＝145818173，2006—11—07/2009—03—27）。

　　② 宇我珍贵：《记杭州"我的"演唱会》，百度李宇春吧（http://tieba.baidu.com/f? kz＝295899589，2007—12—09/2009－03－27）。

李宇春给予玉米的只是形式上的"飞吻"，而常宽表演的吻手礼则是切实的肌肤相亲。

为了配合2007年的《我的》全国巡演，李宇春发明了一个新的互动仪式："口号时间"。在前三场巡演中，李宇春都会与玉米进行以下的一问一答：

> 李宇春：我的快乐是谁的？
> 玉米：我的我的是我的。
> 李宇春：我的舞台是谁的？
> 玉米：我的我的是我的。
> 李宇春：我的我的是谁的？
> 玉米：我的我的是我的。

这个口号中的核心词语"我的"是一个双关语，既指涉李宇春第二张专辑的名称，又指涉所有权。《我的》是一张带有强烈个人色彩的音乐专辑，专辑收录的十首歌曲中有四首都以"我的"二字开头，还有一首歌曲的名字是"我"。李宇春用这张专辑向中国流行乐坛展示了她的个人音乐风格，而玉米则用"我的我的是我的"的口号向世人宣布了她们对李宇春的音乐及其舞台的所有权。

在巡演的第四站——重庆，玉米不再满足于跟着李宇春设计的脚本喊口号，开始私下策划"反调戏"。玉米的计划是等着李宇春问完常规的三句话之后，齐声高问："玉米玉米是谁的？"然后等着看李宇春的反应。不过重庆站的"反调戏"计划出现了意外，李宇春提前得到"情报"，对口号进行了调整。以下是玉米"白二少"对重庆巡演中的"口号时间"的记录：

> 葱头［李宇春的昵称之一］：我的快乐是谁的？
> 玉米：我的我的是我的。
> 葱头：我的舞台是谁的？
> 玉米：我的我的是我的。
> 葱头（提高音调放轻声音明显坏坏的）：玉米玉米是谁的？

玉米（慌乱 ing 无措 ing ［ing 是网络用语，表明正在发生的动作］，0.01 秒以后）：你的你的是你的。

葱头（从声音能想象到她在暗暗坏笑）：粽子粽子是谁的？

玉米（开始醒过味来狂笑，声音响亮）：你的你的是你的。

［……］

重庆的玉米当然也不甘心，唱完一首"下雨"后，几千人自发的开始找回场子："玉米玉米是谁的？""玉米玉米是谁的？""玉米玉米是谁的？"……

最后听到传来一个颇有些认命的声音："我的我的是我的。"①

玉米与李宇春之间的"调戏与反调戏"仪式有些类似中国少数民族对歌择偶的习俗。青年男女即兴编词、以歌言情，用对歌的方式展示自己的才华品格，并借此博得对方的尊敬和爱慕。如宋代周去非曾描述广西壮族地区的民众"迭歌相和，含情凄惋……皆临机自撰，不肯蹈袭，其间乃有绝佳者"。②尽管在"口号时间"中，没有曲调的口号代替了有曲调的歌句，但和对歌的目的一样，口号也是用来试探、表达和确认参与者的感情。玉米和李宇春通过重复使用"我的"、"你的"这样的简单词语模拟了情侣关系中最经典的一幕：确认爱的归属，实现爱的交融。李宇春是玉米的，玉米也是李宇春的，双方互相拥有，不离不弃。

李宇春在演唱会前都会先"做功课"，在百度的玉米贴吧潜水，了解玉米的想法和愿望。她会通过演唱会的形式，面对面地向玉米表达她的感恩之情，以及她对玉米地中的一些问题的思考和回应。③2007 年《我的》全国巡演前夕，一些玉米在百度贴吧里开玩笑说，将来玉米走红了，也要像李宇春一样开万人演唱会，还要全国巡演。一万个玉米站

---

① 白二少：《重庆巡演的 UC 及前线简报》，新浪博客"二当家的山寨"（http://blog.sina.com.cn/s/blog_ 49d99f4c01000dnb.html，2007－11－18/2009－03－27）。

② 覃乃昌：《从歌舞及其传授看壮泰民族文化的渊源关系》，载《民族艺术》1996 年第 4 期。

③ 陈炯：《李宇春：从玉米的贴心偶像到专业的音乐人》，《南都周刊》，腾讯网（http://et.qq.com/a/20071129/000150.htm，2007—11—29/2009—03—27）。

在台上演唱，让李宇春一个人在台下做歌迷，还要拿荧光棒、举灯牌、拉横幅、喊口号。李宇春在贴吧潜水时看到了这座"高楼"（拥有许多回复的主题帖），并在巡演杭州站，将这个万人歌迷演唱会的狂想部分地化为现实。在演唱完歌曲《我的88个朋友》之后，李宇春告诉台下的玉米她已经做好了听歌的准备，并为玉米亲自架好麦克风。当全场玉米合唱起歌曲《爱得太傻》，李宇春坐在一个小板凳上，像歌迷一样用事先准备好的望远镜朝台下张望，还相继举起了"玉米"、"粽子"的发光灯牌。这一场景让在场的许多玉米感动得落泪。[①] 一位玉米用中国传统的亲情话语描述了她的感受："当时的感觉就是幸福，被小孩宠的幸福。如果我们是妈，平日里操心之余开玩笑地唠叨什么时候咱女儿也能帮咱们按摩按摩，那么当乖巧的女儿当真亲自为妈妈揉肩捶背的时候，那种贴心，满足和感动溢满全身"。[②]

如矢野所指出的，明星偶像与粉丝的关系是不对称的。但在演唱会这样一个阈限空间里，所有结构上的不对称、不平等都被暂时地夷平或颠倒。尽管仍然是李宇春在台上，玉米在台下，但李宇春和玉米的身份却发生了暂时的逆转。高高在上的偶像自降身份成为歌迷，而歌迷则被抬高为偶像，享受崇拜和爱恋。李宇春通过与玉米在演唱会上的象征性换位，再一次实现了偶像与粉丝亲密无间的融合。

二 李宇春2008Why Me生日演唱会的个案

李宇春的演唱会已经成了玉米粉丝生活中最重要的事件。每一次演唱会都是名副其实的玉米节，符合"节日"一词所包含的神圣、欢庆和娱乐等多重所指。许多玉米，尤其是外地玉米，会提前数月为这一节日的到来进行筹划。他们会早早地抢购演唱会门票，预订机票、火车票和旅馆，安排好外出期间的工作，在玉米地里呼朋引伴、相约同行。有

---

① 11中的校花：《（新浪图）团团举玉米粽子灯牌台下玉米哭》，百度李宇春吧（http：//tieba. baidu. com/f？ ct=335675392&tn=baiduPostBrowser&sc=2967719365&z=295721825&pn=0&rn=30&lm=0&word=% C0% EE% D3% EE% B4% BA#2967719365，2007－12－09/2009－03－27）。

② 勾搭米的粽：《西子湖畔，佳人如斯——我的杭州站（流水账完整版）》，百度李宇春吧（http：//post. baidu. com/f？ kz=296191490，2007－12－10/2009－03－27）。

的还会为出席演唱会添置新的衣服、皮包和饰品，将自己从头到脚打扮一新，颇有"欢欢喜喜过大年"的劲头。一年一度的李宇春 Why Me 生日演唱会更是许多铁杆玉米必看的一场演唱会。如一位特意从海外回国观看 2008 Why Me 生日演唱会的玉米在观后感中所说的：

> 如果你是玉米，如果你喜欢李宇春，我觉得你可以不去接机，不去签售，不去守着酒店，但是，你一定一定要看一次她自己的演唱会，如果你要看她的演唱会，你一定一定要看一次 310 [李宇春的生日是 3 月 10 日] why me。
>
> 否则，作为一个玉米，作为一个李宇春的歌迷，你的人生是不完整的。
>
> 310 why me 是完全在李导 [指李宇春] 掌控下的演唱会，她决定一切，在这场演唱会里，她会唱自己最喜欢的歌，穿自己喜欢的衣服，实施自己喜欢的创意，她的真诚、才华、品味、气质、努力、对音乐的爱、对你们的爱，完完全全毫无保留地放在这场演唱会里了。①

我本人也观看了 2008 Why Me 演唱会，亲眼目睹了李宇春和玉米在演唱会上的精彩互动。在本节的后半部分，我将以这场演唱会为个案，分析演唱会这种准宗教仪式对于玉米的认同心理所产生的巨大影响。

千里迢迢去另外一个城市观看一场演唱会，并不是一件容易的事情，需要相当大的决心、时间、财力和精力。我直到 2008 年 2 月下旬才决定为了写作博士论文，无论如何要看一次李宇春的个人演唱会。随后，我开始着手准备上海之行。在淘宝网寻找低价票（演唱会的最低票价是 180 元，但只有黄牛手上有，黄牛另收 50 元的手续费）；在网上预订最合适的航班和宾馆；认真研读上海玉米提供的"上海吃、住、玩全攻略"；在百度贴吧里"勾搭"散米（散"玉米"）合住、外出游玩；

---

① 她的眼睛是片海：《趁着还晕乎乎的，说些 309 的真实感受……》，百度中原一点粽吧（ http://tieba.baidu.com/f? z = 336911353&ct = 335544320&lm = 0&sc = 0&rn = 30&tn = baiduPostBrowser&word = % D6% D0% D4% AD% D2% BB% B5% E3% F4% D5&pn = 0，2008—03—11/2009—03—27）。

密切关注上海的天气预报。在这一系列的准备活动中，我也像玉米一样，对演唱会越来越期待。

3月9日下午五点多钟，我独自从武汉飞抵上海，顺利找到了预订的宾馆。事先和我约好同住的深圳散米已经在房间里等我。这位20多岁温婉有礼的女孩，也是专程从深圳飞到上海来看演唱会。不一会儿，隔壁房间里传出年轻女孩兴奋的尖叫声和笑声。同屋告诉我这可能是网友见面，这座离上海大舞台不远的宾馆里，应该入住了不少外地玉米。一些只在网上聊天的玉米，终于可以利用这次演唱会的机会，相聚在一起。6点钟左右，我和同屋一起步行到上海大舞台。在大舞台和体育馆构成的建筑群内，庆祝演唱会的横幅随处可见，粉丝、黄牛、小贩摩肩接踵，一派节日"赶集"的欢乐景象。我们决定先去附近的一家港式餐厅吃晚饭，一些上海玉米曾在网帖中介绍过这家餐厅。餐厅里的客人大部分是女性，年龄从几岁到五六十岁不等。从彼此探寻的目光中，能感觉出她们都是来看演唱会的玉米。吃完饭，同屋先入场了，我去找黄牛拿票，顺便在夜幕彻底降临之前拍摄一些横幅的照片。

玉米在李宇春演唱会开始前悬挂的大量横幅已经构成了一种独特的"横幅文化"，成了玉米高调展示粉丝身份、情感和才华的一个窗口。在上海大舞台的建筑外墙上、花坛的栏杆上、树上、路灯上，凡是能挂的地方，都挂满了。这些由米自全国各地的玉米自发制作的横幅有一个共同特点，就是大、醒目，几乎每个横幅都至少有三米长。有的横幅比较简单，只是黄底红字或红底黄字的口号；有的则比较复杂，除了口号，还印有精心挑选的李宇春图片。每个横幅都是一个有才有爱的粉丝文本，融入了玉米地里的许多暗语和圈内玩笑。如使用李宇春的英文名"Chris Lee"或"李总"、"春丫头"、"小老虎"等昵称，将"Why Me"演唱会戏称为"歪蜜"。大部分横幅还体现了浓厚的地方特色，并标明了玉米的"产地"。比如：

洛阳玉米爱小宇 龙门大佛保佑你

云岗大佛照葱宝 大同玉米陪你到老

李总不来宁夏看米 "虾米" ［宁夏玉米的谐音］ 只有四处看 lee

来自湖南和贵州的两条横幅还让人想起了 2008 年 1 月南方遭遇的特大雪灾：

三湘大地产玉米 破冰踏雪来看宇
湖南玉米祝李总 08 上海歪蜜粽人成功

灾区玉米情谊深 盼望小葱来放声
贵州解冻玉米团

不少横幅都用幽默而无奈的语言抱怨李宇春去当地的次数太少，或根本没有去过该地，期盼有一天李宇春的演唱会能在当地举办。有四个横幅还都不约而同地戏拟了李宇春的歌曲《我的王国》中的两句歌词："在哪儿都是战场 soldier soldier/胜利带着曙光 closer closer"。玉米将英文单词 "soldier" 和 "closer" 汉化为 "守着" 和 "抖瑟"（得意的意思）。比如东北玉米的横幅：

一年不来东北，守着守着
啥时我们才能，抖瑟抖瑟

珠海玉米和北京玉米也使用了歌词的句式结构，但却有了更多的创新：

巡演歪蜜没份，忍者忍者；
旅游度假常来，盼着盼着。

北京才是根基，常驻常驻。
偶尔出来瞅瞅，陪着陪着。

重庆玉米还模仿奥申委，打出了这样的横幅："小葱 WHY ME 生日 Party！姨妈'飞的'追得 Happy！——重庆 WHY ME 申办组委会"。

　　除了上述代表地方性组织的横幅，还有一些代表网络群体的横幅，如贴吧论坛、贴吧中的聊天高楼和特定 QQ 群等。这些横幅表明，不管玉米是来自虚拟社群还是真实的地域，他们都对李宇春怀有同样的深情。百度李宇春吧吧主制作的横幅是："只要小葱穿热裤 吧主全是流氓兔"。吧主的预言在本次演唱会上变成了现实。当李宇春最后一次换装之后，以一袭白纱和热裤出现在舞台上时，全场的玉米都变成了"流氓兔"，为李宇春的性感装扮而尖叫。百度春吧的股票聊天楼也打出了一个非常有特色的横幅："小葱爱你天天涨停想你永恒牛市"。虽然玉米地里女性较多，但男玉米这次也高调出场，打出了一条引起"公愤"的横幅："李宇春是玉米的 最终还是男米的"，落款是"百度男玉米吧"。百度春吧的"观观观春吧"视频节目制作组打出了一个带有自我广告性质的横幅"会［绘？］声绘影难绘爱 观歌观舞观春吧"。这个视频制作组最初成立于 2006 年 9 月，目前小组成员已经从 10 来人发展到 100 来人，每晚八点将视频节目上传到百度春吧，节目播出时长从 10 分钟到 20 分钟不等。我还看到了个别以职业和院校名义悬挂的横幅。如"上海律师玉米祝春春生日快乐"和"凝固音乐给葱住 建筑玉米勾搭处"。上海交通大学和中国传媒大学也都打出了各自的横幅。

　　经过一番周折，我终于在开演前由黄牛带进了场。据这位有职业道德的黄牛说，所有演唱会门票都已卖完，剩下的只有假票。我在二楼比较靠前的一个空位上坐了下来。右手边是一对玉米母女。不久，我的左手边又坐下了几个 20 多岁的女孩。我们这些后入场的"粽子"除了相机，什么也没带。早早进场的玉米们则装备齐全，不仅带了黄色的荧光棒，还领了上海玉米发放的电子小红烛，准备为李宇春庆生。演唱会快开始了，场内播放着《我的王国》，玉米们有节奏地摇晃着黄色荧光棒，高呼"李宇春，我的，李宇春，我的"。7 点半，场内灯光熄灭，预示演唱会即将开始。整齐的口号声瞬时变成了此起彼伏的尖叫。当李宇春一身红装出现在舞台上时，全场又爆发出一片"啊——"的撕心裂肺的尖叫。李宇春一口气演唱了十首超女比赛时的经典曲目。玉米对每一首歌都熟得不能再熟，自然是全体大合唱。现场气氛被迅速点燃。

　　研究日本通俗文化的美国人类学家康德里（Ian Condry）曾在 90 年代中期，观察过日本东京举办的一场大型嘻哈演唱会。在长达三个小时的演出活动中，听众（嘻哈音乐的粉丝们）"一直欢呼、跳跃、挥舞手臂"。表演者和粉丝之间来回吼叫，互相呼应，凸显了在嘻哈音乐中，"表演者和粉丝都必须倾听，都必须展演的特点"。当嘻哈粉丝置身于一个演出场景之中，他们不仅要听嘻哈音乐，还要积极参与表演和活动。嘻哈粉丝被表演者们称为"理解者"，因为这些粉丝不仅了解嘻哈音乐的发展历史，而且知道如何去感受这种音乐。"饶舌［rap］粉丝能感觉到一首歌或 freestyle session 街舞赛中逐渐增强的张力（tension）。他们能预知一个饶舌歌手何时会将话筒递向听众，让听众唱出歌词。他们知道何时挥舞手臂，何时欢呼，何时保持安静。这个理解和行动的融合就是做一个 B-Boy 或 B-Girl，即饶舌粉丝的实质。"①

　　同样地，玉米的实质也就是李宇春音乐的理解者。他们熟悉她曾经演唱过的每首歌，知道如何在演唱会现场做到一万个人仿佛如同一个人似地与她互动。和嘻哈乐迷一样，玉米不仅是李宇春音乐的现场聆听者，也是参与者和表演者。当李宇春唱快歌时，玉米会举着荧光棒，随着强烈的节奏前后挥舞。当李宇春唱慢歌时，玉米会举着荧光棒左右摇晃，并轻轻哼唱。当李宇春演唱《我是你的 XX》这首歌时，玉米会将两个黄色荧光棒摆成"X"状，然后将红烛捏在荧光棒的交叉点。除了根据歌曲的节奏、内容变换荧光棒的使用方法，玉米还会在不同的情景下，对着李宇春喊出不同的口号。当李宇春开口宣布"2008310，上海的"，在场的上海玉米马上呼喊："李宇春，上海的"。当李宇春在台上说，"如果做导演的话，会考虑加一首慢歌"。玉米立刻在台下大叫"李导、李导"。当李宇春换上一身蓝衣上台，全场在她演唱完毕后，整齐地呼喊"漂亮、漂亮"。演唱会中间，由于要到后台换装，李宇春故意用神秘而可爱的表情讲述了一首从未曝光的新歌"没有"。"这首新歌的名字叫没有，准备好了吗？"她问台下的玉米。全场大喊"没有"。李宇春答道："没有准备好，还是要听，所以静静地，两分钟就好"。她刚离开舞台，玉米便整齐地高呼"粽子、粽子"。喊了约十来遍"粽子"之后，在没有任何排练、没有任何人指挥的情况下，玉米

---

　　① Ian Condry, "B-Boys and B-Girls: Rap Fandom and Consumer Culture in Japan", *Fanning the Flames: Fans and Consumer Culture in Contemporary Japan*, p. 18.

们自发地为李宇春唱起了英文的《生日快乐》歌。李宇春的换装时间顺理成章地变成了玉米的演唱时间。

演唱会临近结束时，李宇春去后台换最后一套演出服。场内的灯光又暗了下来，舞台上响起了李宇春的独白：

各位听众朋友，大家晚上好！感谢大家收听 FM310Why Me 音乐节目，［玉米尖叫、欢呼］

我是今天的 DJ 小宇。［听众又是一阵欢呼］

大家还记不记得我呢？［全场玉米用力大喊"记得"］

三年了，如果知道小宇这个名字，你一定是三年来一直陪伴在我身边的朋友。［全场玉米用力大喊"是"］

这三年，我认识了很多很多的面孔。虽然我不能叫出你们的名字，但记得的还有面孔。2006 的 Why Me 你来了，你认识我，而我不认识你。给我留下的是叫不出来的名字和陌生的面孔。2007 的 Why Me 你来了，你认识我，而我只是记得见过你。给我留下的是叫不出的名字和萍水相逢的面孔。2008 的 Why Me 你依然来了，你认识我，我记得你。给我留下的虽然还是叫不出来的名字，但是我可以轻松地对着这张面孔和你默契地相互微笑。因为这是我熟悉认识的面孔。你，就是这张面孔吧。感谢大家收听小宇的节目，祝福大家。［事先录好的音频放到这一段时，上万人的场子突然变得鸦雀无声。直到录音结束，全场才爆发出热烈的掌声。］

粉丝将偶像当作"熟悉的陌生人"。其实，偶像也可以把粉丝当作"熟悉的陌生人"。李宇春这段独白就清楚地表明她是如何一步步与玉米从陌生到熟悉。她意识到，作为偶像，她和玉米之间的交流是不对等的："你认识我，而我不认识你"。在演唱会前的横幅和演唱会现场，玉米都在用各种昵称呼唤李宇春的名字，而李宇春却无法叫出每个玉米的名字。美国作家卡耐基（Dale Carnegie）在全球畅销书《如何赢得朋友和影响人们》中指出，"一个人的名字对于这个人来说是任何一种语言中最甜蜜、最重要的声音"，因此询问他人的名字或告诉他人自己的名字都有着特殊的重要性。① 不过，李宇春试图用记住玉米的面孔的方式来代替他们的名字。在这里，面孔不再是意象派诗人庞德笔下的美丽、短暂和脆弱的现代都市生活体验的浓缩②，而是传递友爱、亲密和默契的纽带。尽管"萍水相逢"，尽管只能在演唱会这个特殊的场合相见，但偶像和粉丝却可以彼此轻松地相视微笑。

录音播放完毕，一束聚光灯打在舞台上，李宇春穿着白色纱裙和热裤，从舞台最高处一步步走到舞台中央。全场的尖叫、欢呼持续了近一分钟。李宇春随后用丝带蒙住了眼睛，静静地唱起了最后一首歌《Thank You for Hearing Me》（谢谢你聆听我）。前面提到的网络 ID 为"她的眼睛是片海"的海米这样描述了她听这首歌的感受：

> 当第一个音符响起，所有的人都消失了，只剩下她圣洁的身影和同样圣洁的声音。很奇妙的感觉，突然忘了我是谁，我在哪，忘记了时间，忘记了空间，周围的一切都不存在了，那一遍一遍的 thank you for hearing me，像潮水一样包裹着你抚慰着你温暖着你。那个声音空灵地像来自天堂，可又厚实得像广袤的大地。［……］

> 然后灯熄了，然后她走了，不知过了多久，才发现自己已是泪流满面，整首歌都在无声地流泪。是她的声音感动了我，是这首歌感动了我，我不知道，内心深处是被深深感动了，想起了好多事情，想起了好多人，想对他们说 thank you for staying with me, thank you for not hurting me, thank you for being gentle with me. 想对那些过往经历的所有幸福与痛苦、美好与忧伤说谢谢，想对自己再也唤不回的青春岁月说谢谢，想对所有出现在我生命里的人说谢谢，想对神奇的

---

① Dale Carnegie, *How to Win Friends and Influence People & How to Stop Worrying and Start Living*，中国城市出版社 2007 年版，第 91 页。

② 庞德的著名短诗《在地铁站》就是关于面孔的："人群中这些面孔的幻影/湿的黑枝上的花瓣"。

　　命运说谢谢：谢谢你没有让我错过李宇春。

　　这位海米的感受生动地展现了演唱会这种准宗教仪式和阈限空间所具有的情感净化和疗治功能。罗耶克说："萨满奇观是和启示与重生联系在一起的"。① 李宇春的表演带来的正是这两种效果。她"圣洁"的身影和歌声将玉米带到了一个脱离世俗的更高的存在，让他们体验到超验的神秘。在这个澄明的瞬间，记忆之闸被开启。个体终于不用再逃避、隐瞒和遮掩，终于可以和过往的岁月和解，并对人生中的"幸福与痛苦、美好与忧伤"说谢谢。只有在这种自我和解之后，个体才有"重生"（重新融入社会）的可能。

　　国内学者吴志翔曾在解释国人"为什么没有狂欢精神"时说："中国没有圣殿上的感动，自然很少有人性化的圣殿和审美化的欢乐大聚会。醇厚温煦的人性佳酿，仍需经过神性的发酵。这就是中国一些典礼不足一观的原因所在，台上台下总是缺乏一股流动的气息……神性本是人性的一部分，只有在其拂照下，才会有爱的流动，诗意的温情，终极的呼唤；才会有纵情的欢笑，感性的丰饶，精神的自由"。② 不过，在李宇春的08Why Me生日演唱会上，许多玉米一定呼吸到了当代中国文化所缺少的"神圣空气"，感受到了神性拂照下的爱、温情、狂欢和自由。

---

①　Chris Rojek, *Celebrity*, p. 56.

②　吴志翔：《肆虐的狂欢——传媒美学谈》，武汉大学出版社2006年版，第313页。

第三章

粉丝产消者的浮现

第一节　流行音乐工业与偶像经济

一　全球流行音乐工业：控制与危机

美国管理学大师保罗·赫希（Paul Hirsch）曾在 20 世纪 70 年代初，对文化工业的组织模式进行过富有启迪的分析。他认为，艺术家和消费大众是由一个整齐的事件序列（sequence of events）连接起来的。一个艺术品必须首先被企业组织所挑选和经营，然后以书评、电台播放和影评的方式被大众传媒所报道，并由零售商向消费者展示。为此，出版社、电影厂、唱片公司都将大量的企业资本投资于输入（产品选择）和输出（营销）这两个环节。文化工业中的各种"星探"（如出版社编辑、唱片制作人、电影导演）位于输入这一端，发行和销售则位于输出这一端，而且发行部门通常比生产部门需要更高的官僚化组织。作为文化工业体系的一个子系统，大众传媒扮演着"创新的制度性调控者"（institutional regulators of innovation）的角色，是特定时尚、风格传播过程中的重要关卡。大众传媒要么对新的时尚予以阻挠，要么推波助澜，促其发展。所有的文化样式和产品都已经过工业体制的预先挑选，消费者只能起到对这些文化样式和产品进行排名的作用。如同在政治竞选中，各政治党派先推出自己的候选人，选民再对这些候选人进行投票。① 与阿多诺、霍克海默的"文化工业"模式相比，赫希所勾勒的文化工业模式无疑更加细致。赫希不仅区分了生产和发行这两个不同的组织层次，还指出大众传媒比文化产品的生产者掌握着更大的权力。生产者必须努力讨好甚至贿赂大众传媒，以帮助产品在报刊、广播和电视上获得知名度和好评。尽管赫希承认市场需求充满了不确定性，消费者的趣味和偏好是不断变化的，但他仍然像阿多诺等人一样，对消费者在文化工业中的地位未予以足够重视。消费者即便能对文化产品进行选择，他们的选择也是有限的、预先设定的。

　　流行音乐工业一直试图通过垂直整合和水平整合来增强所有权和市场控制能力。有学者将流行音乐工业划分为四个相互重叠和关联的网络：创造力网络（音乐在这个网络中被制造和表演）；再生产网络（音乐在该网络中被放置到黑胶唱片或 CD 上）；发行网络（音乐在该网络中通过各种媒介渠道被推广和营销）以及消费网络（音乐通过实体店、互联网、邮购等方式被大众所消费）。② 所谓水平整合，就是唱片公司对这四个网络的整合，以期控制从原材料生产到销售的整个过程。水平整合的最终结果是：一位签约歌手可以先在公司名下的录音棚中录制专辑，然后在公司下属的工厂完成唱片的制作，该专辑随后在公司拥有的杂志上获得评论，最后在公司开设的音像店被销售。③ 从 20 世纪 80 年代开始，流行音乐工业中的大公司还进行了大量收购、兼并的横向整合。横向整合和产业多样化，不仅有助于在个别子部门失去扩张潜力或利润率下降时，维持集团的整体利润，还可以便于公司利用不同的媒介推广音乐产品。如哥伦比亚电影公司和米高梅电影公司与索尼 BMG（Sony/BMG）同属于索尼集团。索尼集团就可以利用索尼 BMG 这个唱片公司来推广电影公司生产的影片原声大碟。目前，全球流行音乐工业由四大唱片公司主宰。它们分别是索尼 BMG、华纳（AOL-Time Warn-

　　① Paul M. Hirsch, "Processing Fads and Fashions: An Organization-Set Analysis of Cultural Industry Systems," *On Records: Rock, Pop, and the Written Word*, eds. Simon Frith and Andrew Goodwin, New York: Pantheon Books, 1990, pp. 127 – 139.

　　② Andrew Leyshon, et al. , "On the Reproduction of the Musical Economy after the Internet," *Media Culture and Society*, 27, 2 (2005): 186.

　　③ Brian Longhurst, *Popular Music and Society*, 2nd ed. , Cambridge: Polity, 2007, p. 31.

er)、环球（Universal）和百代（EMI）。这些公司不仅垄断了全球流行音乐 80% 的销售额，在传媒、娱乐、技术领域也都占据着举足轻重的地位。[①]

　　尽管流行音乐工业总体来说掌握在少数大集团公司手里，但小的"独立"唱片公司依然发挥着不小的作用。皮特森（Richard A. Peterson）和博格（David G. Berger）在分析了美国 1948—1973 年的流行音乐工业之后认为，市场集中（concentration）与音乐形式的多元化之间存在着逆相关，市场集中会导致音乐形式的逐渐同质化。不过，在一段时期的市场集中之后会出现竞争和创造力的短期爆发。部分受众对新音乐形式的需求将由富有创新精神的小型唱片公司来填补。这种音乐创新会导致市场竞争，迫使唱片公司寻找新的音乐形式来刺激消费需求。当唱片公司竞相为最流行的新音乐形式获得最大市场份额（二度集中）时，创新便会放缓。最后市场集中又会引发下一个集中—创新的周期。[②]皮特森和博格的实证研究表明，文化工业并非如法兰克福学派所说的，只能生产出单一、同质的文化产品，而是在单一/多元之间进行周期性的运动和变化。消费者面对市场上流通的文化产品，也并不是不加选择地全盘接受。在文化产品的同质性较高时，一些消费者会因个人趣味无法得到满足而主动退出市场。另外，大唱片公司虽然有能力推广宣传某种类型的音乐，利用广播、电视等大众媒介反复播放某些歌曲，使其渗透到大众的日常生活之中，但它们依然无法完全随心所欲地让特定的音乐"流行"起来，无法随意操纵某种音乐的流行性。如英国流行音乐研究者奈格斯（Keith Negus）所指出的："那些不可一世的大公司的生产力并不能直接地决定消费。"[③]

　　从世界范围看，流行音乐工业都是一个投入大、风险高、效益低的

　　① Andrew Leyshon, et al., "On the Reproduction of the Musical Economy after the Internet," p. 177.

　　② Richard A. Peterson and David G. Berger, "Cycles in Symbol Production: The Case of Popular Music," *On Records: Rock, Pop, and the Written Word*, eds. Simon Frith and Andrew Goodwin, New York: Pantheon Books, 1990, pp. 140–157.

　　③ 引自［英］格雷姆·伯顿《媒体与社会：批判的视角》，史安斌主译，清华大学出版社 2007 年版，第 168 页。

特殊行业。据西方学者估算，所有上市的唱片中只有10%的唱片能收回成本。唱片工业完全是靠少数特别成功的唱片来维持再生产。由于音乐生产的成本是固定的，而再生产的边际成本又很低，所以靠着个别"白金"唱片，唱片公司就能弥补其余90%"打水漂"的唱片所造成的投资亏损。但这种在10%的赢利唱片和90%的亏本唱片之间保持平衡的商业模式依赖的是一个对版权严加保护的法制环境。① 因此，版权的控制与反控制一直是流行音乐工业中的斗争焦点。大公司试图保持对音乐产品版权的控制，而受众则试图用技术手段免费复制、获得音乐。互联网技术的发展和所谓"互联网盗版"（Internet piracy）的蔓延，使得音乐工业和受众之间的矛盾变得更加尖锐。早在90年代中期左右，互联网上就出现了一个音乐礼物经济（gift economy）。网民们将音乐作为一种礼物上传到网络，供他人免费下载、分享。最初的分享渠道是互联网中继聊天（IRC）网络，然后演变为以 Napster 为先驱的 P2P（peer-to-peer，"伙伴对伙伴"或"对等联网"）文件分享系统，这一系统随后又被 Gnutella、Morpheus 和 Kazaa 等软件系统进一步完善。② 免费音乐传播网络的存在，自然对流行音乐工业造成了重创。

　　自90年代末以来，全球唱片销量开始呈逐年下降趋势。2004年全球音乐市场的销售额已经从1999年的大约400亿美元降至321亿美元。③ 在美国这个全球最大的音乐市场，唱片业经历了持续多年的萎缩。音乐销售收入从1999年的142亿美元降至2006年的115.1亿美元。④ 尽管流行音乐工业仍然掌握着制作唱片的工厂和一些昂贵的录音设备，但复制唱片的设备和相对便宜的多轨录音设备已经出现，音乐人和受众可以用这些设备，以低廉的成本自制唱片。⑤ 随着唱片业对音乐

---

① Andrew Leyshon, et al., "On the Reproduction of the Musical Economy after the Internet," pp. 186 - 187.

② Ibid., 180.

③ 《传统唱片业遭遇变局之痛　今天你音乐了吗?》，新华网传媒在线（http://news.xinhuanet.com/newmedia/2005—08/19/content_ 3374760. htm, 2005 - 08 - 19/2009 - 03 - 13）。

④ 罗斌：《美国唱片协会：2006年音乐 CD 销售额下滑13%》，新浪网科技时代（http://tech. sina. com. cn/it/2007 - 04 - 18/0929291369. shtml, 2007 - 04 - 18/2009 - 03 - 13）。

⑤ ［英］格雷姆·伯顿：《媒体与社会：批判的视角》，第171页。

生产和复制的垄断被新技术手段瓦解，唱片公司纷纷开始寻找新的可持续运作的商业模式。其中最重要的一个措施就是打击网络盗版，扩大合法的数字音乐市场，让消费者不再把音乐产品当作"免费的午餐"。

2004 年可以说是全球音乐工业的一个转折点。当年，100 多万首歌曲被转换为合法的数字化产品。合法的数字音乐下载市场几乎从零开始，猛增到数亿美元。世界各地提供此类服务的公司也从 2003 年 1 月的 20 家发展到 2004 年年底的 230 家，并出现了 iTunes、Rhapsody 等全球品牌。数字音乐市场目前主要有两个商业模式。一个模式是按次下载服务。消费者可以根据自己的喜好选择所需的音乐下载，并将曲目转移到便携设备或刻录成光盘。这样，消费者就不必再像购买 CD 那样，为了一两首喜欢的歌曲而付 10 首歌曲的价钱。另一个模式是订阅服务。每月月费为 9.99 美元，如需下载，每只单曲另收少量的费用。① 除了在线音乐下载之外，无线音乐下载也开始成为唱片公司的一项主要收入来源。无线音乐，又称移动音乐，指的是通过移动通信网络和终端提供的数字音乐服务，包括手机铃音、彩铃、手机音乐点播、音乐下载和在线收听等。② 消费者可利用手机下载铃声、回铃声、全部曲目或其他多媒体文件。

不过，数字音乐市场的兴旺，并未能阻止全球音乐销量的下滑。国际唱片协会（IFPI）2008 年初公布的报告显示，虽然 2007 年全球数字音乐销售额增长了 40%，达到了 29 亿美元，但该年度全球音乐销售额依然整体下降了 10%，而且数字音乐的销售增幅正在放缓。报告指出，日本继续驱动全球数字音乐市场的增长，许多日本消费者逐渐开始利用手机下载数字音乐。日本歌手宇多田光一首手机铃声歌曲曾创下了下载量超过 700 万次的纪录。有趣的是，日本的手机网民也开始进行音乐盗版活动。日本三分之二的手机用户经常通过手机下载盗版歌曲。③

---

① 王炬：《2004 年的国际唱片业：一个新的历史时期的开始》，载张晓明等主编《2006 年：中国文化产业发展报告》，社会科学文献出版社 2006 年版，第 262—267 页。

② 《无线音乐：热市场冷版权》，数字音乐论坛（http://www.crbt.com.cn/Book_ content.asp? articleid = 5162，2007－08－12/2009－04－28）。

③ 令狐达：《去年全球数字音乐销售增长 40% 但增幅逐年下降》，搜狐 IT（http://it.sohu.com/20080125/n254878026.shtml，2008－01－25/2009－03－13）。

如西方学者所指出的，流行音乐工业当前的危机并不能全部归罪于互联网盗版，它不过是表明"一系列更广泛的文化力量已经改变了音乐在社会中的角色，贬低了它对于许多消费者的切身性和重要性"。流行音乐本身的价值正在降低，它的价值越来越依附于其他因素。比如，在舞曲类型的消费中，与音乐同样重要的是，消费者在俱乐部现场沉浸在震耳欲聋的音响中的身体体验。① 音乐的消费也日益与其他媒介密切相关，广告歌曲和电影主题歌都能大幅提高 CD 销量。日本的单曲市场尤其注重将歌曲绑定（tie-up）在综艺节目、电视剧、动画片或广告里，通过电视宣传来推动单曲销售。日本歌手每推出一张单曲，唱片公司就会把这些单曲想方设法地绑定在电视节目中，通过密集的宣传吸引铁杆歌迷之外的"浮动层"听众。② 此外，流行音乐也不再像二战后那样吸引青少年消费者。在 20 世纪 50 年代，14 岁到 24 岁的青少年人群曾是流行音乐工业最重要的市场。但今天由于电玩、手机等娱乐形式的出现，这一人群在音乐上的花费正在迅速下降。③

面对"野火烧不尽、春风吹又生"的盗版现象，流行音乐工业不得不另谋出路。免费音乐模式逐渐有取代付费下载模式的势头。2007 年，四大唱片公司都与社交网站 Imeem 签约合作。Imeem 用户只需观看一段广告，就能在电脑上收听大量的音乐。如果用户想拥有这些歌曲，Imeem 则提供 iTunes 或 Amazon. com 下载站点的链接。唱片公司通过与 Imeem 合作，不仅可以分享到不菲的广告收益，还可以获得由 Imeem 引导来的数字音乐销量。2007 年 12 月环球唱片公司与手机生产商诺基亚签订了一项协议：环球将为诺基亚的一款名为"comes with music"的手机提供免费音乐下载。从 2008 年下半年起，这款手机的用户可以在 12 个月内免费下载环球公司出版的所有音乐，环球公司则从诺基亚的手机销售收入中分得一部分利润。2008 年年初，全球付费音乐下载霸主苹

---

① Andrew Leyshon, et. al. , "On the Reproduction of the Musical Economy after the Internet," p. 181.

② 《小广告歌，有大学问》，《新京报》（http://www.thebeijingnews.com/news/intime/2008/ 03 - 15/011@ 000701. htm, 2008 - 03 - 15/2009 - 03 - 13）。

③ Andrew Leyshon, et. al. , "On the Reproduction of the Musical Economy after the Internet," p. 184.

果公司也打算推出一项免费音乐计划，让客户免费访问其整个 iTunes 音乐库，但作为交换条件，客户需要以较高的价格购买 iPod 或 iPhone 产品。① 不过，这些商业模式是否能与免费、共享的互联网精神相匹配，还有待时间来证明。

二 大陆流行音乐工业：困境和希望

如果说全球流行音乐工业正在经历变革的阵痛，中国内地的唱片制造业则面临没顶之灾。与西方国家成熟的流行音乐工业相比，大陆流行音乐工业因体制不顺、资金匮乏、盗版严重等原因而显得异常孱弱。如业内人士崔恕所指出的："很长一段时间内，中国内地只是港台唱片以及外国唱片工业的一个倾销市场"。② 据统计，2005 年中国大陆的音乐销售收入仅为 8600 万美元，在全球音乐市场居第 20 位，在亚洲名列第 5 位，落后于日本、韩国、印度和中国台湾地区。盗版市场的存在部分地抑制了产业规模的扩大。根据国际唱片协会（IFPI）的报告，中国大陆是世界上最大的盗版 CD 市场，市场上 95% 的 CD 都是盗版。盗版 CD 不仅价格便宜，与普通百姓的购买力相当，质量也与正版相差无几。不过，在互联网普及之后，连盗版 CD 市场都处境艰难。③

中国《2008 互联网音乐调查报告》显示，50% 的消费者已经不购买或者极少购买 CD，近 70% 的调查对象每周使用音乐搜索引擎来满足个人音乐需求，仅有 33% 的消费者愿意为音乐 MP3 付费。由于受众消费习惯的改变，即便是内地一线歌手，其唱片销量也很少能超过 1 万张。以每张 30 元计算，销售额最多 30 万元，而专辑制作费用一般都在 30 万—70 万元。这样就造成内地歌坛的新唱片数量越来越小，能够持续发片的歌手寥寥无几。④ 截至 2007 年，中国唱片业销量已连续 5 年直

---

① 崔晓琪：《数字时代，音乐免费？》，载《IT 经理世界》2008 年第 10 期。
② 崔恕：《数字时代的唱片工业》，载《文化月刊》2005 年第 8 期。
③ 《宋柯否认赌数字音乐下载 是深思决定后走独木桥》，中国娱乐网（http：//news.67.com/files/2007/7/26/67296_ 3. shtml, 2007 – 07 – 26/2009 – 03 – 13）。
④ 郑洁、徐丹岚：《唱片业吹响结集号》，《北京商报》（http：//www.bbtnews.com.cn/whcy/channel/political52539. shtml, 2008 – 07 – 21/2009 – 03 – 13）。

线下滑，2008 年第一季度的销售量又比去年同期下滑了 20%。①

此外，大陆流行音乐工业在生产、发行和销售过程中也存在严重缺陷。首先，由于内地的音乐创作者很少研究市场的需求，只根据自己的想象和能力来创作，导致唱片的内容与消费者的需求不匹配，真正流行起来的歌曲不多。其次，唱片公司给发行商的唱片发行价格偏低，影响唱片公司的利润。如果唱片发行量少的话，唱片公司根本无利可图。再次，唱片业销售渠道中各中间商的利益分配不均，造成销售渠道不畅。普遍使用的赊销方式，也容易形成大量的呆账和坏账，给唱片公司造成经济损失。② 最后，和大陆的培训、翻译等服务行业一样，大陆唱片公司也还处于小作坊式经营阶段。公司人员少，从业素质不高，大部分唱片公司只有一个宣传部和一个演出部。由于缺乏相关的管理、营销人才，唱片公司只能从事单纯的音乐制作业务，无法转化到艺人推广、企划包装、演出代言、企业营销等一条龙式的公司模式。③

2004 年大陆无线音乐市场的兴起和庞大的手机用户人群，为萎靡不振的唱片工业带来了一丝希望。虽然大陆唱片业最终只能从手机增值服务中分到约 10% 的利润，但少数超级流行歌曲几千万次甚至上亿次的累积铃声下载量足以让个别拥有这些歌曲版权的唱片公司获得可观的利润。④ 2005 年 4 月发布的"中国无线音乐排行榜"中，10 首彩铃在一个月内的下载量均超过了 1000 万次，累计超过 1 亿次。以平均每首歌曲 2 元的下载费用计算，中国移动 10 首歌曲一个月就创造了不低于 2 亿元人民币的收入。⑤ 尽管少数率先涉足彩铃音乐的唱片公司抓到了第

① 白琳：《国内最大音乐公司太合麦田改换门庭?》，《中国商报》（http://www.cb-h.com/news/yl/2008/428/08428052257044CF08E6KAK1J45106_2.html，2008-04-29/2009-03-13）。

② 茅中飞：《我国唱片业发展的对策研究》，载《产业与科技论坛》2006 年 2 月第 2 期。

③ 张志远：《2009 年上半年传统唱片市场面临崩盘》，比特网博客（http://blog.chinabyte.com/18/zhangzycb/75018.shtml，2008-04-27/2009-03-13）。

④ 王晓峰：《中国唱片业真的革命了吗?》，《三联生活周刊》（http://www.lifeweek.com.cn/2005-11-25/0002713719.shtml，2005-11-25/2009-03-13）。

⑤ 王炬：《2004 年的国际唱片业：一个新的历史时期的开始》，载《2006 年：中国文化产业发展报告》，第 267 页。

一拨商机，但随后由于激烈的市场竞争，各公司的彩铃业绩都有明显滑坡。① 目前，无线音乐运营模式中的服务提供商（SP，Service Provider，它们将歌曲通过相应技术手段转化为铃声下载、个性化铃音）通常都是买断歌曲，并不会基于下载量与唱片公司进行利润分成。即便再火爆的歌曲，再大的下载量，唱片公司只能望而兴叹。②

抄袭西方发达国家的付费下载的数字音乐模式也同样陷入了困境。目前国内能够提供网上音乐下载的近 7000 家在线数字音乐服务商中，真正合法的只有 10 家左右。这些合法或近似合法的公司，一年的营业额加起来不到中国整体数字音乐市场的 1/10。③ 在免费音乐搜索和下载充斥互联网的情况下，用户的付费意愿，可想而知。业内分析人士指出：付费下载在中国根本行不通，免费音乐乃大势所趋。"唱片公司不再单纯依靠收费下载来获得盈利，而是通过免费的互联网传播来加强歌曲的影响力，从而带动其衍生产品（如铃声、演唱会）的销售。"④ 2008 年年初，四大唱片公司之一的百代宣布与百度合作推出免费音乐"试听"服务。此后，新浪和环球、索尼 BMG、百代、华纳和中国台湾滚石等五家唱片公司合作组建的"新浪乐库"平台也正式上线。互联网公司和唱片公司不再指望用户付费下载歌曲，而是希望通过免费的音乐服务，带来巨大的点击量，并分成由此带来的广告收益。⑤

三　偶像经济：一种新的赢利模式？

在传统唱片业极度萧条，数字音乐和无线音乐前景尚不明了的情况下，2005 年的《超级女声》节目无意之中为大陆流行音乐工业创立了

---

① 郑洁、徐丹岚：《唱片业吹响结集号》，《北京商报》（http://www.bbtnews.com.cn/whcy/channel/political52539.shtml，2008 - 07 - 21/2009 - 03 - 13）。

② 宋铮：《数字音乐无极限——数字音乐时代：内容为王？渠道为王？》，载《Marketing China》2007 年第 10 期。

③ 明盛：《用户并非不肯为数字音乐掏钱》，艾瑞网（http://news.iresearch.cn/0200/20060711/31962.shtml，2006 - 07 - 11/2009 - 03 - 13）。

④ 《国内付费下载音乐陷入绝境》，帮你止疼的去疼片（互联网 IT 资讯大全）（http://hi.baidu.com/vegaking/blog/item/3f90c813783ccd20dd5401e9.html，2007 - 11 - 26/2009 - 03 - 13）。

⑤ 崔晓琪：《数字时代，音乐免费？》，载《IT 经理世界》2008 年第 10 期。

一种新的赢利模式：明星体制或偶像经济。所谓明星体制就是通过赋值的仪式（rituals of valorization），包括粉丝杂志、颁奖典礼、播出有关明星个性的电视或广播节目等，来实现唱片公司的赢利目的。[①] 2005 年《超级女声》节目长达 5 个多月的超长赛期就是一种为选手"赋值"的过程。比赛充分展示了选手的个人魅力，而赛制所激发的民众参与热情又培育了大量粉丝。在超女比赛中，湖南卫视仅短信收入一项就高达 3000 万元，完全来自超女粉丝的腰包。赛后，湖南电视台娱乐频道投资创立的上海天娱传媒有线公司（简称"天娱"），签下了五个分赛区的前 10 名选手，负责对超女品牌进行全方位的开发。在广告代言业务方面，天娱获利至少 1000 万元。在演出方面，超女的全国 10 场巡演，整体上座量达到 60 万人次，门票总收入超过 1.5 亿元。唱片《超级女声终极 PK》总销量突破百万张，销售额达 2500 万元。将这三项业务加起来，天娱 2005 年在艺人经济方面的收入约为 2750 万元。[②] 内地唱片业近几年销量最好的唱片，均出自选秀歌手。李宇春的头两张专辑总销量约有 100 万张。以平均每张 35 元计算（网购与实体店的价格差异比较大），就有 3500 万元的销售额。她的第三张专辑 2008 年 4 月底上市，首发量达 10 万张，以每张 55 元计算（市场价 65 元，网购 42 元），已经取得了 550 万元的销售额。这样的销售成绩不逊于任何一个港台地区流行巨星。

日本杰尼斯事务所 40 年来的辉煌成绩，从另一个侧面证明了偶像经济的可行性和可欲性。作为亚洲最著名的"偶像梦工厂"，杰尼斯事务所最大的特色是只生产男艺人。它培养的男艺人几乎包揽了整个日本艺能界的全部天王。日剧代言人木村拓哉、少女杀手龙泽秀明等偶像巨星均出自杰尼斯的打造。杰尼斯事务所每年都要挑选 200 名左右的小杰尼斯成员作为公司的候补力量，并对这些十一二岁的学员进行七年到八年的严格专业培训。能从小杰尼斯中脱颖而出的艺人不仅个个都是多面

---

①　Jocelyne Guilbault, "The Politics of Calypso in a World of Music Industries," *Popular Music Studies*, eds. David Hesmondhalgh and Keith Negus, London: Arnold, 2002, p.192.

②　段东、邓斌：《盘点"超级女声"》，载张晓明等主编《2006 年：中国文化产业发展报告》，社会科学文献出版社 2006 年版，第 334—338 页。

手，精通台前、幕后的各项工作，而且还有各自独特的风格。① 如西方
的媒介娱乐工业巨头一样，杰尼斯事务所整合了人才选拔培养、娱乐产
品生产、发行和销售等各个领域。公司不仅拥有自己的艺人培训学校，
还有自己的出版社、传播制作公司、唱片制作公司和专卖店。与西方媒
介娱乐工业不同的是，杰尼斯事务所还利用粉丝俱乐部的方式对消费者
的消费活动实行了严格控制。杰尼斯旗下的每个组合都有自己的粉丝俱
乐部，合称杰尼斯家庭俱乐部。每个粉丝俱乐部的入会费是 1000 日圆，
年费是 4000 日圆。各个粉丝俱乐部的会员身份不能互通。粉丝俱乐部
成员的权利包括：获得会员证和一本一年发行 4 期的俱乐部杂志，优先
购买音乐会和舞台剧的门票，进入影视节目的现场，获取部分偶像信
息。由于杰尼斯公司对旗下艺人的肖像权有着严格的管理，粉丝既不能
对偶像进行拍照，也不能以偶像为原型进行动漫创作。②

　　与日本杰尼斯事务所的偶像经济模式相比，大陆的偶像经济更多的
是依靠粉丝的草根式文化参与，而不是公司的精心打造和严格管理。在
赫希所界定的文化工业的输入（产品选择）和输出（营销）两个环节，
都融入了大量的受众参与。在超女节目中，受众替代了娱乐工业中的星
探，积极挑选他们自己喜爱的歌手。事实证明，只要节目受众的规模足
够巨大，最后的胜出者必然是目前市场上较为稀缺的歌手类型。也就是
说，受众会利用选秀节目来寻求流行音乐工业忽视的音乐形式和歌手。
比如 05 冠军李宇春让观众首次看到大陆女歌手也可以拥有挥洒自如的
舞台魅力，06 冠军尚雯婕的醇厚嗓音和沉静气质让她演绎的都市情歌
与充斥市场的甜美小女生（声）迥然不同，07 冠军陈楚生是当代内地
流行乐坛少有的唱作能力和个人形象俱佳的民谣歌手。选秀节目的粉丝
受众不仅是音乐新人的发现者，也是这些新人的推广者和消费者。内地

　　① 参见《日本的杰尼斯模式对内地娱乐产业的参考与借鉴》，撒拉圣域博客（http://jumping810730. spaces. live. com/blog/cns！4F37C94377D68FC8！1033. entry, 2008 - 04 - 05/09 - 03 - 13）；"杰尼斯事务所"，百度百科（http://baike. baidu. com/view/35872. htm, 2009 - 03 - 13）。

　　② "Family Club", Johnny's Net（http://www. johnnys-net. jp/j/jfc/join_ jfc. html, 2009 - 03 - 13）。不过，2005 年成立的大型女子音乐组合 AKB48 被规划为"可以面对面的偶像"，似乎表明日本的偶像工业已经在发生变化。

流行音乐工业松懈的版权管理对于受众在营销环节的参与起到了意想不到的积极作用。一方面，媒介娱乐公司将部分版权，如肖像权、著作权，让渡给粉丝，对粉丝自发的宣传偶像的活动采取宽容和默许的态度。另一方面，粉丝也坚持认为选秀明星是属于他们的，不是属于公司的，公司无权干预粉丝为促进其偶像利益而从事的活动。

常言道"乱世出英雄"，在全球流行音乐工业经历大变革的时代，以玉米为代表的粉丝产消者应运而生，并成为新一代娱乐英雄。他们用集体的挚爱、智慧和购买力争取到了与媒介娱乐工业协商的主动权，为大陆媒介娱乐工业的民主化开辟了一条新路。

第二节　玉米的产消实践

一　草根宣传和推广

为了尽快让选秀出身的李宇春获得媒介娱乐工业的认可，玉米采取了一系列力所能及的手段。她们第一，通过打榜、试听、搜索等网络活动来推广李宇春的音乐作品。有玉米甚至称"打榜投票是第一生产力"。第二，通过向各地媒体赠送玉米自制的《李宇春音乐特刊》来促进大众传媒机构对李宇春的了解，改善李宇春的媒体环境。第三，积极为中国红十字基金会下属的玉米基金会捐款，通过慈善公益活动为李宇春树立良好的公众形象和口碑。第四，通过"暴走"、促销、拍卖等活动来推动李宇春的专辑销量。玉米地里提出了"爱她，就用销量来证明"的口号。第五，全力支持李宇春的演出市场，保证演出票房。另外，玉米还积极购买李宇春代言的各种产品，让商家感觉到李宇春的广告效应。前三项活动可以纳入粉丝开展的草根宣传范畴，后面三项活动则可以算作是粉丝消费的范畴。如赫希所说的，大众传媒在新时尚的流通过程发挥着"调控者"的功能，玉米的草根宣传就是在试图影响这个关键的调控机制。而且，他们还把宣传的范围从传统媒体扩展到网络新媒体。

在百度李宇春吧，吧主经常将一些有关打榜、试听的号召帖"置顶"，让玉米进入春吧之后，总能看到这些帖子。如2008年7月7日的春吧置顶帖里，吧主就将玉米近期的任务分为打榜、搜索和爱心捐款三项。重点打榜的目标有四个，分别是 MTV 亚洲大奖（李宇春获"中国内地最受欢迎歌手奖"提名），中央人民广播电台举办的"蒙牛酸酸乳 Music Radio TOP 排行榜"，tom. com 网站举办的"TOM 原创歌曲排行榜 TOP100"（该榜号称是中国原创歌坛第一榜）和凤凰卫视举办的"中国风人气榜"。这些"榜单"实际上是流行音乐工业的一些评奖机制。有的榜单大部分奖项都是由业内人士评选的，只有少数"人气奖项"由听众通过手机或网络投票方式产生。有的榜单则采取专家评定与听众试听、投票相结合的评选方式。还有的榜单则完全由听众通过手机或网络投票方式选出上榜歌曲。在榜单评选过程中，手机投票的权重一般大于网络投票。因为手机投票是歌迷直接为主办方贡献人民币，而网络投票只能增加网站的浏览量，吸引广告客户，间接地为主办方创造效益。

自从选秀粉丝群诞生之后，这些榜单就成了粉丝群之间相互比拼、各显神通的战场。粉丝们尽管明知这些评奖活动不过是行业大腕之间的利益分配（俗称"分猪头肉"），但为了让自己的偶像能出席颁奖晚会，获得更多的媒体曝光率，仍然不遗余力地打榜。尤其是当若干超女同时上榜时，打榜活动就有可能演变为主办方最乐于看到的"粉丝 PK"。为了提高网投的效率，粉丝们还研制、使用了各种刷票软件。安装了这些软件之后，只要不断网，就可以无限制地自动投票。不过只要粉丝能够帮助榜单主办方的网站提高浏览量，主办方并不介意粉丝的作弊行为。而且不仅粉丝试图用投票软件在网投中作弊，主办方也会在后台肆意篡改投票结果。2007 年第七届蒙牛酸酸乳音乐风云榜就曾爆出欺诈粉丝的丑闻。按照规则，该榜单的"最受欢迎男女歌手"奖将根据手机短信票数选出。但在五进一阶段，主办方却突然宣布不公布投票票数，并立即关闭了网站、移动、联通的票数查询服务，唯独漏掉了一个联通 132 打头的新号码。在投票结束之后，选秀粉丝们通过这个"漏网之鱼"查到了最终的投票结果。尚雯婕获得了 902820 票，在女歌手中名列第一。马天宇位列男歌手票数第一，领先第二名 9 万多票。不过，主办方却把最受欢迎男歌手奖颁给了俞思远（2006 年东方卫视举办的"我型我秀"四强选手），把最受欢迎女歌手奖颁给了李宇春（由于玉米对此奖的投票积极性不高，她的票数仅为 234290 票）。在颁奖现场，马天宇的粉丝"羽毛"对主办方进行了集体抗议，迫使颁奖典礼一度中断，使这个自称"中国格莱美"的榜单颇为尴尬。① 2008 年，音乐风云榜取消了港台及内地"最受欢迎男女歌手"奖，目的是"重新确立专业奖项颁奖的纯粹性，规避一切可能不公正的机会，回归盛典的专业性和公信力"。②

在上面提到的置顶帖里，春吧吧主还列出了 15 个音乐试听网址，号召玉米积极点击。这些网址包括：一听网、新浪乐库、QQ 音乐等音乐网站，囊括了国内所有知名的互联网音乐资讯交流平台。网络试听现已成为内地民众获取音乐资讯、消费音乐产品的一个主要方式，同时也是唱片公司宣传歌手及其作品的一个重要渠道。歌手在推出新专辑、单曲或 MV 之后，唱片公司都会将这些作品放在主要的音乐网站，供网友试听。音乐网站除了提供试听服务之外，还会提供各种排行榜，如每 24 小时/周/月的热门新歌排行、艺人排行、专辑排行等，以便让用户了解当前最新、最流行的音乐资讯。这些排行榜据说都是根据网友的试听量、收藏量、留言量、彩铃下载量等因素生成的。粉丝的不断试听、留言、收藏可以有效地帮助偶像长期占据排行榜的有利位置，扩大作品的知名度。为了更加有组织地宣传李宇春的音乐，玉米成立了专门的"试听打榜宣传群"。其主要职能是：关注各个榜单的更新情况，每日汇报各榜单与试听的"战绩"，提醒玉米点击重点榜单。③ 这个 QQ 群成立之后的一个显著成果就是，在百度的各大玉米副吧，随处都可以见到试听地址的链接。它们像城市"牛皮癣"（非法小广告）一样被贴在回复率较高的网帖里，时刻提醒玉米勿忘点击试听。

搜索的目的和打榜试听一样，也是为了提高李宇春作品的知名度。玉米尤其重视百度搜索。因为百度的"搜索风云榜"每天都会对网民在百度进行的关键词搜索进行统计分析，并根据网民的搜索量来发布 20 多个榜单，如《十大电视剧风云榜》、《十大游戏风云榜》、《十大人

① woawhy，《蒙牛酸酸乳音乐风云榜》，百度知道（ http://zhidao.baidu.com/question/24090804.html? fr = qrl，2007 - 04 - 12/2009 - 03 - 14）。

② 《第八届音乐风云榜颁奖盛典重大改革》，E 视网（http://news.netandtv.com/mnmusic/mnxw/2008 - 2/22/5284.html，2008 - 02 - 20/2009 - 03 - 14）。

③ 纯水加冰：《试听打榜宣传群招募人手》，百度李宇春吧（http://tieba.baidu.com/f?kz = 274340046，2007 - 10 - 13/2009 - 03 - 14）。

物风云榜》等，借此来反映中国网民的关注焦点。和音乐有关的榜单有
《十大女歌手》、《十大男歌手》、《中文金曲榜》、《新歌 TOP100》、《歌
曲 TOP500》等。玉米如果反复使用百度来搜索李宇春的歌曲，就可以
让李宇春的歌曲进入这些相关榜单，引起更多网民的关注。一篇号召玉
米多多使用搜索的网帖这样写道："歌曲搜索，无关人气，无关 pk，无
关投票，无关颁奖，只是借此宣传她的歌曲，只是希望热爱音乐的歌友
能聆听到她的歌声，只是一点一点稳定她作为歌手的基石"。① 一个恪
尽职守的好玉米的日常宣传任务可以形象地概括为"好好打榜，努力投
票，抓紧听 QQ，天天挖土豆"。②

　　如果说打榜、试听、搜索是各个粉丝群都有条件做的事，那么玉米
集资制作的年度《李宇春音乐特刊》（以下简称"《特刊》"）可能就是
专属玉米的一道独特风景。这本《特刊》的问世，充分体现了玉米地
聚集的能量和才华。为了配合 2006 年 9 月李宇春的第一张专辑《皇后
与梦想》的发行，玉米们设计制作了第一本《特刊》，目的是"让那些
掌握着话语权的媒体们更加的了解春春，减少一些对她的误解，让人们
的目光投注在她的音乐上"。③ 2007 年 11 月底，玉米又制作了第二本
《特刊》，记录李宇春在当年所取得的音乐成就。《特刊》的内容包括李
宇春在 2007 年所获得的所有音乐奖项，有关专辑中主要歌曲的乐评，
演唱会随感等。《特刊》的制作是一个庞大的系统工程，包括策划、撰
稿、设计、做图、打版、印刷、快运等一系列环节。《特刊》中的图片
和文案大多出自在媒体和平面设计行业供职的玉米之手，具有高度的专
业水准。《特刊》的纸张和印刷也非常讲究，不惜工本。除了《特刊》，
玉米还制作了附赠的李宇春台历和手提袋。参与 2007 年《特刊》认捐
的有 300 多位玉米，每人认捐 100 元。《特刊》和台历共印刷了 2500
份，由《特刊》发行组分别寄到全国各大城市可信赖的玉米手中。然

---

　　①　花粽子：《和她的音乐在一起，真的很快乐!》，百度李宇春吧（http：//tieba. baidu.
com/f? kz = 148649250，2006 - 11 - 18/2009 - 03 - 14）。

　　②　"挖土豆"是土豆网观众对视频表达喜爱的一种方式，相当于论坛上的"顶帖"。某
视频挖的人多了，就有可能出现在土豆网的首页。

　　③　特刊制作宣传组：《2007 年特刊发行事宜》，百度不靠谱家族吧（http：//tieba.
baidu. com/f? kz = 267912500，2007 - 09 - 27/2009 - 03 - 14）。

后再由这些玉米给每份《特刊》和台历配上一张新专辑，亲自上门送到广播、报纸、电视、网络等媒体工作人员手中。纸版的《特刊》仅赠送给媒体和认捐的"玉米"，不用于任何商业目的。电子版的《特刊》则放在玉米贴吧里，供广大玉米免费下载。收到《特刊》的媒体人士普遍非常感慨。一些电台 DJ 会马上在他们的节目里播放李宇春的专辑或新歌以表示感谢，有的还邀请玉米参与节目。① 2006 年，西安音乐台的女 DJ 宋东风收到《特刊》之后，特意在博客上以《遇见感动》为题写下了她的心情："这些年也见过各色各样的追星族，但像这样不事张扬、诚挚而有礼的，没见到过。如此地不离不弃、心甘情愿，而那场著名的选秀已经过去一年多了。李宇春，真是好福气啊。一定要加油才行！"②

　　玉米一方面对媒体机构进行公关，一方面也对它们实行监督。玉米会对李宇春的新闻量和新闻内容进行跟踪。许多有关李宇春的重要媒体报道都会在第一时间被收集、整理、发布到百度贴吧。其中正面的报道会让玉米为李宇春的知名度和个人魅力感到骄傲。负面的报道，则会引起一些玉米的不满。对于那些不符合事实的虚假负面报道，玉米会立刻以电话、电子邮件、传真等方式向媒体抗议，要求更正。他们还会提醒、敦促李宇春的公司关注这些报道，并通过贴吧、论坛、博客等网络民间媒体澄清事件的真相、发表粉丝角度的评论。比如，2008 年四川大地震期间，作为川籍艺人的李宇春主动为家乡献血。但她的举动却引起了一些网民的怀疑。部分网络论坛相继出现了李宇春"假献血真做秀"的网帖。这些网帖激起了玉米社群的极大愤慨，甚至追查出了谣言的始作俑者。李宇春所在的天娱公司也站出来向媒体辟谣。③ 尽管按照内地媒介娱乐工业的潜规则，娱乐、社会新闻报道均可花钱操作，但粉丝对媒体的监控多多少少让一些娱乐记者（粉丝称他们为"娱妓"）不

　　① 不靠谱之小白：《汇报贴链接》，百度不靠谱家族吧（http：//tieba. baidu. com/f？kz = 293700531，2007 - 12 - 03/2009 - 03 - 14）。

　　② 引自不靠谱之刀刀《特刊和台历带给西安 DJ 的感动——西安米米辛苦了！》，百度不靠谱家族吧（http：//tieba. baidu. com/f？kz = 145833574，2006 - 11 - 07/2009 - 03 - 14）。

　　③ 贺雅佳：《李宇春献血时左时右 被质疑"假献血真作秀"》，TOM 音乐（http：//music. ent. tom. com/2008 - 05 - 15/0009/04603116. html，2008 - 05 - 15/2009 - 03 - 14）。

敢随意信口雌黄。

隶属于中国红十字会的玉米爱心基金是玉米开展的另一个独具特色的宣传项目。它是中国第一个由歌迷捐设和命名的专项基金，"不仅开创了明星慈善的又一先河，同时也创造了明星基金的奇迹"。玉米爱心基金 2006 年 3 月 19 日宣布设立，到 2008 年 7 月累计捐款已经达到 459.8 万元。① 李宇春被聘为玉米爱心基金的终身代言人。她本人也数次向爱心基金捐款。该基金曾成功救治了 28 名患白血病等重大疾病的贫困儿童，在四川、安徽等地援建了 4 所玉米博爱卫生站，还在四川南充为受水灾的村民修建了 20 所房屋，该村因此被命名为"玉米新村"。② 在 2008 年的四川大地震之后，李宇春携玉米爱心基金向灾区捐款 120 万元。③ 玉米爱心基金的成立不仅为媒体提供了一个持续报道李宇春和玉米的媒介焦点，还为玉米宣传李宇春的正面形象提供了机会。以玉米爱心基金为平台，玉米先后联系了北京和南京的地铁站，在人流量巨大的地铁通道、出站口和车厢内投放印有李宇春半身照的玉米基金会广告。广告版面制作和设计均是玉米自己完成的。④ 由于地铁广告公司每年都有义务投放一定份额的公益广告，而玉米爱心基金正好是慈善组织，因此该基金的广告便可以算作是公益广告，享受免费投放的待遇。据南京地铁广告公司称："除非红基会要求取消或地铁方面有紧急替换需要，这些海报将长期保留"。⑤ 普通地铁广告投放一年至少要花费数十万元到上百万元不等。通过地铁公益广告，玉米爱心基金的宣传价值得到了充分的展现。此外，玉米送给李宇春的原创歌曲《和你一

---

① 《李宇春"少年中国"祝福中国印 玉米基金创造慈善里程碑》，中国经济网（http://ent. ce. cn/mx/xw/cywgd/200807/14/t20080714_ 16150470. shtml, 2008 – 07 – 14/2009 – 03 – 14）。

② "玉米爱心基金"，百度百科（http://baike. baidu. com/view/1204333. htm, 2009 – 03 – 14）。

③ 张瑰宝：《李宇春 所有的付出只因爱的力量》，载《精品购物指南》2008 年第 52 期（http://dzb. sg. com. cn/stylelife/mxss/236466. shtml, 2008 – 07 – 04/2009 – 03 – 14）。

④ 神圣午睡：《请关注那两辆开往春天的地铁》，百度李宇春吧（http://tieba. baidu. com/f? kz = 275253929, 2007 – 10 – 15/2009 – 03 – 14）。

⑤ 《南京地铁出现李宇春公益广告 玉米捐款 200 万》，网易新闻（http://news. 163. com/07/1121/03/3TPSN4FQ00011229. html, 2007 – 11 – 21/2009 – 03 – 14）。

样》还被指定为中国红十字会的宣传公益歌曲。

　　玉米们为李宇春的音乐宣传所投入的时间和精力是无法用金钱来估量的，她们这种草根宣传所产生的影响力也是任何内地、港台地区和海外唱片公司目前无法做到的。在港台地区，艺人的宣传期为3个月，因为3个月就能覆盖到所有媒体，歌曲是否走红很快就能见分晓。因此唱片公司的做法就是拿出几百万元来进行媒体轰炸。但内地的宣传期最起码要10个月到1年。几百万元的宣传费只是杯水车薪。而且由于内地市场广阔，受众群体复杂，唱片公司的宣传渠道很难辐射全国各地。在内地走红的歌曲都是因为歌曲本身就具备了流行的潜质，可以通过大众的自发传播而流行开来。① 在李宇春的歌曲还不具备较高的传唱度，内地唱片公司又因资金和盗版问题，不愿进行密集的媒体宣传的情况下，众多玉米在自己的社交圈内进行的草根宣传就显得尤其必要了。我曾在百度纪敏佳吧里看到一位匿名佳迷讲述其玉米工会主席的故事。该玉米利用职务之便在公司的午餐时间播放李宇春的专辑作为背景音乐。当几位正在吃饭的同事听到了专辑里的歌曲并表示欣赏时，这位女玉米立刻从包中拿出数张专辑，分送给那些同事。这样的事例在玉米地里并不少见。

二　独特的粉丝消费

　　除了自觉自愿的草根宣传，玉米还为唱片公司提供了一个可靠的正版音乐产品的消费群体。玉米很早就意识到要抵制盗版。2006年8月底，在李宇春发行第一张专辑前夕，两位年轻的女玉米"春天粽"和"小巴"在一位男车友的陪伴下，骑车从绍兴出发去北京参加李宇春的专辑首唱会，并沿途进行反盗版宣传。在15天时间的里，他们途经20多个城市，总行程达1580公里。两位玉米自制了一个十米长的条幅，上面写着"盗版止于真爱，请支持正版音像制品，支持好音乐"。每到一个城市，她们便在当地的正版音像店将横幅悬挂出来，请所有支持正版的人签名。这种长时间、跨省市的歌迷自发反盗版行动在国内尚属首

---

　　① 张志远：《金莎为什么总也捧不起来》，张志远的数字音乐博客（http://zzyuan.blog.spforum.net/21050.html，2008 – 05 – 25/2009 – 03 – 14）。

次。①"盗版止于真爱"的口号精辟地揭示了盗版文化存在的土壤，那就是受众对音乐生产者的疏离和冷漠。如一位日本业内人士所指出的，唱片工业长期以来的宣传方式鼓励大众仅仅把音乐当作一件商品，而不是艺术家心血的凝结。业界只注重热门歌曲，却不关心粉丝和艺术家之间的关系。② 既然音乐只是商品，那么受众就会遵循消费理性，用最低的价格购买性价比最高的商品。买盗版碟和从网上免费下载也就成了中国大众的主要消费方式。只有当艺术家和受众之间建立起了更直接的联系，人们才会主动购买正版音乐。③

对于李宇春的每一张专辑，许多铁杆玉米都会购买至少三张正版碟。一张收藏，一张自己听，还有一张送亲戚或朋友。一些地区的玉米还会用"暴走"的方式提高李宇春专辑的销量。"暴走"包含了两个不同的活动。一个是"扫碟"，即走访所在城市的音像店、书店、超市等销售场所，了解店内铺货、宣传和销售情况，并分别在不同的店购买专辑。目的是制造出专辑热销、购买者众多的场面，从而提升商家对专辑的信心并继续铺货。另一个活动是宣传和赠送。粉丝到所在城市的主要音像产品销售点进行专辑的宣传，如贴海报，摆放易拉宝展板，赠送粉丝自制的专辑宣传品，以及到大的超市、休闲场所免费赠送专辑，以便让更多的人有机会试听专辑。扫碟的主力基本上是已经工作的玉米，学生玉米因经济条件所限，大多只能参加实地宣传。

在李宇春的第二张专辑《我的》上市之后，一位深圳玉米曾在网上贴出了她的"暴走实录"。她曾于 2007 年 10 月 9 日在深圳中心城区进行了一次长达 7 个小时的暴走活动。她根据百度春吧贴出的深圳音像店地点的资料，一个人在下午独自用公车、地铁和双脚走访了聆听、博恩凯（BEK）两家音像连锁店的若干家分店和深圳书城、深圳购书中心等六个地方。然后，她与其他三个玉米汇合，去了另外四家音像销售点。第二天，她又和几个玉米相约去了深圳南山区的六个销售点扫碟。以下

① 《春天粽等 20 日 13 点做客 TOM 聊"盗版止于真爱"》，TOM 娱乐（http：//yule. tom. com/1002/1631/2006919 - 217229. html，2006 - 09 - 19/2009 - 03 - 14）。

② Ian Condry，"Cultures of Music Piracy：An Ethnographic Comparison of the US and Japan," *International Journal of Cultural Studies*，7，3（2004）：352—353.

③ Ibid. ，358.

是她的"暴走实录"中的节选部分：

第一站万佳彩田，这是聆听的一个分店，之前电话骚扰过，去了没
看到宣传照，超市主要是做 DVD 生意，CD 真的很冷，只有三张，
后来了解到这是聆听给每个店只配三张，我假装很生气的说怎么不
显眼啊，朋友来看了好几次都没看到，她们说要多少，我可以马上
调货，但我只拿了 2 张就走了，超市大家顺便扫就好，实在是影响
力不大。

[……]

第 4 站 深圳书城，CD 位置和海报比较好，货源充足，买了一些走
人，这应该是我们主要的战场，但价格比较贵，42 [元]。

[……]

第 6 站购书中心，这是去年一个重点，也知道玉米的购买力，铺货
明显很多，海报也有 2 张在电梯附近，就多买了点，反馈是碟好
卖。跑完这 6 个地方，基本用走的，非常累，饿，刚好约了别的玉
米 FB ["腐败"一词的汉语拼音缩写。常见网络用语，意为"聚
餐"] 顺便晚上扫华强北，至此，我一个人的战斗就告一段落。

第 7 站 华强北 BEK，这是玉米最集中购买的地方，基本上宣传最
好就是这家，见识了去年玉米的量之后，今年给我们是最好的位
置，货就放在收银台，背后 2 张葱的宣传照，当然最醒目的还是外
面巨大的带什么钻的海报，我和风雨先进去扫，青鸟和 KITTY 随后
进去，BEK 不再像去年一样一批一批进，今年开始就进了去年的
量，去年给他们的印象太深了吧。

[……]

到了这里就晚上 10 点了……剩下的时间就留给我们自己找家糖水
店 HC [花痴] 休息了，今天心里也对小葱说了好多次我爱你啊。①

① 粽妖孽：《深圳几个玉米暴走实录》，百度中原一点粽吧（http：//tieba. baidu. com/f?
z = 285587043&ct = 335544320&lm = 0&sc = 0&rn = 50&tn = baiduPostBrowser&word = % D6% D0%
D4% AD% D2% BB% B5% E3% F4% D5&pn = 0，2007 - 11 - 10/2009 - 03 - 14）。

从节选的网帖中可以看到，这位玉米在扫碟过程中不仅查看每一个销售点的宣传和铺货情况，还使用了不少营销技巧。比如，去之前先给销售点打电话，询问是否有碟，向商家施加进货的压力。在购买过程中，辨别购碟的"主战场"和次要战场。主要针对人流量大的深圳书城、购书中心和华强北 BEK 扫碟，以便集中玉米的购买力获取轰动效应。在货源充足、宣传到位的销售点多买碟，以此作为对商家促销努力的嘉奖。对于进货量小的超市，则是将货架上摆放的碟买完，然后要求商家立刻补货。暴走扫碟是一项非常辛苦的体力劳动，像马拉松长跑一样，需要充沛的体能和坚强的意志。另一位玉米在回帖中补充说，参加此次扫碟的四位玉米都是 36 岁的中年妇女。因体力有限，她们在扫碟的过程中只能"停停歇歇"。对李宇春的热爱是她们扫碟的最大动力。此外，扫碟也是一个昂贵的消费活动。从帖中可看出，在一次扫碟活动中，玉米至少要购买 15—20 张正版 CD。《我的》这张专辑在实体店的销售价格一般为 32—42 元。以平均每张碟 35 元计算，一次扫碟最少要花费 525—700 元。

玉米除了通过大量重复购买（粉丝群内部称之为"囤白菜"）来推动专辑销量之外，也试图向非玉米（即所谓的"中立人士"）宣传专辑，鼓动更大范围的人群了解、购买李宇春的音乐产品。在李宇春的第一张专辑发行日，近 200 名来自世界各地的玉米集资在《成都晚报》以"全球玉米"的名义购买、刊登了整版彩色广告，庆祝李宇春的专辑首发。开创了内地歌迷自费为偶像宣传新专辑的先例。① 由于音乐专辑利润低、购买者少，除非是明星签售，一般来说，音像商店不会投入人力、物力来举办专辑促销活动。为了改变这种情况，2007 年 11 月 25 日，部分深圳玉米利用星期天在深圳书城自行组织了一次大规模的专辑促销活动。根据她们在百度春吧贴出的活动汇报，一共有 50 多位当地玉米参加了此次活动。她们"在 5 个半小时内售出了 310 张专辑，其中 1/3 是中立人士购买的"，同时让当天所有路过书城的人都知道了李宇春的第二张专辑。在正版唱片销量极其萧条的大环境下，这是一个令人

---

① 忆紫：《玉米凑钱在今天〈成都晚报〉作整版广告》，天涯娱乐八卦（http：//www.tianya.cn/publicforum/Content/funinfo/1/242738.shtml，2006 – 09 – 15/2009 – 03 – 14）。

惊叹的销售成绩。

为了这次促销活动的顺利举行，深圳玉米和书城首先达成了专辑团购协议。书城同意给予参与团购的玉米 8.5 折的优惠，并让在 25 日促销活动当天购买《我的》专辑的非玉米也都享受到这个优惠。在争取到专辑价格上的优惠之后，深圳玉米还自己准备了 2008 年历卡、装专辑的纸袋和"神秘礼物"（李宇春的演唱会光碟），免费赠送给专辑购买者。为了给活动造势，玉米自己设计、制作了宣传横幅、海报、易拉宝、传单、宣传册、手牌等物品。她们在书城外的展台周围扎起了许多黄色气球；在临街的地方悬挂了一个 3 米 × 5 米的巨型宣传横幅；在展台周身贴满了专辑海报，摆放了许多宣传手牌；用音响设备循环播放专辑中的歌曲；向路过的行人分发宣传单，向驻足展台的人讲解专辑的内容和特点。从专业角度上说，玉米的这次促销活动毫不逊色于任何商家主办的促销活动。玉米自制的图文并茂的专辑宣传册尤其令人称道。宣传册的第一页是对整张专辑的制作理念和音乐风格的总体陈述，然后是对专辑中的 11 首歌曲的逐页详解，最后两页则是对玉米基金的由来、发展现状和红十字会公益歌曲《和你一样》的介绍。与唱片公司制作、发行的《我的》专辑内页相比，玉米的专辑介绍无论在设计、内容、图片、纸质方面都更加精良。公司的专辑内页只印出了歌词和李宇春的定型照。玉米的专辑介绍则不仅有歌词的核心部分，还有对歌曲内涵的诠释，并配上李宇春在巡演中演绎该歌曲的照片。很显然，玉米试图用这个小册子让中立人群最大程度地了解李宇春的音乐和舞台魅力。[1]

值得一提的是，在由公司掌控的偶像经济之外，还存在着一种基本上由粉丝自发形成的粉丝经济，即粉丝之间的物品交换、买卖和拍卖。淘宝网上有相当多玉米开的小店，出售李宇春的明星周边商品（即与明星有关的商品），如自制的光盘、服装、饰品等。严格地说，这都属于侵权行为，侵犯了李宇春和所在公司的知识产权。不过，只要不是牟取暴利，大部分玉米对此类行为都还是能够容忍的。一位既追星又做生意

---

① 爱春的 YIE：《巨大的惊喜，11/25 深圳购书中心〈我的〉宣传完美落幕（图文汇报）》，百度李宇春吧（http：//tieba. baidu. com/f？z = 291014548&ct = 335544320&lm = 0&sc = 0&rn = 50&tn = baiduPostBrowser&word = ％ C0％ EE％ D3％ EE％ B4％ BA&pn = 0，2007 – 11 – 25/2009 – 03 – 14）。

的"海报大叔"还成了玉米地的名人。这位中年男子会出现在李宇春在全国各地的签售会、演唱会上，向玉米兜售自制的李宇春海报、挂历和日历。不过，粉丝群总体上不鼓励纯粹出于个人赢利目的的粉丝经济。那些和公司串通起来向玉米地实行定向销售的"职业粉丝"，尤其遭到鄙视，被看作是玉米地的"蛀虫"。粉丝群更提倡用粉丝经济的收益来促进偶像的利益。

一位百度 ID 为"Phoenix Li"的玉米（玉米地里一般称其为"凤凰"或"大翅膀"）就曾以个人名义，在百度开设了一个拍卖/出售吧。通过在网络拍卖、出售玉米的闲置物品来筹集专辑宣传所需的资金。①根据吧规，该吧所有的拍卖、出售所得"均作为捐赠使用，不归卖方所有"。捐赠的资金只能流向两个地方，要么是红十字玉米基金，要么是宣传李宇春新专辑的专项基金。卖方在指定拍卖/销售款的去向时，可以二者择一，或两者皆选。专项基金的目的是"宣传、推广李宇春的新专辑音乐……对于唱片公司及经纪公司宣传李宇春新专辑音乐力所不能及之处，组织非官方性质的音乐宣传、推广活动。"凤凰是北京的一位女商人，家境优裕。她曾在网络上因和人打赌而捐款 30 万元人民币修建了一所希望小学。她的慷慨和实干在玉米地中早已传为佳话。百度"phoenixli"吧的建立和兴旺，与广大玉米对凤凰本人的信任以及大量有一定经济实力的"老玉米"的支持是分不开的。从 2007 年 6 月 7 日开吧到 10 月 27 日该吧正式关闭（发出"happy closing"的通告），在短短 100 多天的时间里，共有 20 多个玉米义务管理贴吧，维持贴吧的正常运作，一千多个百度 ID（玉米）参与交易。仅第一个月，该吧的交易额就达到 8 万多元人民币。其中绝大部分款项都捐给了专辑基金。②

如凤凰所说，这个吧里的拍卖活动经常与市场价值规律相悖："这个吧最不正常也最正常的情况就是，所有跟李宇春有关的东西，全部天

---

①　该吧的网址是：http：//tieba.baidu.com/f? kw = phoenixli。该吧现已关闭，所有交易帖均已被删除。

②　参见异形忍者《宇黑及李宇春吧重要事件记录》，百度第五大道吧（http：//tieba.baidu.com/f? z = 94596625&ct = 335544320&lm = 0&sc = 0&rn = 50&tn = baiduPostBrowser&word = % B5% DA% CE% E5% B4% F3% B5% C0&pn = 100，第 214 楼，2007 - 07 -24/2009 - 03 - 14）。

价；所有跟李宇春无关的东西，全部物超所值"。该吧的拍卖品大多为服装、饰品、化妆品，其中不乏国际名牌。但这些商品的价格往往是普通市价的二分之一还不到，而"葱品"（和李宇春有关的收藏纪念品）的价格却奇高。[①] 一位长沙玉米为一次玉米嘉年华活动所制作的专用纪念章，实际成本不过数十元。但因"全球"只有两枚（一枚红色的在李宇春手上，另一枚蓝色的拿出来拍卖）而拍到了6000多元。[②] 玉米地的拍卖虽然在一定程度上模仿了商品经济社会中的艺术品拍卖活动，如根据"葱品"的稀缺程度来定价，但从本质上说还是一种反商品经济的集资捐款活动。因为参与拍卖的玉米，无论是买家还是卖家，都在自愿抬高"葱品"的价值，以便吸纳更多的资金，赞助李宇春的事业。这和西方学者所研究的收藏漫画书，并通过粉丝集会买卖、交换收藏品的漫画迷们是有区别的。虽然玉米和漫画迷一样都很关注收藏品的经济价值，但玉米是为了集资赞助李宇春，漫画迷则是为了私人的获利。[③]

第三节　玉米产消者出现的制度与社会语境

一　粉丝与媒介娱乐工业

詹金斯曾在《文本盗猎者》一书中指出，作为最积极的受众，粉丝一向试图对媒介娱乐工业施加影响，粉丝社群可以说是消费者行动主义（consumer activism）的大本营。美国媒介粉都（media fandom）的起源，部分地就是为了通过有组织的活动来影响电视网络的播出决定，改变消费者面对文化生产和流通中的强势机构而无能为力的境遇。但媒介集团显然不欢迎那些自作主张、对编导的艺术抉择"妄加评论"的粉丝，他们想要的只是老老实实接受电视网所制作的节目，规规矩矩购买电影源声带、小说、续集等衍生产品的普通观众。为了激发和维系观众的兴

① Eros the Bittersweet，《一枚图章的传奇故事》，新浪博客（http://blog.sina.com.cn/u/1270257241，2007 – 09 – 06/2009 – 03 – 14）。

② 玉宇：《2005年底一个图章在2007年的故事》，"伊人在水一方"歪酷博客（http://lovechrislee.ycool.com/post.1764730.html，2007 – 09 – 02/2009 – 03 – 14）。

③ See John Fiske，"The Cultural Economy of Fandom," *The Adoring Audience: Fan Culture and Popular Media*，p.44.

趣和购买欲望，媒介集团会建立官方的粉丝机构来规范受众反应，向粉丝集会派遣发言人来推销新的作品或粉碎负面流言，但他们却不理睬粉丝的意见和建议。因为在他们看来，粉丝的反馈只代表了少数狂热受众，不具备普遍性，因而不值得采纳。粉丝只有在自发组成的粉丝社群里，才有机会表达自己的文化偏好和见解。①

在美国，有组织的媒介粉丝行动可以追溯到 20 世纪 60 年代末。当时，正在 NBC（美国国家广播公司）播出的科幻电视连续剧《星际迷航》遭到取消播放的威胁，一时间谣言四起。该剧的大量忠实粉丝群情激奋地参与了电视史上迄今最大的一次反对电视网节目安排的运动。正是这场草根抗议运动迫使 NBC 改弦更张，继续播放《星际迷航》。这次运动的组织者波乔·特林布尔（Bjo Trimble）称，通过写信呼吁，"消费公众取得了对电视网和愚蠢的尼尔森收视率的重大胜利"。② 这一保卫《星际迷航》的写信运动为此后类似的粉丝抗议活动提供了范本。1981 年，当新播出的电视连续剧《希尔街的布鲁斯》（Hill Street Blues）因收视率低而面临停播的危险时，加利福尼亚州的一位妇女巴菲·约翰逊（Buffy Johnson），同样发起了一场写信运动。在这次行动中，约翰逊呼吁观众不仅给电视网写信，还要与电视记者和评论家联系，敦促他们在各自的专栏里对该剧进行报道。由于观众和专家的强烈支持，《希尔街的布鲁斯》得以继续播放，并在第一季播完之后破纪录地一举夺得了21 项艾美奖提名和 8 项大奖。③

美国学者苏·布劳尔（Sue Brower）认为，粉丝不仅试图通过写信运动来影响电视网的决定，还试图影响其他观众的意见。粉丝是罗素·莱恩斯（Russell Lynes）所谓的"时尚制造者"，即一些"在历史上试图向全社会宣扬并传播自己在艺术、建筑以及时尚方面的品味的群

---

① Henry Jenkin, *Textual Poachers: Television Fans & Participatory Culture*, New York: Routledge, 1992, pp. 28, 279.

② John Tulloch and Henry Jenkins, *Science Fiction Audiences: Watching Doctor Who and Star Trek*, London: Routlege, 1995, p. 9.

③ Sue Brower, "Fans as Tastemakers: Viewers for Quality Television," *The Adoring Audience: Fan Culture and Popular Media*, ed. Lisa Lewis, London: Routledge, 1992, pp. 167 – 170.

体"。① 美国的"高品位电视观众"（Viewers for Quality Television，VQT）组织，就扮演了时尚制造者的角色。该组织成立于 1985 年，创始人多萝西·斯旺森（Dorothy Swanson）和多娜·迪恩（Donna Deen）都曾参与过拯救她们所喜爱的电视剧的行动。斯旺森曾组织营救过《美国警花》（*Cagney & Lacey*），迪恩则组织营救过《波城杏话》（*St Elsewhere*）。VQT 的成员在 90 年代初已经达到 5000 多人，主要以女性和高端消费者为主。VQT 每年通过成员投票，更新该组织所认可的高品位电视节目名单。一旦这些节目遭到取消播放的威胁，该组织就会发起一场写信支持运动。每一期《VQT 通讯》上都登载了某种类型的调查，轮番进行人口学统计调查、对当前节目的评估以及 VQT 奖项的年度投票。每年在艾美奖颁奖后，该组织还会在洛杉矶举办一次年会，让组织成员与那些获得 VQT 奖项的电视明星和节目创作人交谈，"并沐浴在名流们对 VQT 的赞誉和肯定当中"。VQT 的成员具有强烈的社会使命感，他们希望通过自己的努力，对美国社会和文化有所贡献。在 VQT 提供的纪念 T 恤和杯子上，印有"你已改变了世界"或"团结起来，我们能改变世界"的口号，以及该组织曾拯救过的电视剧的标识，或出演过这些电视剧的明星的签名。②

虽然媒介粉丝和电视网之间时有冲突，但粉丝却经常得到电视剧制作人的合作和鼓励。因为制作人也想借粉丝之力，挽救自己因收视率不高而面临淘汰的作品。比如《星际迷航》的制作人罗登巴里（Gene Roddenberry）就意识到制作一个高品质的电视剧并让其得以持续播放是非常困难的。因为电视网最看重的不是节目的质量，而是收视率。电视网需要的是能吸引最广泛观众的节目，而高品质的电视剧往往只能吸引一部分有头脑和辨识力的观众。罗登巴里本人是一个资深的科幻小说读者，他深知《星际迷航》的核心观众将来自科幻小说迷，一旦他与电视网发生冲突，这些粉丝会是他的强大盟友。所以，从《星际迷航》一开始播出，罗登巴里就刻意与科幻小说粉都保持良好的关系。在《星际迷航》开播之前，他首先将试播的剧集带到世界科幻小说大会上播

---

① Sue Brower, "Fans as Tastemakers: Viewers for Quality Television," p. 164.

② Ibid. , pp. 170 – 182.

放。他还持续地为科幻小说迷们提供节目的相关资料，甚至允许粉丝群中的领导者到拍摄现场"探班"。①

《美国警花》的制片人巴尼·罗森茨韦格（Barney Rosenzweig）也在粉丝保卫该剧的运动中发挥了积极作用。他不仅亲自指导粉丝如何给电视网的总裁写信，还特意赞扬《美国警花》的粉丝不只是一些头脑简单的明星崇拜者，而是"一些富有的、受过良好教育的人，包括职业妇女和大学生"。通过强调《美国警花》所吸引到的一些高端粉丝，他实际上也委婉地暗示了该剧的优异品质。罗森茨韦格还通过各种公关策略来培养他和粉丝之间的关系。如向每一位给节目或节目明星写过信的支持者邮寄一份节目通讯。通讯上不仅登载了即将播出的主要剧情，还有对那些支持该节目的粉丝的溢美之词。观众对《美国警花》的支持"成了该剧宣传甚至是制作实践中不可或缺的一部分"。② 电视网总裁们对粉丝的冷漠与电视剧制作人对粉丝的热情形成了鲜明的对照。这也表明粉丝与媒介娱乐工业既有对立，也有合作。

到了20世纪90年代，随着西方发达国家媒介娱乐工业生产体制的变化，粉丝从"无权的精英"摇身一变为受人追捧的贵宾客户。他们再也不用向电视网写信，乞求电视网播放自己喜爱的节目。因为许多卫星/有线频道等"非主流"或"窄播机构"（narrow caster）在播放电视节目时，会主动优先考虑那些拥有忠实粉丝的热狂电视节目（Cult TV）。③ 如西尔斯所观察到的，在由有线、卫星电视所构成的多频道媒介环境中，忠实的粉丝变成了最有吸引力的消费者："商家需尽一切可能创造出他们，否则就得在节目编排时迎合他们"。英国的Bravo电视台就一度以"热狂频道"闻名，靠播出大量的热狂电视剧来自我推销。尽管这些频道过去、现在都不太可能拥有广泛的受众，但这些受众却足以支撑起一个粉丝缝隙市场。一些非播出方式也能将热狂电

---

① John Tulloch and Henry Jenkins, *Science Fiction Audiences: Watching Doctor Who and Star Trek*, pp. 5 – 10.

② Sue Brower, "Fans as Tastemakers: Viewers for Quality Television," pp. 169 – 170.

③ Cult TV 指的是能激发受众的狂热，吸引到一群极度忠诚的观众的电视节目，而且受众的范围不能太大。《X 档案》（*The X-Files*）和《魔法奇兵》（*Buffy the Vampire Slayer*）等都是当代著名的热狂电视剧目。Cult Film 也被译作"邪典电影"。

视迷锁定和重构为缝隙市场。如不在电视上播放产品，直接将产品以录像带形式通过特殊渠道（粉丝杂志或专为粉丝开设的特种商店）销售发行。①

詹金斯在 2006 年的《融合文化》一书中，也对粉丝在媒介娱乐工业中的地位变化作出了论述。他将这种变化部分地归结为当代媒介娱乐工业在营销理念方面的发展。首先是"情感经济"（affective economics）日益引起媒介娱乐工业的重视。这种新的营销理论强调的是消费者在观看选择和购买决策过程中的情感因素。这实际上是文化研究理论的商业翻版。数十年来，文化研究学者一直在探索粉丝社群通过媒介消费所表达的欲望和幻想。如今，媒介工业也开始对观众的媒介消费体验发生兴趣，并试图将他们的欲望量化，将他们对媒介文本的承诺商品化，以提高投资回报率。在情感经济的时代，热狂电视粉丝将更多地影响电视网的播放决定，他们会更多地在电视上看到反映自己趣味和兴趣的剧目。但同时，粉丝的趣味也会不可避免地被商品化。随着情感经济的浮现，媒介娱乐工业也开始更注重受众的参与。粉丝组织多年来一直利用消费者行动主义来挽救遭到撤销威胁的连续剧。他们提出电视网不应该只关心观众的数量，而应该更注重观众参与的质量。今天，广告商和电视网终于得出了同样的结论。营销者在打造品牌声誉时，不再只是希望消费者完成一次购买行为，还希望消费者能和品牌建立长期的关系。为此，他们试图拓展消费者对品牌的情感、社交和知识投入，并把"品牌社群"（brand community）的建立当作是深化消费者的品牌忠诚的最好方法。因为有证据表明，只有"忠诚者"，也就是粉丝，才是最有价值的消费者。他们更忠实地观看连续剧，更注意剧中播出的广告，也更倾向于购买相关产品。②

在情感经济的话语中，广告商和电视网需要全方位地调动消费者的参与和投入，以便巩固他们对节目的忠诚。《美国偶像》就是将这种营销理念付诸实践的一个最好例证。据《福布斯》杂志统计，《美

---

① Matt Hills, *Fan Cultures*, London: Routledge, 2002, pp. 36 – 40.

② Henry Jenkins, *Convergence Culture: Where Old and New Media Collide*, New York: New York University Press, 2006, pp. 61 – 63.

国偶像》是所有真人秀中最赚钱的一个节目。在第三季结束时，该节目已经获得了 2.6 亿美元的净收益。第一季冠军凯莉·克莱森（Kelly Clarkson）在赛后签约到 RCA 唱片公司，她的首支单曲 "A Moment Like This" 一经问世，就在 Billboard 排行榜上占据首位，并成为 2002 年美国单曲销量冠军。一本以"美国偶像"为题材的书也跻身畅销书排行榜，"美国偶像"参赛选手的全国巡演也是场场爆棚。[①] 詹金斯认为，"美国偶像"的成功秘诀就在于它"提供了赋权的幻想——'美国人'有权'决定'下一个偶像"，这个幻想有力地刺激了受众参与。[②] 从数百万人报名参加的海选开始，该节目就一步步诱导观众的介入，邀请观众想象美国偶像可能就是自己或自己所认识的人。每周的投票进一步加强了观众的参与，使观众与单个选手之间建立起了强烈的情感联系。待到唱片发行之时，许多核心的消费者早已成为某些选手的拥趸，粉丝俱乐部也已卷入了草根营销。比如第二季的亚军克雷·艾肯（Clay Aiken）的粉丝就将他们的失望转化为宣传的动力，努力使其专辑销量超过当年的冠军。[③] 在当代媒介工业的营销策略中，受众/粉丝的广泛参与已经成为媒介产品塑造品牌，保持长期赢利的重要条件。

　　情感经济的浮现与后福特生产体制关系密切。澳大利亚学者贾莱特（Kylie Jarrett）认为，随着后福特体制的扩展，大规模消费模式变得日益碎片化。为了应对过度积累的危机而出现的弹性生产体制日益依赖于快速的产品创新。这导致了消费品更新换代的可能和对专门的缝隙市场（niche market）的开发。正如大规模生产必然带来大规模消费，弹性生产也伴随着弹性消费。与此同时，后福特体制更注重时尚和审美。市场上出售的不再仅仅是物质产品，还有非物质的、符号性、情感性体验。消费越来越多地与意义的创造有关。也就是说，消费者可以利用他们的"非物质劳动"生产出商品的"文化内容"。对于品牌来说，最重要的是消费者和产品之间的情感关系，消费者的忠诚和情感是品牌价值的重

---

① Henry Jenkins, *Convergence Culture: Where Old and New Media Collide*, New York: New York University Press, 2006, pp. 60 – 61.

② Ibid., p. 64.

③ Ibid., pp. 70 – 71.

要组成部分。如 1988 年全球最大的烟草公司 Philip Morris 以 126 亿美元——六倍于 Kraft Foods，Inc.（克拉夫食品公司）市面价值的价格——收购了美国著名品牌 Kraft，看重的就是这个老品牌的文化和社会内涵。而这些内涵显然都是消费者参与创造的。[①] 国内学者李戈也从认知心理学的角度阐释了消费者对于品牌的贡献。他认为，消费者在使用产品时能产生卓越或拙劣的体验，并对此有长期记忆。这种情感记忆就是品牌的"情感价值"，它会对"企业的生存空间与所获取的利润"造成决定性的影响。因为"现代企业在技术上的差异性越来越小，产品越来越趋于同质化"。企业必须通过为客户提供独特的情感体验来塑造品牌的个性，创造产品的差异，不断"加强、叠加、累积"客户在购买和使用产品体验中产生的情感。[②]

针对后福特式经济体制的非物质劳动和品牌推广文化的特点，奈格里（Antonio Negri）曾有过这样的评论："生产性劳动不再被当作直接生产资本的东西，而是再生产社会的东西——从这一角度说，它与非生产性劳动的区分完全被扰乱了"。当代政治经济学必须承认"价值是在情感关系中形成的，情感具有根本的生产条件"。[③] 瑞典哥本哈根大学教授阿维森（Adam Arvidsson）也指出：生产和消费之间的分野一直是现代社会理论的核心。"生产"一般被当作（大部分是男性的）工资劳动，"消费"则包含再生产、娱乐休闲和超越了工资关系的各种享乐活动。消费总是被当作生产的对立物，是一个价值被耗尽或摧毁的场域。不管是马克思主义者，还是非马克思主义者，曾经都认为只有商品的物质生产才能创造价值，而商品的流通则不会产生价值。直到今天，社会学家、文化研究者、人类学者、历史学者和市场营销学者才开始认识到消费实践中的生产层面。消费实际上是一种创造认同、社群和共享的意义体系等非物质性使用价值的生产实践。而且消费者的这种"非物质劳

---

① Kylie Jarrett, "Labor of Love：An Archaeology of Affect as Power in E-Commerce," *Journal of Sociology*, 39.4（2003）：343 – 344.

② 李戈：《品牌传播中设计的情感价值》，载《商场现代化》2007 年第 21 期。

③ 引自 Kylie Jarrett, "Labor of Love：An Archaeology of Affect as Power in E-Commerce," p. 344。

动"在后福特生产体制中越来越具有经济价值。①

在媒介娱乐领域，情感经济的意义更加不容小觑，因为正如美国学者哈特（Michael Hardt）所说的：娱乐工业和各种文化工业的焦点都是创造和操纵情感（affects）。② 在媒介娱乐工业中占据重要地位的明星体制就是依靠受众对于明星的情感投入来赢利的一种方式。如英国媒介学者伯顿（Graeme Burton）所说的，通过制造明星或利用粉丝的追星效应来推销产品一直是媒介娱乐工业中的一个基本营销策略。在流行音乐领域，除了一批占据主导地位的歌曲和音乐之外，还有一批声名显赫、受人崇拜的歌手。少数最流行的歌手，如猫王、披头士、迈克尔·杰克逊、麦当娜等，享有至高无上的地位，甚至连最当红的好莱坞明星也无法匹敌。这些歌手往往依靠自身的形象和表演才能促成了一个产业。为了寻找和制造歌星，西方流行乐坛出现了一批像"猴子"、"香草小子"和"辣妹"等精心打造的组合。他们演唱的歌曲都是作为"被销售的产品而为其量身定做的"。虽然很多歌曲因自身的吸引力而成为热门金曲，但流行音乐工业"所销售的已经不仅仅是歌词和旋律"。③ 内地流行乐坛的业内人士张志远也称："娱乐产业的核心是'人与人'之间的互动。"④ 在他看来，产品（歌曲）本身并不是娱乐产业赢利最高的环节。产品（歌曲）只是流行音乐工业的初级阶段，发展到高级阶段一定是品牌（明星）。现在内地娱乐产业"已经升级，赢利模式已经由歌曲（产品）变向明星（品牌）"。⑤

粉丝既是明星（品牌）意义的创造者，他们的情感强度和持久度也直接决定着品牌的经济价值。如许多内地选秀节目的粉丝凭直觉所意识

① Adam Arvidsson, "Brand Management and the Productivity of Consumption," *Consuming Cultures, Global Perspectives: Historical Trajectories, Transnational Exchanges*, eds. John Brewer and Frank Trentmann, Oxford: Berg, 2006, pp. 71 - 72.

② Michael Hardt, "Affective Labor," *Boundary2*, 26.2 (1999): 95.

③ ［英］格雷姆·伯顿：《媒体与社会：批判的视角》，史安斌主译，清华大学出版社2007年版，第172页。

④ 张志远：《国内经纪公司应学习日本杰尼斯》，张志远的数字音乐博客（http://blog.sina.com.cn/s/blog_ 488cc134010089zi.html, 2008 - 03 - 03/2009 - 03 - 13）。

⑤ 张志远：《远离股票、远离彩票、远离版权》，张志远的数字音乐博客（http://blog.sina.com.cn/s/blog_ 488cc13401008zcs.html, 2008 - 04 - 20/2009 - 03 - 13）。

到的：粉丝已经成为歌手的重要个人资产，至少和歌手本人的魅力和才华同样重要。唱片公司一旦签下了一个拥有众多忠实粉丝的歌手，那么也就预先获得了一个牢固的消费群体，可以有效抵消行业风险。传统的唱片工业需要首先在艺人培养和宣传方面投入大量的资本，然后才能通过歌手的演艺成绩收获到粉丝。《超级女声》等收视率高、影响广泛的选秀节目却为了唱片工业开辟了一条捷径，可以让唱片公司先获得一批忠实的消费者，然后再推出音乐产品。而且不管音乐产品质量的好坏，都有粉丝照单全收。

二　新媒介条件下的粉丝劳动

如果说以情感经济和品牌推广为特征的后福特生产体制让媒介娱乐工业认识到粉丝参与的必要性，以互联网和数码通信技术为代表的新媒介则使粉丝的深度参与成为可能，并为粉丝产消者的大量涌现提供了技术条件。早在 20 世纪 60 年代，加拿大传播学者麦克卢恩（Marshall McLuhan）就提出，计算机和自动化技术的发展不仅会影响媒介的生产，而且会影响媒介的消费。消费者将会在掌握了电子技术之后成为生产者。1980 年，美国未来学家托夫勒（Alvin Toffler）在其名著《第三次浪潮》中首次使用了"prosumer"一词，预言生产者和消费者的角色将逐渐模糊和融合。托夫勒认为，在标准化产品的大规模生产达到市场饱和之后，将出现大规模定制生产（mass customization）。由于定制生产需要消费者的大量参与，消费者在某种程度上也就变成了生产者。2005年，澳大利亚学者布朗兹（Alex Bruns）又将"prosumer"改造为"pro-duser"（生产者"producer"和使用者"user"二词的合并）。布朗兹认为，在互联网上，人们会不断地将信息的使用和生产结合在一起。比如，我们在网上既阅读新闻，也对新闻发表评论；既浏览网页，也制作网页；既下载视频，也上传视频。[①] 目前出现的以博客、播客（podcasting）、P2P、社交网络（SNS）和维基（wiki）为代表的 Web2.0 互联网应用技术更是完全依靠用户的交互作用。

英国艾塞克斯大学的媒介学者泰拉诺瓦（Tiziana Terranova）率先使

---

① Mark Dueze, *Media Work*, London：Polity, 2007, pp. 77 – 78.

用"免费劳动"（free labor）这个术语来描述互联网使用者自愿地、无偿地投入网络内容生产和软件开发的普遍现象。这些劳动包括建立和维护网站、改良软件包、阅读和回复论坛的帖子、在聊天室自由交谈、自愿回答他人的提问（如百度"知道"）、为维基等互联网百科全书作贡献等。泰拉诺瓦指出，互联网这种媒介需要巨大的文化和技术劳动投入，其中绝大部分劳动依然是"免费劳动"。"free"除了免费、无偿的意思之外，还有另一个意思：自愿、非强迫。互联网使用者自愿使用网络来换取交流和沟通的愉悦。①

自 21 世纪以来，用户生产的内容（user-generated content）和用户的共同创造性劳动（co-creative labor）已经引起西方学界的广泛关注。部分研究者把为媒介娱乐工业免费生产内容的用户看作是不知情的受骗者。这些用户被媒介娱乐工业的"合作"修辞所迷惑，对自身参与性劳动的经济价值一无所知。比如，数码游戏公司为了鼓励业余玩家的无偿劳动，提供一些条件让他们创造出更多的免费游戏内容。但其真实目的只是为了节省雇用专业设计人员的人力成本。美国文化研究学者罗斯（Andrew Ross）还指责社会性的同侪生产（peer-production）如印度、中国的廉价电脑程序员一样，对发达国家创意工业从业人员的生计和工作条件造成了威胁。创意产业从业人员的劳动环境本来就很辛苦，经常要免费加班。日益增多的来自用户的免费创造性劳动，势必增加雇佣劳动力的就业压力。②

哈佛大学法学教授班克勒（Yochai Benkler）在 2006 年出版的《网络的财富：社会性生产如何改变了市场和自由》一书中对用户的免费劳动提出了不同的看法。班克勒指出，随着信息交流技术的普及，全球消费者已经掌握了知识和文化生产的工具。越来越多的知识和文化生产都是通过非市场性质的同侪生产网络在市场之外发生的。这种创造出维基百科和 Linux 开放源代码运动的生产模式有可能比以公司为基础的市场

---

① Tiziana Terranova, *Network Culture: Politics for the Information Age*, London: Pluto, 2004, p. 91.

② John Banks and Sal Humphreys, "The Labor of User Co-Creators: Emergent Social Network Markets?" *Convergence: The International Journal of Research into New Media Technologies* 14. 4 (2008): 405.

活动更有效果、更有效率、更有可持续性。因为从交易成本的角度来看，同侪网络更能有效地分配人类创造力、时间和注意力等稀缺资源。如果公司和市场来分配这些稀缺资源，它们就必须花大力气先将这些资源标准化、明确化并贴上价格标签。而以免费分享为目的的同侪生产模式则省去了这个标准化的环节。班克勒认为同侪生产网络的参与者尽管没有获得经济报酬，但却获得了一些非经济报酬，包括参与和创造力的内在报偿，参与者在社群中的地位。①

澳大利亚学者班克斯和杭福礼（John Banks and Sal Humphreys）通过对 Auran 游戏公司和玩家（粉丝）关系的个案研究，对班克勒将商业化生产模式和非商业化的同侪生产模式对立起来的观点提出了异议。他们认为非市场的社会生产网络往往是和市场经济混杂在一起的，而非相互对立的。一个以合作和思想、技术的自由分享为标志的礼物经济可以和商业性的机构与实践和平共存。游戏公司不纯粹是商业机构，游戏玩家也不完全是出于非商业动机的行动者。公司之所以吸纳粉丝创造的内容，一方面是为了节约生产成本，另一方面也是为了响应粉丝参与游戏设计的要求，而且许多粉丝创造出的内容都有相当高的艺术水准。公司对于粉丝生产的商业性和非商业性内容都抱支持的态度，一些将创造的内容出售给公司获利的粉丝也会向社群定期贡献免费内容。即便是那些长期向社群免费提供内容的粉丝其实也是在进行一种聪明的投资，因为他们可以把自己在游戏社群中获得的声誉和地位转化为游戏行业的工作机会。当然，公司和粉丝之间也存在着矛盾。公司的一些专业游戏生产者就对依靠粉丝志愿者的劳动来应对商业发行的期限（deadline）持怀疑态度。部分粉丝也对公司设立的严格期限和技术支持的滞后表示不满。他们认为自己所从事的游戏设计是一种业余爱好，没有必要将其变成一种不断赶工期的工作。在班克斯和杭福礼看来，用户引导的劳动（user-led labor）是一种正在浮现的"社会网络市场"（social network markets），它将改变现存的资本主义商业和市场模式。但我们目前还无

---

① John Banks and Sal Humphreys, "The Labor of User Co-Creators: Emergent Social Network Markets?" p. 406.

法预料这种变化将最终导致怎样的结果。①

　　以《美国偶像》为蓝本的《超级女声》节目正是因为将前者的观众参与机制成功地移植到当代内地的社会语境中，才在 2005 年创造出了内地媒介娱乐工业的商业奇迹。新媒介技术，特别是以用户的分享和参与为内核的 Web2.0 技术在内地的普及，更是为粉丝参与提供了一个无国界、无止境的平台。和《美国偶像》一样，《超级女声》也让中国民众产生了前所未有的赋权感和连带的责任感。由于李宇春这个超女冠军是玉米通过投票自己选出来的，不是娱乐工业事先造好的，所以玉米比传统粉丝具有更强烈的使命感和参与精神。她们认为自己既然已经将李宇春送上了冠军的宝座，就有责任继续支持她在娱乐圈立足，实现她的音乐梦想。为此，"玉米"采取了各种方法支持李宇春的专辑销量、演出票房和广告代言。为了提高李宇春音乐作品的知名度，他们积极以网络为阵地开展草根宣传，进行口耳相传式的"病毒性"营销。从品牌创立和维护的角度说，"玉米"出于对李宇春的挚爱而做的消费、推广工作都是为李宇春这个品牌赋予价值和生产文化内涵的过程。

　　像西方的消费活动分子一样，玉米实践着消费者行动主义的精髓：用钱包发言，用集体购买力来传达、推动他们在李宇春身上所寄托的社会理想和道德诉求。像互联网新经济中的用户一样，玉米自愿地、无偿地为内地媒介娱乐工业提供了大量免费劳动，帮助李宇春成为当前内地流行乐坛最具商业价值的歌手。正如游戏玩家已经成了游戏工业的重要合作伙伴，玉米也在许多方面不再是单纯的偶像消费者，而是内地媒介娱乐工业中不可或缺的利益群体。不过，西方学者关注的基本上都是与网络科技有关的创意文化产业中的产消者，本章所探讨的粉丝产消者则是存在于更传统的媒介娱乐工业之中。由于行业、地域、文化的不同，内地粉丝产消者也呈现出一些异于西方产消者的特点。比如，玉米不仅是围绕李宇春出现的媒介文化产品的生产者（producer）和消费者（consumer），也是这一类产品的积极推广者（promoter）。他们为产消者

---

　　①　John Banks and Sal Humphreys, "The Labor of User Co-Creators: Emergent Social Network Markets?" pp. 407 – 410.

这个名词增添了"promoter"这一层新含义。

如果我们将玉米的免费粉丝劳动放置在整个媒介娱乐工业或创意产业的变化图景中考察，就会发现，明星粉丝的劳动与西方学者研究的数码游戏玩家的劳动相比，存在着明显的差异。美国学者波斯狄格（Hector Postigo）曾对PC数码游戏工业中的粉丝—程序员（fan programmers，通常称作"modders"）做过调查。他认为，粉丝—程序员自愿改编游戏的动机除了享受艺术创作所带来的愉悦、为社群做贡献、加深对游戏的认同感之外，还有潜在的赢利动机。许多粉丝—程序员相信他们通过创作游戏附件所积累的经验和技能可以帮助他们在数码游戏工业获得一份高薪工作。因为在这些新技术领域，公司最看重的是经验而非学历。[1] 和粉丝程序员相比，玉米的免费劳动似乎更平凡，动机也更纯粹。在玉米的粉丝劳动中，除了部分宣传活动要求较高的文字、设计和新媒介应用能力之外，更多的还是依靠体力、情感和钱包，技术含量有限。因此，玉米通过粉丝劳动来换取媒介娱乐工业中的高薪工作的可能性比较小。当然，一些玉米已经是媒体从业人员或是自由职业者，他们为李宇春所做的免费宣传工作或许能提高他们在粉丝人群中的声望，但这种声望是否能转化为市场机会和经济报酬还很难说。大部分玉米不仅从粉丝劳动中得不到经济报酬，而且还要为自己的粉丝感情投入大笔金钱。她们从粉丝劳动中所能得到的不过是心理上的满足和快乐。当她们看到李宇春获得各种音乐奖项，受到国内外媒体的广泛报道，被北京奥组委当作中国的时尚名牌介绍给世界时，她们会因自己和偶像一起创造了历史，改变了世界而感到无比的骄傲和自豪（玉米调侃地称之为"虚荣"）。

如果说游戏玩家将他们的劳动看作是一种自由而愉悦的艺术创造，许多玉米则将她们的劳动看作是父母对于孩子的关爱和培养。上至六七十岁的老玉米，下至十多岁的小玉米，都喜欢将李宇春称作"小孩"、"咱家孩子"，玉米则自称"二妈"。玉米地经常母爱泛滥，不愿让"小孩"受到一丝一毫的委屈和伤害。在"严父慈母"的儒家传统伦理中，母亲为了孩子的前程付出辛劳，做出牺牲都是天经地义的。唐代诗人孟

---

① Hector Postigo, "Of Mods and Modders: Chasing down the Value of Fan-Based Digital Games Modifications," *Games and Culture* 2.4 (2007): 302–311.

郊《游子行》中的"慈母手中线，游子身上衣。临行密密缝，意恐迟迟归"的著名诗句，就形象地刻画了母爱的深厚和温暖。2007 年 4 月 8日，在北展剧场举办的蒙牛酸酸乳音乐风云榜颁奖典礼开始之前，我遇到了一位四十来岁带着孩子、穿着鲜亮的黄色衬衣的女玉米。在我们短暂的攀谈中，她告诉我她是"来给小孩扎场子的"。当天韩国当红组合Super Junior 也出席颁奖礼，吸引了上千名"韩饭"（韩国明星的粉丝）。玉米也不甘示弱，数百名学生玉米先行到达之后，更多的工作玉米也在下班后陆续赶到北展。我问那位中年玉米平均一个月在李宇春身上花多少钱。她轻松地说："千把来块吧。现在买件衣服都要上千呢，养孩子还不得花个千儿八百的？"

三　超女偶像的是是非非

玉米产消者的出现一方面源自媒介娱乐工业的转型和真人秀节目的草根参与性，另一方面也和本土的社会政治语境以及李宇春本人的争议性有着密切关系。《超级女声》节目虽然在 2005 年取得了惊人的收视率，并成为一种轰动性的文化现象，但它的文化合法性一直遭到官方音乐权威的贬抑。2006 年 4 月中国演出家协会主席，全国政协委员刘忠德公开指责超女活动是对艺术的玷污，声称"作为政府文化艺术有关管理部门来讲，不应该允许超女这类东西存在。"他认为超女虽然是市场选择的，但市场选择的东西并不一定就是好的。因此"不能让劳动人民整天陶醉在低俗的文艺当中。要让人民不断接触高雅艺术，提高审美层次。这是文化工作者的责任。"[①] 中国音乐家协会主席傅庚辰在 2006 年的全国音协工作会议上，也将超女节目贬斥为"利用青少年盲目追星的心理，刻意进行的商业炒作"。他还质问："有关部门难道不觉得过分，去调控一下吗？"[②] 刘、傅二人的观点无疑代表了不少正统音乐家的看法。还有评论者认为超女节目只是一种转瞬即逝的劣质快餐文化，虽然不至于"毒害"大众，但也没有为大众提供多少有价值的营养。

---

① 《刘忠德：超女让年轻人在娱乐中受到毒害》，网易文化（http：//culture. 163. com/06/0425/09/2FI0GPTQ00280003. html，2006 - 04 - 25/2009 - 03 - 14）。
② 小李绯叽：《中国音协主席猛烈抨击超女》，"东西"博客（http：//q. 163. com/-0-Iq/blog/2930375/978801200622561380/all/#978801200622561380，2006 - 03 - 25/2009 - 03 - 14）。

中央电视台对超女的镜头封杀也充分体现了地方与中央、民间与官方、江湖与正统之间的对立和冲突。央视的《梦想中国》和湖南卫视的《超级女声》虽然同为选秀节目，但二者在收视率和经济效益方面却有着天壤之别。2005年因超女节目收视率过高，《梦想中国》的收视率一路狂跌，一度面临停办的尴尬处境。在选手的报名人数和短信投票量方面，《梦想中国》甚至不及"超女"的零头。① 在选秀节目上无法与地方电视台进行PK的央视，只能在一些独家播放资源上封杀、打压"超女"。2005年11月11日，在央视转播的"2008奥运会吉祥物发布会"上，李宇春等五位超女首度放歌央视。但在这首长达5分钟的歌曲表演中，央视只给了超女几个大远景，一到中景镜头就被切换，以至于观众只能闻其声而无法见其人。② 2008年4月30日举办的"北京奥运会歌曲征集评选颁奖晚会"上，央视又故伎重演。在这台百名明星参加的大型晚会上，除了纪敏佳侥幸露脸之外，其他同台表演的李宇春、周笔畅、张靓颖和快男苏醒都没有得到任何特写镜头。在陈坤、徐若瑄、吴克群和李宇春的合唱中，镜头全给了徐若瑄。轮到其他超女和快男时，镜头不是观众席，就是背景幕布。由于过分专注于对超女和快男的规避，央视在这次转播过程中出现了不少技术失误，包括两次罕见的"黑场"（即歌手在唱歌，台标也在，但画面却是黑的）。③ 作为政府"喉舌"的国家电视台对超女如此另眼相待，显然是在释放超女难登大雅之堂的信号。

李宇春在2005《超级女声》节目中以352万票夺得全国总冠军之后，不仅成为内地家喻户晓的明星，还相继被美、英、德、法、日等国外媒体当作中国流行音乐的代表人物进行报道。④ 不过，她的歌唱能力，即所谓的"唱功"，却一直备受争议。2005年5进3的比赛前夕，

① 骆俊澎：《超女效应 央视"梦想中国"遭PK?》，人民网传媒（http：//media. people. com. cn/GB/40606/3656186. html，2005－08－31/2009－03－14）。

② 杨林：《超女上央视，没有近镜头》，人民网传媒（http：//media. people. com. cn/GB/40606/3853839. html，2005－11－14/2009－03－14）。

③ 《央视"镜头门"为何绝杀快男超女?》，中国经济网博客"钧钧Jun jun看娱乐"（http：//blog. ce. cn/html/75/129675－116536. html，2008－05－01/2009－03－14）。

④ youu1234：《OMG，外国大媒体给李宇春的头衔》，百度爱粽不粽吧（http：//tieba. baidu. com/f? kz＝452394423，2008－07－29/2009－03－14）。

作为评委之一的黑楠在接受《广州日报》的采访时，"毫不避讳"地说李宇春"是六强中唱功最差的"。① 赛后，著名摇滚音乐人汪峰据说也曾附和黑楠的看法，认为"在超女前几名里，李宇春唱功比较差"。②2008 年，在上海举办的振兴内地原创音乐的研讨会上，另一位著名摇滚音乐人郑钧不仅将选秀节目和选秀粉丝统统斥为"垃圾"，还指责包括李宇春在内的大部分选秀歌手没有唱功，只是在卖模样。③ 流行乐坛尚且有人对李宇春的唱功不满，正统歌坛的不屑就可想而知了。2007 年，曾培养出李谷一、彭丽媛、宋祖英等主流歌唱家的中国音乐教育泰斗金铁霖，在武汉接受采访时说："李宇春是人才吗？我不这么认为，我觉得她唱得不好。"④ 当然音乐界也不乏欣赏李宇春的人士。比如老艺术家闫肃就在一次颁奖礼上称，李宇春唱得虽然没有张靓颖好，但"春春的风格和味道更吸引我"。⑤ 即便是李宇春的批评者们，他们大多在指出她唱功缺陷的同时，也肯定了她的独特个性和舞台表现力。

李宇春不仅在乐坛是一个争议性人物，在民间，也是众说纷纭。这一点，从各大网络论坛随处可见的"宇黑"言论中即可略知一二。李宇春的确是当前大陆最"红"（从知名度的角度说）的流行歌手，但"黑"她的人也不少。许多"宇黑"对她"中性"形象的讨伐更多地还是折射出部分受众对她的嗓音和唱功的怀疑。在一首颇有创意的网络恶搞歌曲《我爱章鱼村》中，歌曲创作者就将对李宇春外形的恶毒谩骂和对她音乐素质的嘲讽交织在了一起。歌曲的前半部分侮辱李宇春："你有男人的身材/有女人的双唇/有母狗的器官/却抢男人的饭碗"。后

---

① 《黑楠批李宇春唱功差 引爆十万粉丝"弹劾风潮"》，浙江在线新闻网站（http://tupian. zjol. com. cn/05tupian/system/2005/08/11/006266864. shtml，2005 - 08 - 11/2009 - 03 - 14）。

② 康延芳：《汪峰辟谣：谁说李宇春唱功最差?》，腾讯娱乐（http://ent. qq. com/a/20060228/000233. htm，2006 - 02 - 28/2009 - 03 - 14）。

③ 《郑钧批选秀垃圾 宋柯称李宇春也能真唱》，网易娱乐（http://ent. 163. com/08/0321/13/47IGK7UJ00032DGD. html，2008 - 03 - 21/2009 - 03 - 14）。

④ 张楠：《金铁霖称李宇春不算人才 直言其唱得不好》，搜狐娱乐（http://yule. sohu. com/20071108/n253123166. shtml，2007 - 11 - 08/2009 - 03 - 14）。

⑤ 《闫肃最爱李宇春 她的风格和味道更吸引人》，网易娱乐（http://ent. 163. com/08/1230/19/4UEEKTHI000334GN. html，2008 - 12 - 30/2009 - 03 - 14）。

半部分则转到对她的演唱的攻击："你拉小提琴好帅/虽然你拉都拉不来/你的拉丁舞好炫/虽然你长着男人的脸/你的声音真的好好听/虽然你唱不准一个音"。歌曲结尾还将李宇春的一夜成名概括为"一个假男人引发的血案/一个公女人唱响的歌坛",并模仿《新闻联播》播音员的声音,"郑重"宣告:"中国流行音乐在今天终于有了历史性的发展"。[1]

李宇春对上述来自专家和民间的质疑、嘲讽一直采取了淡然处之的态度,少回应、不争辩。在一次个人演唱会中,她对台下的玉米说,"不管是小众歌手,还是大众歌手,我都会找到属于自己的舞台。"由于李宇春对音乐的执著态度,社会上的各种非议不但没有让铁杆玉米放弃对她的喜爱,反而更坚定了他们支持李宇春的决心。玉米相信个人对音乐的感觉和理解,而不是某些专家(玉米戏称他们为"砖家")和过气歌手的指手画脚。在玉米看来,李宇春拥有成为流行巨星的潜质,玉米需要做的,只是成为李宇春音乐道路上的见证人和护航者。而且早在超女比赛期间,不少玉米就已经清醒地认识到,对于市场来说,重要的不是有多少人不喜欢李宇春,而是有多少人喜欢她,并能将这种喜爱转化为购买力。

需要指出的是,随着娱乐选秀节目的遍地开花,内地目前出现了一批受雇于电视台或娱乐公司的职业粉丝。邹芙蓉将职业粉丝定义为:"有组织有分工、具备相应的知识与技能并在追星过程中获取合理报酬的那部分特殊粉丝群体。"[2] 这些职业粉丝中级别最低的是那些参加现场造势活动的啦啦队,月收入最多 2000 元。级别较高的则负责在各大网络论坛上发宣传帖,制作明星网站、博客,炮制八卦新闻,建立贴吧和管理粉丝群,尽一切手段提高选手的知名度。他们中很多人是在校大学生和业余撰稿人,每月收入不下 3000 元。[3] 当然这些职业粉丝并不是媒介娱乐工业的真正消费群体,他们的作用只是吸引、鼓动其他粉丝消费者。虽然职业粉丝与本章所讨论的粉丝产消者表面上并没有太大的区别,但由于他们受雇于公司,与那些只效忠于偶像的真正粉丝还是存在

---

① 牙尖帮:《我爱章鱼村》,21CN 网络歌手（http://www.ok.21cn.com/singer/open_song.jsp? song_ id = 538641, 2006 - 03 - 01/2009 - 03 - 13）。

② 邹芙蓉:《职业粉丝健康化策略研究》,硕士学位论文,天津师范大学,2008 年,第 4 页。

③ 同上书,第 4—7 页。

着潜在的利益冲突。至少在我观察的超女粉丝社群里，一些常在论坛上发言的粉丝一旦被其他社群成员怀疑是职业粉丝，他们言论的可信度立刻就会大打折扣。①

第四节　玉米与公司的博弈

一　公司的榨取和挪用

尽管玉米用带有强烈性别色彩的家庭劳动和母爱意识来解释她们对李宇春的支持，但粉丝和偶像之间的这种亲情关系毕竟还是嵌入在媒介娱乐工业的生产关系之中的，不可避免地会遭到商品化，并受到公司的操纵和利用。自从李宇春的经济合约签到天娱，唱片合约签到太麦之后，玉米就始终怀疑两个公司将李宇春打造成演艺巨星的诚意。她们担心公司并没有为李宇春制定出一个长期的发展规划，只是在利用她的超高人气来赚快钱。虽然天娱公司对李宇春只压榨、不投入的做法遭到了玉米的切齿痛恨，但对于拥有张亚东、朴树等内地著名音乐人的太麦公司，玉米最初还是寄予了厚望。她们深知音乐是李宇春的立足之本，在李宇春还没有获得音乐创作能力之前，她必须依靠太麦的专业指导。为了让太麦充分重视李宇春，玉米一直努力支持李宇春的专辑销量，甚至恨不得直接拿钱"砸公司"。她们希望太麦能通过制作李宇春的专辑取得丰厚的利润，然后给李宇春买更好的新歌，做更多的投入。在相当长一段时间内，玉米都主动与太麦合作，心甘情愿地成为这家唱片公司的"印钞机"。

而太麦在李宇春的音乐产品的定价和销售方面，也从来没有心慈手软。2006 年，李宇春的第一张 EP 以 45 元的高价限量版的形式问世。EP 中只收录了两首歌曲，其中一首还曾以数字音乐的形式先销售过一遍。周杰伦 2007 年收录 10 首歌曲的新专辑《我很忙》也才卖 48 元。李宇春 2008 年的迷你专辑《少年中国》仅收录了 6 首歌，但因和 2007 年全国巡演的 DVD 捆绑销售，又卖出了 68 元的高价。这样高昂的专辑

---

① 本章所讨论的均为非职业粉丝的产消行为，但百度玉米贴吧里的确有职业粉丝或公司枪手出没。

价格，显然只有粉丝才能够承受。太麦还毫不含糊地针对玉米市场实行重复销售。第一张专辑《皇后与梦想》推出了五个不同的版本。① 第二张专辑也出现了两个版本，普通版和金装贺岁版。2008 年 12 月，太麦又以限量发售的形式发行了"N + 1 Evolution 珍藏版"，将李宇春出道以来积累的 30 来首歌曲重新卖了一遍。该专辑的市场价为 120 元，当当网的价格为 88 元。

　　在玉米的努力下，李宇春的第一张专辑《皇后与梦想》上市四个月的总销量接近 60 万张，这个"绝对真实可靠"的销售数字，令其他内地歌手望尘莫及。② 不过，由于中国目前唱片公司给发行商的唱片发行价格一直偏低，一般只有 2—3 元，唱片公司在扣除制作成本和宣传推广费用之后，所得利润其实很少。③ 按照目前一张唱片，唱片公司只能获得 10% 的毛利计算，即便李宇春的第一张专辑销售额达到 2100 万元（60 万张乘以每张 35 元的均价），太麦从这张唱片中也只能获得 210 万元的毛利。剩下的利润全部被各级别的发行商和销售商瓜分。2007 年，太麦为了降低发行成本，拓展利润空间，将李宇春的第二张专辑《我的》的发行委托给当当网独家代理。尽管这张专辑依然取得了预售 20 万张的骄人成绩，④ 但由于当当网偏重网络销售，在实体店的铺货范围和速度都落后于常规发行，一定程度上削弱了新专辑在那些不上网的受众中的影响力。

　　尽管太麦在音乐产品的销售方面有盘剥粉丝之嫌，但它也很注意了解粉丝的需求，迎合粉丝的喜好，保持和粉丝的友好关系。比如，当李宇春的同性恋传闻见诸报端时，太麦第一时间在媒体上辟谣，让玉米感觉到唱片公司对李宇春的爱护和支持。玉米希望看到李宇春在音乐制作、MV 编导、演唱会导演方面展现更多的才华，成为全能型的艺人。

---

①　参见当当网，（http://search. dangdang. com/search. aspx？key = % C0% EE% D3% EE% B4% BA&search = % CB% D1 + % CB% F7&catalog = &SearchFromTop = 1#operate，2009 - 03 - 15）。

②　李鹜：《李宇春首专辑总销量近 60 万 公司庆功上激动落泪》，新浪音乐（http://ent. sina. com. cn/y/m/2007 - 02 - 09/09391444425. html，2007 - 02 - 09/2009 - 03 - 15）。

③　茅中飞：《我国唱片业发展的对策研究》，载《产业与科技论坛》2006 年第 2 期。

④　《李宇春〈我的〉预售破 20 万 再创销售纪录》，中国娱乐网（http://news. 67. com/files/2007/10/31/85224. shtml，2007 - 10 - 31/2009 - 03 - 15）。

太麦就顺应玉米的这种期待，让李宇春参与第三张迷你专辑的制作过程，并在宣传中说明这是一张由李宇春"独立企划"的专辑。玉米大多把李宇春当作自己的孩子，并像许多中国父母一样喜欢听别人夸自己的孩子。太麦也就投其所好，对李宇春大唱赞歌。太麦董事长宋柯曾多次对外自称玉米，积极表白他对李宇春独特魅力的欣赏。在李宇春完成2007 年的全国巡演之后，宋柯更盛赞她是"一个完美的艺人"，称李宇春在太麦的两年中，无论从艺德、舞台状态、敬业的态度和音乐才华方面，都让他挑不出任何毛病。[1] 太麦原企宣"飞麦品"也不时通过自己的博客和百度贴吧，向玉米透露有关李宇春的趣闻轶事。[2] 他不仅用文字将自己塑造成一个善良、深情、细腻的邻家大哥，还在字里行间流露出对李宇春的宠溺和赞美，甚至像玉米一样将李宇春昵称为"小孩"或"春"。

李宇春的第二张专辑《我的》是一张以舞曲为主的专辑，目的是为了突出李宇春舞台表演的特长。新专辑上市不久，太麦就举办了一次全国巡演来宣传新专辑。如一位大学主修广告营销的 07 快男粉丝曾指出的，太麦此举"试图将国内的音乐消费从传统的唱片消费、彩铃消费之外，另开辟出'听现场'这一新的利润发生源。"[3] 从 2007 年 10 月 27日到 12 月 8 日，李宇春接连在南京、广州、成都、重庆、杭州举办了 5场巡演。场地均为当地颇具规模的体育馆，观众总人数接近三万人，[4]创造了内地新生代歌手的票房奇迹。

10 月 28 日，李宇春《我的》全国巡演第一站南京站结束后，"飞

---

① 方形手镯：《宋柯：我不能想象我怎么那么有运气……》，百度爱粽不粽吧（http：//tieba. baidu. com/f? kz = 296373216，2007 - 12 - 10/2009 - 03 - 15）。

② 参见飞麦品的百度博客（http：//hi. baidu. com/% B7% C9% C2% F3% C6% B7）和飞麦品的百度贴吧（http：//tieba. baidu. com/f? z = 0&ct = 318767104&lm = 11&sc = 0&rn = 50&tn = baiduKeywordSearch&rs3 = 0&rs4 = 0&word = % B7% C9% C2% F3% C6% B7&pn = 0）。最后查看时间：2009 - 03 - 15。飞麦品现已不在太麦公司工作。

③ 刘老实：《旗帜鲜明的反对囤白菜》，百度超级粽子吧（http：//tieba. baidu. com/f? ct = 335675392&tn = baiduPostBrowser&sc = 2880547953&z = 289255797&pn = 0&rn = 50&lm = 0&word = % B3% AC% BC% B6% F4% D5% D7% D3 #2880547953，2007 - 11 - 21/2009 - 03 - 15）。

④ 《李宇春巡演"七宗最"创内地乐坛新纪录》，新浪娱乐（http：//ent. sina. com. cn/y/2007 - 12 - 17/14161837811. shtml，2007 - 12 - 17/2009 - 03 - 15）。

麦品"在他的博客里留下了一篇 1000 多字的文章。标题是《这一夜，大家都说李宇春》。文中对演出后的庆功宴做了如下的描述：

庆功宴是每次演出后公司的保留节目
但这一次 是老宋［指宋柯］自掏腰包
虽然刷卡时 他还是尽显 QQ 本色
［……］
老宋［指宋柯］是真开心啊
不停的呲着牙和演出商说着李总［指李宇春］的睿智与不凡
从演出商不住的频频点头中
不难发现这次李总的地位又涨了一个价码

接下来会是全球巡演吗？
这似乎有点天方夜谭 一个仅凭两张唱片的歌手如果真的玩出了界
那这也忒传奇了
但传奇就摆在眼前
［……］
我不知怎么的就敲开了 1812
里面端坐的居然是宇哥人等
一群音响工程师
［……］
他们的话题是李宇春
说的是些什么呢？
用我们的话说：总结经验
用歌迷的话说那就是言简意赅的两个字
花痴
［……］
这几位都是中国流行音乐兴起与发展的参与者与见证人
他们看过太多的大红大紫 太多的潮起潮落
但参与李宇春的演出还是第一次
也正是这一次 让这几位老师对自己从事的音乐产业有了重新的

认识
[……]
“现场的把控力和应变能力几乎少见
可以说在国内歌坛原来压根就没这样的。”
老傅的表述从天津的一场演出开始
“那是我第一次见她的现场，开始压根不屑，但她往台上这么一矗，
嘿，那气场，
就是腕儿！”
我不知道老傅说的是哪场，但明显他是被今晚的演出给拿住了
“说白了就是智商高，舞台胚子！”刘宇的发言直击重点 [……][①]

这一篇博客文章的“隐含读者”（implied reader）显然是玉米，也只有玉米才能彻底理解文中的丰富含义。第一段中的“QQ”（“抠抠”的谐音）一词，挪用了玉米给宋柯起的外号。虽然玉米们普遍认为宋柯是一个狡猾而抠门的商人，但还是对他清华大学毕业的“人文气质”多少抱有一丝尊敬。“李总”则是玉米给李宇春的外号，因为他们认为李宇春具有出色的领导才能和成为领袖人物的心理素质。第一段和第二段中出现的“身价”、“传奇”两个关键词涉及玉米最引以为豪的东西：李宇春非凡的商业价值以及李宇春和玉米共同书写的内地娱乐工业传奇。对“全球巡演”的遐想，也巧妙地迎合了一些玉米认定李宇春是“国际巨星”的信念。文章后半部分所引述的一群著名音响工程师对于李宇春演出的高度评价，则完全照搬了玉米赞美李宇春时所使用的最常见说辞，如“现场把控能力和应变能力”、“气场”、“腕儿”、“智商高”、“舞台胚子”。当然这些“陈词滥调”从一群著名的专业人士口中说出，又有了特别的意义。只一次现场演出就能让专家对李宇春从“不屑”到刮目相看，并“对自己从事的音乐产业有了重新的认识”，李宇春的魅力不可谓不大。而专家对玉米判断力的认同也可以让玉米享受

① 引自“握在手中的美丽”，MSN 博客（http：//wangjiamei11. spaces. live. com/blog/cns!9b9b51548b783896! 2811. entry, 2007－10－28/2009－03－15）。飞麦品本人已将此篇文章从他的百度博客中删除。

"先见之明"所带来的成就感。既然玉米盼望太麦能尽心培养、打造李宇春，太麦员工索性就以粉丝的口吻来发言，向玉米展示公司上下对李宇春的痴迷和宠爱。公司对于粉丝身份的挪用和模仿，的确是一种非常高明的公关策略，部分地掩饰了公司对艺人和粉丝的剥削。但巡演的实际情况却让一些玉米感到寒心。

首先是票价不合理，整体价位过高。李宇春的前四场演出的票价最低 180 元，最高 1680 元，超过了刘德华、张惠妹、费玉清等港台明星在内地同类场地的演唱会票价。只有在杭州站，才出现了 80 元到 1280 元的较为符合正常市场运作的定价。巡演的首站设在南京五台山体育馆。在这个拥有两层楼的场馆里，整个一楼都是 1280 元和 1680 元的高价票。但玉米花 1680 元换来的 VIP 座却是简陋的没有靠背的塑料凳。[①]据有关部门在上海国际艺术节演出交易会上的调查，中国内地观众可以接受的演出票价为 50 元至 200 元。热门演出票价最高不能超过 500 元。[②] 李宇春演唱会的票价显然是大大超过了普通观众的心理承受能力。当然，票价过高的情况和内地演出市场的总体环境有关。内地演出市场一直存在着演出运作成本大，演出有效供给不足，娱乐中介层层加码，赠票风盛行，窗口票价虚高不下等问题。[③] 李宇春的巡演除了杭州站基本上没有赞助商加盟，也没有赠票，完全是依靠粉丝市场。主办方自然会将所有演出成本都转嫁到粉丝身上。除了票价过高，演唱会质量也不尽如人意。前四场演出中，音响设备屡屡发生故障。就在太麦企宣"飞麦品"大肆吹嘘南京站的演出效果时，现场的玉米却在抱怨演出场地糟糕的音响。开场的第一首歌《我的王国》基本上听不到旋律，后面几首歌的音响也仍然不理想，只能勉强听得清旋律。[④] 重

---

① 温米越狱:《ZS 门票那么贵，YM 真的没有抱怨?》，超级粽子吧（http://tieba. baidu. com/f? ct = 335675392&tn = baiduPostBrowser&sc = 2732592944&z = 275961840&pn = 0&rn = 50&lm = 0&word = % B3% AC% BC% B6% F4 D5% D7% D3#2732592944，2007 - 10 - 17/ 2009 - 03 - 15)。

② 申剑丽:《演出市场供给不足 促风险投资参与》，新浪财经（http: //finance. sina. com. cn/roll/20080107/23541912722. shtml，2008 - 01 - 09/2009 - 03 - 15)。

③ 同上。

④ 邀莲:《我的，放肆! ——2007 李宇春南京巡演印象记忆汇报帖》，"邀莲居"博客（http: //blog. sina. com. cn/s/blog_ 53e5a79e01000ay7. html，2007 - 10 - 31/2009 - 03 - 15)。

庆站时，现场耳麦两度无法出声，致使李宇春不得不两次向歌迷鞠躬道歉。① 此外，巡演在舞台、灯光设计方面也较为简陋，无法和港台明星的同类档次的演出相媲美。

李宇春 2008 年的 Why Me 生日演唱会的票价也同样偏高。我们不妨将这场演唱会和中国摇滚乐的偶像级人物"魔岩三杰"的演唱会做一个对比。两场演唱会的场地均为可容纳 12000 个座位的上海大舞台，时间也同为 2008 年。李宇春的演唱会在 3 月 9 日举办，魔岩三杰的演唱会在 7 月 5 日，前后相差仅 4 个月。两场演唱会都很成功，约有上万名观众到场。但两场演出的票房却相差甚远。魔岩三杰的票房收入只是"过百万"，② 而李宇春的票房根据一位百度 ID 为"消灭 AZ 上帝"的玉米统计，则接近 700 万元。③ 同样人数的观众，却产生了如此不同的票房，原因何在？谜底就在两场演唱会的座位票价图（见图 1、图 2）。从两张座位图中可以看出，李宇春演唱会的票价分为六档：180、380、680、980、1280、1680 元。整个内场都是 1680 元和 1280 元的高价票。1680 元的 VIP 票占了内场前、中两个区，共计 1190 个座位，1280 元的座位有 804 个。仅内场 1680 元和 1280 元两个价位的票房就已经超过 300 万。整场演出平均票价约 700 元。魔岩三杰演唱会的票价分为八档：100 元、180 元、280 元、380 元、580 元、680 元、880 元、1280 元，绝大部分档次之间的差额不超过 200 元，580 元就可以坐到内场，1280 元的 VIP 票仅为内场前区的少量座位。不过，由于李宇春的这一次生日演唱会音响效果好，服装、舞台设计得当，现场互动非常成功，玉米也不再抱怨演出票价。

---

① 《李宇春重庆首度返场现场爆棚 以实力镇全场》，搜狐音乐（http：//music. yule. sohu. com/20071118/n253318100. shtml，2007 - 11 - 18/2009 - 03 - 15）。

② 树音乐：《魔岩三杰上海票房过百万 窦唯奥运专辑首发》，东方娱乐（http：//enjoy. eastday. com/e/20080708/u1a3701519. html，2008 - 07 - 08/2009 - 03 - 15）。

③ 《距离李宇春 309 上海 why me 还有 16 天，票房已达 9 成》，百度爱粽不粽吧（http：//tieba. baidu. com/f? kz = 328458775，第 44 楼，2008 - 02 - 23/2009 - 03 - 15）。

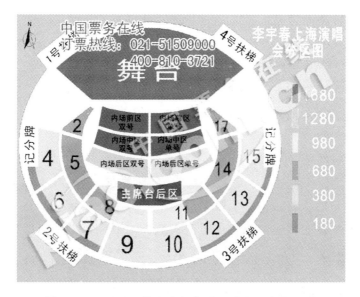

图1　"Why Me"李宇春2008年上海演唱会座位图

来源：http：//sh. piao. cn/venueImg－5112. html。

最后查看时间：2009－03－15。

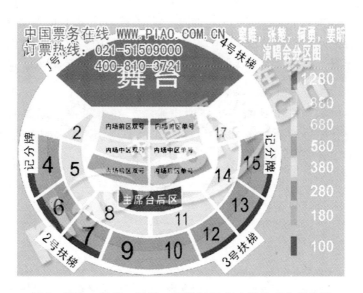

图2　窦唯、张楚、何勇、姜昕2008年上海演唱会座位图

来源：http：//sh. piao. com. cn/xinxicontent. asp？news_id＝4248。

最后查看时间：2009－03－15。

大规模的 VIP 座似乎已经成了李宇春演唱会的一个标志性特点。其数量之多，占总票房的比例之大，恐怕可以申请吉尼斯世界纪录了。这种违反演出市场一般规律的演唱会在某些玉米眼中，却是李宇春"身价"和"市场号召力"的证明，并为此沾沾自喜。

二 粉丝社群的反省和辩论

巡演期间票价过高，音响设备差等问题曾在玉米地中引起了一场关于粉丝身份的大讨论。一位被昵称为"刀刀"的玉米（她是《李宇春音乐特刊》的主创）在观看了巡演南京站之后，在自己的博客中写下了这样的话："南京一役，泯灭了最后一点我对公司不切合实际的幻想"。在她看来，玉米粉丝群的团结、"过分参与"和"没有底线的买单"，最终造成了李宇春"与大众的疏离"和"商家的怠懒"。李宇春不应该只属于玉米这个少数群体，她"值得拥有更大更广阔的舞台和天地"。她希望玉米只是单纯喜欢李宇春的歌迷，而不是甘愿为李宇春付出一切的狂热粉丝。但她也承认选秀节目培养出来的粉丝，与偶像之间的"情感捆绑是很强烈的"。"那种小王子和狐狸之间的驯养和宠爱，非是一日之寒，很难消散。"[①]"刀刀"在第二天的博客中，又说了一句话，大意是：希望玉米能保持理智，只有玉米这个群体不再疯狂，不再特殊化，李宇春才能真正属于大众。

另一位学经济出身的玉米"西山采茶"在看了南京巡演的视频之后，也表达了类似的忧虑和不安。[②]她认为公司的举动会造成玉米"恶性的消费力透支"。既然玉米是来自大众的，中国大众的消费水平大家都清楚。高得如此离谱的演唱会票价显然不符合玉米群体的真实消费力，除非玉米群体是"排挤贫困者"的富豪聚集地。她指责公司利用

---

① 引自_我_的_：《愿上帝赐予我从容去接受我不能改变的；赐予我勇气去改变我能够改变》，百度爱粽不粽吧（http：//tieba. baidu. com/f？z = 291180872&ct = 335544320&lm = 0&sc = 0&rn = 50&tn = baiduPostBrowser&word = % B0% AE% F4% D5% B2% BB% F4% D5&pn = 0，2007 – 11 – 26/2009 – 03 – 15）。刀刀的博客因染上病毒，现已关闭。

② 西山采茶：《写在巡演南京站之后——李宇春?》，百度超级粽子吧（http：//tieba. baidu. com/f？kz = 280419542，2007 – 10 – 28/2009 – 03 – 15）。

"人情账"，"引诱玉米的人情，从感情的角度来施加购买压力，情感无价，所以，再高的价格放在这样一个天平上，都不会压倒人情"。这实际上是一种以爱的名义来讹诈玉米的"把戏"，不可能玩儿得很久。玉米如果真的爱李宇春，就应该"给她自然，而不是不择手段的呵护"。对于玉米"我的钱包，我做主，想怎么花就怎么花"的观点，"西山采茶"反驳说，并不是所有人都像部分玉米那样秉持这种不计后果、任意消费的金钱观。玉米对这样一种消费行为的鼓吹，只会让李宇春越来越远离普通人。她担心"一个以套钱和透支消费力的逻辑会困死李宇春所有的发展可能性"。

　　但也有些玉米认为，为偶像埋单是粉丝的"本分"。判断粉丝和非粉丝的标准就是消费。任何明星都需要一个庞大、疯狂、无条件埋单的粉丝群。做为粉丝的最佳行为不是理智和思考，而恰恰是疯狂和无条件的支持。正如 2006 年李宇春的第一张 EP 发行时，一个玉米在博客中所写的："作为一个标准的粉丝，支持自己的偶像，就要为她的主业（音乐）买单，不管是否制作精良，不管是否好听，不管是否喜欢那歌，都买，买到直到出到好听的，那样可能会更心安理得吧"。[①] 在演唱会票价问题上，这些玉米也同样依靠对于"未来美好前景"的信念。他们承认现在的演唱会票价的确贵了一些。但是只要玉米继续支持李宇春的票房，总有一天李宇春就能开得起数万人的大型演唱会，到那时候票价自然也就会降下来。

　　早在 2006 年，就有玉米非常现实地指出：玉米不能指望、依赖任何公司，只有通过自己的无条件支持，才能为李宇春在将来争取到真正的自主权和话语权。这位百度 ID 为"邂逅宇"的玉米认为："娱乐圈本来就是江湖，没有团队的支持，没有游历江湖的经验，春春能做的只能是不断夯实自己的音乐和其他资源，在这其中，反利用、借势都是策略。"[②] 玉米还细心区分了粉丝和歌迷的两种不同身份。歌迷只是在喜

　　① 暖阳：《小孩的 EP》，博客 "清冷冷的喜悦"（http：//nuanyang. ycool. com/post. 1111757. html，2006 - 02 -22/2009 - 03 - 15）。

　　② 《转一篇文章吧》，百度李宇春吧（http：//tieba. baidu. com/f? ct = 335675392&tn = baiduPostBrowser&sc = 1400741909&z = 156197509&pn = 0&rn = 50&lm = 0&word = % C0% EE% D3% EE% B4% BA#1400741909，第 15 楼，2006 - 12 - 19/2009 - 03 - 15）。

爱的歌手出了新歌之后，第一时间欣赏歌曲并偶尔自我感动一下。粉丝对歌手的情感投入则远远超过歌迷。正因为这种强烈的情感，她们也愿意投入更多的时间和金钱。任何艺人的粉丝都是有梯队的，既包括极为忠诚的粉丝，也有忠诚度相对较低的歌迷。部分玉米虽然强调自己对李宇春的热爱，但却不认同"粉丝"的疯狂形象，不愿意放弃自己的理性消费者的身份。粉丝相对于娱乐工业来说或许是弱势群体，但绝不应该是弱智群体。不能因为盲目的爱而丧失了独立思考和判断的能力。早在 2006 年年初，李宇春的首张 EP 被高价出售时，玉米地的名人舒穆就在自己的博客上表达了对公司的强烈不满。她写道："我不怪小孩儿［指李宇春］。但是，我先是一个独立的人，然后才是粉丝。"①

在巡演引发的关于粉丝身份、职责、与娱乐工业的关系的大辩论中，一个 ID 为"灰 O 蓝"的玉米的观点是比较有代表性的。她在回帖中写道：

> 中国业余文化消费观念根本不在演唱会上，他们可以去娱乐唱 KALAOK，可以进行酒文化，一掷千金一点都不心疼。可是把钱用于听音乐会，看演唱会就会心疼，为什么？还是一种消费观念没有达到去享受音乐会的层面上，所以任何人的演唱会都是被粉丝和喜爱的人来享受，花钱花的快乐！但是快乐不是有钱就能拥有的，所以不用为玉米去看演唱会而烦恼，玉米花钱看演出，他们所得到的快乐只有他们自己知道。
>
> 现在这个物欲横流的社会，有多少人肯付出？肯付出的人内心一定充满了激情真正有一种付出的力量，人的一生有这样一种体验和经历真的很不错！②

她的这段话包含了几个饶有意味的观点。首先，当前中国大众的娱乐消费观念还比较落后，演唱会这种娱乐形式目前还属于一种高端消

---

① 舒：《我只是》，"局内人"日志（http：//yaonie.ycool.com/post.1108623.html，2006 - 02 - 22/2009 - 03 - 15）。

② 西山采茶：《写在巡演南京站之后——李宇春?》，百度超级粽子吧（http：//tieba.baidu.com/f? kz = 280419542，第 204 楼，2007 - 10 - 28/2009 - 03 - 15）。

费，只有粉丝和歌迷才会从事这方面的消费。其次，玉米从李宇春的演唱会中获得了无穷的快乐。这种快乐是巨大的，花钱是应该的。况且很多快乐还不是用钱就能买到的。玉米花钱看演唱会，是一种他人无法理解的超值享受。有趣的是，在发言的第二段，这位玉米突然话锋一转，从消费和享乐转到了投入和付出，宣称玉米的付出是一种高尚的行为，一种美好的人生体验。享乐如何与"付出"画上了等号，大手大脚花钱又怎么成了"物欲横流"的对立面？

　　这里实际上涉及到粉丝消费者的一个根本性矛盾。它和特纳所谓的"名人商品"（celebrity-commodity）有关。[①] 一方面，明星是由娱乐公司出于谋利动机而开发、营销的商品；另一方面明星商品的赢利又部分取决于明星与粉丝之间所建立起来的社会情感联系。以玉米和李宇春的关系而言，虽然玉米将李宇春当作自己的家人、孩子，但李宇春同时也是天娱和太麦公司出售的商品。按照社会学家黄国光的理论，"家人关系依据需求法则而行，只能曰义不能曰利，而工具性关系则依据公平法则而行，只要童叟无欺，公平交易，大家可以锱铢必较，不谈感情。"[②] 如果李宇春是玉米的家人，那么玉米就应当全力以赴，满足她的各种需求，而不能谈什么等价报偿。可是如果李宇春只是一种商品，如同一件衣服、一双鞋，那么玉米作为消费者就有权了解商品质量，比较同类商品的价格，和卖家讨价还价。"一个以情感出发只宜曰义，一个以交易出发以利为主"。[③] 两种本来独立的行为方式，却在粉丝消费中融合到了一起，成为粉丝消费的内在悖论。粉丝消费既是一种私人的快感享受，同时又是和偶像、社群的一种社会交流，一种具有道义感召力的激情和物质付出。粉丝不是纯粹的"主权消费者"（sovereign consumer），[④] 他/她不是一个完全理性的、计算的主体，并不永远试图在消费选择中追求边际效用的最大化。这也就意味着，即便当粉丝消费的产品

[①]　Graeme Turner, *Understanding Celebrity* (London: Sage, 2004), 34.

[②]　李培林、李强、马戎：《社会学与中国社会》，社会科学文献出版社2008年版，第357页。

[③]　同上。

[④]　Jim McGuigan, "Sovereign Consumption," *The Consumer Society Reader*, ed. Martyn J. Lee, (Oxford: Blackwell, 2000), 297.

出现价高质次的问题时，她们依然不会像普通消费者那样抵制消费，或选择其他的替代性产品。相反，她们会将自己的投入看作是一种无偿的奉献，并由此产生道德优越感。

2006 年年初当《我爱章鱼村》流行时，玉米也戏拟热门歌曲《吉祥三宝》，创作并演唱了《吉祥玉米》。歌中对太麦、天娱和负责娱乐新闻的记者（简称"娱记"）不负责任、唯利是图的行为方式作出了委婉的讽刺。太麦"和人民币一家"，天娱"偷税漏税"，娱记则是"狗嘴吐不出象牙"，往往为了博取读者的眼球，歪曲事实。只有李宇春和玉米是手牵手、心连心的"吉祥的一家"，彼此珍重，互相鼓励。歌词全文如下：

玉米：宋柯！/宋柯：哎！/玉米：小孩的新歌赶快出吧！/宋柯：着什么急啊！/玉米：玉米等得都成爆米花啦！/宋柯：怪谁？/玉米：数字发行真的很赚钱吗？/宋柯：那是！/玉米：太合麦田你到底和谁是一家？/宋柯：太合麦田我当然和人民币是一家。

玉米：王鹏［天娱前董事长］！/王鹏：啊！/玉米：你赚的钱都交税了吗？/王鹏：当我傻啊？/玉米：偷税漏税那就犯了国法！/王鹏：吓谁呢?!/玉米：小孩在你手里真可怜呀！/王鹏：要你管！/玉米：天娱这么下去迟早会玩完儿呀！

玉米：娱记！/娱记：干哈呀！/玉米：你们真是狗嘴吐不出象牙！/娱记：那就对了/玉米：玉米的忍耐是有限度的！/娱记：咋地了！/玉米：玉米们的队伍正在壮大/娱记：谁怕谁呀！/玉米：总有一天会让你们学会说话！

玉米：春春！/春春：嗨！/玉米：有我们在你不要害怕。/春春：好！/玉米：玉米伴你一起慢慢长大。/春春：感动！/玉米：你是我们最最珍贵的呀。/春春：谢谢！/玉米：手牵着手我们就是吉祥的一家！/春春：你最珍贵！

需要指明的是，作为中国最大的粉丝团，玉米一直没有成立正式的歌迷组织。李宇春的官方网站也远没有百度"李宇春"吧这样一个民间论坛更有活力。尽管春吧已经部分地发挥了官网和歌迷会的信息沟通和组织协调的功能，玉米们更多地还是把它看作是一个属于自己的抒发情感、互相交流、互相帮助的精神家园。这和日本杰尼斯事务所建立和控制的"家族俱乐部"有着本质区别。玉米拒绝公司的管理，拒绝粉丝团体的垂直等级，拒绝他人来引导、规范她们对偶像的爱。如果说，她们无法阻止公司将她们对偶像的爱商品化，无法阻止公司把玉米地变成一个缝隙市场，至少，她们可以拒绝将这种爱制度化（institutionalized），拒绝成为听命于公司的"粉丝—雇员"或被其他利益团体所操纵。她们只为李宇春而存在，她们只相信李宇春，她们的爱只属于李宇春。用玉米的话说就是"我们只为春春一个人埋单，因为我们只是春春一个人的粉丝"。

三　玉米集团的奇想

面对"双T"公司（天娱和太麦的合称）的不作为和乱作为，一位玉米曾"异想天开"地提出了建立玉米集团的设想。集团的老总由李宇春担任，玉米集资入股。集团的业务涉及与李宇春的演艺事业相关的娱乐经纪业、唱片业、出版业、房地产业、服装服饰业等。玉米的梦想是网罗全世界优秀的词曲创作人员为李宇春"量身打造最合适最好的音乐"，邀请全世界最著名的MV导演为她拍摄"最酷最帅最靓最赏心悦目让人过目难忘的MV"。公司的宣传部门会通过平媒、广播、电台，互联网络、手机等各种平台对李宇春的新歌进行平铺式轰炸宣传，新唱片首发仪式还将通过玉米1号卫星进行全球同步直播。集团下属的出版公司则负责每年出版李宇春的写真集、图文集，年终岁末出版各种大中小型挂历、台历、图文并茂的宣传特刊。玉米集团总部设在北京。总部办公大楼与新中央电视台大楼比邻。建筑外观呈三维立体之玉米（后被列为世界十大最具创意建筑之一）。集团在中国香港、纽约、伦敦设有分部，分别负责东南亚、北美和欧洲地区的业务。集团还将创办一个玉米品牌服装，聘请李宇春为终身形象代言人，代言费用为每年年利润的全部。玉米集团预计在20××年左右整体上市，上市当天市价超过发行价格的 3 倍。李宇春一夜之间跻身新一届世界女富豪，身价高达几十亿美元。玉米集团将为李宇春配置以其生日命名的空客"1984310"。李宇春每次出巡的随行人员达上百人之多，全程入住五星级总统套房，其排场足以和大国政要相媲美。玉米集团在聘用员工时，采取玉米优先原则，在选择商务合作伙伴时，要求对方有李宇春演唱会的 VIP 票根（另一位玉米在回帖中建议把商务合作伙伴的条件改为，将李宇春的歌"倒唱如流"）。①

如果说唱片公司主动挪用粉丝话语来榨取更多的利润，玉米集团的设想则是粉丝积极挪用娱乐公司的运作模式来彻底摆脱公司对明星和粉丝的剥削。鉴于玉米地中有许多来自各行各业的"能人"，她们已经为双 T 公司提供了大量无偿劳动，这个粉丝集团的设想也并非完全不可能实现。而且只有粉丝集团才能全心全意地为李宇春的利益服务，实现玉米对于李宇春的巨大期待。因为在这个设想里，李宇春已经不再是仅仅拥有文化影响力的流行偶像，还是一个世界级的女富豪，享有非凡的经济和社会资本。玉米敢于提出这个规划的事实本身，就展示了粉丝在当代内地媒介娱乐工业中不断演变、提升的权力、地位和责任。这个规划同时也透露出当代中国女性对于社会权力和认可的渴望。

詹金斯指出，随着传媒娱乐公司主导的媒介融合和大众主导的参与性文化的交汇，将出现一系列复杂而不确定的结果。媒介消费者想成为媒介生产者，而媒介生产者则想保持它们对媒介内容的传统主宰。两者之间有冲突、批判、挑战、合作、还有招募。② 玉米与天娱和太麦公司的关系就部分地体现出了这种发展态势。玉米对李宇春专辑的囤积式购买，体现了粉丝和唱片公司的合作。玉米自制的歌曲《和你一样》的流传对公司专业人员制作的唱片构成了挑战。玉米在网络上对巡演票价和音响的抨击，反映了粉丝与公司的冲突。跨国家、跨媒介的玉米集团

---

① angelnostop：《玉米集团之构想篇》，百度李宇春吧（http：//tieba. baidu. com/f? z = 291599317&ct = 335544320&lm = 0&sc = 0&rn = 50&tn = baiduPostBrowser&word = % C0% EE% D3% EE% B4% BA&pn = 0，2007 – 11 –27/2009 – 03 – 15）。

② Henry Jenkins, "Quentin Tarantino's Star Wars?: Digital Cinema, Media Convergence, and Participatory Culture," *Media and Cultural Studies*：*Keyworks*, eds. Meenakshi Gigi Durham & Douglas M. Kellner, Oxford：Blackwell, 2006, pp. 559 – 560.

公司的大胆设想则彻底打破了粉丝和公司的二元对立，媒介消费者和生产者的二元对立。研究日本大众文化的人类学家凯利曾写道：

> 粉都是商品化的文化（和它的文化商品）的不稳定核心：因为粉丝危险地悬衡于生产的力量和接受的场域之间，他们既倾向于用粗鲁的扭曲来瓦解，也倾向于以典范性的消费来顺从。粉丝代表着一个文化资本家最大的愿望和最深的恐惧。[1]

当粉丝本身成为"文化资本家"，当粉丝社群转变为跨国公司，一切又将如何呢？这个粉丝公司是否能继续保持其"爱的王国"的特色？是否能为追求利润最大化的资本主义企业注入一点关于奉献和分享的非商业性理念？

2006年，美国《时代》杂志曾将"你"——所有互联网使用者——评为2006"年度人物"。颁奖辞里写道："你已控制了全球媒体、建立并为'新的数字民主社会'奠定了框架、无偿地提供内容并在专业人士的领域中击败专业人士，《时代》杂志2006年的年度人物是互联网使用者。"[2] 与这些赋权的互联网使用者相比，"玉米"尽管也具备了集体挑战媒介娱乐工业的部分权力，但他们还远没有达到"控制全球媒体"、"击败专业人士"的地步。在为李宇春争取更多的话语权和自主权的过程中，"玉米"必须首先忍受娱乐公司的剥削和利用，例如昂贵的专辑和演唱会票价。正如泰拉诺瓦所说的，免费劳动不一定就是不被剥削的劳动。免费劳动是晚期资本主义所固有的，晚期资本主义既维系它，也通过破坏这种劳动维系自身的方式（如大量IT从业人员长时期、高强度的廉价劳动）来耗尽（exhaust）它。[3]

虽然，中国当下的经济形态还没有完全达到"晚期资本主义"阶

---

① William W. Kelly, "Introduction: Locating the Fans," *Fanning the Flames: Fans and Consumer Culture in Contemporary Japan*, p. 13.

② 《时代周刊杂志2006年度人物颁奖辞》（全文），新浪新闻中心（http://news.sina.com.cn/w/2006-12-17/210411814451.shtml, 2006-12-17/2009-03-13）。

③ Tiziana Terranova, *Network Culture: Politics for the Information Age*, London: Pluto, 2004, p. 94.

段，但以创新、品牌营销和情感经济为核心的后福特生产体制已经在内地的媒介娱乐工业中出现。以"玉米"为代表的粉丝产消者的涌现就是这一经济体制在中国立足的标志。作为媒介娱乐工业的产消者，玉米积极参与了偶像的制造过程，不再是被动、顺从的消费者。这种参与强化了她们对李宇春的音乐事业所抱有的责任感。她们一方面渴望为李宇春的音乐事业保驾护航，用销量和票房来证实其"音乐成就"和巨星身价。另一方面，她们又意识到李宇春只有拿出更好的音乐作品，获得更多的媒体宣传，才能被更大范围的人群所接受，才不至于永远是玉米地里的巨星。只是，在内地当前的社会政治经济条件下，李宇春所在的两家公司似乎缺乏将她打造成流行巨星的意愿或能力。

不过，2009 年年初由湖南娱乐频道全资控股的"新天娱"公司的正式启航，为玉米社群带来了新的希望。① 著名电视制作人龙丹妮担任新天娱的总经理之后，决心将李宇春的 Why Me 生日演唱会打造为一个娱乐品牌，并从 2009 年起在湖南卫视上播放。2009 年的 Why Me 生日演唱会也因此在宣传规模和演出规格上都比往年上了一个台阶。同年，李宇春在香港导演陈德森拍摄的动作大片《十月围城》中出演配角，获得香港导演会新晋演员金奖，走上了"唱而优则演"的多栖发展道路。2010 年年底，李宇春与天娱签订了为期五年的合约，并拥有了自己的工作室。尽管合约内容高度保密，但可以肯定的是，翅膀渐硬的李宇春不会再像五年前那样任凭娱乐公司摆布。随着李宇春在娱乐圈地位的巩固，玉米也不必再为李宇春的新歌和专辑宣传而劳心费力。

---

① 《破译新天娱 1—3》，搜狐娱乐（http：//yule.sohu.com/s2008/pyxty/，2008 - 10 - 19，2008 - 10 - 21，2008 - 10 - 22），最后查看时间 2009 - 03 - 13。

第 四 章

超女粉丝小说

第一节　粉丝小说和同人文

一　西方粉丝小说

粉丝小说一直在英美粉丝研究中备受关注，甚至被当作某个粉丝文化成熟的标志。西方文化语境中的粉丝小说（Fan fiction，也被称作 fan-fiction，fanfic，FF 或 fic）一般指的是某部作品的爱好者根据原作中的人物和背景重新创作的故事。它们通常是没有获得原作者或出版商授权许可的业余作品。① 有的粉丝认为粉丝小说是"衍生"（derivative）或"挪用"（appropriative）文学的一个亚文类，已经存在了数千年。由民间行吟歌手集体口头创作的《荷马史诗》就是一种粉丝文学。有的粉丝则认为只有那些源自特定粉丝文化的作品才能被界定为粉丝小说。像20 世纪 60 年代出现的《星际迷航》粉丝杂志中的故事才算得上是粉丝小说。② 英美粉丝研究目前所关注的基本上是狭义的粉丝小说。描绘男性同性情爱关系的斜线文学尤其激起了学者的广泛兴趣，并成为粉丝研究中的一个"关键性考量"。③

美国学者巴希和海力克森（Kristina Busse and Karen Hellekson）在

---

① "Fan fiction." *Wikipedia*. http://en.wikipedia.org/wiki/Fan_fiction, accessed 8 Mar. 2009.

② Abigail Derecho, "Archontic Literature: A Definition, A History, and Several Theories of Fan Ficiton," *Fan Fiction and Fan Communities in the Age of the Internet*, eds. Karen Hellekson and Kristina Busse, Jefferson: McFarland, 2006, p. 62.

③ Cornel Sandvoss, *Fans: The Mirror of Consumption*, p. 28.

其 2006 年出版的《互联网时代的粉丝小说和粉丝社群》一书中认为，西方的粉丝小说研究史，基本上就是一个试图理解女性创作斜线小说动机的历史。早在 80 年代中期，就出现了三篇探讨女性创作斜线文学动机的论文。1992 年出版的詹金斯的《文本盗猎者》、贝肯—史密斯的《进取的女人们》和潘黎的《女性主义、精神分析及大众文化研究》不仅都聚焦于粉丝小说和粉丝创作社群，还都对斜线小说进行了阐述。这三部著作分别开辟了三种不同的粉丝小说研究路径：媒介研究、人类学和精神分析。自 90 年代后期以来，许多学术论文在对一些流行影视剧进行细读时，都会借用粉丝小说来加深对源文本的理解。不仅学者们试图更多地将粉丝观点融入到学术话语之中，一些粉丝作者也开始撰文分析她们自己的创作实践，并利用个人的经验来得出一些初步的结论。[①]巴希和海力克森整理的粉丝小说研究目录现已收录了近两百篇论文和专著。[②]

粉丝小说之所有受到英美学界的青睐，主要有三个原因。第一，粉丝小说是粉丝创造力的最明确体现。它揭示出了受众如何为了满足自己的需要而对文化商品进行"生产性使用"。[③] 粉丝小说的生产涵盖了费斯克提出的三种粉丝生产力。[④] 首先，粉丝小说的创作是建立在对原作的接受和理解的基础之上的，因此代表了一种从符号商品中制造意义的符号生产力。其次，粉丝小说的创作离不开粉丝社群。粉丝作者在创作之前，通常需要一段时间的濡化，以便充分了解社群中的写作惯例、评价标准和受众期待。在创作过程中，作者会经常与其他成员就故事的发展进行讨论。社群成员在阅读完粉丝故事之后也会给予反馈和评价。因此，粉丝小说的读写过程中包含了大量的口头文化和"声明生产力"。再次，粉丝小说展示了粉丝的文本生产力。不少粉丝小说都具有相当高的艺术水准和可读性，可以像学院经典文本一样被阐释和分析。

---

① Karen Hellekson and Kristina Busse, "Introduction: Work in Progress," *Fan Fiction and Fan Communities in the Age of the Internet*, pp. 17 – 23.

② Ibid., pp. 26 – 40.

③ 费斯克：《理解大众文化》，第 27 页。

④ John Fiske, "The Cultural Economy of Fandom," *The Adorning Audience: Fan Culture and Popular Media*, pp. 37 – 39.

　　粉丝小说深受学界重视的第二个原因是，它对当代社会中的性别关系和女性欲望作出了生动而丰富的陈述。粉都中的性别分野是很明显的：流行音乐、言情小说、漫画、电视剧和好莱坞影星传统上都吸引了大量女性粉丝，观赏性体育运动的粉丝则大部分为男性。^① 粉丝学者克汀（Mary Ellen Curtin）曾在 20 世纪 70 年代调查过《星际迷航》粉丝小说作者的性别。据她估计，1970 年 83％ 的作者都是女性，男性只占17％。到了 1973 年，女作者的比例进一步上升到了 90％，男作者仅为10％。尽管男性航迷们积极参与了社群的其他活动，但他们就是不太愿意动笔写小说。^② 90 年代出版的有关粉丝小说创作社群的研究也表明，主要是女性在从事粉丝小说的创作。比如，贝肯—史密斯研究的粉丝小说创作社群就是由家庭主妇、图书管理员、教师、数据输入员和大学教授等成年妇女组成的。^③ 詹金斯也认为，《星际迷航》的粉丝创作基本上代表了女性对大众媒介文本的回应。《星际迷航》粉丝杂志的编辑、作者和读者都是以女性为主。^④ 在网络时代，女性依然是粉丝创作的主力军。由于文学创作的门槛大为降低，粉丝小说的作者群还开始呈现出低龄化的趋势。在全球最大、最受欢迎的网络粉丝小说文库 FanFiction. Net 网站，80％ 的用户为女性，三分之一的用户在 18 岁以下。^⑤ 粉丝小说的创作为女性构筑了一个利用通俗文化的符号资源来进行自我表达和自我赋权的艺术空间。

　　早期研究者对粉丝小说的进步性和抵抗潜能并没有达成一致的看法。贝肯—史密斯称，女性粉丝作者的表达欲望并不是出于乌托邦幻想，而是基于女性当下的感觉。这些作者并不想改变自己以适应某种男

　　① Cornel Sandvoss, *Fans: The Mirror of Consumption*, p. 16.

　　② Francesca Coppa, "A Brief History of Media Fandom," *Fan Fiction and Fan Communities in the Age of the Internet*, p. 47.

　　③ Camille Bacon-Smith, *Enterprising Women: Television Fandom and the Creation of Popular Myth*, Philadelphia: University of Pennsylvania Press, 1992, p. 3.

　　④ Henry Jenkins, " 'At Other Times, Like Females': Gender and Star Trek Fan Fiction," *Science Fiction Audiences*, pp. 196 – 197.

　　⑤ Maryanne Murray Buechner, "Pop Fiction," *Time Magazine* 24 Feb. 2002, http://www. time. com/time/magazine/article/0, 9171, 1101020304 – 212659, 00. html（accessed 8 Mar. 2009）.

性的或女性主义的理想，仅仅是想满足交流和分享的需要。① 但詹金斯却以《星际迷航》的粉丝小说作者费什（Leslie Fish）在 70 年代后期创作的鸿篇巨制《重量》（*The Weight*）为例，说明了粉丝作者如何有意识地批判和改造了原作中的保守意识形态。《星际迷航》电视剧中的女性人物无论在知识还是情感上都显得无足轻重，不能与男性人物相提并论。出于对这种刻板性别定型的反感，费什在她的小说中塑造了一个才华横溢、勇敢坚强、率真善良的女性人物。她还刻意描绘了男性人物面对这个强大女性的混乱和焦虑，以及这个女性人物带给其他女性的启发和激励。② 在詹金斯看来，部分粉丝小说包含着强烈的政治倾向，并对现有的社会秩序构成了挑战。潘黎更是宣称斜线文学是她见过的"女性对大众文化产品的最激进、最有趣的挪用"。斜线文学的爱好者们创造性地改写了传统的浪漫故事和色情作品，用一种新的言情文学程式（formula）来实现她们自己的欲望。③

此外，粉丝小说还揭示了受众与通俗文化的商业性生产者在文本所有权和意义控制方面的持续争夺。由于粉丝小说被看作是一种衍生性的作品，而根据美国版权法，版权所有者有权控制或限制基于原著的衍生性作品的出版，所以原著的所有者可以以侵犯版权为由起诉粉丝小说作者。当然，相当一部分版权所有者鼓励或至少容忍粉丝小说。比如 J. K. 罗琳（Joanne Kathleen Rowling）就声称，她对其他人借用她的小说人物进行创作感到荣幸，她本人喜爱哈利·波特迷们创作的各种粉丝小说。④ 但也还有大量版权所有者对粉丝小说和粉丝文化生产抱有敌意，认为粉丝小说侵犯了他们的版权，歪曲了原著的人物和情节。《星球大战》（*Star Wars*）的版权所有者——卢卡斯电影公司就是一个著名的例子。该公司早在 1981 年就向出版情色故事的粉丝发出了法律警告，企图从意识形态上控制粉丝"幻想"的权利。这个政策出台之后，许

---

① Bacon-Smith, *Enterprising Women*, p. 294.

② Henry Jenkins, *Textual Poachers: Television Fans and Participatory Culture*, pp. 178 – 184.

③ Constance Penley, "Feminism, Psychoanalysis, and the Study of Popular Culture," *Cultural Studies*, pp. 488 – 491.

④ "Legal issues with fan fiction." *Wikipedia*. http://en.wikipedia.org/wiki/Legal_ issues_ with_ fan_ fiction（accessed 8 Mar. 2009）.

多粉丝情色文学（fan erotica）作品不得不转入地下，以非正式的方式继续传播。卢卡斯电影公司还试图关闭《星球大战》的粉丝网站，阻挠粉丝杂志的传播。该公司后来虽然转变了立场，主动为《星球大战》粉丝提供免费的网络空间和独特的网站内容，但前提是粉丝在该网站创造出的任何东西都将成为电影公司的知识产权。① 显然，粉丝小说所代表的文学民主化发展趋势与市场经济中的知识版权制度还将发生长期的冲突和对抗。

　　尽管大陆粉丝小说作者经常翻译、借鉴西方粉丝小说，但中国公众和学界目前对于"粉丝小说"这个说法还相对比较陌生。② 《三联生活周刊》2006 年 12 月刊载的一篇《从"粉丝"到"粉飞客"》的文章可能是内地媒体中有关粉丝小说的最早报道。该文介绍了美剧《越狱》粉丝创作的"粉飞客"（"fanfic"一词的香港译法），并简略提到了粉丝小说在西方的发展情况。③ 《中华新闻报》2007 年 3 月的一篇文章将粉飞客列为后博客时代崛起的十种"客"之一，并称其为"粉丝的最高境界"。该文还提到了一些受粉飞客欢迎的原作，如《哈利·波特》、《星球大战》、《X 档案》、《迷失》等。④ 2008 年 7 月，新浪网转载了一篇关于粉飞客续《奋斗 2》的新闻，记者还大为感叹终于有一部国产电视剧"被'粉飞'了"。⑤ 事实上，内地的粉丝小说创作活动早在 20 世

---

　　① Henry Jenkins, "Quentin Tarantino's Star Wars?: Digital Cinema, Media Convergence, and Participatory Culture," *Media and Cultural Studies*: *Keyworks*, pp. 558 – 559.

　　② 《中国期刊网》中只有一篇提到粉飞客的文章，基本上是对《三联生活周刊》和《中华新闻报》的摘编，只有寥寥数百字。参见雨苇《网络新客：粉飞客》，载《语文建设》2007 年第 9 期。我曾节译过詹金斯的《文本盗猎者》中的第一章，载于《湖北大学学报》2008 年第 4 期，其中有不少关于粉丝小说的论述。我在 2008 年 9 月用"粉丝小说"和"fan fiction"作为并列词在 Google 网页中搜索，只搜到了 1150 个结果。王琳在其论文里还提到了粉丝小说的另一个中文名称"书迷仿"。参见王琳《网络同人小说对主流文化的消解》，载《新闻世界》2010 年第 4 期。

　　③ 于萍：《从"粉丝"到"粉飞客"》，《三联生活周刊》（http://blog. sina. com. cn/s/blog_ 470bf25701000810. html，2006 – 12 – 18/2009 – 03 – 08）。

　　④ 王晓林：《后博客时代：2007 年崛起的十种"客"》，《中华新闻报》（http://www. cjas. com. cn/n1146c30. aspx，2007 – 03 – 07/2009 – 03 – 08）。

　　⑤ 《"粉飞客"是个什么客？》新浪网 http://news. sina. com. cn/c/2008 – 07 – 29/070514232899s. shtml，2008 – 07 – 29/2009 – 03 – 08。

纪 90 年代就已经出现了。与围绕科幻电视连续剧展开的英美粉丝小说创作不同的是，大陆的粉丝小说创作最初是围绕日本动漫作品展开的，并且拥有一个来自日本动漫界的名称——同人文。

二　内地同人文化的发展轨迹

"同人"一词来自日语的"どうじん"（dōjin）。这个词在日文中有两个含义，一是"同一个人、该人"，二是"志同道合的人、同好"。动漫文化中的"同人"取的是第二个意思，即业余动漫爱好者所进行的"不受商业影响的自我创作"，或"自主"的创作。"同人"指根据已有的动漫、小说、影视文本及现实中的真人进行改编、演绎、再创作而产生的文化产品，包括同人漫画，同人游戏，同人小说，同人广播剧、同人音乐等。[①] 王铮在《同人的世界：对一种网络小众文化的研究》一书里，将同人定义为"同好者在原作或原型的基础上进行的再创作活动及其产物"。同人作品的人物形象"不得背离原作人物的性格"已经成为同人参与者的一个共识。比如网络作者"逍遥津"创作的《三国演义》同人小说《华容道》虽然对原著的情节作了发挥，但主要人物形象都还是忠实于原著的。[②]

与同人关系密切的另外一个术语是同人志（dōjinshi），指的是一种不通过正规的发表渠道自助出版的刊物。[③] 同人志在日本动漫迷中极为流行，不少知名漫画家都是靠同人志的创作成名的。一年两度的东京同人志即卖会（Comic Market）截至 2008 年已经连续举办了 74 次，成为日本乃至全球最大的同人志交易展会。近年来，参展的摊位每次都有数万个，入场人数多达 50 多万人。[④] 内地目前的"同人祭"活动也非常活跃，上海、广州、成都和南京都有较大规模的同人志展会。2008 年 2

---

① 参见"同人"，维基百科（http://zh.wikipedia.org/wiki/% E5% 90% 8C% E4% BA% BA）和"同人"，百度百科（http://baike.baidu.com/view/6316.htm，2009 - 03 - 08）。

② 王铮：《同人的世界：对一种网络小众文化的研究》，新华出版社 2008 年版，第 3—5 页。

③ 参见"同人"，维基百科（http://zh.wikipedia.org/wiki/% E5% 90% 8C% E4% BA% BA）和"同人"，百度百科（http://baike.baidu.com/view/6316.htm，2009 - 03 - 08）。

④ 参见"Comic Market"，维基百科（http://zh.wikipedia.org/wiki/Comic_ Market，2009 - 03 - 08）。

月举办的广州 YACA 春季校园同人祭，累积参观人数达到 5 万人。① 日本的同人志分为两大类，一类是商业漫画的衍生类漫画同人志，另一类是原创类漫画同人志。② 也就是说，并不是所有的同人作品都是一种在原作基础上进行的再创作。在后面将要论及的耽美创作中，就有不少原创作品。

"yaoi" 或 "yuri" 是日本同人志中最普遍的主题。"yaoi" 是日语短语 "Yama nashi, ochi nashi, imi nashi"（无高潮，无结局，无意义）的首写字母缩合词。这个词创立于 70 年代后期，80 年代开始流行。该词原指根据商业漫画创作的一种同人志类型，现泛指女性创作的、针对女性读者的、以男男同性关系为主题的动漫、小说和同人志。在日本，"yaoi" 一词现已逐渐被 BL 所取代。③ 一些国际知名的漫画，如《圣斗士星矢》、《七龙珠》、《银河英雄传说》、《灌篮高手》等都成为大量 BL 同人志的创作对象。④ "yuri"（百合）是女性之间的同性情爱的隐语。该词据称是由日本男同性恋杂志《蔷薇族》的总编伊藤文学在 1971 年首次提出的。他建议将"百合族"作为"蔷薇族"的反义词。⑤ "yaoi" 或 "yuri" 也是华语同人志中的常见主题。不过，华语同人爱好者多使用"耽美"（日语为 "Tanbi"）或 BL 来指涉男男情爱故事，用"百合"或 GL 来指涉女女情爱故事。GL 的市场总体来说比 BL 的市场小得多。⑥

西方粉丝小说，根据情爱关系的有无和类别，主要分为三个大类：不含恋情成分的"普通"小说（"gen"，英文单词 "general" 的缩写）、描写异性恋关系的"异性恋"小说（"het"，英文单词 "heterosexual"

---

① 王铮：《同人的世界：对一种网络小众文化的研究》，第 14 页。

② 同上书，第 9 页。

③ BL 是英文 "Boy's Love" 或 "Boys' Love"、"Boy-Love" 的缩写。内地也称其为"玻璃"。

④ 参见 "yaoi"，http：//en. wikipedia. org/wiki/Yaoi，2009 - 03 - 08，和 Matthew Thorn，"Girls and Women Getting Out of Hand：The Pleasure and Politics of Japan's Amateur Comics Communi-ty," *Fanning the Flames：Fans and Consumer Culture in Contemporary Japan*，pp. 169 - 187。

⑤ GL 是 "Girl's Love" 或 "Girls' Love"、"Girl-Love" 的英文缩写，是 BL 的对应词。中国与中国台湾的部分同人爱好者将百合视为纯洁、精神性的恋爱，将 GL 视作肉体上的恋爱，认为两者不能混用。

⑥ "百合（同人）"，维基百科（http：//zh. wikipedia. org/wiki/% E7% 99% BE% E5% 90% 88_（% E5% 90% 8C% E4% BA% BA），2009 - 03 - 08）。

的缩写）和描写同性恋情的"斜线"（slash）小说。① 类似地，内地同
人文也根据情爱关系的性质分为："良识"、"蔷薇"（或称耽美/BL、）
和"百合"（或称 GL）三个主要类别。"良识"来自日语，意为"意识
良好"，也就是内地所说的"思想健康"。它指的是不涉及性爱关系，
或只涉及异性恋情爱的作品（即 BG②作品）。"良识"经常在同人圈中
被戏称为"粮食"。③ 一般说来，某一种类型的同人作品会在某些特定
的同人圈里占据主导地位。比如，本章将要讨论的百度"小葱的图书
馆"吧就封杀了 GL 作品，只允许 BG 作品存在。百度"绯色超女"吧
则是专为 GL 同人文创立的。而在 SD（《灌篮高手》，英文为 *Slum
Dunk*，SD）同人中，耽美却是绝对主流。一位匿名的资深 SD 粉丝在
2005 年声称，90% 的 SD 同人创作都是耽美同人，而且 SD 耽美同人界
在整个动漫同人界里都算得上是"首屈一指的大圈子"。④

　　内地的动漫同人活动虽然在 90 年代初就已经存在，但直到 1998 年
以后，随着互联网的逐渐普及，同人作者才有了公开发表和相互交流的
平台。同人文化的可见度也因此大大提高。1998 年建立的"桑桑学院"
是 90 年代末一个颇负盛名的动漫网站，登载了许多原创作品和最新的
动漫消息。⑤ 站内专门开辟了"银英分院"，收藏《银河英雄传》（简称
"银英"）的同人小说。2000 年建立的《银河英雄传》粉丝网站，"星
之大海俱乐部"（http：//bbs. seaofstar. com），也发表了大量银英同人小
说。风靡一时的《灌篮高手》更是激发了内地动漫迷的同人创作热情。
1999 年，一位名为"sunsun"（又称"桑桑"）的动漫迷创作了 SD 同人

---

　　① Kristina Busse and Karen Hellekson, "Introduction：Work in Progress," *Fan Fiction and Fan Communities in the Age of the Internet*, p. 9.

　　② 英文词组 "Boy and Girl" 的缩写。

　　③ 王铮：《同人的世界：对一种网络小众文化的研究》，第 53 页。

　　④ 《开课：忍无可忍，SD 扫盲课开班》，百度灌篮高手吧（http：//tieba. baidu. com/f?kz = 24870145，2005 - 07 - 18/2009 - 03 - 08）。

　　⑤ 该网站的原网址为 http：//sun_ sun. yeah. net，现在的网址是 http：//sunsunplus. 51. net/。桑桑学院现已不再接受耽美同人小说。关于另一个著名耽美网站"露西弗俱乐部"的发展状况，可参考 Wei Wei, "Resistance in Dreaming: A Study of Chinese Online Boy's Love Fandom," paper presented at the annual meeting of the International Communication Association, Montreal, Quebec, Canada, 22 May 2008, http://www. allacademic. com/meta/p233592 _ index. html, 2011 - 10 - 4。

中的经典之作——《世纪末，最后的流星雨》。该小说据说也是内地耽美同人的开山之作。据网友考证，SD 同人作者从 1999 年到 2006 年的短短六年间，已更换了五代作者，知名作品多达一百多篇。可见该同人群体的流动性和创作活跃程度。①

21 世纪以后，同人文化开始溢出动漫界，进入通俗影视剧。90 年代大量兄弟、敌我对立型题材的电视剧在内地播放。"两个身份、地位、能力相似"的男性人物之间惺惺相惜的感情吸引了大批女性观众。② 围绕 1993 年播出的台湾电视连续剧《包青天》和 1994 年播出的电视连续剧《七侠五义》出现了展昭同人（以展昭为主人公的原创小说）和猫鼠同人（以展昭和白玉堂为配对的 BL 原创小说）。2002 年内地第一家展昭论坛"磨剑山庄"创立。论坛中辟有"阅微堂"版块，截至 2008 年 3 月已经收录了 500 多部已完结的展昭同人小说。③ 2005 年创立的"纵横道"论坛是猫鼠同人的发源地。目前会员人数多达 2 万多人。④ 2002 年以后，台湾偶像剧《流星花园》在内地的热播继续推动了同人小说的创作。⑤ 2004 年的武侠连续剧《逆水寒》和 2007 年的国产热门电视剧《士兵突击》也都吸引到了一批同人爱好者。如搜狐娱乐 2008 年的一个影视同人专题所评论的："对影视剧的男主人公之间的关系进行 YY［意淫］，已经不仅限于同人女之间的游戏，而成为一种社会现象。只要男主角超过两位，而且至少其中一个长得不难看，该剧就具备了被 YY 的潜质。"⑥

① 静静燃烧：《SD 耽美王牌作者不全考》，百度 sd 同人小说吧（http：//tieba. baidu. com/f？kz = 98574774，2006 – 05 – 07/2009 – 03 – 08）。

② 阮瑶娜：《"同人女"群体的伦理困境研究》，硕士学位论文，浙江大学，2008 年，第 14 页。

③ Blueclift：《完结文库索引（更新至 08. 03. 08）》，磨剑山庄论坛（http：//www. mo-jian. net/bbs/viewthread. php？tid = 13458&extra = page% 3D1，2008 – 03 – 11/2009 – 03 – 08）。

④ 煮酒论文：《各大猫鼠论坛简介（内附链接）》，百度鼠猫吧（http：//tieba. baidu. com/f？z = 88702735&ct = 335544320&lm = 0&sc = 0&rn = 50&tn = baiduPostBrowser&word = % CA% F3% C3% A8&pn = 0，2006 – 03 – 17/2009 – 03 – 08）。

⑤ 徐艳蕊：《〈流星花园〉热与青年亚文化现象》，载陶东风主编《当代中国文艺思潮与文化热点》，北京大学出版社 2008 年版，第 414 页。

⑥ 搜狐娱乐（http：//yule. sohu. com/s2008/4761/s258170822/）最后查看时间：2009 – 03 – 08。

除了影视同人，以娱乐、体育明星为对象的真人同人创作也逐渐浮出水面。2005 年韩饭①在百度建立了以韩国著名男子组合"东方神起"的成员为配对的"米秀"吧和"豆花"吧。② 2007 年 4 月，韩饭还在百度建立了一个"dy's 王道完结文库吧"，专门收集东方神起和 Super Junior 的粉丝所创作的各种配对的 BL 同人小说。目前，该文库已经收录了近 4000 部 BL 同人小说。③ 和动漫同人的创作一样，明星真人同人也呈现出国际化的发展趋势。2007 年一位韩国的东方神起粉丝出版了一部名为《刺莲》的豆花同人小说。这部小说不仅在韩国大受欢迎，还被一位中国台湾的韩饭翻译成中文，放在百度豆花吧与内地韩饭分享。④ 该小说据称在全亚洲的韩饭中都很有影响力，甚至金在中和郑允浩本人也对其有所耳闻。⑤

自 2002 年世界杯之后，不少英俊的外国足球明星也成了同人 YY 的对象。有"男模队"之称的意大利球队为同人女带来了最初的创作灵感。意大利前锋英扎吉（Filippo Inzaghi）和队友维埃里（Christian Vieri）因多年的亲密交往而成为足球同人中的一个重要配对（简称"BP"），另外还衍生出其他以英扎吉为中心的多个配对。2005 年长达 30 多万字的著名 BP 同人小说《Through the Time》在中国台湾出版，内地读者可通过淘宝网购买。除了足球同人中的鼻祖——意甲同人之外，还有性描写尺度更大的德国足球同人和英国足球同人。后两种同人的作者不仅阅读和翻译欧美有关足球明星的斜线文学，还"直接引用欧美同人的格式来标明配对和尺度级数"。不过这类性描写较多的同人小说一般都发在有权限设置的论坛，而不是百度这样的公共贴吧，读者必须经

---

① 韩国明星的粉丝的统称。

② "米秀"指组合成员朴有仟和金俊秀的配对，"豆花"指组合成员郑允浩和金在中的配对。

③ 参见百度 dy's 王道完结文库吧（http：//tieba. baidu. com/f? kw = dy% 27s% CD% F5% B5% C0% CD% EA% BD% E1% CE% C4% BF% E2，2009 - 03 - 08）。

④ 穿插抽查文学部：《［刺莲］最终修改全图片精装完全禁转版》，百度豆花吧（http：//tieba. baidu. com/f? kz = 335953818，2008 - 03 - 09/2009 - 03 - 08）。

⑤ "东方神起 BL 韩国豆花小说'刺莲'"，百度知道（http：//zhidao. baidu. com/question/61396867. html，2008 - 08 - 07/2009 - 03 - 08）。

过注册、认证之后才能读到作品。①

　　由于 BL 同人在内地大、中学生群体中的迅速蔓延，汉语中"同人"一词的含义也开始发生了一些微妙而有趣的滑动。"同人"经常被误认为"同性恋"的代名词。比如，源自日本的"同人女"一词原指进行同人创作的女性群体，后特指创作与欣赏耽美类同人作品的女性，现在却常被误指为女同性恋者。同样地，喜爱 BL 动漫的"同人男"也被误解为男同性恋者。② 虽然网络上发表的同人作品的确有很多是关于同性恋情的，但大部分同人作者认为，这些耽美/BL 作品与真正的同志小说还是有着本质区别。BL 更多的是一种幻梦形式，注重感情描写和人物性格心理的刻画。BL 故事大多比较幸福温馨，主人公之间的感情非常纯粹，不受任何现实、金钱、社会的阻挡。③ 内地女性主义学者徐艳蕊曾指出：耽美作品的创作和阅读"不是为了描述男性同性恋的真实情感世界，而是通过想象美少年之间的恋情来满足观看和窥视的欲望，并在充满中性格调的男主角身上了寄寓了以打破性别藩篱为目标的双性同体理想"。④ 北美性别研究学者伍德（Andrea Wood）也认为，BL 漫画的跨国流行已经促成了一个全球性的反公共领域（counterpublic）的浮现。这个反公共领域既是颠覆性的，又具有基本的酷儿性质（queer）。BL 漫画的酷儿性质不仅在于它描述了男性之间的同性爱欲，而且在于它拒绝了任何关于性别或性认同的铁板一块的理解。女性读者关于美型、雌雄同体的年轻男子之间的爱情的性幻想，也打破了束缚异性恋女性性幻想的社会规范。⑤

　　内地的同人文化现已成为整个华语同人文化的一个有机组成部分。优秀的同人作品经常通过网络在全球华人世界中传播。一些无法合法出

---

　　① IMAichiko：《开个专帖聊足球同人》，百度地中海梦想吧（http：//tieba. baidu. com/f? z＝398097240＆ct＝335544320＆lm＝0＆sc＝0＆rn＝50＆tn＝baiduPostBrowser&word＝％B5％D8％ D6％D0％BA％A3％C3％CE％CF％EB&pn＝0，2008－06－04/2009－03－08）。

　　② "同人女"，百度百科（http：//baike. baidu. com/view/17965. htm，2009－03－08）。

　　③ "BL"，百度百科（http：//baike. baidu. com/view/7828. htm，2009－03－08）。

　　④ 徐艳蕊：《〈流星花园〉热与青年亚文化现象》，载《当代中国文艺思潮与文化热点》，第 420 页。

　　⑤ Andrea Wood，"'Straight' Women，Queer Texts：Boy-Love Manga and the Rise of a Global Counterpublic，" *Women's Studies Quarterly*，34（Spring & Summer 2006）：396－397.

版的内地作品往往可以在港台地区正式上市。此外，大型文学网站推出的定制印刷服务，也为同人作品的问世提供了便利。正是由于同人文和同人文化在内地多年的发展，一批经历过同人文化熏陶，并积累了一定阅读经验和创作技能的超女粉丝才会借助粉丝小说这一艺术形式来表达她们对超女的热爱，探讨粉丝社群所关注的问题，抒发自己对理想爱情和婚姻生活的渴望。

三　本土同人文化研究的萌芽

　　经过十多年的迅猛发展，同人文化可能已经成为当代中国互联网上最大的亚文化现象。① 尽管学界对同人文化的研究才刚刚起步，但有关同人小说、同人女和耽美文类的论文已经呈现出稳定上升的态势。有趣的是，试图对这一现象进行理论探究的首先是一些就读于高校的同人爱好者。中国人民大学的一位本科生杨雅 2006 年在《中国青年研究》杂志发表了《同人女群体："耽美"现象背后》一文。她通过对部分同人女进行深入访谈，将同人女对耽美作品的喜爱归结为四个原因。首先，是对 BG 异性恋性爱模式的审美疲劳和对男男性爱故事的猎奇心理。其次，是对时尚和流行的追求。再次是为了满足对男性的性幻想，宣泄青春期的性压抑，"很多同人女都认为这是最重要的原因"。最后，是被耽美的梦幻浪漫色彩所吸引。几位受访的同人女还提到，由于当下中国性教育的缺乏，年轻女性既无法从正常渠道，也无法通过色情 A 片来了解两性关系，又由于她们不能接受 BG 小说中女性地位的低下，只好求助于耽美动漫这个另类渠道。这些年轻女孩一方面可以通过耽美来释放自己的性幻想，另一方面，"男男之间的爱情，不涉及自己本身"，因此无须将自己带入到故事之中。② 这一点十分接近日本社会学家上野千鹤子有关 BL 的评论。她声称 BL 中的男同性恋"是一种让〔女孩〕在一个远离〔她们〕自己身体的距离，操作这个被称之为'性'的危险

---

　　① 阮瑶娜在她的硕士论文中称在百度网页搜索中输入"耽美"，可以出现 18400000 篇相关网页，但我 2008 年 10 月在百度搜索时，只得到了 4730000 篇。可能是因为许多耽美网站在奥运前后被迫关闭，导致相关网页大幅减少。

　　② 杨雅：《同人女群体："耽美"现象背后》，载《中国青年研究》2006 年第 7 期。

东西的安全装置；它是让女孩得以飞起来的翅膀"。①

2008 年浙江大学人文学院的阮瑶娜完成了一篇名为《"同人女"群体的伦理困境研究》的硕士论文，对同人女的成长历程、生存状态、性伦理困境进行了较深入的研究。她的一些发现与国外学者对斜线和 BL 文类的洞见形成了有趣的对照。阮瑶娜认为，同人女大多是来自经济发达城市、家境优越、受教育程度较高的女性，因无法在现实生活中找到与之匹配的男友，而沉湎于耽美作品。② 这一点与潘黎有关斜线粉丝多来自工人阶层，或秘书、图书管理员、护士等"准专业人士"的观察很不一样。③ 阮瑶娜还认为不少同人女厌恶自己的女性身份，想作为一个男人来爱男人。同人女的"生理性别是女性，她的社会性别是男性，她的性倾向是同性恋。"④ 这一断言和日本 yaoi 理论家榊原（Sakakibara Shihomi）的"yaoi 粉丝是女人身的同性恋男人"的论点如出一辙。⑤ 阮瑶娜声称，耽美世界在某种程度上构成了一个"通过否定世俗的价值和实践，以及肯定深厚的感情和充满激情的快乐来界定的空间"。同人女"赞成的不仅仅是非同一般的作品，而且是非同一般的解读"。在同人女眼中，天下万事万物都可以用爱情来解读。"正是靠这种方式，同人女们奋力抗拒凡夫俗子的生活方式，反对芸芸众生的文化被动性"。⑥这个观点和詹金斯对粉丝文化的论述不谋而合。在詹金斯看来，粉都构成了一个拒绝世俗价值和实践，欢庆深情厚意和激情愉悦的空间。粉丝所拥抱的文本本身并没有什么特别赋权的意义，但粉丝将那些文本吸纳到个人生活的过程却具有赋权性质。"粉都颂扬的不是非同一般的文本，

---

① 引自 Matthew Thorn，"Girls and Women Getting Out of Hand: The Pleasure and Politics of Japan's Amateur Comics Community," *Fanning the Flames: Fans and Consumer Culture in Contemporary Japan*, p. 179.

② 阮瑶娜：《"同人女"群体的伦理困境研究》，硕士学位论文，浙江大学，2008 年，第 15 页。

③ Constance Penley，"Feminism, Psychoanalysis, and the Study of Popular Culture," *Cultural Studies*, pp. 491–492.

④ 阮瑶娜：《"同人女"群体的伦理困境研究》，硕士学位论文，浙江大学，2008 年，第 18 页。

⑤ 引自 Matthew Thorn，"Girls and Women Getting Out of Hand: The Pleasure and Politics of Japan's Amateur Comics Community," p. 181.

⑥ 阮瑶娜：《"同人女"群体的伦理困境研究》，硕士学位论文，浙江大学，2008 年，第 18—19 页。

而是非同一般的解读"。①

　　阮瑶娜指出，同人女当前面临着三个道德困境。第一个是同人女对
性问题的公开讨论与中国社会的性禁忌、性羞耻文化相冲突。第二个是
同人女对同性恋的推崇与主流社会的异性恋体制相背离。第三个是女性
"以自己为中心来确定男人，把男人作为自己娱乐的对象"，这种由
"他者的眼光"到"她者的眼光"的转变对传统男权思想构成了挑战。②
这样的阐释显然比李银河仅仅将同人女看作是追求审美享受的青少年要
深刻得多。③不过，我认为同人女所面临的道德困境恰好表明了同人文
化对占主导地位的性、性别意识形态的抵抗，以及它在当下中国这个特
殊的社会文化语境中所具有的进步意义。

　　文化研究中的抵抗/收编模式在当代西方遭到质疑的一个重要原因
在于，权力在当代西方社会不再拥有一个单一的、决定性的中心，而是
偶发的、局部的、碎片性的、流动的。不同的权力轴线相互交叉，人人
都可以自称是在抵抗某种主导性权力，以至于很难判断抵抗的对象到底
是什么，谁的解读更具有抵抗性。当一个社会中的权力不再代表某个主
导权力集团以单一的方式运作时，我们也就不能再将该社会的文化"看
作是由主宰和抵抗的孪生力量所驱动"。④但权力在当下的中国社会显
然还是集中于某个特定权力集团手中，其运作也依然比较单一固定，并
具有强大的决定性力量。内地耽美网站在历次"扫黄打非"运动中不
断被"和谐"，就显示出权力中心对于持性异见者的恐惧和压制。既然
压迫是切实存在的，那么抵抗也必将如影随形。我个人还对阮瑶娜那篇

---

　　① Henry Jenkins, *Textual Poachers: Television Fans and Participatory Culture*, pp. 283 - 284.

　　② 阮瑶娜：《"同人女"群体的伦理困境研究》，硕士学位论文，浙江大学，2008 年，第
22—23 页。徐艳蕊在《当代中国女性主义文学批评 20 年》一书的第五章里也对网络女性写作
中视点和权力的关系进行了论述。参见徐艳蕊《当代中国女性主义文学批评 20 年》，广西师范
大学出版社 2008 年版，第 187—198 页。

　　③ 李银河称同人女"喜欢少年，并不是因为她们有同性恋的趋向，而是她们体现出对美
的需求。同人女的重点在于审美，或追求美。所以，看耽美作品对她们的性取向不会太有影
响。如果女孩子真是同性恋那她们会去看 GL，但她们看的却是 BL。"参见张洋《新生代猛女
之同人女调查：耽美与性向无关》，《新周刊》（http://eladies. sina. com. cn/nx/2006/0308/
1504233060. html，2006 - 03 - 08/2009 - 03 - 09）。

　　④ Nicholas Abercrombie & Brian Longhurst, *Audiences: A Sociological Theory of Performance
and Imagination*, pp. 15 - 37.

充斥着网络用语、粉丝圈子术语的论文后记非常感兴趣。在这篇后记里阮瑶娜直接而大胆地展示了自己的动漫迷、同人女，外加韩饭的多重粉丝身份，并向所属的粉丝群体表达了真挚的谢意。

　　也是在 2008 年，从内地赴美的留学生王铮出版了国内关于同人文化的首部专著——《同人的世界：对一种网络小众文化的研究》。王铮在该书的序言中写道，她从高中起就参加同人活动，参与了十来个同人圈子，并创作了不少同人作品。她"希望能以圈内人和研究者的双重身份，向外界介绍这个隐秘世界的真实一面"。在这本同人文化入门指南中，王铮对同人创作的动机、方法、体裁，同人圈的术语、规则、发展周期和活动方式都作了概述。① 王铮指出，同人创作既"没有'前途'也没有'钱途'"。读者数量少，没有出版机会。作者辛苦写完之后，往往还会遭到读者的批评。同人作者从事同人创作的最主要动机"是对被衍生的对象的喜爱"，同人作品完全是"爱的产物"。② 王铮还在书中对西方粉丝小说的发展脉络作了简要介绍。她认为，粉丝小说在内地的影响力和重要性虽然比不上日本同人志，但像《哈利·波特》、《魔戒》等风行欧美粉丝小说界的作品，也是华语同人圈的热门创造题材。③ 一部分西方粉丝小说的词汇也逐渐在内地同人圈中流行，特别是被欧美系的同人爱好者广泛使用。比如，Mary Sue（玛丽苏）、AU（Alternative Universe，平行宇宙）、OOC（Out of Character，人物性格扭曲）等。④ 王铮还提出，中国传统文化中的"演义"和"续书"可被视为大陆同人现象的一个本土来源，尽管不是这个现象的直接肇因。⑤

---

　　① 我曾在当当网上看到对此书的四条评论，基本上都是负面的。一位网名为"代宁"的同人爱好者对该书发表了约 2000 字的长篇评论。代宁认为，这本书最大的问题是，只有现象的罗列，没有对表面现象的深入挖掘。而且该书引用了一些加密论坛的网帖，并列出了作者 ID 和网址。在代宁看来，这种做法无异于对同人圈（尤其是耽美同人圈）的出卖，伤害了那些不愿公开自己同人女身份的爱好者。另外一位网名为"沉默"的读者也认为，这本书"没有研究只有罗列没有分析只有八卦"。参见 http://product. dangdang. com/product. aspx? product_id = 20380899。最后查看时间：2009 - 03 - 09。

　　② 王铮：《同人的世界：对一种网络小众文化的研究》，第 23—25 页。

　　③ 同上书，第 10 页。

　　④ 同上书，第 142—143 页。

　　⑤ 同上书，第 10—11 页。

　　不过，杨雅和阮瑶娜的研究给人的总体印象是，同人女群体大多是15—25岁之间的大、中学生，只是因为性的好奇才喜欢 BL。王铮对213名同人爱好者的调查也显示，"仅有两人在30岁以上，平均年龄19.8岁"。[①] 但实际情况恐怕并非这么简单。毕竟，同人爱好者的规模实在太大，依靠对少数网络社群的调查而得出的结论未必适用于所有网络同人社群。早在2003年，一篇署名"凉风真世"的对同人女现象进行"反思"的网帖就引起了一位大龄同人女"April"的不同意见。April 自称已经结婚两年，但仍然是"一个活跃的耽美译者和读者"。她认为耽美论坛里有许多像她一样有稳定男友或已婚的同人女，并非全是一群怀春少女。她还指出国外斜线粉丝的主体其实是成年女性。她强调自己喜爱耽美是因为她是一个女权主义者，不能接受 BG 小说中所折射出的男权社会的性别意识：

　　　　且不说那些"纯情少女被有钱有权的男性征服玩弄"的故事，就说好的，比如席绢，又怎样？她要塑造一些心如止水的女性形象，以为只要自己把持得定就不会受伤害。比如早期琼瑶，又怎样？几个女大男小的故事，女性离过婚或者失贞的故事，哪一个不是遭际重重？再比如现在时下的那些所谓小资女作家的都市故事，种种自恋自怜，总是少不了一个"待价而沽"在里头。

　　　　[……]

　　　　只要社会上男女一天不平等，一切文学作品里的男女关系就永远也逃不开这种道德良知的拷问。但耽美里没有这些。在耽美里我可以假装忘记这世上妇女仍然受到压迫。在耽美里，如果有人受到伤害，不是因为他是女性。

　　　　我需要耽美，就是因为我需要这一点点麻醉。[②]

　　April 的上述声明似乎恰好印证了在日本执教的美国人类学家索恩

---

①　王铮：《同人的世界：对一种网络小众文化的研究》，第123页。

②　凉风真世：《对中国同人女类群的几点思索》，太平洋电脑网（http://www.pconline.com.cn/games/cartoon/text/pin/10311/244155_1.html, 2003-11-21/2009-03-09）。

的观点，BL 和斜线粉丝的"共同特点是都对不得不遵守的女性气质标准不满，而她们所处的社会环境和历史时刻却拒不证实和同情这种不满"。① 对大部分女性读者来说，"yaoi 和耽美故事让她们沉溺在作为一个男人，或说作为一个摆脱了预设的性别期待、与男性平等的人，来爱男人的幻想里"。②

内地同人文化研究虽然刚刚起步，但已经有迹象表明，它有可能重复西方粉丝小说研究的发展历程：从理解耽美/BL 现象开始，并以该现象为主要研究课题。虽然 BL 同人创作是同人文化中最主要、最突出的部分，但却并不是同人文化的全部。至少在作为内地同人文化衍生物的超女粉丝小说中，BL 文类就引人注目地缺席了。原因很简单，超女粉丝小说是以参加超女比赛的选手为原型的明星同人小说，而超女选手无一例外地都是女性。此外，超女粉丝小说也比那些以漫画、电视剧为原型的同人小说更加复杂。因为超女粉丝小说不单单是关于超女的小说，也是关于粉丝的小说。粉丝有时候也会像她们的偶像一样出现在小说里，成为小说中的主要或次要人物。

超女粉丝小说主要有两个亚文类。一个是玉米原创的以李宇春为原型的 BG 小说（又称"葱味小说"），另一个是以 06 超女为原型的 GL 小说——超女同人文。这两个文类各自以百度贴吧为基地，形成了独立的发表平台、创作主题、文学惯例和固定的读者群。在本章的第二和第三节，我将分别讨论百度"小葱的图书馆"吧（以下简称"图书馆"）收藏、发表的葱味小说和百度"绯色超女"吧收藏、发表的超女同人文。与西方粉丝小说一样，超女粉丝小说的作者和读者也都基本上是女性。可以说，超女粉丝小说是一个女人写给女人的、关于女人的女性艺术世界。这个世界里一半是关于女人和男人的关系，一半是关于女人和女人的关系。与普通言情小说相比，超女粉丝小说对于主导性别规范有着更强烈的抵抗意识，对于爱情婚姻关系中的平等和亲密有着更高的要求。由于不以商业出版为目的，这些小说大多只在粉丝社群内部流通，

① Matthew Thorn, "Girls and Women Getting Out of Hand: The Pleasure and Politics of Japan's Amateur Comics Community," *Fanning the Flames: Fans and Consumer Culture in Contemporary Japan*, p. 180.

② Ibid., p. 177.

其自娱自乐的游戏品格也比普通小说更为突出。不少作者都会把社群中的人物、事件、传闻融入到小说中，借此来表达粉丝的立场和观点。超女粉丝小说的大量涌现表明，超女粉丝不仅拥有独特的社群文化，还拥有丰富的艺术文本，并形成了自己的艺术世界。

第二节　玉米原创小说

一　玉米原创小说的发展历程

早在 2005 年超女比赛期间，就已经有玉米开始为李宇春写小说。2005 年 6 月，百度"超级女声"吧里出现了一篇名为《超女·李宇春——邂逅》（以下简称《邂逅》）的"即兴小说"。① 这篇仅有 2500 字的微型小说可能是最早的玉米原创小说。2005 年 8 月，一部玉米创作的、以玉米为主人公的青春校园小说《李宇春，真帅！》由广西人民出版社正式出版，成为内地第一本关于"超女"的图书。此后，不断有玉米在百度"李宇春"吧发表涉及玉米和李宇春的小说。随着这些小说数量的日益增多，一位百度 ID 为"偶爱滴素棵葱"的玉米于 2006 年 4 月 4 日在百度创办了"小葱的图书馆"吧。最初图书馆只是转载、推荐、收集"以李宇春同学为原型的小说"或"小说中的人物具备李宇春同学的某种气质特征及性格特点的小说"。② 但不久就有玉米将这个贴吧当作发表原创小说的平台。2008 年以后，由于在图书馆首发的原创小说数量已大大超过了"鉴赏文"的数量，该吧决定只收录原创文，所有的鉴赏文被移到了百度"亦薰"吧。③ 截至 2008 年 9 月，图书馆已收录了 200 多篇精品完结文。吧主对每篇完结文都提供了 CHM、EXE、JAR、TXT 四种电子格式供读者打包下载。另外吧内还有数百篇

---

① 尾指银戒：《超女·李宇春——邂逅》，转载于百度李宇春吧（http：//tieba. baidu. com/f？kz = 19966424，2005 - 06 - 18/2009 - 03 - 09）。

② 偶爱滴素棵葱：《欢迎相关图书及文章链接》，百度小葱的图书馆吧（http：//tieba. baidu. com/f？z = 92044487&ct = 335544320&lm = 0&sc = 0&rn = 50&tn = baiduPostBrowser&word = % D0% A1% B4% D0% B5% C4% CD% BC% CA% E9% B9% DD&pn = 0，2006 - 04 - 05/2009 - 03 - 09）。

③ 百度亦薰吧（http：//post. baidu. com/f？kw = % DE% C8% DE% B9&frs = yqtb，2009 - 03 - 09）。

正在连载的未完结文。

相当一部分玉米原创小说的篇幅都很长。如 2007 年 1 月开始连载的《舞红尘》，长达 50 多万字。作者写了 5 个月，才告完结。① 每个月10 万字的写作速度，在同人写手中算得上是颇为高产了。为了方便读者追文②，图书馆从 2008 年起不允许读者对仍在连载中的小说进行"灌水"（即发表回复）。另外，为了鼓励作者"塑造积极、健康、向上的主角形象"，图书馆从建馆之日起就禁止一切涉及 GL 和 BL 题材的作品。③ 阅读图书馆的小说现已成为许多玉米在欣赏李宇春的新闻、美图、视频之后的又一个爱好。在"爱粽不粽"吧，"粽说是非"吧等百度玉米副吧里，不时有玉米讨论图书馆的作品。

玉米的原创小说经历了两个明显不同的发展阶段。早期的原创小说大多以超女比赛为背景，使用李宇春的真名。这是一种关于"我们"的故事，描述的是玉米如何被李宇春感动，如何支持和保护她。玉米和李宇春之间的情意在小说中占有突出的位置。2006 年以后在图书馆发表的小说则带有较强的虚构性质，小说中也不再出现李宇春的真名。图书馆的管理者还刻意强调图书馆内的原创小说不是同人文，提醒读者"注意图书馆内原创小说和同人文的微妙区别"。④ 某些玉米似乎对"同人文"一词已经有些杯弓蛇影，极其担心外界将同人文与同性恋联系起来。不过，近期玉米小说中的女主人公都还是会部分地借用李宇春的外貌、个性、生活习惯或成长经历。为了增强代入感，一些女主人公的名字还会借用李宇春的英文名，中文名中的任何一个字，或该字的谐音。

---

① 素湍：《舞红尘》，百度小葱的图书馆吧（http：//tieba. baidu. com/f? kz = 162540657，2007 - 01 - 26/2009 - 03 - 09）。

② 追文是网络文学的一种阅读方式，指读者在网络文学连载的过程中，持续追看直到故事完结的行为。

③ 偶爱滴素稞葱：《08 年图书馆阅读指南》（http：//tieba. baidu. com/f? kz = 319365983，2008 - 02 - 04/2009 - 03 - 09）。

④ 同上。

如《我的白罂粟》中的女主人公叫 Chris,[①] 鹌鹑儿创作的《楚天一宇》、《一江春水》和《春俏云飞》系列小说的女主人公叫沈安春,[②]《绝代风华之代黎篇》中的女主人公叫代黎等。[③] 这一阶段的小说更多的是有关"她",即一个类似李宇春的卓尔不群的女性人物,如何在各种特定的情境中获取成就和幸福。这是一种以异性恋言情小说为主,间谍、警匪、商战等其他文类风格为辅的创作模式。

二 玉米原创小说的主题:李宇春和玉米社群

玉米原创小说的主题可以简要归纳为三个:李宇春本人、玉米和玉米社群、玉米的人生理想。玉米原创小说一个一以贯之的主题就是欣赏、赞美李宇春的个人魅力,如她雌雄同体的外表和纯洁的心灵。小说作者通过运用巴希所谓的"人性化过程",将李宇春这个高高在上的娱乐偶像塑造为一个有血有肉、有情有义的真实人物,使她成为粉丝欲望的客体,一个可供认同的对象。[④]《邂逅》就以一位男性第一人称叙事者的口吻描述了他与一个名叫"李宇春"的超女选手"邂逅"的场景。"我"被好友拉着去舞蹈房观看李宇春练舞。李宇春行云流水般的舞蹈让"我"和所有的旁观者都为之"震撼"。离开舞蹈房后,"我"又看到了李宇春和一个高个男生打球的情景。面对男生的严密防守,李宇春潇洒地突破上篮,命中篮筐。她干净利落的动作令周边观看的男人自叹

---

① 了不起的宇春:《我的白罂粟——第二十二章(结局)》,百度李宇春吧(http://tieba.baidu.com/f? z = 91633843&ct = 335544320&lm = 0&sc = 0&rn = 50&tn = baiduPostBrowser&word = % C0% EE% D3% EE% B4% BA&pn = 0,2006 – 04 – 02/2009 – 03 – 09)。此帖列出了前21章的链接。

② 鹌鹑儿:《一江春水》,百度李宇春吧(http://tieba.baidu.com/f? kz = 91647326,2006 – 04 – 02/2009 – 03 – 09);《楚天一宇》,百度小葱的图书馆吧(http://tieba.baidu.com/f? kz = 104803138,2006 – 06 – 05/2009 – 03 – 09);和《春俏云飞》,百度小葱的图书馆吧(http://tieba.baidu.com/f? kz = 107897929,2006 – 06 – 19/2009 – 03 – 09)。

③ 用红色偏爱葱:《绝代风华之代黎篇》,百度小葱的图书馆吧(http://tieba.baidu.com/f? kz = 302199275,2007 – 12 – 22/2009 – 03 – 09)。

④ Kristina Busse, "My Life Is a WIP on My LJ: Slashing the Slasher and the Reality of Celebrity and Internet Performances," *Fan Fiction and Fan Communities in the Age of the Internet*, p. 214.

弗如。① 打完球后,李宇春和"我"擦肩而过,"露出了干净的笑容,眼中还有一丝妩媚"。

这篇速写性质的短文至少在两个方面奠定了玉米原创小说的基调。一个是利用虚构的叙事来凸显李宇春或葱味女主人公的个人魅力。尤其是在葱味言情小说中,那些身材修长、气质纯净的女主人公常常一出场就让男主人公一见钟情。这种场景其实是在重写玉米第一眼在电视上见到李宇春就被其深深吸引和打动的奇异经历。另一个是明确地将李宇春的独特魅力归结为她既帅气又妩媚的雌雄同体气质。这种独特气质后来成为葱味女主人公性格特征的核心语汇。比如,在广受欢迎的原创小说《千面》里,作者借用一个濒临死亡的反面男性人物的视角这样描绘女主人公叶君宇:"史蒂夫两眼一翻,终于倒了下去,他最后看到的是一张明丽与英气,柔弱与坚强奇异混合的绝美面孔,一张气质复杂难言到极点,跨越性别与时空的美少年的面孔"。② 长篇小说《星光水岸》在文本开头也用浓彩重墨描述了男主人公在意大利西西里岛海边首次遇到女主人公于飞扬的情景。于飞扬忽而是安静微笑的天使、忽而是倾倒众生的妖精、忽而是帅气英俊的王子,其"亦男亦女的质感让她浑身充满了诱惑"。③

李宇春的雌雄同体气质很快被转化为轻喜剧类型的玉米原创小说中的一个常见情节:易装。在四川大学本科生"潇潇枫子"创作的《李宇春,真帅!》中,女主人公是一位和李宇春外貌相似的医科大学学生李宇秋。在超女比赛期间,李宇秋受导师的委托女扮男装重返高中校

① 颇为有趣的是,2007年6月李宇春被安排与太麦旗下的另一位歌手彭坦一起打篮球。随后拍摄的一段2分半钟的视频完全再现了《邂逅》一文中李宇春和男生打球的场景。该视频可在多个网站找到,如土豆网(http://www.tudou.com/programs/view/WpVgzDqpTpY/,2007-06-15/2009-03-09)。

② 雪地粽子:《千面》,百度小葱的图书馆吧(http://tieba.baidu.com/f? kz=192205662,2007-04-18/2009-03-09)。这部小说已由上海辞书出版社在2007年4月正式出版。

③ 激激鹰飞:《星光水岸》,百度小葱的图书馆吧(http://tieba.baidu.com/f? z=219112722&ct=335544320&lm=0&sc=0&rn=50&tn=baiduPostBrowser&word=%D0%A1%B4%D0%B5%C4%CD%BC%CA%E9%B9%DD&pn=0,2007-06-26/2009-03-09)。

园，帮助导师的养子，离家出走的高中生江大河，重新返家。① 与《李宇春，真帅》故事情节类似的还有中篇小说《花样卧底》。其中，23 岁的"警坛奇葩"黎宇晨为了掌握大毒枭景啸风的行踪，女扮男装来到其儿子景炫就读的高中。两人随后发生了一段姐弟恋情。② 恶搞轻喜剧《三笑》讲述的也是一个女扮男装的故事。以李宇春为原型的唐白兔在哥哥唐伯虎病逝之后，假冒哥哥之名生活，以防父亲的财产落入堂兄之手。这个"江南第一风流才子"后来遇到了江南清风寨的寨主，人称"冷面玉郎"的风逆。美男子土匪风逆对唐白兔这个"美少年"文豪一见倾心，并最终将她娶为压寨夫人。风逆的真实身份其实是皇子，做土匪只是他的业余爱好。③《三笑》的灵感直接来源于李宇春在 2008 年的 Why Me 生日演唱会上，身着长衫，演唱中国风歌曲《花容瘦》的情景。除了女主人公女扮男装之外，偶尔男主人公也会男扮女装。在中篇小说《我的新娘是王子》中，花花公子贺威为了追求"帅气、阳光、充满无限可能的，基本上没人敢追的超级女生"许佩佩，不惜男扮女装为许佩佩的表妹，以便和她同上一所学校。④

　　玉米原创小说的第二个主题是颂扬玉米对李宇春的深情，探讨玉米和李宇春的关系，塑造玉米社群的正面形象，增强社群的凝聚力。长篇小说《李宇春，真帅！》就真实地再现了部分青少年玉米试图通过对李宇春的狂热支持来缔造群体关系和获得自我认同的愿望。小说中的男主人公江大河 15 岁时失去双亲，从此变得叛逆不羁，与正统的教育体制格格不入，还独自在外面和朋友们一起租房居住。"从来对女生没有兴趣"的他，在电视上看到李宇春之后，"成为了一名超级狂热的'玉米'"。在和朋友一起为李宇春拉票助威的日子里，孤单的大河感受到了家庭般的温暖和强烈的群体归属感。他和伙伴们冒着烈日在大街上为

---

① 萧萧枫子：《李宇春，真帅！》新浪读书（http：//book. sina. com. cn/nzt/cha/liyuchun/，2005 – 08 – 23/2009 – 03 – 09）。

② 宇逍遥：《花样卧底》，百度小葱的图书馆吧（http：//tieba. baidu. com/f？kz = 307840440，2008 – 01 – 07/2009 – 03 – 09）。

③ 用红色偏爱葱：《三笑》，百度小葱的图书馆吧（http：//tieba. baidu. com/f？kz = 338178638，2008 – 03 – 13/2009 – 03 – 09）。

④ 饭_ 依然特稀：《我的新娘是王子》，百度小葱的图书馆吧（http：//tieba. baidu. com/f？kz = 153157812，2006 – 12 – 07/2009 – 03 – 09）。

李宇春拉票，虽然屡次被不理解的路人斥为"神经病"，但他们还是用礼貌和克制捍卫了"玉米"群体的荣誉。作为李宇春的镜像人物的女主人公宇秋则表达了玉米期盼与李宇春融为一体的渴望。宇秋先是完成了从非玉米到玉米的转变过程，然后又在音乐课上唱起了李宇春所演唱过的歌曲，俨然成为李宇春的化身。对李宇春这个理想自我的认同彻底改变了宇秋的人生，让她"真正感到了生活的清澈见底"，从而抛开烦恼，"做自己喜欢做的"。

这部小说还借大河和宇秋在李宇春的同性恋传闻问题上的争执，反映了玉米群体内部对待这一重大事件的分歧。而这种争论在各类玉米管理的公共论坛基本上是看不到的。2005 年 8 月超级女声 6 进 5 的总决赛前夕，少数网站为了赚取点击率，在未经核实的情况下，刊登了"李宇春"和"老婆"的亲密照。一时间李宇春是同性恋的传闻尘嚣甚上，给她带来了极大困扰。后经澄清，那些照片上的"李宇春"并不是李宇春本人，而是一位和李宇春外貌相似，网名为"帅牛牛"的拉拉①。这位拉拉曾于 2005 年 5 月在一个著名的 LES（"Lesbian"［女同性恋者］的简写）论坛里发表了自己和女友的照片。② 这次事件以后，主流玉米对任何关于李宇春是同性恋的言论都坚决予以否认，以防众口铄金。因为在当代中国社会，拉拉还是"一个被污名化的群体"，她们的"形象、性向和生活方式，都受到了公众的诟病"。③ 小说中的大河认为同性恋并不可怕，人类的性行为只是爱的表达方式。"同性也好，异性也罢，只要能和相爱的人在一起就足够了。"保守的宇秋则反驳说："在社会伦理之外，还有自然法则。人类要顺应自然的法则生存。男人和女人的异性间结合是大自然定下的真理"。两个人辩论的结果是，大河在生理卫生课的期中考试试卷上写下了"Ethics Fucking！（伦理？去他妈的！）"的字样，不仅考试得了零分，还被老师暴打了一顿。但宇秋和大河却因这次暴打而变得亲密。大河甚至开玩笑地要求女扮男装的

---

① "拉拉"是内地女同性恋者的昵称。

② liuguovic：《［转贴］超级女声》，VeryCD. com 网站（http：//board. verycd. com/t213611. html，2005 – 08 – 12/2009 – 03 – 09）。一些相关的网帖已被删除。

③ 游侠子：《反对对同性恋的污名化和有罪化》，女权在线（http：//www. feminist. cn/mos/content/view/1243/14578/，2006 – 03 – 28/2009 – 03 – 09）。

宇秋成为他的女友。同性恋这个被玉米社群回避、压制的话题最终通过小说的形式被呈现了出来。

2005 年年底，一位 ID 为"红键盘"的 70 年代生的男玉米在李宇春吧连载了一部名为《剑影神曲》的武侠影射小说。故事讲述的是明朝开国年间因一次女子散曲大会而引发的江湖争斗。[①] 整部小说结构宏大，人物众多，颇有金庸武侠小说的气势。遗憾的是，作者因工作和家庭的缘故，勉强写到李宇春夺冠就草草收笔。小说开头，西蜀八琴房的弟子李宇春奉师父余振义之命到长沙寻访百知书生李承鹏，目的是找到治疗蜀中瘟疫的药方，以解百姓疾苦。一路上，李宇春行侠仗义，结识了另一位武林高手米玉。身长六尺的"黄衣"少侠米玉和女扮男装的李宇春一见如故，相识甚欢。两人同出名门，均有古道热肠、义薄云天的大侠风范，并携手挫败了地法门门主黑不北夺取中原剑盟信物流云剑的阴谋。随后李宇春参加了散曲大赛，获得了朝廷赐予的神音曲谱。流云剑和神音曲谱分别是开启一个秘密宝藏的钥匙和地图。小说中的主要人物都是以超女比赛中的选手、评委、粉丝团领袖和媒体记者为原型。对李宇春表示过欣赏的常宽、夏青，给予过李宇春支持的足球评论员李承鹏，以及众多知名玉米都被塑造为正面人物。一些知名"宇黑"，如质疑过李宇春唱功的评委黑楠（"黑不北"的原型）则被塑造为反面人物。

由于小说处于未完结状态，作为玉米群体化身的米玉形象并不是特别丰满。不过，仍然可以看出，作者有意将米玉和李宇春当作一对心心相印的情侣来刻画。或许是因为作者是男性的缘故，李宇春与玉米之间的深情厚意也被比拟为异性恋情侣之间的爱情。但在另一部由女玉米创作的武侠短篇《江湖超女》中，玉米的形象则是一个性别模糊的"蒙面大侠"。在李宇春参加武林新秀的"试剑大会"期间，玉米每天都在

---

① 红键盘：《剑影神曲》，百度李宇春吧（http：//tieba.baidu.com/f? ct = 335675392&tn = baiduPostBrowser&sc = 380900511&z = 50965830&pn = 0&rn = 50&lm = 0&word = % C0% EE% D3% EE% B4% BA#380900511，2005 - 10 - 14/2009 - 03 - 09）。除了红键盘的系列武侠小说之外，我只在图书馆看到一篇自称是男玉米创作的短篇言情小说。该玉米是一名初中生，写作水平比较稚嫩。参见蓝天爱宇春《约定》，百度小葱的图书馆吧（http：//tieba.baidu.com/f? kz = 310097292，2008 - 01 - 13/2009 - 03 - 09）。

午夜时分来到李宇春的窗前，倾听李宇春的烦恼，给她鼓励和安慰。最终，李宇春赢得了比赛的胜利，然后奔向了一直在等待她的玉米，和玉米一起奔向远方。在这篇颇具象征意味的小说里，玉米对李宇春的感情被描绘为一种超越友谊和爱情的"沉醉"。当李宇春问玉米"你究竟是谁？"时，玉米大侠"有些怅然和喜悦"地答道："你沉醉于武道，是吗？我沉醉于你。这个答案够吗？"① 我个人认为，《江湖超女》中的玉米形象与现实中以女性为主体的玉米群体更为契合。

三 葱味言情小说的创作模式

玉米原创小说的第三个主题是通过描绘以李宇春为原型的女主人公在不同的社会历史情境中的情爱经历，来展示玉米心目中理想的女性形象，完美的两性关系和圆满的婚姻家庭生活。这种"葱味"言情小说目前已经成为玉米原创小说的主流。它和当代内地流行的言情小说创作模式既有区别，又有联系。汤哲声主编的《中国当代通俗小说史论》一书中将华语言情小说分为了纯情小说、女强人小说和情欲小说三大类。纯情小说以琼瑶、席娟、于晴等台湾言情小说作家为代表。她们的作品不仅宣扬爱情至上，还自觉承载道德教化功能，维护传统家庭模式和规范，贞操观念和子嗣思想都比较严重。以亦舒为代表的香港言情小说则比台湾言情小说带有更多的现代意识。小说中的女主人公大多才貌双全、独立自强。不过，这些女主人公往往外表风光，内心深处却清苦寂寞。卫慧、棉棉、木子美、春树等内地年轻作家在世纪之交创作的情欲小说代表了言情小说发展的一个新阶段。她们笔下的女主人公背叛了传统的性观念和性禁忌，不再是无性地、被动地存在，而是具有极强的叛逆个性，只遵从内心最真实的欲望。②

近几年来，内地言情小说又有了一些新的变化。古代言情小说和穿越小说变得十分流行。2008年8月，红袖添香网站主办的"2007首届言情小说大赛"经网友投票，评选出了七部获奖作品。其中六部都是古

---

① 桑茱：《江湖超女》，百度小葱的图书馆吧（http：//tieba. baidu. com/f？kz = 99007766，2006 - 05 - 10/2009 - 03 - 09）。该小说创作于2005年9月，2006年5月被转帖到图书馆。

② 汤哲声：《中国当代通俗小说史论》，北京大学出版社2007年版，第112—167页。

代言情和穿越小说，均以古代宫廷或后宫的女性生活为主题。① 在后宫小说中，女性的生活世界变得异常狭窄和压抑。男人和女人的关系只是一种权色或钱色交易，女人和女人的关系则更多的是你死我活的竞争和算计。比如，大赛的冠军得主《陪嫁丫鬟——紫嫣》描写的是一个出身卑贱的陪嫁丫鬟紫嫣与冷漠高傲的契丹王耶律清之间的爱情故事。尽管紫嫣历尽艰辛最终成为耶律清的王妃，但她的绝世容颜还是让自己陷入了数个男人的争夺，并遭到一群女人的嫉恨。另一部 2007 年风靡网络的言情小说《后宫——甄嬛传》也讲述了一个女人为了和一群女人争夺一个男人（皇帝）的宠爱而费尽心机的悲情故事。

穿越小说多描绘的是一名平凡的当代女子因机缘巧合而进入古代生活的故事。这名女子通常变身为倾国倾城的美女，与名垂青史的帝王宗室展开了一场轰轰烈烈的爱情，见证了欲望、权力、野心、杀戮等惊心动魄的宫闱秘史。穿越小说中的女主人公往往比后宫小说中的女主人公更有才干和主动性，能利用现代知识辅佐她们所爱的男人成就一番惊天动地的伟业。这些穿越到古代的女性虽然无法彻底重写男权时代的历史（history = his story），但至少为"他的故事"添加了一点女性的声音。在我看来，穿越小说的流行并非只是"反映了现代职业女性对充满激烈竞争的现实和职场的迷茫与逃避，对日趋世俗功利的恋爱婚姻的失落与反思，从而幻想到另一时空追求更为理想化的纯粹爱情"，② 而是表达了当代女性对碌碌无为的平庸现实的逃避。她们渴望像男人一样"独步天下"，成为历史舞台的主角，但现实却无法给予她们成为这样的女超人的机会。

葱味言情小说与后宫小说和穿越小说有不少相似之处。比如女主人公都是年轻貌美、才情出众，男主人公都是出身富贵，英俊潇洒。但玉米作者又对流行的言情小说创作程式进行了若干引人注目的改编。首先，葱味小说中的女主人公在出身和能力方面大多与男主人公不相上下，很少出现一个是丫鬟，一个是帝王的严重的地位不平等。也许是因

---

① 《2007 首届言情小说大赛奖单出炉》，红袖添香网站（http：//www. hongxiu. com/zhuanti/document/view. asp？id = 3054，2008 – 08 – 18/2009 – 03 – 09）。

② 丁运时：《"穿越小说"暴露时尚阅读"无厘头"》，读吧（http：//news. du8. com/ht-ml/45/n – 62845. html，2007 – 08 – 23/2009 – 03 – 09）。

为李宇春本人的才华和成就，以她为原型的女主人公较少有灰姑娘情结。相反，她们大多备受命运的垂青，拥有世界上最令人羡慕的一切。她们也经历过挫折或迷茫，但最终都能凭借自己的聪明才智克服一切困难，获得幸福生活。这些超级完美的女性形象代表了当代中国年轻职业女性最正面的人生憧憬。

《春俏云飞》中的沈安春是葱味言情小说中比较少见的一个出身寒微的女主人公。安春幼年丧父，一直和在酒店做洗衣工的母亲过着清贫的生活。获得计算机硕士学位后，安春在一家大型软件公司找到了工作，并很快靠着自己的能力和苦干在公司平步青云。不久，由于公司老总女儿的妒忌和陷害，安春失去了工作，并且无法在计算机行业谋生。走投无路又不肯向命运屈服的她只好在一家酒吧做起了保安兼歌手。即便是在酒吧这种鱼龙混杂的是非之地，安春也依然保持了自己真诚、善良和自尊的做人本色。她不仅为酒吧吸引到了大批客人，还和老板、员工结下了深厚的友谊。最终，安春通过在世界"超级编程大赛"中的夺冠而被全球顶级电脑公司聘用，曾经陷害她的老总之女也被她卓越的人格力量彻底感化。安春还和一直对她情真志坚的富家公子永结百年之好。《春俏云飞》表面上与灰姑娘的故事有些类似，但实际上却是对这一母题的颠覆。因为安春的命运始终掌握在她自己手里，而不是取决于某个"王子"的青睐。相反，武功高强的安春还屡次对危境中的"王子"施以援手，颠倒了某些玉米小说中常见的英雄救美的戏码。

其次，与流行言情小说中男主人公被众多女性包围，大肆游戏花丛的情况不同，葱味言情小说中的男女主人公都恪守一夫一妻制，彼此忠诚信赖。他们的爱情能够经受时间的考验和权力、情欲的诱惑。即便是在那些以封建社会为背景的葱味小说里，男主人公也不会为了延续子嗣另娶。葱味小说里不仅绝对不会出现女主人公与其他女人一起对男主人公献媚争宠的描写，相反，男主人公对女主人公总是无限宠溺，百依百顺，对其他女人则异常冷淡，毫不动心。即便两人在一起生活多年，男主人公对女主人公依然是热情不减，关怀备至。除了言情小说中常见的男主人公为女主人公遮风挡雨、排忧解困、舍身相救的桥段之外，不少葱味小说还不吝笔墨地描绘了男主人公为女主人公准备食物，或悉心照顾生病的女主人公的场景。

《尘外的月光》里冷漠霸道的风月老手冷凌天在酒吧遇到因男友背叛而伤心垂泪的月栎，并将她带回家同居。本是一件私企老板包养女大学毕业生的俗事，却被玉米作者铺陈为一个痴情男子为自己心爱的女孩疗伤的浪漫故事。两人第一次见面时，月栎就像"被丢弃的孩子终于找到了避风港"一样趴在冷凌天怀里痛哭。一向厌恶女人眼泪的冷凌天看着流泪的月栎，立刻情不自禁地"想好好的疼惜她"。月栎被寒风冻伤之后，冷凌天搂着昏睡的她，"心里只想好好的疼惜她，给她温暖，让她安心入睡；而不是因为欲望而去占有她的身体"。为了照顾月栎，冷凌天放弃了一个价值上亿的合同，呆在家里为她端茶送饭，哄她吃药。病中的月栎精神防线彻底崩溃，像孩子一样地哭闹。冷凌天就轻轻拍着她的背，哄她睡觉，还"宠溺的看着她熟睡的小脸"。①

葱味言情小说中男主人公对女主人公的宠溺相当程度上折射出玉米对李宇春的宠爱。但女主人公的童稚化和男主人公的母亲化却并不是葱味小说所独有的。拉德威就注意到理想的言情小说中的女主人公都蕴涵了退回到婴儿期，以便重新体验躺在母亲怀里的原初之爱（primary love）的无意识愿望。② 拉德威认为："导致言情小说生成的幻想，既源自与异性个体相爱的俄狄浦斯欲望"，也源自"重新获取母爱以及母爱所意味的性愉悦、共栖的完整和身份的确认的前俄狄浦斯欲望"。③ 这也就是为什么言情小说中理想的男主人公一方面要具备阳刚气概，如威武高大、体魄强健；另一方面又要对女主人公温柔体贴、百般呵护。言情小说这个文类之所以长盛不衰，就是因为它能"成功地诱使读者通过认同女主人公，想象自己回归到被哺育、完全被照料的前俄狄浦斯状态"，④ 从而暂时逃避成年女性因外出工作和养育子女而承担的双重压力。

不过，葱味小说中女主人公的童稚化倾向与她们追求独立自主的愿

① 念笑：《尘外的月光》，百度小葱的图书馆吧（http：//tieba. baidu. com/f？kz = 148953355，2006 - 11 - 19/2009 - 03 - 09）。

② Janice Radway, *Reading the Romance：Women，Patriarchy，and Popular Literature*, p. 145.

③ Ibid. , p. 146.

④ Constance Penley, "Feminism, Psychoanalysis, and the Study of Popular Culture," *Cultural Studies*, p. 479.

望难免自相矛盾。玉米作者解决这一矛盾的办法通常是把童稚化倾向当作女主人公多元气质的一个面向。女主人公在私密生活中的撒娇举止成了她们对男主人公充分信任的一个标志。因为只有在她们确认自己的撒娇行为能获得宠爱的回应，而不会被视作女性的愚蠢和轻浮时，她们才会大胆地暴露出自己想重新做"小女孩"的渴望。《醉城》系列就用一种巧妙的故事结构展示了女主人公蓝一尘如何在自己的前俄狄浦斯欲求和女强人身份之间寻求妥协。作为庞大的家族企业的继承人，蓝一尘必须始终在生意场上保持冷静、理智和强悍的姿态。生意对手的一次突袭让她经历了暂时的失忆。在失忆的两个月里，蓝一尘变成了一个嗜好零食、游戏，害怕孤独和被抛弃的小女孩 cora，并赖在医生司徒信的家里不肯离去，把司徒信当作自己唯一的亲人。恢复记忆后，蓝一尘离开了司徒信。但她"开始学着面对自己的软弱和不安，原来以为坚不可摧的自己原来是个假相，她也是女孩子，也需要人呵护、照顾，生气了要人哄，高兴了要人陪，委屈了要一个肩膀可以依靠。"当她确信司徒信爱的不只是那个柔弱撒娇的 cora，而是她的全部时，蓝一尘坚定地向他敞开了心扉。即便是在司徒信失明后，蓝一尘也对他不离不弃，最终帮助司徒信治愈了眼伤，重见光明。①

此外，葱味言情小说还对女人的性感作出新的诠释。玉米作者不仅强调女主人公的美貌，还特意突出了她的"纯洁的性感"。女主人公在与男主人公相爱时几乎都是纯洁的处女，不管小说中的时代背景是礼法森严的古代，维新革命的近现代，还是性开放的当代。乍看上去，这似乎印证了孙桂荣的观点："女性形象在中国半个多世纪的沧桑流变中又似乎保持着某种'不变'的内核。……中国女性无论在哪一个时代都有'美丽'的可能，也都有'纯洁'的必要。"② 不过，在葱味言情小

---

① 饭_依然特稀：《蓝夜》，百度图书馆引水渠吧（http：//tieba. baidu. com/f？kz = 290929514）；犯愁了：《醉城——蓝夜（二）》，百度小葱的图书馆吧（http：//tieba. baidu. com/f？kz = 290935235）；了不起的宇春：《我没醉》，百度图书馆引水渠吧（http：//tieba. baidu. com/f？kz = 290942650）；了不起的宇春：《醉城——我没醉（二）》，百度小葱的图书馆吧（http：//tieba. baidu. com/f？kz = 290965841）。四部小说的发布日期和最后查看日期均为 2007 - 11 - 25/2009 - 03 - 09。

② 孙桂荣：《"美丽"的可能与"纯洁"的必要——中国当代文学中女性形象的话语变迁及其文化意义》，载《妇女研究论丛》2007 年第 3 期。

说中，"纯洁"、"优雅"等界定中上流社会女性美好品质的重要标尺已经不再与"性感"、"妖娆"等身体感官之美相冲突，而是互相交汇，构成了一种融合了孩童的天真和妖女的魅惑的"纯洁的性感"。形形色色的男人们，不管是高傲的王公贵族，放荡不羁的风流浪子，抑或是有过若干恋爱经历的成熟男性，无一不被这种纯洁的性感所征服。

长篇小说《绝代风华之代黎篇》就将女主人公代黎描绘为一位既有女人的性感又有女孩的娇柔的绝代佳人：

> 他〔萧佑城〕只是恍惚，就这样抱住了她〔代黎〕，不可思议的柔软，不可思议的娇嫩。她其实有一米七五的个子，比许多男人都要高，可骨架纤细，抱在怀里，像是水做的娃娃，不，是奶做的娃娃，她的身上，隐约透着奶香……可她那隔着汗湿了的薄薄衣料，紧紧贴着他的，是那样柔软的胸……
>
> 这个女孩……这个女人……①

这部以民国时代为背景的长篇小说曾是图书馆里点击率最高的一部作品（截至 2009 年 2 月，点击率已超过 242 万人次）。小说不仅曲尽笔墨渲染代黎的美貌和性感，还用大段篇幅描绘了萧佑城和代黎之间热烈浪漫的性爱场景。如萧佑城在代黎生日那天，调动军用飞机将她带到意大利西西里岛海滩度假，两人在海滩上完成了第一次"完美的"做爱。女主人公在性爱活动中的羞涩和欲拒还迎是"纯洁的性感"的另一个标志。即便代黎后来已经成了两个孩子的妈妈，她在萧佑城的爱抚下还是会适当地脸红，表现出娇羞的媚态。

拉德威在研究史密斯镇的女性读者所推崇的言情小说时发现，理想的女主人公大多是单纯、涉世不深的 17 岁到 20 岁的年轻女孩。史密斯镇读者把女主人公的这一特点当作"真正的纯真"（true innocence）。不过她们对女主人公童贞的赞许，并不是因为这是抽象的道德戒律，而是

---

① 用红色偏爱葱：《绝代风华之代黎篇》，百度小葱的图书馆吧（http://tieba.baidu.com/f? kz＝302199275，121 楼，2008－01－10/2009－03－09）。

因为她们相信一个女人必须防范那些只贪图她的美色却不管她的其他需要的男人。而且这些读者认为女性的性唤起、性反应只能用来交换爱情，不能用作其他目的。① 葱味言情小说也严格遵守着这一默认的规则。小说中的女主人公尽管常常被至少三个男人追求，但她只会爱上一个男人，并且只和这个情投意合的男人发生性关系，在爱人的呵护下绽放自己的情欲。而那些利用自己的女性魅力来获取荣华富贵的女人则往往下场悲惨。

四 《你是谁的星?》：玉米的爱和怕

绝大部分玉米原创小说都会涉及李宇春、玉米和理想的女性生活这三个主题，只是侧重点各有不同。不过，很少有小说将这三个主题全部覆盖。24 万字的长篇小说《你是谁的星?》就是这样的一个例外。其作者是一位百度 ID 为"边缘玉米"的"80 后"女玉米。这部文笔优美、结构精巧、包含强烈道德寓意的"玉米必读"之作是我个人读到的艺术水准最高的一部玉米原创小说。该小说虽然没有使用李宇春的真名，但却是玉米地里公认的"代入感最强"，"细节描写最逼真"的作品。它为我们了解玉米的精神世界提供了一个绝佳的窗口。《你是谁的星?》2006 年 12 月开始在图书馆连载，截至 2009 年 2 月，该小说的点击率已经超过 163 万人次。②

小说讲述的是一代巨星李星宇短暂而卓异的人生。游历人间的死神"莫名"，在 20 世纪末的 C 城与星宇相遇。星宇年幼时的聪慧可爱，12 岁时为好友打抱不平的倔强，18 岁时的"纤细挺拔"和"云淡风清"都深深刻在莫名的脑海里。21 岁的星宇因在一个电视选秀节目中为好友千宁伴舞而一夜成名，"在网络上和现实中有了无数的支持者"。内地一家新锐唱片公司"飞耀唱片"看中了星宇的才华，签下了她。莫名此时也化身为美国最大娱乐经济公司的首席舞蹈教练来到"飞耀"保护和帮助星宇。星宇签约的消息引起了一心渴望加入"飞耀"的千

---

① Janice Radway, *Reading the Romance*: *Women*, *Patriarchy*, *and Popular Literature*, p. 126.

② 边缘玉米：《你是谁的星?》，百度小葱的图书馆吧（http://tieba.baidu.com/f? kz = 151308351，2006 - 12 - 04/2009 - 03 - 09）。该小说已由珠海出版社于 2007 年正式出版。

宁的嫉恨。千宁的绝交声明让想帮助她的星宇诧异而难过。星宇为了专心唱歌，拒绝了著名电影公司的片约，得罪了在娱乐圈一手遮天的杜清风。正当星宇的首张唱片大获成功时，她却被杜清风和千宁合伙绑架。那些拍摄杜清风侵犯星宇的录像带随后被千宁的哥哥上传到网络。一时间，天下皆知星宇是娱乐圈大佬的金屋之娇。万念俱灰的星宇悄悄离开了北京，被南方 S 镇的酒吧老板简贞收留。最早得知真相的音乐制作人苗 VIVI 因欣赏星宇的才华和为人，迫使千宁在媒体前为星宇洗刷了不白之冤。星宇因而获得了复出的机会。复出之前，星宇目睹了莫名的真实身份。为了不让星宇遭受天谴，莫名放弃了神的灵力成为凡人，并离开了星宇。两年后，星宇成为亚洲巨星，但她依然对莫名一往情深。两人后来在纽约重逢，决定结婚。婚前，星宇作为嘉宾又一次参加了电视台的选秀节目。在舞台上，她为了救同为嘉宾的千宁和一个小男孩，被坠落的大灯砸中。莫名和命运之神做了一笔交易，用自己的灵魂换来星宇的苏醒。不过，在星宇醒后，"所有属于她的过去都将抹去，资料和引擎中将找不到这个人"。他们也终身不能和自己的孩子相见。

小说在构思方面独具匠心。星宇奇特的人生际遇源自"老板"（命运之神）的一个游戏。"老板"想知道如果把世间一切美好的东西，"荣耀，财富，地位，幸福，美貌全给一个人"，结果会怎样。"老板"认为"很多人可以成功，但并不是每个人都能在心灵上成为胜利者，在精神上无负于自己"。在他看来，星宇必然"逃不出泯然众人的规律"。而且根据他制定的规则，星宇生命中的荣耀都会"伴随着相对的痛苦"，因为"要得到就要付出代价"。为了彰显星宇灵魂的高洁和坚定，小说还塑造了好几位女性人物作为陪衬。她们或已彻底迷失，或曾经迷失最后幡然醒悟。首先是星宇的好友千宁，一个既出卖朋友，也出卖自己的不择手段的卑鄙女人。虽然她成为了"亚洲天后"，但却丧失了生育能力，"注定要孑然一身孤独终老"。其次是名噪歌坛的创作才女苗 VIVI。她 17 岁离家，背着一把吉他独自来到北京闯荡。成名之后，苗 VIVI 逐渐迷失了本心，直到星宇的出现才像一面镜子，让她重新看清了自己。苗 VIVI 最后退出了娱乐圈，把丈夫和儿子当作她生命中最重要的东西。S 镇的酒吧老板简贞也是一个迷途知返的例子。她曾在英国留学、结婚。她与丈夫都"酷爱探险和旅行"。简贞回国后投身商界，由于能力出众，三十岁时就已身家千万。但她与丈夫的感情却日益疏远，直到丈夫在南美的热带雨林中遇难。丈夫的意外让简贞醒悟到自己已经在金钱中彻底迷失。她毅然离开了都市，来到她和丈夫约好共度余生的 S 镇。她的丈夫后来也奇迹般地生还，来到 S 镇找她，两人又开始一起周游世界。为了反对女性在名利场中迷失自我，小说把家庭（丈夫和孩子）当作了女性的最佳归宿。这种将女性的职业追求和家庭生活对立起来的做法，或许从某种程度上折射出部分当代女性对职场打拼的厌倦。

小说还别出心裁地使用了倒叙结构来引出星宇和她的粉丝之间的故事。小说开始的时间是 2030 年，星宇和莫名 21 岁的女儿忆星在成年之日获得了一笔来自"父亲"的巨额财产。从未见过亲生父母的忆星为此踏上了解开身世之谜的旅途。由于她无法从任何文本资料中找到有关母亲的信息，她只能走访母亲当年待过的地方，依靠母亲的朋友和粉丝的回忆，一点点拼出母亲的完整形象。正如"忆星"的名字所昭示的，回忆成了小说的一个重要主题。这样的叙事框架为星宇的铁杆粉丝陈小爱的出场作了极好的铺垫。2030 年的陈小爱是"当今中国最著名的新闻女主播"。但 20 年前，她只是一个 17 岁的女孩，星宇歌迷论坛"星语星愿"的版主，整天在网上关注着星宇的一举一动。面对忆星的探访，陈小爱深情地回忆起当年爱上星宇之后的感受："遇到这样一个人，这样的沦陷，也许是幸福中的不幸。当你越来越爱她时，会发现她是天上的星，无法到达，不会知道。而当你想念她时，她不在你的身边……"这是一种强烈而又有些虚无、无法深究的爱。粉丝与偶像之间的距离决定了粉丝能看到的只是偶像在公众面前的人格面具，而不是她的整个真实自我。

陈小爱的经历无疑是许多玉米的写照，而"星语星愿"网站就是各类为李宇春建立的网络论坛的缩影。有趣的是，小说作者还以丰富的想象力描摹了星宇看到"轻言细宇"板块里关于她的各种小说的情景：

> 星宇看得诧异，种种故事的主角或形似或神似，竟然都是她，而许多小说的情节年代看起来妙趣横生，实在令她大开眼界。

那些小说的女主角们，或开朗或细腻，或帅气或柔美，却都是坚强勇敢，完美无瑕……

那是她吗，还是大家写的，其实都是自己心里期望的她的样子？她知道自己并没有那么完美，也没有那么神奇，他们爱的也许是她，也或者是心中远远向往的那个美好人生，干净人格，和许多不可能再实现的梦……①

这些小说显然指涉的是玉米原创小说。《你是谁的星？》的作者一面在创作粉丝小说，一面又在反省自己写作的意义；一面在刻画以李宇春为原型的女主人公，一面又在怀疑李宇春的形象是否就是玉米的虚构；一面在用粉丝小说的形式表达对偶像的爱，一面又试图对这种爱作出理性的分析。正是由于作者高度的自反性，使得她能追问偶像的价值，并触及玉米心中最深的隐忧：她们对李宇春的爱是否只是一个美好的幻梦？她们心目中的李宇春和实际生活中的李宇春是否大相径庭？她们的爱能持续多久？李宇春本人又能在这个尔虞我诈的娱乐圈停留多久？当李宇春逐渐成熟，"眼神不再清澈，消失了新生般的干净后"，玉米们是否会失望地离开？如果有一天她为了个人幸福，永久地退出歌坛，玉米们又将如何反应？随着岁月的流逝，一切浮华是否终将烟消云散，除了记忆，什么也不会留下？

不过，小说中所塑造的各种忠诚而体贴的粉丝形象表明，玉米对于李宇春的爱会坚持很久。比如，当星宇遭遇到性丑闻的打击，流落到S镇的酒吧驻唱时，一位男大学生粉丝来到酒吧，每次只是给她送上一枝玫瑰，然后安静地听她唱歌。当患上失忆症的星宇在莫名的陪伴下离开医院时，粉丝们不愿围观打扰他们，只好扮作行人，悲喜交加地暗中遥望。虽然星宇已经从公众的视线中消失多年，每年她生日的那一天，一些铁杆粉丝还是会聚集到一起，共同分享对她的怀念。而且，最重要的

① 边缘玉米：《你是谁的星？》，百度小葱的图书馆吧（http://tieba.baidu.com/f? z = 151308351&ct = 335544320&lm = 0&sc = 0&rn = 30&tn = baiduPostBrowser&word = % D0% A1% B4% D0% B5% C4% CD% BC% CA% E9% B9% DD&pn = 90，1157 楼，2007 - 02 - 19/2009 - 03 - 09）。

是，"好的音乐，不会因时间而阻隔，才华横溢的灵魂，终会被口口相传"。星宇的音乐作品多年后依然受人喜爱，尽管听众不知道演唱者的名字。

小说经过五个月的连载结束之后，许多玉米回帖表达了她们的阅读感受。一位 ID 为"就是 Loving"的玉米的回复颇有代表性。她写道："结文了，心里有无数个舍不得，不知不觉间眼泪就流下来了，很久没有因为看小说而掉过泪了。大家因为爱着同一个人而走在一起，每次想到这里都会觉得这种缘分很美。春春，不管以后的路如何，我会一直陪着你，祝福着你。你一定要幸福。"还有不少玉米也纷纷写下了"爱的誓言"。如一位叫"粽你才是硬道理"的玉米表示，要像小说中星宇的粉丝那样始终守护李宇春："我们要在 20 年后，能够在一起说，她很幸福，我们很满足。一切一切，已经结束。相信曲不会终，人不会散。葱还拥有我们。还好，她拥有我们。这些傻傻的，痴痴的，爱她永远，像她一样的玉米。"阅读《你是谁的星？》似乎是一种驱魔仪式。它让玉米通过想象的经历驱散内心的疑惑和恐惧，获得情感的净化，从而变得更为坚定和忠诚。

玉米利用粉丝小说的形式重申了李宇春的魅力，并假借异性恋男子的视角表达了她们对李宇春的爱慕和渴望。同时，她们也通过认同以李宇春为原型的女主人公，替代性地提前享受到一个女超人的完美人生。尽管许多葱味言情小说和流行的言情小说一样，讲述的都是俊男美女历经坎坷终成眷属的老套故事。但一些葱味小说中所透露出的讯息却为我们思考"女人到底要什么？"这个困扰弗洛伊德的经典命题提供了有益的参考。在玉米编织的幸福神话里，女人可以成为叱咤风云的巨星、总裁、高级白领、优秀特工、女侠和贵妇，不仅在公共生活中获得的令人瞩目的权力、威望和赞誉，同时也在私密生活中获得男性伴侣的忠诚、保护和体贴。当代中国女性要的东西很多：她们要成功的事业，甜蜜的爱情，欢乐的家庭，自由的生活，丰足的物质享受。但她们在现实中得到的却远远不够。小说中的完美人生恰恰是现实中的不完美人生的补偿。

第三节　超女同人文

一　超女同人文与百度"绯色超女"吧

超女同人文是一种以超女选手之间的虚构爱情为主题的 GL 小说。所有作品的主人公均以超女为原型，并使用她们的真名。这是一个在人物、主题、风格、篇幅、叙事手法等方面都和玉米原创小说迥然不同的亚文类。与玉米原创小说在玉米地广受欢迎的情况不同，超女同人文一直受到主流超女粉丝的排斥和压制。尽管如此，它的爱好者们却在自己的百度贴吧里形成了一个亲密而富有创造力的女性文学社群。我个人认为，超女同人文比玉米原创小说更清晰地展示了粉丝如何"把电视节目当作橡皮泥，延展它的边界以便容纳自己的关切，重塑人物来更好地满足自己的欲望"。[1]

大规模的超女同人文最早见于百度"超女 YY 无限"吧。[2] 这个贴吧是由"凉粉"在 2005 年 8 月建立的。吧中最主要的配对是"宇靓"（李宇春/张靓颖），也就是说大部分小说都是关于李宇春和张靓颖的 GL 故事。除此之外，还容纳了不少"旁门左道"，如春笔（李宇春/周笔畅）、宇洁（李宇春/何洁）、笔靓（周笔畅/张靓颖）、笔莉（周笔畅/黄雅莉）等。[3]"超女 YY 无限"吧曾一度相当热闹，会聚了许多博爱的超女粉丝。但由于在该吧创作的同人文中，李宇春总是扮演男性角色，人物性格也不符合玉米的预期，再加上玉米和凉粉之间的矛盾，最终引发了主流玉米对涉及李宇春的超女同人文的强烈不满。2006 年 2 月在大量玉米的投诉下，"超女 YY 无限"吧被迫迁离开放的百度，转移到一个封闭的论坛。虽然"超女 YY 无限"吧在百度生存的时间较短，但它为日后其他类似的百度贴吧的出现提供了有益借鉴，如以李宇

---

[1]　Henry Jenkins, *Textual Poachers: Television Fans and Participatory Culture*, p. 156.

[2]　绯色超女吧的读/作者们赋予了 YY（"意淫"的汉语拼音缩写）这个符码更丰富的内涵。对她们来说，YY 是一个不固定的能指链条，指示着友谊、音乐、语言、业余、压抑、优越、永远等多重所指。

[3]　宇靓 RIO:《本吧落成，公告天下!》，百度超女 YY 无限吧（http://tieba.baidu.com/f? kz = 29249327，2005 – 08 – 06/2009 – 03 – 10）。

春/周笔畅为核心配对的 cb 天道吧，以周笔畅/黄雅莉为核心配对的笔莉同人小说吧等。本节考察的是百度"绯色超女"吧，一个以 2006 年超女选手为主要创作对象的 GL 读写社群。

"绯色超女"吧建立于 2006 年 5 月。其吧主暨创始人"阿修罗之树海"曾是一位活跃在"超女 YY 无限"吧的笔迷。吧内的同人文涉及两个核心配对：扬尚/尚扬和飞雪/雪飞。扬尚/尚扬指的是 2006 年《超级女声》的季军刘力扬和冠军尚雯婕的配对，飞雪/雪飞指的是第六名许飞和第五名厉娜的配对（厉娜的小名为"小雪"）。每个配对中排在前面的名字代表了性行为中的攻方，排在后面的名字则是受方。如"扬尚"表明是刘力扬攻，尚雯婕受，而"尚扬"则表明是尚雯婕攻，刘力扬受。[①] 如果"扬尚"和"尚扬"同时出现，则表明是互攻互受。一般来说，短篇小说大多以一个配对的情感关系为焦点，而中、长篇小说则会包含多个配对，并引入超女节目中的其他选手、评委、制作人作为配角。部分小说还会围绕若干超女之间的多角恋情展开。

据我个人的粗略统计，到 2008 年 7 月为止，"绯色超女"吧中已完结的飞雪同人文约有 150 篇，已完结的扬尚同人文约有 220 多篇，其他已完结的同人文约有 110 多篇（其中 11 篇有关 05 配对的作品最初发表在"超女 YY 无限"吧）。这些作品长的有十多万字，短的不足一千字。这也就是说，"绯色超女"吧在成立的短短两年时间里，共生产了近 470 部长短不一的原创作文学作品。另外还有 30 多部根据"绯色超女"吧的小说改编的 MV（音乐录像）和一部根据吧内长篇小说《夜奔》自导自演的 DV 剧。与图书馆的玉米原创小说相比，"绯色超女"吧的作品在篇幅长度上要短得多。如果说不少玉米原创小说像动辄上百集的韩剧一样琐碎冗长，注重生活细节和伦理道德判断，"绯色超女"吧的同人文则像只有 11 集的日剧一样短小精悍，注重人物心理的刻画和戏剧冲突的渲染。

虽然超女同人文和玉米原创小说基本上都属于言情小说这个大范畴，但超女同人文的 GL 主题和配对方式无形中限制了它的读者面，使其成为一种小众文类。当前，大部分言情小说读者还是偏好 BG 类型的

---

　　① "攻"和"受"是两个源自日本 BL 漫画的术语。"攻"（*seme*，攻击者）相当于男同性恋中的"一号"，"受"（*uke*，接受者或"目标"）相当于"零号"。

爱情故事，不能接受 GL。能接受 GL 的读者，也不一定能接受 GL 中的所有配对。这种对于配对的选择性，在同人圈中被称作 "CP [英文单词 'couple' 的缩写] 节操"。本书之所以选择百度 "绯色超女" 吧作为研究对象，也是因为我本人有 CP 节操。我喜欢 "绯色超女" 吧中的06 超女配对，无法接受一些 05 超女配对。

截至 2009 年 2 月，"绯色超女" 吧约有 600 位会员。从会员填写的百度注册信息和我个人在贴吧的 "潜水" 经历看，吧内的读者和作者几乎全是女性。作者大多是标准的 "80 后"，要么是职场女性，要么是在校学生。读者的年龄跨度似乎比作者的年龄跨度要更广一些。我曾在吧里看到过一个自称上小学六年级的女孩的发言，也曾遇到过几个身为人母的粉丝，讨论一篇同人文中所涉及的哺乳问题。虽然绝大部分读/作者都是超女粉丝，但其中也有一些人是同人文的粉丝，对同人文这个文类的兴趣大于对超女的兴趣。不少人还同时是 BL 的读者，或是首先熟悉 BL，然后才因对超女的喜爱而开始阅读、创作 GL 小说。

二 "绯色超女" 吧的写作惯例

像许多通俗文学文类一样，超女同人文自 2005 年出现以来，经过三年多的发展，目前已经逐渐成熟和程式化，形成了一套独特的写作惯例。只要对比 "超女 YY 无限" 吧和 "绯色超女" 吧的作品排列格式，就可以看出明显的不同。"绯色超女" 吧的作者都很遵守贴文的格式，使得吧里的页面看上去整齐划一。根据 "绯色超女" 吧的吧规，每篇作品的标题前面都必须标出配对和攻受方，以免不喜欢该配对的粉丝误入网帖。在刘力扬和尚雯婕这个配对中，刘力扬通常被塑造为有着栗色短发，高瘦帅美，开朗外向的攻方。尚雯婕则是凤眼高鼻，身材修长，沉静内敛的受方。在许飞和厉娜的配对中，许飞是清瘦秀气、性格倔强的攻方，而厉娜则是白皙美丽、温顺平和的受方。当然，这些 CP 和攻受设定都不是绝对的，有的作者会故意打乱通行的设定，以便制造出与众不同的阅读效果。短篇小说《错位》就是一个成功的 "乱配" 的典范。[①] 作

---

① 迷仰：《错位》，百度绯色超女吧（http://tieba.baidu.com/f? kz = 147076953，2006 - 11 - 12/2009 - 03 - 11）。

者用 A 爱 B，B 爱 C，C 爱 D，D 爱 A 的恋爱模式颠覆了扬尚、飞雪和维蕾（指谭维维和阳蕾，她们分别是 06 年超女比赛的亚军和第十名）这三个常规配对。对六位失恋超女的心理状态的细腻描画突出了错爱的无奈和伤痛，反衬出两情相悦的难能可贵。

在作品标题那一行或故事开始之前，不少作者还会根据文中性描写的尺度，交代是"清水文"还是"H 文"。清水文的性描写通常很少或很含蓄，H 文的性描写则比较暴露。"H"来自日文"hentai"（色情，变态之意）罗马拼音的第一个字母，泛指一切"少儿不宜"的东西，如 H 漫，H-Game 等。除了"H 文"的分类标签，部分作者还会在作品标题的后面打出"8CJ"（读作"不纯洁"，网络玩笑用语）的字样，以示提醒。超女同人文中的性描写是一个存在争议的话题。少数读者对直露的性描写相当反感，大部分读/作者则认为爱和性是不可分离的，性行为是对爱情的肯定和美好升华。著名同人文作者"发条橙 521"甚至宣称："一段完美的爱情可以残缺，但是一定要有完美的性。"①

虽然"绯色超女"吧的同人文和许多玉米原创小说一样大多以言情小说的叙事模式为主，以悬疑推理、灵异惊悚、警匪黑帮等文类的叙事元素为辅，但这个吧的作品并不像葱味言情小说一样都是千篇一律的大团圆结局。所以在 H 文和清水文的区别之外，超女同人文还有甜文和虐文的区分。如果故事的结尾，没有出现读者所期盼的圆满结局，两个女主人公因故未能走到一起，一方甚至不幸丧生，那这个故事就是让读者感到难过和沮丧的虐文。反之，则是让读者感到愉快和欣慰的甜文。当然，在故事的发展过程中，两位女主人公之间的爱情会经历许多波折，会让读者感到"很虐"，但只要结局是圆满的，不少读者反而希望中间的过程越虐越好。大部分作者都会在作品标题那一行或故事开始前预告结局是否圆满。即便作者不愿意事先公布结局，读者在追文的过程中也会不断打探和猜测，以便调整自己对故事的情感投入程度，减少虐文所带来的心理创痛。

---

① 发条橙 521：《绯色事·后记》，百度绯色超女吧（http：//tieba. baidu. com/f？z = 147569899&ct = 335544320&lm = 0&sc = 0&rn = 30&tn = baiduPostBrowser&word = % E7% B3% C9% AB% B3% AC% C5% AE&pn = 10170，10425 楼，2007 - 11 - 26/2009 - 03 - 11）。

正如拉德威在分析言情小说的阅读实践中所指出的，对于言情小说的读者来说，阅读是一种"希望的仪式"（ritual of hope），通过反复阅读拥有完满结局的言情小说，读者保持了对世界的信心，相信她的世界里也会真的存在美好的爱情。① 不过，与史密斯镇的 BG 言情小说读者不同的是，"绯色超女"吧的读者并不把虐文自动地贬低为坏故事。一些情感真挚的虐文还获得了吧内读者的高等评价。如飞雪文《似是故人来》（简称"故人"）虽然以许飞的自杀和厉娜的病逝为结局，但仍然被许多读者推选为飞雪文的最佳代表作。小说作者"飞的搓衣板"也认为："其实单从爱情上来说，《故人》真的不虐。飞雪之间的感情，从开始到最后，都那么纯粹那么浓烈，没有一丝污染。所有的压力都来自外界，她们从来不曾相互伤害相互背叛。这不是一件很美好的事吗？"② 由于超女同人文不像玉米原创小说那样有公开发表和正式出版的机会，完全是一种小群体内部的自娱自乐之作，因此一些作者更愿意用虐文来再现丧失、孤独、伤痛等普遍性的人生经历，释放灰暗、压抑的情感。

根据作品内容的真实程度，"绯色超女"吧的同人文还可以分为比赛文和架空文两种。一般来说，以超女比赛为背景的比赛文写实程度较高。作者在创作时会刻意参考比赛期间所发生的事件，并将粉丝社群中流传的八卦消息融入故事情节。"飞的搓衣板"创作的另一部著名飞雪小说《幸福·留念》描述的是许飞和厉娜在长沙赛区的比赛经历。③ 虽然作者本人是一个资深"飞碟"（许飞粉丝的称号），但为了增强小说的现场感，她在动笔之前仍然花了大量时间反复温习比赛时的视频和粉丝群中流传的"八料"（"八卦材料"的简称）。"绯色超女"吧里有几幢特别高的八料楼，专门收集超女之间"暧昧关系"的证据，以便

---

① Janice Radway, *Reading the Romance: Women, Patriarchy, and Popular Literature*, p. 207.

② 飞的搓衣板：《似是故人来·后记》，百度绯色超女吧（http://tieba. baidu. com/f? z = 154645997&ct = 335544320&lm = 0&sc = 0&rn = 30&tn = baiduPostBrowser&word = % E7% B3% C9% AB% B3% AC% C5% AE&pn = 5670，5781 楼，2007 - 06 - 13/2009 - 03 - 11）。

③ 飞的搓衣板：《幸福·留念》，百度绯色超女吧（http://tieba. baidu. com/f? kz = 116929314，2006 - 07 - 23/2009 - 03 - 11）。

"刺激"作者和读者的想象力，让 YY 活动变得更加鲜活有趣。这些证据主要以图片为主，也有少量粉丝的现场文字报道。其中一幢关于厉娜和许飞的八料楼的点击率已经超过 300 万人次。赛后，由于超女之间的联系逐渐减少，架空文变得更加普遍。较之真实文的虚实不分，真假莫辨，架空文则通常和超女本人的现实生活相隔较远，一般只是借用超女选手的典型形象和经历来传达作者本人的人生体验和情感欲望。

CP、性、结局、真实感不仅是超女同人文的分类标准，也是这个文类的基本构成要素。本节的第三部分，将以"绯色超女"吧中点击率最高的长篇小说《绯色事》为例，分析超女同人文的主题特征。① 我认为，超女同人文与普通言情小说的最大不同，就在于它摈弃了传统言情小说中标准的"marriage plot"（结婚情节），让女主人公从异性恋婚姻体制的束缚中解放出来，从而更自由地探索隐秘的女性原欲和激情。如莫德莱斯基（Tania Modleski）在评价最近在欧美市场上出现的禾林漫画（Harlequin manga）时所说的：在这些由日本女艺术家创作的漫画里，"不仅性变得更突出了，背叛、复仇、迷失和绝望等基本情感也更加鲜明"。② 扬尚小说《绯色事》正是如此。

三 《绯色事》：禁忌和欲望

《绯色事》2006 年 11 月开始在"绯色超女"吧连载。正文共有 58 章，于 2007 年 1 月份结束；番外③共有 17 章，于 2007 年 5 月份结束。截至 2008 年 10 月，该小说的点击率已经超过 130 万人次，读者回复过万。这部长篇小说还在未经作者授权的情况下被转帖到天涯"娱乐八卦"等大型网络社区，吸引到了一些超女粉丝社群之外的读者。对于"绯色超女"吧的许多读者来说，《绯色事》是"经典中的经典"，"永远的大爱"。《绯色事》的作者"发条橙 521"也因此成为吧里最受仰慕的作者之一。

---

① 发条橙 521：《绯色事》，百度绯色超女吧（http：//tieba. baidu. com/f？z = 147569899&ct = 335544320&lm = 0&sc = 0&rn = 50&tn = baiduPostBrowser&word = % E7% B3% C9% AB% B3% AC% C5% AE&pn = 0，2006 - 11 - 14/2009 - 03 - 11）。

② Tania Modleski, *Loving with a Vengeance*：*Mass-Produced Fantasies for Women*，2nd ed.，New York：Routledge，2008，p. xxxi.

③ "番外"指的是主体故事以外的发展，相当于续集、外传。

《绯色事》讲述的是两个同父异母的姐妹从敌视到爱恋，最终跨越一切障碍走到一起的故事。小说的正文以刘力扬为第一人称叙事者，番外则以尚雯婕为第一人称叙事者。刘力扬12岁那年，其父和尚雯婕的母亲再婚，与刘力扬同年的尚雯婕随母亲来到刘家生活。整个中学时代，尚雯婕是成绩优异的"乖乖女"，刘力扬则是叛逆任性的"坏女孩"。自认为遭到父亲冷遇的刘力扬对尚雯婕充满嫉恨，两人形同陌路。高三毕业前，刘力扬的"拉拉"身份在学校曝光，恼怒的刘父将其"发配"到英国留学。留英期间，刘力扬傲气地拒绝了父亲的资助，开始自食其力，刻苦攻读。大学毕业后，刘力扬回国工作，尚雯婕此时也从复旦大学法语系毕业，就职于一家法资企业。两人之间的关系依然客气而疏远。一年多后，因尚雯婕的养父病危，刘力扬到医院陪伴情绪低落的尚雯婕。当晚，尚雯婕向刘力扬吐露了少女时代在刘家生活的孤独和惧怕，两人第一次发生性关系。此后，刘力扬意识到对尚雯婕的爱恋，开始逃避。经过多次的情感纠葛，两人终于秘密同居。半年之后，刘力扬得知她和尚雯婕其实是同父异母的姐妹。虽然她曾一度试图放弃这段感情，但最终还是回到尚雯婕身边。不久，她们的恋情被尚雯婕的母亲窥破，尚母只好告诉女儿她和刘力扬之间的血缘关系。为了避免让刘力扬知道真相，尚雯婕毅然选择了离家出走。数月后，公安局将尚雯婕在西藏泥石流中遇难的消息通知了刘家。刘父因不堪忍受丧女的痛苦，两年后病逝。尚母自杀未遂后开始精神恍惚。在正文的结尾，刘力扬依然沉浸在对尚雯婕的怀念中不能自拔。在梦中，她听到尚雯婕说：

> 我们身体里流着一半相同的血液。这世界上还会有哪两个人有如此亲密的关系呢？那种感觉就好像你是我的一部分，而我也是你的一部分。没有任何东西能够分开我们——包括时间的流逝与人心的变故。
>
> ［……］我要走了。为你漂为你泊，到老到死。这是我还你的方式。
>
> ［……］我爱你。

刘力扬决定继续等待，相信总有一天尚雯婕会回到她身边。在番外里，刘力扬去西藏林芝地区做援藏志愿者，遇到了还活在人世的尚雯婕。其实尚雯婕并没有遇难，遇难的是一个错将她的身份证拿走的女孩韩小蝶。在得知小蝶丧生后，尚雯婕便假冒她的身份在林芝定居、教书。在经历了一番死生考验后，尚雯婕终于参透人生，决心和刘力扬终身相守。

　　如任何成功的通俗小说一样，《绯色事》拥有鲜明生动的人物形象和波澜起伏的故事情节。作者对两位女主人公的心理描写尤为细腻精到。小说包含了三个引人入胜的主题：禁忌、虐恋和成长。在小说中，刘力扬和尚雯婕不仅被设定为情侣，还被设定为互不知情的同父异母姐妹。对蕾丝边（lesbian）和乱伦的双重社会禁忌的打破，为小说营造出了一种强烈的、宿命性的悲剧氛围。乱伦曾是 17 世纪英国戏剧（Jacobean Drama），18 世纪小说和 19 世纪浪漫派诗歌的重要主题。对于浪漫派诗人来说，乱伦，尤其是兄妹间的乱伦代表了最纯洁的爱和最极端的自恋。这种爱只能导致死亡，以悲剧告终。① 尚雯婕在刘力扬梦中所作的表白，就将两人之间的血缘关系当作世上最强大的爱的标记。因为只有血缘关系，才能抵抗"时间的流逝和人心的变故"这两个爱的劲敌。乱伦不仅昭示了爱的强大，还为女性主体性的张扬提供了机会。奎里根（Maureen Quilligan）曾引用列维—斯特劳斯（Levi-Strauss）在《亲属的基本结构》一书中有关乱伦禁忌的思考，对此作了进一步说明。列维—斯特劳斯认为：构成婚姻的交换关系并不是建立在一个男人和一个女人之间的，而是建立在两群男人之间的。女人只是交换的对象，而不是交换伙伴。换言之，乱伦禁忌就是保证这种交换在近亲之外的群体中得以施行的一种机制，是外族通婚和联盟成为可能的基本条件。理论上说，女性若想中止这种交易，拒绝被当作物品一样在男人之间流通，只有三个办法：乱伦、独身和蕾丝边主义（lesbianism）。选择近亲男性伴侣（乱伦），也就成为女性逃避被交换的命运，主张个人能动性（agency）的一种方式。奎里

---

　　① Sandra Gilbert and Susan Gubar, *The Madwoman in the Attic: The Woman Writers and the Nineteenth-Century Literary Imagination*, 2nd ed., New Haven: Yale University Press, 2000, pp. 207 – 209.

根指出：只有当一个女性保持不被交易的状态时，她才能更自由、更积极地选择自己的欲望。①

如果说乱伦是对亲属体系，这一最基本的人类社会组织的摧毁，同性恋则是对异性恋体制，这一最主要的人类性/性别规范的颠覆。根据罗宾（Gayle Rubin）的"性分层"概念，国家通过法律、科层制和其他社会控制手段将个人和社会群体进行分类，形成了一个性等级制度，以便对处于等级制度底层的同性恋者和其他性异端分子实施隔离、歧视和迫害。罗宾提出了"好的"性，有争议的性和"坏的"性三个级别。"好的"性是异性恋的、婚内的、生殖性的；有争议的性包括手淫、同居、长期稳固的同性恋伴侣；滥交的同性恋关系、虐恋、恋物、易性等反常的、不自然的、有病的性行为则都属于"坏的"性的范畴。② 在当代中国的性等级制度中，同性恋者，无论男女，都是这个等级制度中的下等公民。直到 20 世纪 90 年代，同性性交还曾被国家视为非法行为，同性恋者还经常遭到公安部门的骚扰。相对于少数男同性恋名流的高调出柜，女同性恋者大多还处于无名、无声的地下状态。比如，李银河所著的《同性恋亚文化》名义上是对整个同性恋人群生活状况的考察，但实际上却只涉及了男同性恋者。如此一来，"同性恋"一词就被自动默认（by default）为"男同性恋"，女同性恋身份也就被男同性恋身份所涵盖、遮蔽。

《绯色事》不仅是一部跌宕起伏的爱情小说，还是一部深刻的女性成长小说（Bildungsroman）。主人公对爱的体验和追寻既促使她们更深入地认识自我，又构成了她们的自我认识的核心部分。小说从刘力扬和尚雯婕 12 岁时的初次见面写起，一直写到她们 30 岁时的再次重逢，勾勒出了她们从懵懂的少女成长为成熟女性的整个青春历程。小说的总体时间跨度虽然长达 18 年，但约五分之四的篇幅都集中在两位女主人公从 24 岁到 25 岁半这一年多的相恋经历，并涉及大量直露的性描写。其中完整的性爱场景就有十余次之多。不过，由于每一个场景都与女主人

---

① Maureen Quilligan, *Incest and Agency in Elizabeth's England*, Philadelphia: University of Pennsylvania Press, 2005, pp. 12 – 13.

② ［美］葛尔·罗宾：《关于性的思考：性政治学激进理论的笔记》，载葛尔·罗宾等《酷儿理论》，李银河译，文化艺术出版社 2003 年版，第 20—21、36 页。

公的心理活动密切相关，读者在阅读时不仅丝毫不感到冗长和枯燥，反而像坐过山车一样辗转于狂喜的巅峰和心碎的谷底，与故事主人公一起体验"痛并快乐着"的性灵激荡。这和李银河在《虐恋亚文化》一书中将虐恋（sadomasochism）定义为"一种将快感与痛感联系在一起的性活动"，有着异曲同工之妙。①

小说中的性爱场景与虐恋游戏颇多相似之处。首先，刘力扬和尚雯婕之间有着明显的角色分工。刘力扬在性爱中大多扮演着征服者的角色，而尚雯婕则扮演着臣服者的角色，并经常在性爱场景中表现出羞辱、屈从和放弃自我。比如，尚雯婕的性高潮总是和羞耻联系在一起。小说中反复出现"她隐忍地发出既羞耻又快乐的声音"，"巨大欢愉带来的与道德观截然相反的悖离感让她羞耻得用手臂挡住了自己眼睛"等表述。其次，小说中有不少同性恋关系中"最常见的虐恋式反应"：吮咬（lovebite）。② 尚雯婕曾在刘力扬的右肩上留下"一排模糊的绯色齿痕"，刘力扬也曾让尚雯婕的"胸口上方满布红得泛青的印子"。此外，小说中还有两次明显的性暴力场景。其中一次发生在两人性关系的早期。在年末的公司酒会上，刘力扬遇到了尚雯婕和她的美女老板。出于强烈的嫉妒心和占有欲，刘力扬在酒店洗手间强暴了尚雯婕。另一次是在刘力扬得知姐妹乱伦的严酷现实后，绝望的她以醉酒为借口，"残暴地侵犯"了尚雯婕，包括对她实行捆绑。不过，在刘力扬对尚雯婕实行身体戕害的同时，她自己也在忍受着心灵的巨痛："我终于确定自己没有完全麻痹在几个小时前的酒精里，否则我的心不会疼得那么厉害。像被什么人用小刀一下又一下割成碎片那样。"

尽管根据拉德威的调查，言情小说的女性读者普遍不喜欢性放纵、强奸和拷打，③ 我也只在一篇玉米原创小说中读到了疑似强奸的

---

① 李银河：《虐恋亚文化》，今日中国出版社1998年版，第6页。
② 同上书，第9页。
③ Janice Radway, *Reading the Romance：Women，Patriarchy，and Popular Literature*, p.73.

场景，① 但性暴力却是 BL 和 GL 小说中的常见现象。索恩在讨论日本业余漫画社群的性政治时，明确指出许多耽美漫画的粉丝"从她们的男性人物的受难中获得愉悦"。他写道，在耽美故事中：

> 男性人物遭到强奸，甚至（最惹眼地）被爱人强奸，都是很普遍的。这表明，读者一方面将自己代入故事，想象为某位男性人物，同时又把男性人物客体化。可能部分艺术家（她们的读者自不必说），通过将受虐的经验外投到男性人物身上，而在某种程度上与自己的受虐经验进行妥协。②

不过，索恩的这个解释并不适用于超女同人文的爱好者。阿修罗之树海吧主告诉我："有一种粉丝心态就是小受［攻受关系中的受方］比较被宠爱。她们乐意看自己家那位在文中总受。还有一种同人女心态是喜欢哪一个就会虐哪一个。［用］耽美界的话［说就是］，爱他就让他受。爱他就虐他。"③ 也就是说，粉丝越是喜爱、认同某个超女，就越希望在小说中看到这个超女总是成为攻受关系中的受方，处于被动的地位。超女同人文的读/作者并没有将这种文类当作一种驱魔术，以摆脱她们在现实生活中所经历的性虐待经验。至少我无法看出，超女同人文的女性读/作者们将自身遭受男人性虐待的经验投射到她们喜爱的女主人公身上，能够带来任何心理裨益。我认为，只有虐恋理论才能解释超女同人文所展示的"怪异"粉丝心态。

---

① 参见玲珑惑之卜算子：《玲珑惑之卜算子》，百度小葱的图书馆吧（http：//tieba. baidu. com/f? z = 386682245&ct = 335544320&lm = 0&sc = 0&rn = 50&tn = baiduPostBrowser&word = % D0% A1% B4% D0% B5% C4% CD% BC% CA% E9% B9% DD&pn = 0，2008 - 05 - 23/2009 - 03 - 11）。在这篇武侠言情小说中，女主人公是一个有未卜先知能力的失明美少女。一位采花大盗被她的美色所吸引，将她抢走。圈养一些时日后，又夺去了她的贞操。美少女在初次性交之后奇迹般地复明，但也因此失去了预知能力。她后来和采花大盗相爱生子。这是一个典型的女性强奸幻想。

② Matthew Thorn，"Girls and Women Getting Out of Hand：The Pleasure and Politics of Japan's Amateur Comics Community," *Fanning the Flames：Fans and Consumer Culture in Contemporary Japan*，p. 177.

③ 阿修罗之树海：百度消息，2008 - 03 - 06。

根据西方虐恋理论家的观点，受虐的冲动首先来自对爱的极度渴求。受虐者内心深处对自身的软弱及自己缺少重要性的感觉非常恐惧，因此导致他们对感情的强烈需求和带自恋倾向的脆弱感、受伤害感。由于不能控制这些感觉，有受虐倾向的人会让自己沉浸在极度的折磨之中，以此来冲淡痛苦。除了对爱的需求之外，还有对他人的关注的需求。有受虐倾向者认同家长—子女关系中的孩子的身份，希望被当作一个弱小的、无助的、依赖成人的孩子来对待（这也就是吧主所说的"小受比较被宠爱"）。虐恋实际上是对人际关系的渴求，是对孤独的拒绝。而使自己隶属于或屈从于某人，是避免孤独和建立与他人关系的最可靠办法。[①]

在这里，有必要提到，超女同人文的读/作者绝大部分是 80 年代以后出生的独生子女。虽然她们自小受到父母的宠爱，但由于童年时代缺乏同龄的兄弟姊妹作为玩伴，还是在成长的过程中备感孤独。《绯色事》中的姐妹恋就部分地映射出她们对血亲姊妹的渴望。小说中的乱伦和蕾丝边主题不仅和性有关，还和家庭有关。正文以刘父与尚母的再婚为开始，以尚雯婕的出走、刘父的死亡和尚母的疯癫为结束，恰好暗示了刘、尚两家从解体到重组再到解体的轮回。番外中，尚雯婕冒用孤女韩小蝶的身份独自在林芝生活，也表明了对常规家庭关系的拒斥和逃避。刘力扬和尚雯婕在西藏的重逢更象征了生死不渝的爱情只有在一个异域乌托邦（林芝地区素有"人间天堂"的美誉）才能实现。小说对当代中国家庭关系和爱情关系所做的黯淡言说其实是对现实的真实反映。改革开放以后，内地离婚率直线飙升。据统计，北京市的离婚率目前已经高达 39%，上海为 38%，深圳则为 36.25%。[②] "绯色超女"吧的读/作者恰好多来自这些经济文化发达的大都市，她们对于爱情和家庭的幻灭感可能也更加强烈。她们所喜爱的超女中有的也来自问题家庭，如现实生活中的尚雯婕从小父母离异，独自跟随父亲长大，刘力扬的父母据说也长期不睦。

---

① 李银河：《虐恋亚文化》，第 194—196 页。

② 王莉、刘蓉：《白领一族"减压"进行时》，《经济参考报》（http://big5. xinhuanet. com/gate/big5/jjckb. xinhuanet. com/gnyw/2007 – 07/11/content ＿ 57495. htm, 2007 – 07 – 11/ 2009 – 03 – 11）。

　　所有的粉丝小说都和幻想有关。根据拉普朗什和彭塔利斯（Laplanche and Pontalis）对幻想（fantasy，他们称之为"phantasy"）的定义，幻想"代表了一个愿望（分析到最后，是无意识的愿望）以一种被防御机制或多或少扭曲的方式的实现。"① 辛纳曼进一步指出：幻想表达了对于完整（fullness）的欲望，以及消除令人不安的缺席的愿望。幻想在一个以分离、缺席、创伤性扰乱为特征的世界里，承诺了完全的满足和整体性的意义。幻想是人类拥有的一种与困难情境协商的方式，是一个缝合欲望和自我之间的断裂的方式。② 当刘力扬第一次到尚雯婕的房间与之做爱时，小说有这样一段令人心悸的描写："她［尚雯婕］回头偶然一瞥，那瞬间我［刘力扬］仿佛产生幻觉——她就站在那幻觉与梦境的对岸招引我，等我过去。岸的那一边没有痛苦悲伤，一切皆空，只剩良辰美景，花好月圆。"《绯色事》以及其他超女同人文中的女性幻想所建构的正是这样一个"花好月圆"的彼岸世界，能满足粉丝对爱、愉悦和生命的完满的根本需求。

　　如果我们回到莫德莱斯基和索恩的观察，一个自然浮现出的问题是：为什么针对暴力、痛苦和绝望等极端情感和欲望的描绘更多地出现在以同性恋情为核心的 BL 和 GL 小说中，而不是传统的 BG 小说中？李银河对虐恋的总结性思考或许会对我们有所启发。李银河认为虐恋和色情一样都是贵族生活方式的产物：

　　　　如果一个人处于暴力关系的威胁之下，你就不能拿他遭受暴力侵犯开玩笑、做游戏；如果一个人处于奴役状态下，你也不能拿他的奴役状态开玩笑、做游戏。换言之，对于那些做主人奴隶游戏的人来说，现实中的奴役关系必定已不存在；对于那些做暴力游戏的人来说，现实关系的暴力必定已不存在。③

在异性恋关系中，以主奴关系和身体伤害为核心的虐恋场景因太接近现

---

　　① 引自 Stephen Hinerman, "I'll Be Here with You': Fans, Fantasy and the Figure of Elvis," *The Adoring Audience: Fan Culture and Popular Media*, p. 110。

　　② Ibid. , pp. 114 – 116.

　　③ 李银河：《虐恋亚文化》，第 299 页。

实，而丧失了成为幻想的可能。在一个充满了性别歧视、性骚扰、强奸、家庭暴力的父权制社会里，女性的臣服和男性的主宰绝不是一个有趣的游戏，而是一种亟待变革的权力秩序。传统的异性恋言情小说就是这种不平等的性别关系的写照。它展现的是女主人公通过被男人挑选而满足自我确认的需要，也就是依靠男人的爱来验证女人的价值。即便是在玉米创作的葱味言情小说里，女主人公已经被塑造为接近完美的女超人，但男主人公依然在家庭出身、社会地位和权势方面强于女主人公。比如《你是谁的星？》里的人神之恋，女主人公李星宇是人，男主人公莫名则是神。人当然总是需要神的庇护。《绝代风华之代黎篇》里，女主人公代黎是黑社会老大的女儿，男主人公萧佑城则是大军阀的儿子。一个属于非法存在的民间社会，一个则合法地掌握着官方权力。女主人公如果想要摆脱这种不平等的状态，获得纯粹的爱情，就只能借助于男主人公在某种程度上的去势。如经典女性小说《简爱》里，只有当简成为有钱的女继承人，而罗切斯特又被烧瞎了双眼，遭到象征性的阉割之后，她才和罗切斯特达到了精神和物质的平等，并最终幸福地结合。对此，莫德莱斯基曾不无嘲讽地评论说，"既然一个女人无法企及男人们的高度，他们只好屈就她的高度"。[1] 但葱味小说中的女主人公大多并不希望男主人公屈就到她的高度，因为不管她们自身如何努力，归根结底还是要仰仗一个更强大的男人的保护和支持。

同性之间天然的平等关系正是 BL 和 GL 小说中出现虐恋元素的根本原因。越过了男主女从的现实障碍后，BL 和 GL 小说才可以尽情探索李银河所谓的"性的本质"——征服，并如福柯（Michel Foucault）所说的，通过虐恋游戏改变现实世界中固定、僵化的权力关系。[2] 值得注意的是，BL 和 GL 中的两个主人公被称为"攻方"和"受方"，而不再是"男方"或"女方"。而且攻受双方经常互换角色。伍德观察到，在 BL 漫画里，攻受角色的交换通常激发起两个主人公的性兴奋，这表明这些角色主要是展演性质的（performative）。[3] 在超女同人文里，攻受

---

[1]　Tania Modleski, *Loving with a Vengeance: Mass-Produced Fantasies for Women*, p. 38.

[2]　李银河：《虐恋亚文化》，第 279—280 页。

[3]　Andrea Wood, "'Straight' Women, Queer Texts: Boy-Love Manga and the Rise of a Global Counterpublic," p. 401.

角色的交换也非常普遍。如《绯色事》中，尚雯婕虽然大多处于受的位置，但她也有扮演攻的经历。而且她的攻使刘力扬失去了处女膜，以至于刘力扬戏谑地对她说："我已经以身相许，雯婕兄想不负责吗？到时候可由不得你。"一个性经验丰富的拉拉模仿贞洁处女首次委身于男人之后的情态与女伴开玩笑，无疑是对中国男权社会中根深蒂固的"处女膜崇拜"的绝妙讽刺。

四　同性配对、蕾丝边身份与女性主义

"绯色超女"吧里一篇题为《YY超女的必然性与合理性》的网文，以幽默生动的语言阐述了同人文爱好者选择超女作为YY对象，创作同性恋情故事的动机。作者写道：

> 今天，拥有高度YY觉悟的我，终于体会出同性CP的合理与美好。俗话说，女儿家的心事，只有女儿家最懂，反过来，男儿家的心事也只能男儿家能懂咯？这就说明，只有同性才可能理解拥有相同生理构造的同性，才能成为同性的知音，才能拥有共同语言。而共同语言又是感情的基础。否则伯牙在子期死之后，为啥米［表示"没有"的网络用语］弹琴了呢？难道单纯的朋友就这么重要吗？伯牙，你表［表示"不要"的网络用语］以为用友情来解释就能忽悠我！连我刚满18岁的老弟都明白：为兄弟两肋插刀，为女友插兄弟两刀。这才是庸俗而正常的男人的做法啊。
>
> ［……］
>
> 说说超女YY事业为何如此繁荣昌盛的原因。君想啊，长达几个月孤女寡女的生活难道她们真的都没发生什么？真的可能什么都没发生么？这岂不是上对不起包藏祸心的HNWS［"湖南卫视"的汉语拼音缩写］，下对不起狼视眈眈①的广大观众们。不行，就算真的米八料，俺们二周刊［对港台著名娱乐八卦杂志《壹周刊》

---

① 根据对BL的接受程度，内地的同人女被划分为三个层次。最底层的是同人女，BL动漫的爱好者，第二个层次是耽美狼，接受耽美小说。最高层次是腐女（"腐"在日语中是不可救药的意思，凡是BL作品都可以接受）。参见"同人女"，百度百科（http://baike.baidu.com/view/17965.htm，最后查看时间：2009-03-08）。

的戏仿] 也一定能研究出什么供大家 YY。①

引文中的第一段包含着两个相互联系的论点。首先，作者认为只有同性才能因共同的生理构造，彼此互相了解，成为"知音"，并拥有真正的感情。其次，同性之间的友谊和爱是流动的。比如，伯牙和子期之间就不仅仅是单纯的友谊，还包含着同性情欲。网文作者对同性情感的理解与精神分析学说和性别理论有着惊人的契合之处。弗洛伊德提出的阴茎妒羡（penis envy）、阉割情结等概念以及后来女性主义精神分析学家提出的子宫妒羡（womb envy），无一不是建立在男女两性的解剖学差异之上。如果这种性（sex）差异的确对性别（gender）构建起到了至关重要的作用，那我们就不得不承认，男女两性之间是无法完全沟通的，哪怕是在最亲密的性爱关系中。拉康（Jacques Lacan）在《菲勒斯的意义》（*The Meaning of the Phallus*）一文中就指出，两性之间的爱情是不可能的。男人和女人之间的性关系是一场基于父权制下错误的互补思想的"喜剧"，是两个缺乏的人在互相给予对方他们实际上并不拥有的东西。拉康将菲勒斯定义为"他者的欲望的能指"，这里的"他者"（Other）指的是母亲（Mother）。在两性关系中，女人只能成为（being）菲勒斯，即母亲的替代品，通过表征缺乏（lack）、非—男人（not-man）来确认男人拥有（have）菲勒斯的幻想。而女人从男人那里得到的阴茎只不过是一个膜拜物（fetish），是用来替代儿童最初认为母亲身上所拥有的阴茎。② 网文作者的第二个观点和塞吉维克（Eve Sedgwick）在《男人之间》一书中所提出的观点很类似，即同性之间存在着一个从同性社交欲望（homosocial）到同性情欲（homosexual）的不间断的连续体。只是在当代，由于主流社会的同性恋恐惧，男性同性欲望的连续

---

① 教皇与妖女：《YY 超女的必然性与合理性》，百度绯色超女吧（http：//tieba. baidu. com/f？ ct = 335675392&tn = baiduPostBrowser&sc = 1259961133&z = 143808138&pn = 0&rn = 50&lm = 0&word = % E7% B3% C9% AB% B3% AC% C5% AE#1259961133，2006 - 10 - 29/ 2009 - 03 - 11）。

② Rosalind Minsky，*Psychoanalysis and Gender*：*An Introductory Reader*，London：Routledge，1996，p. 278，pp. 166 - 167.

体的可见度才被瓦解。① 有研究表明，即便在两个男人争夺一个女人的三角恋中（即"为女友插兄弟两刀"的情形），两个男性对手之间的情感联系也和这两个男人与被争夺的女人之间的情感关系一样强烈，甚至比后者更强烈。②

引文中的第二段则提出了选择超女 YY 的若干理由。首先，现实中的部分超女选手的确通过长达数月的比赛相识、相知，结下了深厚的友谊。她们在比赛期间所流露出的姐妹情谊给大量年轻女性观众留下了深刻的印象，也为超女同人文的创作提供了直接的灵感。其次，节目制作方湖南卫视认为，2005 年超级女声节目的成功得益于少数选手的"中性"风格。因此，他们在 2006 年加大了网罗、宣传带有中性风格的超女选手的力度。为了增加个别选手的知名度，甚至不惜炒作她们的同性恋绯闻。从某种意义上说，超级女声节目打破了内地女同性恋者无声、隐形的状态，让主流社会第一次明确感受到女同性恋者的存在。另外，近些年来，日韩娱乐圈常常将男性组合成员之间的同性暧昧作为卖点，以讨好女性粉丝。在这种营销策略的影响下，不少大陆日韩文化的粉丝成为同人女或"耽美狼"。在观看超级女声节目时，这些"狼视眈眈"的同人女们也会"习惯成自然"地为自己喜爱的超女进行配对并展开 YY。湖南卫视在节目的制作过程中，也故意迎合这一部分观众的兴趣，为她们留下 YY 的空间。阿修罗之树海的未完结飞雪文《给世界看的戏》就曾对此作过辛辣的讽刺。③

虽然超女同人文的诞生在一定程度上受到本土和海外文化工业的操纵，但它却对本土的主导意识形态作出了积极的抵抗。我个人认为，像超女同人文这样的 GL 小说比 BL 小说更加激进，更具有颠覆现状的潜力。如绝大多数研究者所承认的，BL 小说或斜线文学从根本上说并不

---

① Eve Kosofsky Sedgwick, *Between Men: English Literature and Male Homosocial Desire*, New York: Columbia University Press, 1985, pp. 1 – 5.

② Ibid., p. 21.

③ 阿修罗之树海：《给世界看的戏》，百度绯色超女吧（http://tieba.baidu.com/f? kz = 135293997, 2006 – 09 – 24/2009 – 03 – 11）。

是有关同性恋的话语，而是表达女性异性恋欲望的幻想。[1] 也就是说，这个欲望经济还是局限于异性恋体制，并未提供双性恋和同性恋等其他欲望形式运作的空间。作为 GL 小说的超女同人文则更鲜明地表达了女性双性恋和同性恋的可能性，用流动的欲望瓦解了铁板一块的异性恋体制。超女同人文不仅让蕾丝边主义成为一种愉悦的性幻想，而且指明了摆脱父权制婚姻制度和性别关系的另类可能。"绯色超女"吧中一个颇受欢迎的故事，《月亮是我弄弯的》就是一个激进例证。[2]

　　这个四万多字的中篇小说讲述的是，身为直人、有着体面工作的都市白领尚雯婕如何被刘力扬这个拉拉"弄弯"，最终离开未婚夫和刘力扬走到一起的故事。尚雯婕的未婚夫王东[3]和刘力扬是合租的室友。尚雯婕在和刘力扬初次见面时所表现出的强烈反感，激起了刘力扬把她当作猎物追逐的欲望。在尚雯婕的一次醉酒之后，两人发生了性关系，从此陷入若即若离的暧昧之中。在两人感情稳定之后，尚雯婕向刘力扬吐露了她的个人秘密。原来她和刘力扬是高中校友。中学时代的刘力扬："从来不穿裙子，嘴上叼根烟。会弹一手好钢琴，却专门用来骗女孩芳心；有次期末考试，她把一个情敌的椅子移开摔得人家尾骨骨折；体育课她和男生抢篮板，折断一根大拇指；她到校长室给英语老师告状，说她课讲得糟糕；和女朋友吵架了，就扎人家的车带出气。"刘力扬对传统女性角色的大胆反叛（"从来不穿裙子，嘴上叼根烟"），她与男性的平等竞争（"和男生抢篮板"），她对权威的反抗（告英语老师的状），她的艺术才气和桀骜不驯的个性都深深吸引着表面驯服，却在内心渴望摆脱羁绊的少女尚雯婕。为了压抑、掩饰自己对"傲慢自大，蛮不讲理，一点不像女孩子"的刘力扬的好感，尚雯婕不得不把这种喜爱转化为厌恶。在品尝到和刘力扬相处时的自由和快乐之后，尚雯婕再也无法

---

　　[1]　Mirna Cicioni, "Male Pair-Bonds and Female Desire in Fan Slash Writing," *Theorizing Fandom: Fans, Subculture and Identity*, p.154.

　　[2]　"弯"和"直"相对。在内地同性恋社群中，异性恋者被称作"直人"（来自英文单词"straight"），从异性恋者变成同性恋者，就是"被弄弯了"。尚雯婕的法语名字是 Laure，在法语中是月桂女神的意思。

　　[3]　现实中的王东是北京音乐台的 DJ，2006 年《超级女声》广东赛区评委。他曾对尚雯婕的演唱表示过欣赏。

回到过去那种"循规蹈矩的生活"。

尽管在这篇小说中，蕾丝边身份成为向家庭、学校、婚姻等社会规训机制进行反抗的一种姿态，但作者并没有刻意美化女同性恋者的世界。小说中的两位拉拉：刘力扬和二毛（以2006年的超女付静为原型）都曾遭遇到感情上的挫败，两人相恋多年的女友都因抵抗不住家庭和社会的压力而嫁给了男人。小说的结尾从刘力扬的视角，描绘了两人被当场"捉奸"后的狼狈出逃：

> 踉跄着向楼下跑，楼道里的声控灯居然都坏了，摸黑转过几道弯还差几阶没走完的时候，她［尚雯婕］脚底踏空，身子猛然一沉，我听见了鞋跟折断的轻微响声。
>
> 这小小惊吓止住她凌乱的喘息。走出门口她放开我的手，一瘸一拐地朝前走去。
>
> 鞋跟是断了一个，大概脚也扭了，她走了几步就站住不动，像是忽然记起什么一样。
> ［……］
> 我走到她面前背转身蹲下，听背后她细微的鼻息。我低头看自己的鞋尖耐心等待着。
>
> 她将手搭上我的肩膀，犹豫但温柔，接着一条细臂环绕了我的脖子，她拎着断跟的鞋子趴到我背上。
>
> 心里一块石头落地，砸得眼眶犯潮。我背着她略感吃力地站起身来，迈步沿街走去。
>
> 要去哪里，她不想问，我不想说，只有街灯将我们的影子缩短又拉长，路还长着，我只想一直走下去，逆着并不存在的人流，一直走。

感到夜风拂面时，我吹起口哨。①

这个结尾显然充满了象征意味。漆黑的楼道、折断的高跟鞋鞋跟、扭伤的脚踝、吃力地背负、"逆着并不存在的人流"的行走等一系列意象，都含蓄地再现了两位女主人公对主流社会的性、性别规范的摈弃，以及随之而来的痛楚和压力。蕾丝边的爱在时下的中国仍然异常艰难，但也正因为其艰难，方显得更加纯粹。这种纯粹的爱是超女同人文的重要魅力之一。

尽管绯色超女吧的读者在年龄、社会阅历、文化背景方面存在一定差异，但有一点是共同的。那就是，这些女性普遍对传统性别规范和当代男女情爱关系感到失望、不满甚至厌恶。英国女性主义学者艾华（Harriet Evans）曾指出，中国社会有着性别本质主义的传统，民众普遍将性别看作是自然规定的一套和生理功能相对应的特征和属性。不论是在毛泽东时代，还是改革开放时期，女性性别都被界定为一系列天生的、本质主义的特征，与这些特征相关的反应、需要和能力自然而然地使女人成为妻子和母亲。② 尽管毛泽东时代曾强调"男女都一样"，女人可以"不爱红妆爱武装"，但在公共话语中，女人的最终归宿还是家庭，女人最合适的角色还是贤妻良母。80年代以后随着市场经济的发展，女性的社会地位也出现了重大变化。卖淫制度和买卖妇女的死灰复燃，二奶、婚外情的屡见不鲜，离婚率的居高不下，针对妇女的家庭暴力和性暴力的增多，职场中性别歧视的猖獗（如大量女工被迫"下岗"，女大学毕业生在求职过程中饱受不平等待遇，退休年龄的男女不平等），让越来越多的年轻女性开始质疑她们的女性职责和婚姻的意义，并萌发了一定的女权意识。

我曾就 GL 和女性主义的关系咨询过阿修罗之树海吧主。她告诉我，

①　萌 YS 的彼得潘：《月亮是我弄弯的》，百度绯色同人文馆吧（http://tieba. baidu. com/f? kz = 345873512），第 45 楼，2008 - 06 - 07/2009 - 04 - 02，该小说原发表于百度绯色超女吧。

②　Harriet Evans, "Past, Perfect or Imperfect: Changing Images of the Ideal Wife," *Chinese Femininities Chinese Masculinities: A Reader*, eds. Susan Brownell and Jeffrey N. Wasserstrom, Berkeley: University of California Press, 2002, pp. 335 - 336.

喜欢 GL 的同人女肯定是有点女权意识的，否则她们就应该去喜欢描绘女主人公被男人"圈养"的 BG 小说。在 GL 小说里，男人大多扮演"社会压力"、"主流社会"的角色，是妨碍、破坏两个女主人爱情的"罪祸魁首"。而女人们则完全摆脱了"男人"这个核心，表明了"一个女人，她的爱情可以和男人无关，她的生活也可以不关男人的事。"但吧主提醒我，虽然 GL 小说表达了"女性渴望独立，不想依附男人"的潜在愿望，但这个社会毕竟"还是男权社会"。走出"绯色超女"吧，大家还是得面对男权社会的诸多无奈。①

值得注意的是，绯色超女吧的读/作者的性取向似乎比一般 BL 同人文的读/作者更加多元。② 这个吧里不仅有已婚的和未婚的异性恋者，性向不明的青少年，独身的无性族（asexual），还有部分女同性恋者。被广泛传阅的《绯色事》尤其吸引了不少拉拉的关注。在回帖中，部分读者还就《绯色事》到底是同人文还是同志文学展开了争论。一位匿名读者批评其他读者将同人文和同志文学混为一谈。该匿名读者指出同人文是"超现实的也就是耽美的东西"，但真正的同性恋"在现实中会复杂很多，起码在中国还是步履艰难的"。读者如果想了解同性恋者的真实生活，"可以去看真正的同志文学，而不是罗曼史化的耽美小说"。但她同时承认，《绯色事》写得非常好，和更现实的同志文学没有差别。另一位读者也附和认为，"此文不是同人文了，是女同文［女同志文学］"。当某个匿名 IP 以其"15 年的拉拉性史"为由，指责《绯色事》中的性描写"在拉拉看来很肤浅"时，另一个百度 ID 为"绯色专用"的读者立即反驳道："我没你时间长，10 年而已。不是所有的拉拉都一样的。性经验多有什么值得可骄傲的？你只要求数量的吗？"

五　看的视觉逻辑与多样的第一人称叙事

"绯色超女"吧的同人文与图书馆的葱味言情小说，除了 GL 和 BG 的主题差异之外，还有一个显著不同，那就是叙事视角的差别。葱味言

---

① 阿修罗之树海：百度消息，2008 – 03 – 07。

② 不过，据苏威对网络 BL 社群的调查，BL 读者中也有相当一部分男同性恋者。参见苏威《耽美文化在我国大陆流行的原因及其网络传播研究》，硕士学位论文，上海外国语大学，2009 年，第 31 页。

情小说几乎全部是第三人称叙事，并经常以男性人物的视角为中心，而超女同人文却大量采用女主人公的第一人称叙事，而且发明了几种不同的第一人称叙事技巧。莫德莱斯基注意到，全球最大的言情小说出版商禾林出版社要求他们的作者全部用第三人称写作。禁止第一人称叙事的目的是为了保证小说一方面充分展示女主人公的女性魅力，另一方面又表明女主人公对自己的魅力一无所知，不是那种刻意用美色来引诱男人的荡妇，从而确保女主人公天真无邪的品质。①

　　但葱味言情小说之所以采取第三人称的叙事方式，更多地还是和玉米借用小说的形式来抒发对李宇春的热爱有关。为了极力赞美以李宇春为原型的女主人公的美貌，作者只能使用第三人称叙事。倘若使用女主人公作为第一人称叙事者，那么这个女主人公就只能自己看自己，自己夸自己，无异于一个病态的自恋狂，不符合葱味女主人公淡泊名利、超凡脱俗的标准形象。如果像微型小说《邂逅》那样使用男主人公做第一人称叙事者，那么女主人公的心理活动，尤其是情爱关系中的感受就完全无法获得再现。如果使用其他次要女性（或男性）人物作为第一人称叙事者，又无法描述男女主人公在私密空间中的亲昵过程。比如长篇小说《温柔一夏》就是用某知名网站的写手丁爽爽作为叙事人，来讲述她在海南度假村与葱味女主人公林语聪相识并成为好友的故事。②林语聪的个人魅力和家世经历，包括她的恋爱情况，都是通过丁爽爽的所见所闻表达的。但丁爽爽这个局外人只能通过道听途说的方式来转述林语聪和恋人尹笑的二人世界，无法亲眼目睹他们的亲昵场面。这篇小说也因此在性描写方面相当"纯洁"，仅限于拥抱和亲吻，很难为读者提供更多的性幻想和性愉悦。只有使用全知全能的第三人称叙事才能最大限度地、全方位地揭示出女主人公的无穷魅力，包括她在性爱活动中的妩媚销魂。

　　英国作家和画家伯格（John Berger）在其名著《看的方法》（*The Way*

---

　　①　Tania Modleski, *Loving with a Vengeance: Mass-Produced Fantasies for Women*, p. 46.

　　②　寒水阁:《温柔一夏》，百度小葱的图书馆吧（http://tieba. baidu. com/f? z = 106795798&ct = 335544320&lm = 0&sc = 0&rn = 50&tn = baiduPostBrowser&word = % D0% A1% B4% D0% B5% C4% CD% BC% CA% E9% B9% DD&pn = 0，2006 - 06 - 14/2009 - 03 - 11）。此文最早是在李宇春吧连载，后被转帖到图书馆。

of Seeing）中曾称："男人看女人。女人看着自己被看。"①《绝代风华之代黎篇》就是一部围绕"看"的欲望经济展开的作品。小说一开头，留学归国的萧佑城就在轮船上被代黎的背影和侧影所吸引。在一家私人舞会上，两人再次相遇。萧佑城此时看到了代黎的正面，瞬间就被代黎的一身旗袍和盈盈眼波所倾倒。两人的关系迅速升温，进入热恋期。一心要获得萧佑城的真爱的代黎警告他"从今往后，你若是动一点别的心思……我立即就走"。为了考验萧佑城的忠诚，代黎化身为戏班的"禾老板"。她风情万种的舞台表演深深吸引了台下的观众，包括萧佑城。此后，代黎和"禾老板"交替出现在萧佑城的春梦里，让他感到困惑和恐惧。而代黎则看出了萧佑城对禾老板动了心，即便这个禾老板就是代黎本人，她也难以容忍。萧佑城无奈只好向代黎剖白心迹："黎，不管你是怎样的面目，怎样的姿态，怎样的身份，只要是你……我一定能够找到你，认出你，然后，爱上你……"。萧佑城后来也确实遵守了自己的诺言，不仅能分辨出正版的代黎，还能辨认出她的仿制品。当一个迷恋代黎多年的日本人掳走代黎，并杀死了一个和代黎极其相似的女子，以制造代黎已死的假象时，伤心欲绝的萧佑城抱着死者的尸身守了整整五天五夜，终于辨认出死者并不是代黎。

由于女性普遍认为男人是视觉的动物，所以代黎必须从一开始就引导、规训萧佑城的视觉驱力，让所有其他女人在萧佑城眼中都变成了没有血肉的空洞符号，而只有代黎本人的身体才具有致命的性诱惑力。代黎的身体也因此成为小说中最重要的情欲刺激来源。比如下面这一段很有电影画面感的描述：

> 她［代黎］穿了件白衬衣，只穿一件白衬衣，衬衣很大，一定是他［萧佑城］的，虚虚笼在她身上，反倒勾勒出妖娆的身材，最上面一粒扣子没系，领口开敞直到胸前，能看见精致的锁骨，一点点乳沟，颈间挂一条项链，是他从法国为她定制的，链坠是金色的 c-h-r-i-s，她的英文名；肩膀完全撑不起衣服，衣袖一层层卷上去，一直卷到臂弯，裸露出纤细小臂，在忙着做什么，手上全是面粉；衬

---

① 引自 Modleski, *Loving with a Vengeance: Mass-Produced Fantasies for Women*, p. 44.

衣下摆遮至腿根，将一双修长匀称的美腿全都露了出来。

　　阳光穿过玻璃墙，将地板照得明晃晃的，闪着水光一样，也照在她身上，白衬衣透了光，隐隐有些半透明，不仅能瞧出内衣裤的颜色，若隐若现间，还能瞧见完美的胸型、不盈一握的小蛮腰、圆翘的臀……

代黎仿佛一个毫无感知、静止不动的塑料模特，而萧佑城（和玉米读者）的视线则如一个摄像头缓慢地摇过她的全身，不断在屏幕上打出她各个身体部位的高清特写。在这里，萧佑城（和玉米读者）是满怀情欲的看的主体，代黎则是被动的、看的客体，一个供人用放大镜查看和提供性满足的"恋物"（fetish object）。小说中，代黎从脚趾到汗毛都被细心描绘过了，但萧佑城的外貌和身体给读者的印象却相当朦胧。除了雷打不动的"身材高大"，"宛如刀刻的英俊面孔"等类型化的形容词语，他的身体几乎没有任何个性化的标记。葱味言情小说的女性读/作者使用以男性视角为中心的第三人称叙事似乎只是出于两个目的：一是借用男性的视角来大胆审视、发现、欣赏葱味女主人公的美丽容颜而不必担心自己的同性欲望；二是将自己想象为妖娆美丽的葱味女主人公，接受各种英俊不凡的男性人物的狂热膜拜和迷恋。

　　只有在超女同人文里，"看"才变成了一个双向的回路，欲望的流动才不再是从主体到客体的单一灌注。在同样是以李宇春为原型的扬尚/春尚小说《灵与肉》中，李宇春就从一个羞怯被动的欲望客体转变为自信积极的欲望主体。[1] 这篇小说描写的是一家内地娱乐公司的三位艺人李宇春、尚雯婕、刘力扬之间的一段三角恋。尚雯婕最初是刘力扬的恋人，在被花心的刘力扬抛弃后，她又与李宇春相爱。为了帮助刘力扬戒毒，尚雯婕回到了刘力扬身边，两人遂旧情复发。尚雯婕沉溺于"一半是火焰（刘力扬），一半是海水（李宇春）"的三角恋情无法自拔。最后她决定放弃音乐梦想去美国留学，并开始了嫁人生子的平凡生活。

---

　　[1]　深海里的黄花鱼：《灵与肉》，百度绯色超女吧（http://tieba.baidu.com/f? kz = 154664985，2006 - 12 - 13/2009 - 03 - 11）。

小说最初发表在"绯色超女"吧时，曾引起一定争议。一部分"芝麻"不太能接受尚雯婕同时和两个人发生性关系的"爬墙"行为，认为这是一个道德污点。还有一些芝麻对小说过于现实的结尾颇为不满，她们不希望看到自己的偶像放弃个人梦想与现实妥协。但同时也有不少读者喜爱这个讲述女人的灵肉冲突的故事，以及作者对三位女主人公的性格塑造。小说在四个多月的连载过程中，吸引到了三十多万的点击率和三千多个读者回复。一些芝麻甚至用主吧的 ID 发表回复，表示对这部作品的支持。这在"绯色超女"吧中是很少有的情况。活跃在主吧的粉丝大多对超女同人文相当排斥和敌视。一个原因是超女同人文的爱好者属于比较"博爱"的粉丝，她们一般都会喜欢两个或两个以上的超女。而主吧粉丝在赛后都逐渐变成了只喜欢某一个超女的"纯粉"，不愿意看到自己的偶像和其他超女再有任何紧密的联系，哪怕这种联系是虚构的，仅存在于文学文本。其次，好的同人文有强大的感染力，能模糊现实和虚构的界限。主吧粉丝担心这个文类的传播会让大众误以为文中描述的超女就是同性恋，对超女造成不必要的负面影响，毕竟，同性恋身份目前还不为中国大众所认可。部分粉丝甚至认为超女同人文的爱好者将偶像虚构为同性恋者的行为是自私和"变态"的，她们只是把偶像当作满足自己快感的工具。为了保护同人文爱好者不在主吧受到歧视和攻击，"绯色超女"吧一直鼓励吧民注册绯色专用的 ID，不在绯色使用她们的主吧 ID。

　　正像《灵与肉》的标题所揭示的，这篇小说中有大量关于女性身体欲望和感受的描写。小说作者"深海里的黄花鱼"毫不避讳地称她写不出清水文，她的情节"都是为 H 服务的"。她甚至认为绯色超女吧与其他文学网站的不同之处，就在于这里的同人文包含大量的 H。《灵与肉》中的三个女主人公没有一个是被动无知的处女。李宇春尤其被描绘为一个技巧纯熟的性爱高手，幽默细心的完美情人。而性能力恰好是葱味言情小说中的"完美"女主人公所刻意回避的。因为"完美情人"的角色一直是由男主人公承担的。女性根本无须成为欲望的主体，无须掌握性爱的技巧，她们只需要按照男性的审美观，装扮成被欲望着的性客体。与《代黎篇》中大量有关目光、观看的叙事一样，《灵与肉》中也有两个饶有意味的关于凝视的片段。其中一段是这样描写的：

当宇春关上房门，一回头，就看见了她［尚雯婕］那凛冽的刀锋眼，那是赤裸裸带有企图的眼神，因为心有所属，不知不觉带着侵略性，火辣辣地让人焚烧。

她迎着那灼热向她走过去，感到从未有过的意乱情迷。

她［李宇春］伸出手臂环住她的腰，她［尚雯婕］抬起头，直视她的眼睛。那是一双小动物一样纯净，无辜的眼睛，黑眼仁占了眼睛的四分之三，当它们聚焦的时候，就如同一个巨大的黑洞，把周围所有的一切都吸附，吞没，无一幸免……

她们对视着，凝望着，寂静的时空中只有这两束光电因摩擦纠缠而闪动着丝丝花火。[①]

另外一段描写了两个人在湖边游玩的情景：

宇春做了一个深呼吸，脱掉黑色的风衣，铺在柔软的草地上，然后直挺挺地倒下，两手枕在脑后，微笑着闭上了眼睛。午后温暖的阳光从天空普照大地，她慵懒地躺着，脸上写满娇憨，肆意得像一个撒娇的天使。

雯婕坐在她身边，低头看着她，直到她承受不住，慢慢睁开眼睛。［……］

她凝望着她，她也凝望着她……

---

① 深海里的黄花鱼：《灵与肉》，百度绯色超女吧（http：//tieba. baidu. com/f? z = 154664985&ct = 335544320&lm = 0&sc = 0&rn = 30&tn = baiduPostBrowser&word = % E7% B3% C9% AB% B3% AC% C5% AE&pn = 690，704 楼，06 – 12 – 28/09 – 03 – 11）。

她的爱人［指尚雯婕］长了一双刀锋眼，眉眼之间永远有抹不掉的忧郁，连笑的时候也带了三分落寞，她总喜欢闭着眼睛唱歌，那一个个孤独忧伤颤抖的音符飘进她的心房，再也不会消失，她明白她的诉说，她明白她选择沉默的坚强。

　　她的爱人［指李宇春］有一双纯净的黑眼睛，干净得没有一丝杂质，像雨后如洗的天空，像温柔无边的大海，她凝视着它，它就像一泓慰藉和温情的泉源，带给她前所未有的平静和安宁。

　　就像一股未知力量的牵引，她［尚雯婕］的头慢慢地俯低，饱满而柔软的嘴唇轻轻地覆盖了她那玫瑰花瓣一样娇嫩的双唇，它们温柔地接触在一起，从容地互数着对方的细纹路。［……］①

和《代黎篇》一样，看、凝望也是《灵与肉》中的欲望经济的一个重要节点。而且两部作品都使用的是全知全觉的第三人称叙事，但"看的方法"却完全不同。在《灵与肉》中，叙事视点不断地在李宇春和尚雯婕两人之间来回移动。李宇春和尚雯婕之间始终是充满爱欲的对视，双方的视线是平等的，既没有垄断，也没有主宰。GL 小说中男主人公的缺席给予了两位女主人公解放自己的目光和情欲的机会。这正好是 GL 小说与 BG 言情小说最根本的差别。在 GL 小说中，爱情是两个独立、平等、相互理解的女主人公之间的灵肉结合，是女性温柔、狂放、自由的欲望展示。但在 BG 小说中，女性的视线却总是被男性的视线所压制和抹消。女性的情欲也多半只能在男强女弱、男主女从的性别规范中得到表达。

　　如果将上述《灵与肉》片段中的两位女主人公更换为代黎和萧佑城，不管萧佑城扮演的是李宇春还是尚雯婕的角色，在失去了视觉霸权之后，他的阳刚气概都将大大减弱。事实上，《代黎篇》中就有一个萧佑城的女秘书注视熟睡中的萧佑城的场景。女秘书被萧佑城英俊的脸庞所诱惑，情不自禁地想俯身吻他。但她马上被萧佑城用枪抵住了额头，并被告知"我不想再见到你"。这个片段或许可以解释为萧佑城对代黎

---

① 深海里的黄花鱼：《灵与肉》，862 楼，2007 - 01 - 02/2009 - 03 - 11。

的性忠诚。但萧佑城的过度反应显然也包含了男性对僭越性的、不受约束的女性凝视的强烈反感。手枪这个男性阳具象征物的赫然出现，似乎在暗示女性凝视对男性气概构成了潜在的威胁。

前面提到，一位 ID 为"教皇与妖女"的同人文爱好者曾称同性配对流行的原因是"女儿家的心事，只有女儿家最懂"。"绯色超女"吧的超女同人文就把这个优势发挥到了极致。吧内的许多作品都使用了第一人称叙事，而且会让配对中的两个女主人公都成为叙事者。读者可以同时认同两个女主人公，同时体验"恋爱中的女人们"不同的心理状态。绯色的作者们还对第一人称叙事进行了改造，发明了三种 GL 小说特有的叙事游戏。我把它们分别命名为"分桃式"、"镜像式"和"辫式"第一人称叙事。在分桃式中，整个小说的篇幅一分为二，一半由配对中的一个女主人公作为叙事者，另一半则由另一个女主人公作为叙事者。两个人的叙事合在一起，就能让读者洞悉她们的全部心理感受。扬尚小说《绯色事》就是这样的一个例子。正文由刘力扬做叙事者，番外则由尚雯婕做叙事者。这样两个女主人公都有机会讲述她们的那一半故事。在镜像式第一人称叙事中，两个女主人公轮流对共同经历过的某个场景作出自己的叙述，互为镜像和参考。比如，在飞雪小说《幸福·留念》中，厉娜和许飞分别将她们从相遇、相知到相恋过程中的一些重大事件从各自的角度进行了叙述。第一章"遇见"分为两个部分，先是厉娜讲述她初次遇到许飞的情景，然后再由许飞讲述她对厉娜的初次印象。第二章"重逢"同样分为两个部分，还是厉娜先，许飞后的顺序分别讲述重逢的过程。该小说正文一共 32 章，番外一章，都是按照这样的叙事顺序。镜像式比分桃式更为复杂，需要作者的精心构思。《幸福·留念》的作者为了减少读者在阅读过程中出现的混乱，特意轮流使用"雪的花椰菜"和"飞的搓衣板"两件马甲来帖文。"雪的花椰菜"的部分由厉娜做叙事者，而"飞的搓衣板"的部分则是由许飞做叙事者。"辫式"第一人称叙事和镜像式有些相似，也是由配对中的两个女主人公轮流担任叙事者。不同的是，两个女主人公不再对同一个场景分别进行描述，而是像梳辫子一样，将各自的叙事线索你一缕，我一缕的缠绕到一起，形成一条完整的叙事"辫"。扬尚小说《试用期》就是这样一条悉心梳理的叙事之"辫"，作者"尚书府歌姬"（她也是

"绯色超女"吧的吧主之一，被吧民昵称为"韩小歌"）还为它扎上了一个非常别致的"辫结"。①

　　小说的第一章是刘力扬讲述她和尚雯婕两人在刘力扬的公寓一起吃早餐的情景。尚雯婕告诉她晚上和男人有约会，准备搬回自己的家。刘力扬很想问尚雯婕是否会舍不得离开自己，可是又从不敢问这个问题。小说的第二章是尚雯婕讲述她和刘力扬认识三年的原委。尚雯婕曾告诉刘力扬她早晚是要结婚生子的，刘力扬则说在尚雯婕结婚前她想和她在一起。两个人从此开始同居。当尚雯婕发现自己开始依恋刘力扬时，她决定马上找一个男友，以便斩断情丝。尚雯婕和刘力扬的关系如何从"试用期"发展到"转正"，两人如何最终正视自己的感情，相互作出爱的承诺构成了小说的主要故事线索。不过直到小说的最后一章，两人的关系依然前景不明。尚雯婕虽然和男友分了手，但刘力扬已决定去英国，回到父母身边。尚雯婕去机场为刘力扬送行，可等她赶到时，刘力扬的飞机已经起飞了。如此"哀怨"的结局自然让绯色的许多读者不能接受。如一位读者所评论："嫁又不嫁，爱又不爱，没有为任何人付出一些的意愿。就算对方［指小说中的刘力扬］没有离开又怎样，这个女人［指小说中的尚雯婕］只敢站在原地一动不动，连后退的勇气都没有。"其实，作者早已经准备再写一个"外一章"，并在正文中为番外埋下了伏笔。

　　番外也是采用第一人称，但叙事者却变成了小说作者本人，一个叫"韩小歌"的同人文爱好者：

　　　　我是一个普通人，做着一份普通的工作，过着这个城市里最普通的生活。除了偶尔码码字我几乎没有任何特殊爱好或者乐趣。大约上天考虑到我的日子实在无聊太久了，所以终于在近期让我遇上了一件稍稍有那么点特别的事。②

---

　　① 尚书府歌姬：《试用期》，百度绯色超女吧（http：//tieba. baidu. com/f？z＝461913565&ct＝335544320&lm＝0&sc＝0&rn＝50&tn＝baiduPostBrowser&word＝% E7% B3% C9% AB% B3% AC% C5% AE&pn＝0，2008－08－07/2009－03－11）。

　　② 同上，601楼，2008－09－22/2009－03－11。

所谓"特别的事"就是韩小歌看到为情所伤的刘力扬醉酒撞车，立刻将她送到了医院，随后通知了尚雯婕。因为这件事，韩小歌和刘、尚二人成了朋友。刘力扬那天因为割舍不下尚雯婕，并没有乘飞机离开。但她不让韩小歌将实情告诉尚雯婕。韩小歌作为"专业 YYer"（读作"意淫儿"），不忍心坐视一对完美 CP 感情破灭，决定帮助她们复合。她故意把尚雯婕带到刘力扬正在购物的商场，想制造两人"有缘千里来相会"的情景。可是关键时刻，她却怎么也联系不上刘力扬。正当她一筹莫展之际，韩小歌突然看到刘力扬站在了尚雯婕的面前。这个极富戏剧性的结局让韩小歌异常开心，赶紧回家写她的最新小说。在番外的结尾，韩小歌写道：

> 我不知道她们此刻在哪里，也不知道她们到底是不是在一起，但只要我相信她们现在在一起，将来也会一直在一起就好啦！
>
> 永远实在太远，可当下的快乐也是快乐。这个城市每日已经上演太多无奈与别离，所以我们更需要相信。
>
> 所以，我相信。[1]

在这个新颖独到、妙趣横生的番外里，作者也成为了小说中的一个人物，为整部现实主义风格的作品增加了一抹后现代主义元小说的游戏性和自反性。刘力扬、尚雯婕和韩小歌的三种不同的叙事声音相互交织，构成了一种独特的独白、对话式文体。不仅小说中的人物在互相对话，作者和人物也在进行对话，读者在阅读时，自然也进入了与小说人物和作者的对话。GL 小说的平权性质首先在叙事结构上就得到了充分反映。这个番外同时清晰地揭示了超女同人文对于同人文爱好者的价值和意义。和拉德威分析过的言情小说一样，超女同人文也是一种"希望的仪式"或信心的仪式。它让一些女性相信在我们这个欲望泛滥、人心叵测的时代，真爱依然是存在的，依然是值得追寻和信仰的。

---

[1]　尚书府歌姬：《试用期》，百度绯色超女吧（602 楼，2008 – 09 – 22/2009 – 03 – 11）。

虽然葱昧言情小说和超女同人文存在于两个不同的百度贴吧，代表了两个不同的创作群体和小说类型，但它们都反映了超女粉丝对当代中国社会的性别规范、女性气质的评论和思考，揭示了她们对理想的爱情婚姻图景的展望，以及对主流言情小说模式的批判和修正。两个文类的不同之处在于，葱昧言情小说还是在异性恋体制内部谋求变革和妥协，而超女同人文已经彻底放弃了异性恋体制，转而在女性同性关系中寻求一种更平等、亲密、强烈的情感满足。超女同人文的真爱标准比葱昧言情小说的标准更高、更激进、更难在现实生活中得以实现。

结　语

　　"为什么我们选择追随怎样的电视节目、音乐和艺术家的问题能为我们理解现代生活作出重大贡献？为什么在一个经历了剧烈社会、文化、经济和技术变革的暴力世纪的末期，以及注定要重复同样轨迹的新世纪，对于快感和娱乐的专注能够得到辩护？对于一个面临战争、种族冲突、扩大的不平等、政治和宗教暴力、不可挽回的气候变化等各种灾难的世界，粉丝研究又能作出什么贡献？"这是格雷、桑德沃斯和哈灵顿在 2007 年出版的《粉都——一个媒介化世界中的认同和社群》一书的前言中所提出的问题。这也是本书所无法回避的问题。面对正在全球蔓延的经济危机和瘟疫，面对国内日益悬殊的贫富差异、日益尖锐的社会矛盾、日益腐败的官僚阶层、日益恶化的民生问题，研究大众消费和娱乐、探讨粉丝的激情和快乐到底有什么用？研究者是否有帮闲文人粉饰太平之嫌？格雷等人的扼要回答是"粉都重要，因为它对那些粉丝很重要"。在当今西方发达社会，大部分民众都是粉丝，都有自己所喜爱的对象。粉丝文化的普遍性成了粉丝研究的首要理由。① 类似地，我也可以说，在当代中国社会，越来越多的人（"70 后"，"80 后"，"90 后"）已经或正在成为粉丝（广义的粉丝，不单指"追星族"）。做粉丝成了我们了解、体验、消费文化产品，运用媒介手段与他人和自我沟通的一种重要方式。作为一种超越了旧有理论范式的新型大众文化，粉丝

---

　　① Jonathan Gray, Cornel Sandvoss, and C. Lee Harrington, "Introduction: Why Study Fans," *Fandom: Identities and Communities in a Mediated World*, p. 1.

文化有助于我们对"大众"、"大众文化"、"消费"等文化研究中的关键术语重新进行反思，有助于我们对当代中国大众文化的混杂性保持更清醒的认识。

"大众文化"的定义向来众说纷纭，莫衷一是。这个在汉语语境中似乎"一望而知"、"不证自明"的词语，因为受到西方"文化研究"理论的影响，牵涉到"mass culture"和"popular culture"两种不同的标签和学术立场而变得复杂多义。斯多雷（John Storey）曾讨论过通俗文化（popular culture）的六种定义。第一个定义是"广受欢迎，或者众人喜好的文化"，但这个定义并没有给出明确的量化指标，而大众喜欢的东西又实在太多，以至于"量的指标本身不足以给通俗文化提供一个适当的定义"。第二个定义是高雅文化之外的文化，也就是"达不到高雅文化标准的文化作品和文化实践"。不过，高雅文化和通俗文化之间实际上并没有严格的区分，莎士比亚和狄更斯的作品都曾被当作通俗文化作品，只是随着时间的推移，才演变成文学经典。第三个定义是大众文化（mass culture），即法兰克福社会批判理论中的"为了满足大量消费，而大批量生产的文化"，是一种"由已经和正在麻木的头脑被动消费的"商业文化。可是，许多证据显示，民众在消费过程中并非毫无头脑和辨识力。第四个定义把通俗文化看作是来自"人民"的文化，否认通俗文化是统治阶层强加给人民的文化。但斯多雷认为，人民并不能自发地用他们自己制造的原材料来创造文化，通俗文化的原材料还是商业提供的。第五个定义是斯多雷本人比较认同的一个定义。它源自葛兰西的霸权理论，将通俗文化视为社会被统治群体的反抗力量与社会统治集团的收编力量斗争的场所。如贝内特所说：通俗文化既不是简单地与统治阶级意识形态相一致的强制的大众文化构成的，也不是简单地由自发对立的"人民"文化构成的，而是两种交融渗透的领域。第六个定义是用后现代主义来解构通俗文化，认为在后现代主义语境中，高雅文化和通俗文化、"真正的"文化与商业文化之间的差异已经被取消和模糊。①

　　上述六个定义隐含了三个关键问题。首先，不管是通俗文化，还是高雅文化，都会有与之相对应的一群文化使用者和实践者。既然我们无法在通俗文化文本与高雅文化文本之间作出明确的划分，那么通俗文化与高雅文化之间的区别只能是使用者之间的区别。在某些通俗文化作品的"经典化"过程中，我们能最清楚地看到这种区别运作的方式。譬如，金庸武侠小说在未被学院知识分子接纳之前，一直被当作消遣性的通俗小说广泛流传于民间，直到 20 世纪 90 年代末，才在海内外学者的合力推动下摇身一变为"超越《红楼梦》"的新经典。② 为此，我们必须追问通俗文化的使用者"大众"、"民众"的真实含义是什么？这些使用者与高雅文化的使用者究竟有何不同？其次，通俗文化（或大众文化）到底源自何处？是源自大众，还是商业机构？如果说大众文化"是随着现代大众社会的兴起而形成的、与当代大工业生产密切相关、以大众传媒为主要传播手段、进行大批量文化生产的当代文化形态"③，那么随着新媒介和后福特式生产体制的出现、大众传媒向分众传媒的转变、大批量文化生产和消费的逐渐碎片化，我们是否还可以坚称大众文化的原材料都来自商业机构，大众不具备文化生产的条件，不能自发地制造属于自己的文化？再次，通俗文化与主导意识形态构成了怎样的关系？通俗文化到底是"诱使大众接受并且追随统治阶级的价值观念"，帮助统治阶级延续并强化其统治，还是"表征了对现存社会秩序的叛逆和反抗"？④ 如果在一个转型、失范的社会里，主导意识形态已经开始分崩离析、模糊不清，探讨通俗文化与主导意识形态的关系是否还有意义？

　　威廉斯在《关键词》一书中分别对"mass culture"和"popular cul-

---

　　① ［英］约翰·斯道雷：《文化理论与通俗文化导论》，杨竹山、郭发勇、周辉译，南京大学出版社 2006 年版，第 6—14 页。本文延用陆扬、王毅的译法，将 John Storey 的名字统一音译作约翰·斯多雷。

　　② 陈洪、孙勇进：《世纪回首：关于金庸作品经典化及其他》，载《南开大学学报》1999 年第 6 期。

　　③ 陶东风：《大众文化教程》，广西师范大学出版社 2008 年版，第 17—18 页。

　　④ 陆扬、王毅：《文化研究导论》，复旦大学出版社 2007 年版，第 262—263 页。

ture"中的两个限定词"mass"和"popular"作过解释。他指出，"mass"这个词具有正反两面的意涵。在许多保守思想里，它是一个轻蔑语，但在许多社会主义思想里，它却具有正面的含义。从15世纪起，"mass"一直被广泛使用，并演变出两种明显的意涵：（1）没有定型的、无法区隔的东西；（2）一个浓密的集合体。这两个早期的意涵在后来的使用中一直持续存在。① 大众时而是保守思想家眼中一大群无知无识、任人操纵的乌合之众，时而又是激进思想家心目中团结一致、万众一心的社会变革力量。"popular"原是一个法律与政治用语，意指"属于民众"。这个词也有两个古老的负面意涵：（1）低下的工作，如popular literature，通俗文学，有别于严肃文学；（2）刻意讨人喜欢的工作，如popular entertainment，大众娱乐。②

在汉语语境里，不管是"通俗文化"，还是"大众文化"，也都不完全是一个"中性"词语。尤其是"大众"一词在"五四"以来的"文艺大众化"思潮中经常指代需要知识精英唤醒和启蒙的劳工大众。直到毛泽东发表《在延安文艺座谈会上的讲话》，大众与知识分子的关系才被重新配置，文艺家不再是工农兵的改造者，而是要"改造世界观使自己工农兵化"。③ 2006年出版的《现代汉语词典》第5版里，"大众"的组合词范例，依然是"大众化"和"劳苦大众"。④ 可以说，不论是在西方还是中国，大众都"不是泛指普遍民众，而是用来指民众的绝大部分，它的对立面是富人阶级、特权阶级和受到良好教育的阶级"。⑤ 如19世纪法国历史学家泰纳（Hippolyte Taine）曾宣称："社会将被划分为他们和我们；他们是沉睡的暴民（mob），我们则是一个智

---

① ［英］雷蒙·威廉斯：《关键词：文化与社会的语汇》，刘建基译，生活·读书·新知三联书店2005年版，第281—287页。

② 同上书，第355—356页。

③ 尤西林：《20世纪中国"文艺大众化"思潮的现代性嬗变》，载《文学评论》2005年第4期。

④ 中国社会科学院语言研究所词典编辑室：《现代汉语词典》第5版，商务印书馆2006年版，第259页。

⑤ 陆扬、王毅：《文化研究导论》，第261页。

识和道德文化的高尚护卫者"。①

　　美国学者胡森（Andreas Huyssen）还分析了"大众"一词所隐含的厌女主义（misogyny）。他指出，19 世纪保守意识形态的鼓吹者们对于大众的恐惧同时"也是一种对于女性、失控、无意识、性、在大众中失去身份和稳定的自我（ego）边界的恐惧"。勒庞影响巨大的《乌合之众》一书就是这种思想的典范。在该书里，男性对于女性的恐惧与资产阶级对于大众的恐惧相互交织，融为一体。② 如勒庞称："任何地方的群体（crowd）都以女性特征为标志"③，"群体情绪的简单和夸张所造成的结果是，它全然不知怀疑和不确定为何物。它就像女人一样，一下子便会陷入极端。"④ 正如在斯芬克斯神话中，男性惧怕被怪兽般的女性气质所吞噬，资产阶级也时刻害怕着被城市无产阶级大众所包围、吞没。⑤ 这种厌女主义的遗毒一直持续到 20 世纪的大众文化理论。比如，阿多诺和霍克海默就曾将大众文化比喻为《白雪公主》童话里的邪恶王后，声称："大众文化，在她的镜子里，总是世界上最美的女人"。⑥

　　可是，面对超女粉丝群中的富商、白领、教师、记者、在校学生和下岗工人，我们不禁要问这样一群来自社会各个阶层，拥有不同社会、经济、文化资本组合的人所共同创造的文化是否可以被准确地命名为"大众文化"？大众到底是谁？谁又不是大众？谁在将他人指称为"大众"，将自己排除在"大众"之外？作为一名学者粉，我是大众的一员吗？是否如威廉斯在《文化与社会》中所说的"实际上并没有大众（mass），只有将民众（people）看作是大众的方式"。大众只是许多我

---

　　① 引自 P. David Marshall, *Celebrity and Power：Fame in Contemporary Culture*，Minneapolis：University of Minnesota Press，1997，p. 33。

　　② Andreas Huyssen, "Mass Culture as Woman：Modernism's Other," *Studies in Entertainment：Critical Approaches to Mass Culture*, ed. Tania Modleski, Bloomington：Indian University Press, 1986, p. 196.

　　③ ［法］古斯塔夫·勒庞：《乌合之众：大众心理研究》，冯克利译，中央编译出版社 2005 年版，第 24 页。中文译文根据英文版有所改动。

　　④ 同上书，第 33 页。

　　⑤ Andreas Huyssen, "Mass Culture as Woman：Modernism's Other," *Studies in Entertainment：Critical Approaches to Mass Culture*, p. 196.

　　⑥ Ibid. , p. 192.

们不了解的他人，我们根据某种方便的公式将他们当作大众来阐释。大众的观念仅仅表达了我们对于社会的一种构想，在这种构想里，绝大部分社会成员被降格到暴民的地位。①

长久以来，大众与精英的对立总是与某些特定的文化形式或品味联系在一起，总是被转换为低级的"大众文化"与高等的"精英文化"的对立。大众被假设为只对小报、通俗文学、流行歌曲等劣质文化产品感兴趣，而精英则被假设为大报、纯文学和高雅音乐等优秀文化产品的消费者。不过，在教育普及、资讯发达的当代社会（2006 年，中国大学毛入学率已经达到 23%，成为世界上在校大学生数量最多的国家②），大众与精英在文化智识上的差距显然在逐步缩小。当前中国都市的"80后"、"90后"们就是一批具备相当知识水平和媒介素养的新型大众，他们已经显示出在各种不同类型的文化实践中自由穿行的能力。

2009 年 1 月举办的尚雯婕上海个人演唱会就以生动的方式展示了大众和精英、大众文化和精英文化之间的不确定边界。这场演唱会的场地是专门举办高雅音乐会的上海东方艺术中心音乐厅，仅可容纳 2000余人。担任演出伴奏的是一支多达数十人的交响乐队，演出服装是专门在巴黎定制的香奈儿礼服，演唱会的曲目则都是流行歌曲。为了配合个唱的"高雅"氛围，不少芝麻都正装出席，并在演出过程中以热烈的掌声代替了荧光棒和尖叫。显然，这些芝麻了解高雅文化的游戏规则，自觉地用欣赏高雅文本的克制和疏离代替了参与通俗文本的主动和狂热。但当尚雯婕中途换上了一身华丽的玫瑰色礼服出现在舞台上时，一位女芝麻还是以响彻音乐厅的"海豚音"表达了自己的激动心情。尚雯婕翻唱的一曲老歌《亲密爱人》也引发了现场芝麻的大合唱。正如歌手可以跨越流行和高雅的边界，粉丝也可以在大众文化和精英文化之间游走。歌手在表演，粉丝同样在表演。没有固定不变的大众，只有根据不同的场合，展演着不同粉丝身份的受众/消费者。

20 世纪 90 年代以后，媒介数量的激增和新媒介技术的出现，也导

---

① 引自 Jim McGuigan, *Cultural Populism*, London：Routledge, 1992, p. 48.

② 《中国大学入学率有望在 2020 年达到 40%》，新华网（http：//news. xinhuanet. com/edu/2007 - 05/29/content_ 6169889. htm，2007 - 05 - 29/2009 - 03 - 29）。

致了大众的进一步分化。卡斯特（Manuel Castells）在《网络社会的崛起》一书中引用弗朗索瓦·萨巴的论述称，从信息接收的同时性与一致性角度来看，已经不存在大众受众（mass audience）了。因为新媒介不再是传统定义下的大众媒介：传送有限的信息给同质的视听大众。由于信息与来源的多样性，观众本身变得更会选择。"目标观众群倾向于选择信息，因而强化了多区隔化，促进了传送者与接收者之间的个人关系"。日本学者伊藤优一通过分析日本媒介使用的演进历程，也得出了相同的结论：由于新传播科技聚焦于多样化的专门信息，大众社会逐渐演变为"片段化社会"，阅听大众日渐因意识形态、价值、品位与生活风格的不同而分化。①

新媒介技术不仅打破了传统的大众传播方式，也使得新的知识、信息和文化生产方式成为可能。在这个网民主宰互联网文化、网络使用者同时也是生产者和传播者的 Web2.0 时代，大众文化的来源恐怕比斯多雷设想的更加复杂。如果一定要问百度的几十万个贴吧是百度公司开设的，还是百度用户开设的？土豆网的上千万个视频是土豆网站上传的，还是土豆网用户上传的？新浪的几千万个博客是新浪公司撰写的，还是新浪用户撰写的？我或许只能回答：是用户，不是公司。因为公司只负责搭建舞台，演员、剧本和观众则全部来自用户。无论是班克勒提出的"同侪生产网络"，还是班克斯和杭福礼提出的"社会网络市场"，其目的都是在强调用户/消费者已经掌握了一定的知识和文化生产工具，可以在市场机制之外，或借用商业机构提供的平台，生产出一种介于商业与非商业之间的混杂文化。

在掌握了文化生产工具的同时，消费者还拥有了自主选择文化产品的权力。美国学者格德哈伯（Michael Goldhaber）在 90 年代末提出了"注意力经济"的理论。他认为，"钱会向注意力流去，但注意力向钱流去的可能性要小得多"。也就是说，注意力是不可能被购买的。我们或许可以花钱让别人来听我们说话，但我们并不能保证他人一定会对我们说话的内容感兴趣，除非他人确实觉得我们谈话的内容很有意思。可

---

① 曼纽尔·卡斯特：《网络社会的崛起》，夏铸九等译，社会科学文献出版社 2003 年版，第 420—421 页。

是，一旦我们赢得了很多注意力，我们就能渐渐将它转化为财富。[①] 媒介娱乐工业的造星过程实际上就是一个争夺受众注意力（或"眼球"），并将注意力转化为经济效益的过程。《超级女声》这样的选秀节目可以源源不断地将新的"秀星"通过电视媒体推送到受众视野，但却并不能保证这些秀星都能真正吸引受众的注意力。《超级女声》的节目生产流程可以被复制，但李宇春这样的超级偶像却无法被复制。玉米的活动方式也可以被职业粉丝效仿，但粉丝与偶像之间倘若没有建立起真正的情感纽带，粉丝活动只会流于形式，粉丝身份也不可能得到长久维系。正如我在本书的第三章所分析的，当前，选秀粉丝社群与内地媒介娱乐工业已经部分地形成了一种相互依赖，互利共生的关系。粉丝与公司之间既有合作、支持，也有矛盾、冲突。不过，一旦偶像与经纪公司发生合约纠纷，粉丝会坚定不移地站在偶像一边，与经纪公司进行抗争。

伯明翰学派学者克拉克（John Clarke）在研究青年亚文化时提出："在休闲领域，主导结构、文化秩序和控制力最薄弱"。也就是说，资本主义社会的霸权不是均衡分布的。较之学校和工作场所，休闲是一个相对自由的场域。[②] 同样地，在当代中国这样一个转型社会里，娱乐休闲目前也是一个较少受到官方权力控制、自由度相对较大的领域。在超女粉丝文化的形成和演变过程中，我们不仅可以看到部分关于性别和阶级的话语交锋，还可以看到大众重建社会价值和团结（solidarity）的自发努力。改革开放 30 年来从计划社会到市场社会的社会控制机制的转型，导致了社会组织从高度同构到异质、社会流动从缓慢到快速、信息传递从有限到丰富、意识形态（价值核心）从严密统一到多元等一系列社会变化。与此同时，中国社会也出现了明显的失范（anomie）现象，即涂尔干所说的"社会规范缺乏、含混或者社会规范变化多端，以致不能为社会成员提供指导的社会情景"。[③] 国内较早研究失范理论的

---

① ［英］冈特利特：《网络研究：数字化时代媒介研究的重新定向》，彭兰等译，新华出版社 2003 年版，第 15—16 页。

② 胡疆锋：《亚文化的风格：抵抗与收编——伯明翰学派青年亚文化理论研究》，博士学位论文，首都师范大学，2007 年，第 43 页。

③ 朱力：《变迁之痛：转型期的社会失范研究》，社会科学文献出版社 2006 年版，第 290—319、51 页。

社会学学者渠敬东，在总结涂尔干的失范思想时认为，失范的出现是由于"在集体意识转变和社会结构转型时期，经济生活的非道德取向使普遍的公共生活产生了危机，社会结构失调和功能紊乱"，"个人的物欲和情欲取代了社会，变成为行为的目标"，从而引起整个社会呈现出"病态的征兆"。① 失范不仅会造成意识形态的真空、价值观念的迷乱，还会使社会个体出现"失败、孤独、迷茫、空虚和无助"等心理失范现象。②

　　如果说 90 年代中期出场的有关人文精神的大论争是知识分子阶层对于社会失范的一种反思和批判，我们可否也将超女粉丝的出现看作是中国民间对于失范的回应和矫治？正如"人文精神"总是和"终极关怀"、"神圣"、"宗教精神"、"超越（超验）"、"天国"等宗教性语汇联系在一起，③ 超女粉丝对于偶像的赞美、爱恋和忠诚也包含着一定的宗教维度，体现了粉丝个体对人生终极意义和生存核心问题的探索。本书第二章、第四章有关粉丝认同和粉丝小说的讨论都表明，超女粉丝不仅是过度的消费者，还是顽固的理想主义者。在一个祛魅的时代，他们选择了重新赋魅，执意想象出一个完美的偶像，并在偶像身上寄托了自己的人生理想。在一个价值观念混乱的社会，他们选择用消费偶像的方式来表达自己的道德立场、重塑价值理念。面对犬儒主义的蔓延，他们坚守着对偶像的绝对信任和美好生活的憧憬；面对拜金主义的侵蚀，他们甘愿为自己喜爱的人奉献时间、金钱和精力；面对现代都市生活的冷漠和隔绝，他们构筑了一个可以倾诉、分享，可以获得赞赏和关爱，可以团结行动的粉丝社群。

　　超女粉丝用他们的文化实践展示出了当代社会中消费活动的复杂性和多面性。消费可以是社会区隔的标记，社会控制的杠杆，但它同时也可以开辟出一个社会各阶层共享的文化空间，成为表达认同、推动变革的场域。文化消费/消费文化并非就只能是世俗的、享乐的、浅薄的，

---

① 朱力：《变迁之痛：转型期的社会失范研究》，社会科学文献出版社 2006 年版，第 22 页。

② 同上书，第 33 页。

③ 陶东风、和磊：《中国新时期文学 30 年（1978—2008）》，中国社会科学出版社 2008 年版，第 299 页。

让人通过购物的快感而"忘掉那些深层的属于思想感情领域的种种问题"。① 至少，在超女粉丝文化中，神圣、道德、信念等"人文精神"就以文化参与和消费的方式得到了回归。正如费瑟斯通（Mike Featherstone）所说的，"现代性不会遮蔽宗教式的情感，因为一旦正式宗教衰落了，那么体现神圣与世俗之差异的象征性分类和仪式活动，也就进入到了世俗社会过程的核心"。② 这个"核心"显然指的是商品和消费。关于消费活动中所隐含的神圣维度，费瑟斯通作了这样的描述：

> 消费文化并未使低贱的物质主义遮蔽了所有的神圣性。这与某些理论家形成鲜明对比。他们一心想把文化与宗教的定义局限于实质性核心问题（生老病死以及爱）。相反，我们则采用一种更为宽泛的文化定义，不仅包括正式的宗教制度及运动，也包括那些社会过程和实践活动，无论是国家仪式、摇滚音乐会，还是在小群体或朋友、爱人间进行的小型神圣仪式，所有这些都在生产与再生产着神圣的象征。……虽然消费主义带来了商品的过度膨胀，但这并不意味着神圣被遮掩覆没了。③

所有的结束也是新的开始。在本书的最后，我还想就消费与政治、超女粉丝社群与公民社会之间的关系稍作论述。2005 年的《超级女声》比赛曾引发了不少学者的政治讨论和民主遐想。文化批评家朱大可在接受《新京报》的采访时认为："民意是 21 世纪中国的第一生产力。超级女声以'拇指投票'（手机投票）的方式开了'文化民选'的先河。超级女声是一场美学民选的预演。它首次允许民众参选、投票和建构自己的偶像体系。它的意义已经超越了文化本身。"时事评论家顾昀也在《中国青年报》上撰文称，通过超级女声"我们惊喜地发现，中国的新生代远比我们所想象的成熟、理性，将有助于 20 年后他们成为社会中

---

① 引自邵薇《日常生活的审美化与文艺学的学科反思》，载《当代中国文艺思潮与文化热点》，陶东风主编，第 481 页。

② ［英］迈克·费瑟斯通：《消费文化与后现代主义》，刘精明译，译林出版社 2000 年版，第 175 页。

③ 同上书，第 177 页。

坚力量"。当然，也有一些反对者对"超女民主"提出了尖锐的批评，并试图"戳穿超女民主的神话"。知名学者许纪霖就认为"以投票为核心的'超女民主'，不是一种好的民主，而是一种具有内在颠覆、自我否定的民粹式民主。其背后隐藏着一只看不见的手，通过短信投票的方式，制造一种民意至上的虚幻感，以此实现主办方隐秘的权力意志和商业欲望。"[①] 海外学者徐贲在《娱乐文化消费和公共政治——"超级女声"的公众意义》一文中虽然肯定《超级女声》节目"为我们提供了一个观察公众、公众主体性和公共空间的现实例子"。但他引用戴扬（Daniel Dayan）的观点认为，粉丝群体自身并不具备公众的资格，粉丝不过是"pretend public"（徐译作"假象公众"），对"严肃公共事物相当冷漠"，属于波兹曼（Neil Postman）所描述的"娱乐至死"的人群。在徐贲看来，将"超级女声"从单纯的娱乐事件提升为社会事件的不是粉丝这个假象公众，而是"公共生活中的思想者"，那些非粉丝的"思想公众"。[②]

作为一个在比赛期间一票未投的超女粉丝，我对以付费投票为核心的超女比赛的民主性质是持怀疑态度的。05《超级女声》冠军争夺赛的票数不过 800 多万票，由于每个手机号可以投 15 票，平均下来，也就只有 50 多万部手机参与了这个投票游戏。这个数字对于一个拥有 14 亿人口的大国来说，实在是微不足道。与总决赛动辄六七千万票的《美国偶像》相比，更是小巫见大巫。因为《美国偶像》的短信投票是免费的。也就是说，超女比赛的投票机制并不代表最广大的民意，它只是反映了部分最积极的消费者（粉丝）的意愿。"超女民主"的希望，其实不在于付费投票的商业机制本身，而是在于粉丝社群的出现和运作方式（当然投票机制直接促进了粉丝社群的形成），早在《论美国的民主》一书中，托克维尔（Alexis de Tocqueville）就对结社在美国民主生活中的作用作出了高度评价。他写道："美国人不论年龄多大，不论处于什么地位，不论志趣是什么，无不时时在组织社团。"只要美国人

---

① 《是政治是娱乐是商业为"超级女声"喝彩的背后》，Tom 娱乐星闻（http：//ent. tom. com/1323/1586/20051231 - 168688. html，2005 - 12 - 31/2009 - 05 - 03）。

② 徐贲：《娱乐文化消费和公共政治——"超级女声"的公众意义》，天益网站（http：//www. tecn. cn/data/detail. php？ id = 8691，2005 - 09 - 14/2009 - 05 - 03）。

"提出一个打算向世人推广的思想或意见，他就会立即去寻找同道；而一旦找到了同道，他们就要组织社团。社团成立之后，他们就不再是孤立的个人，而是一个远处的人也可以知道和行动将被人们效仿的力量。这个力量能够发表意见，人们也会倾听它的意见。"① 阿尔蒙德（Gabriel A. Almond）和维巴（Sidney Verba）合著的《公民文化——五国的政治态度和民主》一书也肯定了自愿结社对公民参政能力的提高。他们认为，"如果公民是某个自愿组织的成员，他就卷入了一个更广阔的社会世界，更少地依赖于他的政治体制，也更少地被该体制所控制"。公民即便是加入非政治性的组织，也能使其政治态度发生变化。组织内部社会互动的经验，参与组织决定的机会，以及任何社会活动所带来的视野的开阔，种种这些都将增强个体参与政治活动的潜能。②

超女粉丝利用互联网，自愿组成了活跃的网络社团。在社群里，来自不同地域、拥有不同年龄结构和社会背景的粉丝互相交流对偶像的感受，互相学习如何以最好的方式支持偶像，如何联合起来展现集体的力量，如何通过行动获得自我赋权。通过粉丝群的浸染，粉丝不仅能熟悉最新的媒介技术，还能学习一些重要的公民能力，如互相信任、彼此合作和自我主宰。不同粉丝群之间的激烈论争甚至相互攻击在我看来也是公民行使言论自由、进行自我表达的一种方式。③ 这些公民技能既可运用于教育和工作，也可运用于政治行动主义。许多粉丝并非如徐贲所说的，对严肃的公共事务漠不关心（比如，2008 年 5 月四川大地震之后，许多粉丝社群都组织了募捐活动），只是在当下的社会环境里，他们基本上只能对娱乐话题各抒己见、畅所欲言。当然，在与官方立场一致的情况下，粉丝偶尔也可以对重大政治问题献计献策。

2008 年 4 月，一位选秀节目的粉丝（俗称"秀粉"）在天涯网站上发表了一个网帖，讨论"如何利用当秀粉的经验来和 zd［藏独］作斗

---

① ［法］托克维尔：《论美国的民主》，董果良译，商务印书馆 2007 年版，第 635、639 页。

② ［美］加布里埃尔·A. 阿尔蒙德、西德尼·维巴：《公民文化——五国的政治态度和民主》，马殿君等译，浙江人民出版社 1989 年版，第 245、249—250 页。

③ 禁止人身攻击是许多粉丝贴吧里的一项重要规定。当然各个贴吧的执行尺度不尽相同。总体来说，在贴吧里，赤裸裸的污言秽语是比较少见的，也为大多数粉丝所不齿。

争"。作者"乐正湘江"认为，伦敦和巴黎两地的留学生"和 zd 对面 pk，无所畏惧，让人感动。只是由于经验不足，没有把效果发挥到最佳。以一个秀粉眼光看，太不专业鸟［了］"。为此，作者提出了四点改进意见：

1. 当然是准备足够的喇叭，哨子也不可缺少。对方喊叫的时候可以用哨子声音盖过他们。事先要统一口号，这样一起喊起来才有气势。另外口号要简短，不要太长太复杂。

2. 建议做一些灯牌。头天晚上就放在第二天要经过的地方。这样一方面可以"占地盘"，另一方面也可以博新闻点。灯牌在晚上的效果很好。

3. 空飘，横幅，kt 版［板］，气球都不可少。颜色一定要用红黄两色，国旗色。另外颜色统一也可加深印象。气球可以单拿，也可以扎成大的物品（这点星星们［07 快男张杰的粉丝］很拿手，有星星看到这个帖子请补充经验）。kt 版的效果最好，轻便好拿，而且显眼，不易折损，不占地方。

4. 深知空飘横幅的文字在造势的时候非常重要，请准备空飘横幅的人在文字上要多下点功夫。①

喇叭、哨子、灯牌、横幅、kt 板、气球都是"秀粉"为了显示社群的力量和对偶像的支持而常用的宣传造势物品。在有多个选秀明星参与的颁奖晚会和演唱会现场，各粉丝群都会积极行动起来，投入人力和物力，以求在声势上压倒其他粉丝群。在当代媒介社会，民意的集体表达越来越类似于媒介奇观，也只有成为奇观，才能"博新闻点"，借助大众传媒获得更广泛的社会关注。这个网帖后来被转到百度"爱粽不

---

① 鸡鸭猪狗宁有粽：《我们在美国的华人华侨还有留学生是好样的！真爷们！》，百度爱粽不粽吧（http：//tieba.baidu.com/f? kz = 353300516，2008 - 04 - 10/2009 - 05 -03）。

粽"吧。一位匿名超女粉丝在阅读完网帖后，留言说："你别说，秀粉在群众运动和造势方面在国内应该是比较领先的。以后说不上什么时候会派上用场。"内地学者秦晖曾认为："中国是一个缺少民主传统的国家。只有从小事、鸡毛蒜皮的事、无关紧要的事入手，学习如何以民主的方式生活，才可能逐步培养出民主传统，从而为整个政治体制的民主化奠定坚实的基础。"① 超女粉丝或许就属于这种"无关紧要"的"小事"。

虽然文化研究更注重以关切（care）和谦逊（humility）的态度来理解社会转型和文化变迁②，但理解并不意味着对政治视景（vision）的放弃，在某种意义上，理解也是一种召唤。研究者的价值判断最终还是取决于对大众的想象，大众究竟是变革的潜在源泉还是潜在障碍？

---

① 秦晖：《变革之道》，郑州大学出版社 2007 年版，第 38 页。

② Cary Nelson, Paula A. Treichler, and Lawrence Grossberg, "Cultural Studies: An Introduction," *Cultural Studies*, eds. Cary Nelson, Paula A. Treichler, and Lawrence Grossberg, New York: Routledge, 1992, p. 15.

参考文献

蔡骐、欧阳菁：《社会与传播视野中的"粉丝"文化》，《淮海工学院学报》2007 年第 2 期。

曹海峰、曹亚峰：《试论小众传播与新媒介文化》，《北方论丛》2007 年第 5 期。

陈八零：《舆论经济：传媒经济新思考——从"超级女声"看舆论经济新特点》，《商场现代化》2005 年 10 月（下）。

陈路：《解开"虚拟迷社群（virtual community of fans）"内部互动之谜——以"超级女声"周笔畅的贴吧为分析个案》，硕士学位论文，复旦大学，2007 年。

陈昕：《救赎与消费：当代中国日常生活中的消费主义》，江苏人民出版社 2003 年版。

陈卫星主编：《网络传播与社会发展》，北京广播学院出版社 2001 年版。

陈永国：《游牧思想——吉尔·德勒兹、费利克斯·瓜塔里读本》，吉林人民出版社 2003 年版。

崔保国主编：《2006 年：中国传媒产业发展报告》，社会科学文献出版社 2006 年版。

邓安球：《论文化消费与文化产业发展》，《消费经济》2007 年第 3 期。

邓惟佳：《中国"美剧网上迷群""角色扮演"中的自我认同建构——以"伊甸园美剧论坛"为例》，《新闻界》2010 年第 2 期。

段东、邓斌:《盘点"超级女声"》,张晓明等主编:《2006 年:中国文化产业发展报告》,社会科学文献出版社 2006 年版。

方心清、王毅杰:《现代生活方式前沿报告》,社会科学文献出版社 2006 年版。

浮石:《非常媒·戒》,东方出版社 2009 年版。

高鑫:《"超级女声":电视本体理念的思考》,《现代传播》2005 年第 6 期。

葛涛:《互联网上的"作家迷"虚拟社区研究——以"鲁迅论坛"和"金庸茶馆"为中心》,博士学位论文,北京语言大学,2005 年。

宫承波:《新媒体概论》,中国广播电视出版社 2007 年版。

官建文主编:《关注中国,纵论天下:强国论坛这五年》,北京出版社 2004 年版。

顾晓鸣:《不可轻视的"粉丝"文化生态学标本》,《北方音乐》2007 年第 4 期。

贺碧霄、孙玉峰:《从公共性到主体间性——一种对网络媒介传播的探讨》,《河南社会科学》2006 年第 6 期。

何平、吴风:《"超级女声"与性别政治——西方马克思主义女性主义视角》,《南开学报》2005 年第 5 期。

何盈环:《中美电视娱乐节目中的概念隐喻对比研究》,硕士学位论文,浙江大学,2007 年。

胡大平:《崇高的暧昧——作为现代生活方式的休闲》,江苏人民出版社 2002 年版。

胡疆锋:《亚文化的风格:抵抗与收编——伯明翰学派青年亚文化理论研究》,博士学位论文,首都师范大学,2007 年。

黄海靓:《网络"粉丝"文化社区传播机制初探》,《天府新论》2006 年 12 月。

黄顺铭、杨恍:《大学生如何收看〈超级女声〉——来自广州和成都的调查报告》,《当代传播》2006 年第 1 期。

黄葳威:《阅听人与媒体文化》,台北:扬智文化事业股份有限公司 2004 年版。

贾明:《大众文化:传媒时代的公共领域》,《上海师范大学学报》

2006 年第 1 期。

贾小玫、文启湘：《文化消费：国民实现幸福的上佳途径》，《消费经济》2007 年第 5 期。

蒋原伦：《媒体文化与消费时代》，中央编译出版社 2004 年版。

蒋原伦、张柠主编：《媒介批评》第一辑，广西师范大学出版社 2005 年版。

蒋原伦、张柠主编：《媒介批评》第二辑，广西师范大学出版社 2006 年版。

金元浦主编：《文化研究：理论与实践》，河南大学出版社 2003 年版。

赖大仁：《大众娱乐文化的一个"范本"——"超女现象"的文化解读》，《现代传播》2006 年第 1 期。

李戈：《品牌传播中设计的情感价值》，《商场现代化》2007 年第 21 期。

李培林、李强、马戎：《社会学与中国社会》，社会科学文献出版社 2008 年版。

李素华：《对认同概念的理论述评》，《兰州学刊》2005 年第 4 期。

李婷、周仕参、熊菀君、钱金英：《中国文化消费研究》，《新西部》2008 年第 4 期。

李银河：《虐恋亚文化》，今日中国出版社 1998 年版。

李友梅、孙立平、沈原主编：《当代中国社会分层：理论与实践》，社会科学文献出版社 2006 年版。

梁晓萍：《狂欢的背后——超级女声现象的思索》，《山西师范大学学报》2006 年第 3 期。

廖毅文：《新媒体改变战争形态》，《光明日报》（http://www.gmw.cn/content/2004 – 08/10/content _ 74668. htm, 2004 – 08 – 10/ 2009 – 03 – 16）。

刘丹丹：《超级女声的传播过程与社会效果分析》，硕士学位论文，哈尔滨工业大学，2006 年。

刘立荣：《"粉丝"受众研究——以"超女粉丝"为例》，硕士学位论文，天津师范大学，2007 年。

刘乃歌：《大众传媒变革与当代流行文化的勃兴》，《辽宁大学学报》2005 年第 6 期。

刘世雄：《中国消费区域差异特征分析：基于中国当代文化价值的实证研究》，上海三联书店 2007 年版。

刘珍珍：《女性新形象的塑造与传播——从"李宇春现象"看传媒影响下的女性形象》，《民族艺术》2006 年第 2 期。

刘自雄：《透视电视娱乐的文化"母题"与叙述策略——〈超级女声〉的叙事话语分析》，《新闻大学》2005 年第 4 期。

陆晓禾：《"超女"与伦理学研究：一些启示和值得研究的问题》，《道德与文明》2007 年第 3 期。

卢衍鹏：《在狂欢与焦虑之间——〈超级女声〉的文化身份解析》，《洛阳师范学院学报》2006 年第 1 期。

陆杨：《对百度超女贴吧的解读》，人民网传媒专题（http：// media. people. com. cn/GB/22114/44110/55469/4715607. html，2006 – 08 – 17/2009 – 03 – 22）。

陆扬、王毅编：《大众文化研究》，上海三联书店 2001 年版。

陆扬、王毅：《文化研究导论》，复旦大学出版社 2007 年版。

罗钢、王中忱主编：《消费文化读本》，中国社会科学出版社 2003 年版。

罗小萍：《费斯克理论与〈超级女声〉》，《当代传播》2006 年第 3 期。

马容：《"新媒体"与"超级女声"》，《当代电视》2006 年第 4 期。

茅中飞：《我国唱片业发展的对策研究》，《产业与科技论坛》2006 年第 2 期。

梅文惠：《快乐电视选秀：解码〈超级女声〉引发的选秀现象》，团结出版社 2007 年版。

莫梅锋、饶德江：《关于"粉丝"的媒介研究》，《电影艺术》2007 年第 3 期。

欧阳友权、柏定国：《2006：中国文化品牌报告》，中国市场出版社 2006 年版。

潘知常、林玮：《大众传媒与大众文化》，上海人民出版社 2002

年版。

彭兰：《中国网络媒体的第一个十年》，清华大学出版社 2005年版。

秦晖：《变革之道》，郑州大学出版社 2007 年版。

覃乃昌：《从歌舞及其传授看壮泰民族文化的渊源关系》，《民族艺术》1996 年第 4 期。

邱泽奇：《当代中国社会分层状况的变迁》，河北大学出版社 2004年版。

阮瑶娜：《"同人女"群体的伦理困境研究》，硕士学位论文，浙江大学，2008 年。

尚香钰：《网络时代的"粉丝"狂欢——对后现代大众文化 fans 群体的症候式分析》，《广东广播电视大学学报》2007 年第 4 期。

苏常、杨雅琼：《"超级女声热"的"冷"思考——对〈超级女声〉的批判性解读》，《新闻知识》2005 年第 9 期。

苏威：《耽美文化在我国大陆流行的原因及其网络传播研究》，硕士学位论文，上海外国语大学，2009 年。

孙桂荣：《"美丽"的可能与"纯洁"的必要——中国当代文学中女性形象的话语变迁及其文化意义》，《妇女研究论丛》2007 年第3 期。

孙慧英：《漫谈"粉丝"现象及其文化解读》，《现代传播》2006年第 6 期。

孙立平：《断裂：20 世纪 90 年代以来中国社会的分层结构》，李友梅、孙立平、沈原主编：《当代中国社会分层：理论与实证》，社会科学文献出版社 2006 年版。

汤哲声：《中国当代通俗小说史论》，北京大学出版社 2007 年版。

陶东风主编：《当代中国文艺思潮与文化热点》，北京大学出版社2008 年版。

陶东风、和磊：《中国新时期文学 30 年（1978—2008）》，中国社会科学出版社 2008 年版。

陶东风主编：《大众文化教程》，广西师范大学出版社 2008 年版。

陶东风主编：《文化研究精粹读本》，中国人民大学出版社 2006

年版。

滕威：《寻找自我与想象民主——解读 2005 年"超级女声"奇观》，萨支山、杨早编：《话题 2005》，生活·读书·新知三联书店 2006 年版。

童兵主编：《中国新闻传播学研究最新报告（2006）》，复旦大学出版社 2007 年版。

徐艳蕊：《〈流星花园〉热与青年亚文化现象》，陶东风主编：《当代中国文艺思潮与文化热点》，北京大学出版社 2008 年版。

徐艳蕊：《当代中国女性主义文学批评 20 年》，广西师范大学出版社 2008 年版。

王辰瑶：《流行·距离·反抗——对〈超级女声〉受众解读的实证研究》，《中国电视》2006 年第 3 期。

王炬：《2004 年的国际唱片业：一个新的历史时期的开始》，张晓明等主编《2006 年：中国文化产业发展报告》，社会科学文献出版社 2006 年版。

王琳：《网络同人小说对主流文化的消解》，《新闻世界》2010 年第 4 期。

王宁：《消费社会学——一个分析的视角》，社会科学文献出版社 2001 年版。

王雅：《真人秀与互联网时代的粉丝》，硕士学位论文，北京大学，2007 年。

王岳川主编：《媒介哲学》，河南大学出版社 2004 年版。

王铮：《同人的世界：对一种网络小众文化的研究》，新华出版社 2008 年版。

吴晓明：《Web2.0 时代博客新闻的传播形态》，《徐州师范大学学报》2006 年第 3 期。

吴英燕：《"生产者式文本"视角下的"超级女声"》，中华传媒网（http://academic. mediachina. net/more. php? page ＝ 1&country ＝ 0&journal ＝ 0&class ＝ 0&keywords ＝ % CE% E2% D3% A2% D1% E0, 2006 － 10 － 20/2009 － 03 － 23）。

吴志翔：《肆虐的狂欢——传媒美学谈》，武汉大学出版社 2006

年版。

向荣高：《"超级女声现象"透视》，《青年研究》2005 年第 10 期。

项筱刚：《论"超级女声现象"》，《黄钟》2006 年第 3 期。

肖慧：《革命，自我，素质和中国梦：〈超级女声〉的几个关键词》，学术中华网站（http：//www. xschina. org/show. php？id = 4520，2005 - 08 - 12/2009 - 03 - 23）。

肖慧：《黑幕化的民主，民主化的黑幕》，学术中华网站（http：//www. xschina. org/show. php？id = 4806，2005 - 09 - 09/2009 - 03 - 23）。

徐欢：《作为大众传媒时代文学文本的媒介事件——对〈超级女声〉的个案分析》，蒋原伦、张柠主编《媒介批评》第二辑，广西师范大学出版社 2006 年版。

徐捷：《从〈超级女声〉看电视娱乐节目的新探索》，《电视研究》2005 年第 8 期。

杨帆：《网络环境下流行文化的媒介特性探析》，《电影评介》2007 年第 2 期。

杨击：《传播、文化社会——英国大众传播理论透视》，复旦大学出版社 2006 年版。

杨孟曦：《从〈超级女声〉看电视娱乐节目中的低俗化现象》，《中国电视》2005 年第 11 期。

杨晓光：《文化消费对中国文化发展的影响》，博士学位论文，吉林大学，2006 年。

杨雅：《同人女群体："耽美"现象背后》，《中国青年研究》2006 年第 7 期。

姚建平：《消费认同》，中国社会科学出版社 2006 年版。

易蓉：《公共性的表达与实践——〈现代评论〉研究》，博士学位论文，首都师范大学，2009 年。

尤西林：《20 世纪中国"文艺大众化"思潮的现代性嬗变》，《文学评论》2005 年第 4 期。

喻国明：《解读新媒体的几个关键词》，《广告大观》2006 年第 5 期。

于丽爽：《制作周杰伦——流行音乐明星的个案研究》，博士学位论文，北京师范大学，2007 年。

袁长保：《从社会性格变化看〈超级女声〉等娱乐节目现象》，《新闻知识》2006 年 3 月。

袁岳：《调查中国生活真相》，航空工业出版社 2007 年版。

张斌：《媒体奇观的典型文本——对超级女声的文化批评》，《重庆邮电大学学报》2007 年第 1 期。

张国良、张忠民：《"超女"现象的传播学实证分析——上海受众调查报告》，《新闻记者》2006 年 8 月。

张阆：《文化 2006 颠覆与"粉丝化"》，《今日南国》2007 年第 1 期。

张锦华：《公共领域、多文化主义与传播研究》，台北：正中书局 1997 年版。

张柠主编：《2005 年文化中国》，花城出版社 2006 年版。

张嫱：《迷研究理论初探》，《国际新闻界》2007 年第 5 期。

张树卿：《儒、释、道的节俭观比较研究》，《通化师范学院学报》2007 年第 3 期。

张武宜：《全球化背景下的中国流行音乐产制研究：以李宇春为例》，人民网传媒专题（http://media.people.com.cn/GB/22114/121441/121831/7193537.html，2008－05－04/2009－04－01）。

张晓明、胡惠林、章建刚主编：《2006 年：中国文化产业发展报告》，社会科学文献出版社 2006 年版。

张伟：《冲突与变数：中国社会中间阶层政治分析》，社会科学文献出版社 2005 年版。

张颐武：《新新中国的形象》，山东文艺出版社 2005 年版。

赵凯主编：《解码新媒体》，文汇出版社 2007 年版。

赵玲：《消费合宜性的伦理意蕴》，社会科学文献出版社 2007 年版。

赵丽莹：《不屈从于虚假的线条——多角度看"超级女声"》，《电影评介》2006 年第 23 期。

赵卫华：《地位与消费——当代中国社会各阶层消费状况研究》，社会科学文献出版社 2007 年版。

赵勇：《透视大众文化》，中国文史出版社 2004 年版。

赵勇：《整合与颠覆：大众文化的辩证法——法兰克福学派的大众文化理论》，北京大学出版社 2005 年版。

郑红娥：《社会转型与消费革命——中国城市消费观念的变迁》，北京大学出版社 2006 年版。

郑欣：《当平民遭遇"皇后"："粉丝"及其偶像崇拜行为研究——以后选秀时代的"玉米"粉丝为例》，《青年研究》2007 年第 3 期。

郑欣：《"有请当事人"：青少年眼中的选秀节目及其实证研究》，《中国青年研究》2007 年第 7 期。

郑欣等：《平民偶像崇拜——电视选秀节目的传播社会学研究》，中国传媒大学出版社 2008 年版。

郑宇曦、刘燕：《一个成功的娱乐产品——〈超级女声〉节目运营解析》，《新闻知识》2005 年 10 月。

朱大可、张闳主编：《21 世纪中国文化地图》第三卷，广西师范大学出版社 2005 年版。

朱力：《变迁之痛：转型期的社会失范研究》，社会科学文献出版社 2006 年版。

邹芙蓉：《职业粉丝健康化策略研究》，硕士学位论文，天津师范大学，2008 年。

周倩漪：《从王菲到菲迷：流行音乐偶像崇拜中性别主体的搏成》，百度帽子歌后吧（http：//post. baidu. com/f? kz = 117877248，2006 - 07 - 26/2009 - 03 - 23）。

周日安：《"粉丝"、"铁丝"与"钢丝"》，《修辞学习》2006 年第 6 期。

周志强：《"私人媒介"与大众文化的裂变与转型》，《文艺研究》2007 年第 5 期。

［法］爱弥尔·涂尔干：《宗教生活基本形式》，渠东、汲喆译，世纪出版集团 2006 年版。

［英］安吉拉·默克罗比：《后现代主义与大众文化》，田晓菲译，中央编译出版社 2000 年版。

［美］C. 莱特·米尔斯：《白领：美国的中产阶级》，周晓虹译，南京大学出版社 2006 年版。

［美］大卫·理斯曼：《孤独的人群》，王崑、朱虹译，南京大学出版社 2002 年版。

［英］戴慧思：《中国都市消费革命》，黄菡等译，社会科学文献出版社 2006 年版。

［英］戴维·冈特利特主编：《网络研究：数字化时代媒介研究的重新定向》，彭兰等译，新华出版社 2004 年版。

［美］道格拉斯·凯尔纳：《媒体文化：介于现代与后现代之间的文化研究、认同性与政治》，丁宁译，商务印书馆 2004 年版。

［英］迈克·费瑟斯通：《消费文化与后现代主义》，刘精明译，译林出版社 2000 年版。

［英］弗兰克·莫特：《消费文化——20 世纪后期英国男性气质和社会空间》，余宁本译，南京大学出版社 2006 年版。

［美］葛尔·罗宾等著：《酷儿理论》，李银河译，文化艺术出版社 2003 年版。

［美］葛凯：《制造中国：消费文化与民族国家的创建》，黄振萍译，北京大学出版社 2007 年版。

［英］格雷姆·伯顿：《媒体与社会：批判的视角》，史安斌主译，清华大学出版社 2007 年版。

［法］古斯塔夫·勒庞：《乌合之众：大众心理研究》，冯克利译，中央编译出版社 2005 年版。

［英］简·斯托克斯：《媒介与文化研究方法》，黄红宇、曾妮译，复旦大学出版社 2006 年版。

［英］杰弗里·亚历山大编：《迪尔凯姆社会学》，戴聪腾译，辽宁教育出版社 2001 年版。

［英］库兰主编：《大众媒介与社会》，杨击译，华夏出版社 2006 年版。

［英］雷蒙·威廉斯：《关键词：文化与社会的词汇》，刘建基译，生活·读书·新知三联书店 2005 年版。

［英］利萨·泰勒、安德鲁·威利斯：《媒介研究：文本、机构与受众》，吴靖译，北京大学出版社 2005 年版。

［美］马可·波斯特：《第二媒介时代》，范静哗译，南京大学出版

社 2005 年版。

［法］马塞尔·莫斯：《礼物——古式社会中交换的形式与理由》，汲喆译，上海人民出版社 2002 年版。

［加］马歇尔·麦克汉：《理解媒介——论人的延伸》，何道宽译，商务印书馆 2000 年版。

［美］曼纽尔·卡斯特：《网络社会的崛起》，夏铸九、王志弘等译，社会科学文献出版社 2003 年版。

［美］尼尔·波兹曼：《娱乐至死》，章艳译，广西师范大学出版社 2004 年版。

［英］尼克·史蒂文森：《认识媒介文化》，王文斌译，商务印书馆 2003 年版。

［法］帕斯卡尔：《帕斯卡尔思想录》，何兆武译，湖北长江出版集团 2007 年版。

［法］让·波德里亚：《消费社会》，刘成富、全志钢译，南京大学出版社 2006 年版。

［美］斯蒂芬·李特约翰《人类传播理论》，史安斌译，清华大学出版社 2004 年版。

［美］斯蒂夫·琼斯主编：《新媒体百科全书》，熊澄宇、范红译，清华大学出版社 2007 年版。

［美］斯坦利·巴兰、丹尼斯·戴维斯：《大众传播理论：基础、争鸣与未来》，曹书乐译，清华大学出版社 2003 年版。

［法］托克维尔：《论美国的民主》，董果良译，商务印书馆 2007 年版。

［德］西奥多·阿多诺、马克斯·霍克海默：《启蒙辩证法》，渠敬东、曹卫东译，上海人民出版社 2003 年版。

［英］西莉亚·卢瑞：《消费文化》，张萍译，南京大学出版社 2003 年版。

［德］西美尔：《金钱、性别、现代生活风格》，刘小枫编，顾仁明译，学林出版社 2000 年版。

［德］韦伯：《韦伯作品集》I—V，康乐、简惠美译，广西师范大学出版社 2004 年版。

〔英〕维克多·特纳：《仪式过程：结构与反结构》，黄剑波、柳博赟译，中国人民大学出版社 2006 年版。

〔美〕约翰·菲斯克：《电视文化》，祁阿红、张鲲译，商务印书馆 2005 年版。

〔美〕约翰·菲斯克：《理解大众文化》，王晓珏、宋伟杰译，中央编译出版社 2006 年第 2 版。

〔英〕约翰·斯道雷：《文化理论与通俗文化导论》，杨竹山、郭发勇、周辉译，南京大学出版社 2006 年版。

〔英〕约翰·塔洛克：《电视受众研究——文化理论与方法》，严忠志译，商务印书馆 2004 年版。

〔英〕约翰·B. 汤普森：《意识形态与现代文化》，高铦等译，译林出版社 2005 年版。

〔英〕詹姆斯·卡伦：《媒体与权力》，史安斌，董关鹏译，清华大学出版社 2006 年版。

梅侬：《聊赠一支春——李宇春麈谈》，新星出版社 2006 年版。

中立粽子：《见证——2005 年李宇春和玉米的音乐之旅》，安徽教育出版社 2006 年版。

百度李宇春吧

百度爱粽不粽吧

百度粽说是非吧

百度中原一点粽吧

百度第五大道吧

百度别样春天在线吧

百度小葱的图书馆吧

百度超级粽子吧

百度粽子没错吧

百度尚雯婕吧

百度芝麻茶馆吧

百度 All 尚吧

百度绯色超女吧

百度张靓颖吧

百度水泊凉山吧

张靓颖官网

百度地球无双粽子吧

Abercrombie, Nicholas and Brian Longhurst. *Audiences: A Sociological Theory of Performance and Imagination.* London: Sage, 1998.

Adorno, Theodor W. *The Culture Industry: Selected Essays on Mass Culture.* London: Routledge, 1991.

Alberoni, Francesco. "The Powerless 'Elite': Theory and Sociological Research on the Phenomenon of the Stars." *The Celebrity Culture Reader.* Ed. P. David Marshall. New York: Routledge, 2006.

Alexander, Jeffrey C. "Cultural Pragmatics: Social Performance between Ritual and Strategy." *Social Performance: Symbolic Action, Cultural Pragmatics and Ritual.* Ed. Jeffrey C. Alexander, Bernhard Giesen, and Jason L. Mast. Cambridge: Cambridge University Press, 2006.

Andrews, Maggie and Mary M. Talbot, eds. *All the World and Her Husband: Women in Twentieth Century Consumer Culture.* London: Cassell, 2000.

Ang, Ien (1996). *Living Room Wars: Rethinking Media Audiences for a Postmodern World.* London: Routledge.

Arvidsson, Adam. "Brand Management and the Productivity of Consumption." *Consuming Cultures, Global Perspectives: Historical Trajectories, Transnational Exchanges.* Ed. John Brewer and Frank Trentmann. Oxford: Berg, 2006.

Bacon-Smith, Camille. *Enterprising Women: Television Fandom and the Creation of Popular Myth.* Philadelphia: University of Pennsylvania Press, 1992.

Banks, John and Sal Humphreys. "The Labor of User Co-Creators: Emergent Social Network Markets?" *Convergence: The International Journal of Research into New Media Technologies.* 14. 4 (2008): 401 – 418.

Bauman, Zygmunt. *Liquid Life.* Cambridge: Polity, 2005.

Baurdrillard, Jean. *Jean Baudrillard: Selected Writings*. Ed. and Intro. Mark Poster, 2nd ed. Stanford: Stanford University Press, 2001.

Baym, Nancy K. "The Emergence of On-Line Community." *Cybersociety* 2.0: *Revisiting Computer-Mediated Communication and Community*. Ed. Steven G. Jones. Thousand Oaks: Sage, 1998.

Bignell, Jonathan. *Postmodern Media Culture*. Beijing: Peking University Press, 2006.

Bourdieu, Pierre. *Distinction: A Social Critique of Judgment of Taste*. New York: Routledge & Kegan Paul, 1984.

Brooker, Will. *Using the Force: Creativity, Community and Star Wars Fans*. New York: Continuum, 2002.

——. "It Is Love: The Lewis Carroll Society as a Fan Community." *American Behavioral Scientist*. 48.7 (2005): 859 – 880.

Brooker, Will and Deborah Jermyn. *The Audience Studies Reader*. London: Routledge, 2003.

Brower, Sue. "Fans as Tastemakers: Viewers for Quality Television." *The Adoring Audience: Fan Culture and Popular Media*. Ed. Lisa Lewis. London: Routledge, 1992.

Brown, Adam. *Fanatics!: Power, Identity and Fandom in Football*. London: Routledge, 1998.

Bury, Rhiannon. *Cyberspaces of Their Own: Female Fandoms Online*. New York: Peter Lang Publishing Inc., 2005.

Busse, Kristina. "My Life Is a WIP on My LJ: Slashing the Slasher and the Reality of Celebrity and Internet Performances." *Fan Fiction and Fan Communities in the Age of the Internet*. Ed. Karen Hellekson and Kristina Busse, Jefferson: McFarland, 2006.

Campbell, Colin. *The Romantic Ethic and the Spirit of Modern Consumerism*. Oxford: Blackwell, 1987.

Carnegie, Dale. *How to Win Friends and Influence People & How to Stop Worrying and Start Living*. 中国城市出版社 2007 年版。

Cicioni, Mirna. "Male Pair-Bonds and Female Desire in Fan Slash Writing. " *Theorizing Fandom*: *Fans*, *Subculture and Identity*. Ed. Cheryl Harris and Alison Alexander. Cresskill: Hampton Press, 1998.

Condry, Ian. "B-Boys and B-Girls: Rap Fandom and Consumer Culture inJapan. " *Fanning the Flames*: *Fans and Consumer Culture in Contemporary Japan*. Ed. William W. Kelly. Albany: State University of New York Press, 2004.

——. "Cultures of Music Piracy: An Ethnographic Comparison of the US and Japan. " *International Journal of Cultural Studies* 7. 3 (2004): 343 – 363.

Coppa, Francesca. "A Brief History of Media Fandom. " *Fan Fiction and Fan Communities in the Age of the Internet*. Ed. Karen Hellekson and Kristina Busse, Jefferson: McFarland, 2006.

Corrigan, Peter. *The Sociology of Consumption*: *An Introduction*. London: Sage, 1997.

Derecho, Abigail. "Archontic Literature: A Definition, a History, and Several Theories of Fan Ficiton. " *Fan Fiction and Fan Communities in the Age of the Internet*. Ed. Karen Hellekson and Kristina Busse, Jefferson: McFarland, 2006.

Douglas, Mary, and Baron Isherwood. "The Uses of Goods. " *The Consumer Society Reader*. Ed. Lee, Martyn J. Oxford: Blackwell, 2000.

Dueze, Mark. *Media Work*. London: Polity, 2007.

Dunning, Eric et al. , eds. *Fighting Fans*: *Football Hooliganism as a World Phenomenon*. Dublin: University College Dublin Press, 2002.

Durham, Meenakshi Gigi, and Douglas M. Kellner, eds. *Media and Cultural Studies*: *Key Works*. Rev. ed. Oxford: Blackwell, 2006.

During, Simon, ed. *The Cultural Studies Reader*. 2nd ed. London: Routledge, 1999.

Dyre, Richard. *Heavenly Bodies*: *Film Stars & Society*. Houndmills: Macmillan, 1986.

——. "Stars. " *Stardom and Celebrity*: *A Reader*. Ed. Sean Redmond and Su Holmes. London: Sage, 2007.

Evans, Harriet. "Past, Perfect or Imperfect: Changing Images of the Ideal Wife." *Chinese Femininities Chinese Masculinities: A Reader.* Ed. Susan Brownell and Jeffrey N. Wasserstrom. Berkeley: University of California Press, 2002.

Fiske, John. "The Cultural Economy of Fandom." *The Adoring Audience: Fan Culture and Popular Media.* Ed. Lisa Lewis. London: Routledge, 1992.

Gelder, Ken, ed. *The Subcultures Reader.* London: Routledge, 2005.

Gidden, Anthony. *Modernity and Self-Identity: Self and Society in the Late Modern Age.* Cambridge: Polity, 1991.

——. *Transformation of Intimacy: Sexuality, Love, and Eroticism in Modern Societies.* Stanford: Stanford University Press, 1993.

——. *Runaway World: How Globalisation is Reshaping Our Lives.* London: Profile Books, 2002.

Gilbert, Sandra, and Susan Gubar. *The Madwoman in the Attic: The Woman Writers and the Nineteenth-Century Literary Imagination.* 2nd ed. New Haven: Yale University Press, 2000.

Gill, Rosalind. *Gender and the Media.* Cambridge: Polity, 2007.

Gray, Jonathan. "Antifandom and the Moral Text: Television without Pity and Textual Dislike." *American Behavioral Scientist* 48. 7 (2005): 840 – 858.

Gray, Jonathan, Cornel Sandvoss, and C. Lee Harrington, eds. *Fandom: Identities and Communities in a Mediated World.* New York: New York University Press, 2007.

Gripsrud, Jostein. *Understanding Media Culture.* London: Oxford Press, 2002.

Guilbault, Jocelyne. "The Politics of Calypsoin a World of Music Industries." *Popular Music Studies.* Ed. David Hesmondhalgh and Keith Negus. London: Arnold, 2002.

Hall, Stuart. "Encoding/Decoding." *Media and Cultural Studies: Key Works.* Ed. Meenakshi Gigi Durham and Douglas M. Kellner. Rev. ed. Oxford: Blackwell, 2006.

———. and Tony Jefferson, eds. *Resistance through Rituals: Youth Subcultures in Post-war Britain.* 2nd ed. London: Routledge, 2006.

Hardt, Michael. "Affective Labor," *Boundary* 2 26.2 (1999): 89 – 100.

Harrington, C. Lee and Denise D Bielby. "Global Fandom/Global Fan Studies." *Fandom: Identities and Communities in a Mediated World.* Ed. Jonathan Gray, Cornel Sandvoss, and C. Lee Harrington. New York: New York University Press, 2007.

———. "Global Television Distribution: Implications of TV 'Traveling' for Viewers, Fans, and Texts." *American Behavioral Scientist* 48.7 (2005): 902 – 919.

Harris, Cheryl. "A Sociology of Television Fandom," *Theorizing Fandom: Fans, Subculture and Identity.* Ed. Cheryl Harris and Alison Alexander. Cresskill: Hampton, 1998.

Harris, Cheryl and Alison Alexander, eds. *Theorizing Fandom: Fans, Subculture, and Identity.* Cresskill: Hampton, 1998.

Hatfield, Elaine, John T. Cacioppo, and Richard L. Rapson. *Emotional Contagion.* Cambrige: Cambridge University Press, 1994.

Hebdige, Dick. *Subculture: The Meaning of Style.* London: Routledge, 1979.

Hellekson, Karen, and Kristina Busse, eds. *Fan Fiction and Fan Communities in the Age of the Internet.* Jefferson: McFarland, 2006.

Hills, Matt. *Fan Cultures.* London: Routledge, 2002.

———. "Pattern of Surprise: The 'Aleatory Object' in Psychoanalytic Ethnography and Cyclical Fandom." *American Behavioral Scientist* 48.7 (2005): 801 – 821.

———. "Media Academics as Media Audiences." *Fandom: Identities and Communities in a Mediated World.* Ed. Jonathan Gray, Cornel Sandvoss, and C. Lee Harrington. New York: New York University Press, 2007.

Hine, Christine. *Virtual Ethnography.* London: Sage, 2000.

Hinerman, Stephen. "I'll Be Here With You'. Fans, Fantasy and the Figure of Elvis. " *The Adoring Audience. Fan Culture and Popular Media.* Ed. Lisa Lewis. London. Routledge, 1992.

Hirsch, Paul M. "Processing Fads and Fashions. An Organization-Set Analysis of Cultural Industry Systems. " *On Records. Rock, Pop, and the Written Word.* Ed. Simon Frith and Andrew Goodwin. New York. Pantheon Books, 1990.

Huyssen, Andreas. "Mass Culture as Woman. Modernism's Other. " *Studies in Entertainment. Critical Approaches to Mass Culture.* Ed. Tania Modleski. Bloomington. Indian University Press, 1986.

Jancovich, Mark et al. , eds. *Defining Cult Movies. The Cultural Politics of Oppositional Taste.* Manchester. Manchester University Press, 2003.

Jarrett, Kylie. "Labor of Love. An Archaeology of Affect as Power in E-Commerce. " *Journal of Sociology* 39. 4 (2003). 335 – 351.

Jenkins, Henry. *Textual Poachers. Television Fans & Participatory Culture.* London. Routledge, 1992.

——. *Convergence Culture. Where Old and New Media Collide.* New York. New York University Press, 2006.

——. *Fans, Bloggers, and Gamers. Exploring Participatory Culture.* New York. New York University Press, 2006.

——. "Quentin Tarantino's Star Wars?. Digital Cinema, Media Convergence, and Participatory Culture. " *Media and Cultural Studies. Keyworks.* Ed. Meenakshi Gigi Durham & Douglas M. Kellner. Rev. ed. Oxford. Blackwell, 2006.

Jenson, Joli. "Fandom as Pathology. The Consequences of Characterization. " *The Adoring Audience. Fan Culture and Popular Media.* Ed. Lisa Lewis. London. Routledge, 1992.

Kelly, William W. , ed. *Fanning the Flames. Fans and Consumer Culture in Contemporary Japan.* Albany. State University of New York Press, 2004.

Lee, Martyn J. , ed. *The Consumer Society Reader.* Oxford. Blackwell,

2000.

Lewis, Lisa A. , ed. *The Adoring Audience: Fan Culture and Popular Media*. London: Routledge, 1992.

Leyshon, Andrew, et al. "On the Reproduction of the Musical Economy after the Internet," *Media Culture and Society* 27. 2 (2005): 177 – 209.

Lindholm, Charles. *Charisma*. Oxford: Basil Blackwell, 1990.

Longhurst, Brian. *Popular Music and Society*. 2nd ed. Cambridge: Polity, 2007.

MacDonald, Andrea. "Uncertain Utopia: Science Fiction Media Fandom & Computer Mediated Communication. " *Theorizing Fandom: Fans, Subculture and Identity*. Ed. Cheryl Harris and Alison Alexander. Cresskill: Hampton, 1998.

Mackay, Hugh, ed. *Consumption and Everyday Life*. London: Sage, 1997.

Marshall, David P. *Celebrity and Power: Fame in Contemporary Culture*. Minneapolis: Minnesota Press, 1997.

——, ed. *The Celebrity Culture Reader*. London: Routledge, 2006.

McGuigan, Jim. *Cultural Populism*. London: Routledge, 1992.

——. "Sovereign Consumption. " *The Consumer Society Reader*. Ed. Martyn J. Lee. Oxford: Blackwell, 2000.

McKee, Alan. "The Fans of Cultural Theory. " *Fandom: Identities and Communities in a Mediated World*. Ed. Jonathan Gray, Cornel Sandvoss, and C. Lee Harrington. New York: New York University Press, 2007.

——, ed. *Beautiful Things in Popular Culture*. Oxford: Blackwell, 2007.

Middleton, Richard. *Voicing the Popular: On the Subjects of Popular Music*. New York: Routledge, 2006.

Miller, Andrew. *Literature, Culture and Society*. 2nd ed. London: Routledge, 2005.

Miller, Daniel, ed. *Acknowledging Consumption*. London: Routledge, 1995.

——, ed. *Consumption: Critical Concepts in the Social Sciences*. 4 vols.

London: Routledge, 2001.

Minsky, Rosalind, ed. *Psychoanalysis and Gender: An Introductory Reader.* London: Routledge, 1996.

Modleski, Tania, ed. *Studies in Entertainment: Critical Approaches to Mass Culture.* Bloomington: Indian University Press, 1986.

——. *Loving with a Vengeance: Mass-Produced Fantasies for Women.* 2nd ed. New York: Routledge, 2008.

Morley, David. *Television, Audiences and Cultural Studies.* London: Routledge, 1992.

——. *Home Territories: Media, Mobility and Identity.* London: Routledge, 2000.

Nelson, Cary, Paula A. Treichler, and Lawrence Grossberg. "Cultural Studies: An Introduction." *Cultural Studies.* Ed. Lawrence Grossberg, Cary Nelson, and Paula A. Treichler. New York: Routledge, 1992.

Penley, Constance. "Feminism, Psychoanalysis and the Study of Popular Culture." *Cultural Studies.* Ed. Lawrence Grossberg, Cary Nelson, and Paula Treichler. New York: Routledge, 1992.

Poster, Mark. *What's the Matter with the Internet?* Minneapolis: University of Minnesota Press, 2001.

Postigo, Hector. "Of Mods and Modders: Chasing down the Value of Fan-Based Digital Games Modifications," *Games and Culture* 2. 4 (2007): 300 – 313.

Putnam, Robert D. *Bowling Alone: The Collapse and Revival of American Community.* New York: Simon & Schuster, 2001.

Quilligan, Maureen. *Incest and Agency in Elizabeth's England.* Philadelphia: University of Pennsylvania Press, 2005.

Radway, Janice. *Reading Romance.* Chapel Hills: University of North Carolia Press, 1991.

Redmond, Sean and Su Holmes, eds. *Stardom and Celebrity: A Reader.* London: Sage, 2007.

Rheingold, Howard. *The Virtual Community: Homesteading on the Elec-

tronic Frontier. Cambridge: MIT Press, 2000.

Riesman, David. "Listening to Popular Culture." *On Record: Rock, Pop, and The Written Word.* Ed. Simon Frith and Andrew Goodwin. New York: Pantheon, 1990.

Robertson, Jennifer. *Takarazuka: Sexual Politics and Popular Culture in Modern Japan.* Berkeley: University of California Press, 1998.

Robson, Garry. "*No One Likes Us, We Don't Care*": *The Myth and Reality of Millwall Fandom.* Oxford: Berg, 2000.

Rojek, Chris. *Celebrity.* London: Reaktion, 2001.

Ruddy, Andy. *Understanding Audiences: Theory and Method.* London: Sage, 2001.

Sandvoss, Cornel. *Fans: The Mirror of Consumption.* Cambridge: Polity, 2005.

Sassatelli, Roberta. *Consumer Culture: History, Theory and Politics.* London: Sage, 2007.

Scardaville, Melissa C. "Accidental Activists: Fan Activism in the Soap Opera Community." *American Behavioral Scientist* 48. 7 (2005): 881 – 901.

Sedgwick, Eve Kosofsky. *Between Men: English Literature and Male Homosocial Desire.* New York: Columbia University Press, 1985.

Stacey, Jackie. *Star Gazing: Hollywood Cinema and Female Spectatorship.* London: Routledge, 1994.

Staiger, Janet. *Media Reception Studies.* New York: New York University Press, 2005.

Storey, John. *Cultural Consumption and Everyday Life.* London: Arnold, 1999.

Straubhaar, Joseph and Robert LaRose. *Media Now: Understanding Media, Culture and Technology.* Beijing: Qinghua University Press, 2004.

Studlar, Gaylyn. *This Mad Masquerade: Stardom and Masculinity in the Jazz Age.* New York: Columbia University Press, 1996.

Tankel, Jonathan David and Keith Murphy. "Collecting Comic Books:

A Study of the Fan and Curatorial Consumption. " *Theorizing Fandom*: *Fans*, *Subculture and Identity*. Ed. Cheryl Harris and Alison Alexander. Cresskill: Hampton, 1998.

Terranova, Tiziana. *Network Culture*: *Politics for the Information Age*. London: Pluto, 2004.

Thomas, Lyn. *Fans*, *Feminisms and "Quality" Media*. London: Routledge, 2002.

Thorn, Matthew. "Girls and Women Getting Out of Hand: The Pleasure and Politics of Japan's Amateur Comics Community. " *Fanning the Flames*: *Fans and Consumer Culture in Contemporary Japan*. Ed. William W. Kelly. Albany: State University of New York Press, 2004.

Trentmann, Frank. "Genealogy of the Consumer. " *Consuming Cultures*, *Global Perspectives*: *Historical Trajectories*, *Transnational Exchanges*. Ed. John Brewer and Frank Trentmann. Oxford: Berge, 2006.

Tulloch, John and Henry Jenkins. *Science Fiction Audiences*: *Watching Doctor Who and Star Trek*. London: Routledge, 1995.

Turner, Graeme. *British Cultural Studies*: *An Introduction*. London: Routledge, 2003.

——. *Understanding Celebrity*. London: Sage, 2004.

Wang, Yiman. "A Star is Dead: A Legend is Born: Practicing Leslie Cheung's Posthumous Fandom. " *Stardom and Celebrity*: *A Reader*. Ed. Sean Redmond and Su Holmes. London: Sage, 2007.

Wann, Daniel L. et al. *Sport Fans*: *The Psychology and Social Impact of Spectators*. London: Routledge, 2001.

Wei Wei, "Resistance in Dreaming: A Study of Chinese Online Boy's Love Fandom," paper presented at the annual meeting of the International Communication Association, Montreal, Quebec, Canada, 22 May 2008, http://www. allacademic. com/meta/p233592_ index. html.

Wood, Andrea. " 'Straight' Women, Queer Texts: Boy-Love Manga and the Rise of a Global Counterpublic. " *Women's Studies Quarterly* 34 (Spring & Summer 2006): 394 – 414.

Yano, Christine R. "Letters from the Heart: Negotiating Fan-Star Relationship in Japanese Popular Music." *Fanning the Flames: Fans and Consumer Culture in Contemporary Japan.* Ed. William W. Kelly. Albany: State University of New York Press, 2004.

后　记

　　本书是我 2009 年完成的博士论文。原打算进行更大规模的修改，结果只更正了一些技术性错误和更新了少量数据。超女粉丝的故事还在继续，但我却再也回不到当初的心境来讲述这个故事。当然，我还在写有关超女粉丝的英文学术论文（国内的学术期刊早已厌倦了超女的话题），但只是作为一个有过粉丝经历的研究者。

　　博士论文的"后记"中，我已经写过一些感谢的话。这里，我依然要感谢那些以各种不同的方式帮助这本书问世的人。

　　感谢我的博士导师陶东风教授。没有他，就不可能有这本书。

　　感谢北大的邵燕君教授和北师大的赵勇教授。首师大的匿名外审程序异常严格。幸运的是，我的论文"流落"到两位关注当代大众文化的教授手中。

　　感谢所有参加我的论文开题、预答辩、正式答辩和同行评审的教授所给予的鼓励、指导、建议和批评。

　　感谢同门兄弟姐妹的友爱和支持。这些年最亲近的朋友都来自师门。

　　感谢 10 号楼 3 楼的室友和邻居，伴我度过了三年充实而快乐的博士生活。感谢常凌在我预答辩遭到"拍桌"之后，以那样的一种语言方式，让我瞬间心情大好。

　　感谢我的家人。因为是家人，所以常常没有感谢。

　　我在纸上省略了很多应该感谢的人的名字。因为那些名字对于读者可能意义不大，于我却是美好的记忆。美好的东西还是和懂得的人一起分享吧。

每一本书的阅读都是一场奇妙的际遇。不知道谁会读到这本只印刷3000 册的"学术书籍"。只希望遇见它的人不会感到太过无趣。

杨　玲

2012 年 4 月 13 日，于厦大海滨